粉土地层盾构隧道动力特性及抗液化技术

申玉生　朱敢平　郑习羽　杨贵生　杨振丹　著

科学出版社
北　京

内 容 简 介

本书在调研国内外相关研究成果的基础上，结合天津地铁5号线及在建的7号线一期工程，系统地介绍了天津地铁盾构隧道粉土地层的特点，研究了8度地震与列车振动条件下盾构隧道动力特性及其抗震液化技术，为天津地区粉土地层盾构隧道设计与施工提供了一定的理论依据。本书的主要内容包括：可液化粉土地层动力特性及其液化机理；可液化地层盾构隧道结构动力分析理论；运营条件下列车振动荷载对液化土层和盾构隧道的影响；强震作用下粉土地层盾构隧道动力响应；高烈度地震区粉土地层盾构隧道抗液化技术；强震作用下粉土地层盾构隧道抗液化技术振动台试验。本书结构条理清晰，阐述深入浅出，重视基本理论，突破关键内容，展示新思路，追求创新，便于读者全面掌握地震作用下粉土地层盾构隧道抗液化技术。

本书适合岩土工程、隧道及地下工程等相关领域的高校教师和研究生阅读，也可以供从事隧道工程施工与设计的技术人员及科研人员学习参考。

图书在版编目(CIP)数据

粉土地层盾构隧道动力特性及抗液化技术 / 申玉生等著. —北京:科学出版社，2021.2

ISBN 978-7-03-064686-6

Ⅰ. ①粉… Ⅱ. ①申… Ⅲ. ①隧道施工-盾构法-研究 Ⅳ. ①U455.43

中国版本图书馆 CIP 数据核字 (2020) 第 041664 号

责任编辑：张 展 于 楠 / 责任校对：彭 映
责任印制：罗 科 / 封面设计：墨创文化

科 学 出 版 社 出版
北京东黄城根北街16号
邮政编码：100717
http://www.sciencep.com

成都锦瑞印刷有限责任公司印刷
科学出版社发行 各地新华书店经销

*

2021年2月第 一 版 开本：787×1092 1/16
2021年2月第一次印刷 印张：19 1/4
字数：430 000

定价：198.00 元

前　言

随着我国城市化进程的快速发展，城市人口剧增，地铁是缓解城市交通压力的有效方法，我国目前拥有和正在建设地铁的城市越来越多，截至2020年底，中国累计有42个城市拥有轨道交通，总里程达到6917.62km。我国地铁已进入大规模建设的黄金发展阶段，但我国东部沿海大部分地区处在环太平洋地震带上，地震活动频繁而强烈，根据《中国地震动参数区划图》(GB 18306—2015)，我国大部分城市为地震设防区，有一半位于地震基本烈度为7度及以上的地震区，如北京、天津、西安等大城市都位于高烈度地震区。对城市地铁工程进行震害分析，研究提高城市地铁工程抗震性能的对策，具有重大的理论和现实意义。

城市软土地基在地震作用下会引发场地液化现象，地震中粉砂土结构遭到破坏，原本由土颗粒承受的应力转移到孔隙水，孔隙水压力上升，土体有效应力下降，表现为地表的喷砂和涌水，从而引起地面建筑物倾斜、地下结构上浮、桥梁倒塌等灾害。震区内场地条件中，不仅饱和砂土会发生液化，有些饱和粉土也发生了液化，导致出现大量次生灾害，危害人民群众的生命财产安全。

天津地区的冲积层厚度超过1000m，而上部50m以内的土层主要是由新近沉积的粉砂、粉土和黏土夹层构成。近年来城市向海域扩展，占用了大量的沼泽低洼地，一些软弱、易压缩和非常松软的土层在地震荷载作用下很容易产生过量的变形和液化问题。天津地铁5号线及在建的7号线一期区间隧道均穿越粉土地层区域，其中地铁5号线建昌道—金钟河大街站区间隧道地基范围内的部分饱和黏质粉土与黏质粉土具轻微液化可能；地铁7号线工程概况，以典型液化区段芦北路站—宏源道站盾构区间为例，长度为941.296m，液化土层深度为3.1～23.9m，液化等级为中等—严重，液化土层与盾构区间的关系为覆盖全部盾构区间，该场地工程性质及抗震性较差。

本书根据天津地铁盾构隧道穿越区域的粉土动力特征，采用资料调研、理论分析、现场测试、数值模拟与大型振动台模型试验相结合的方法，建立了一种任意编组地铁列车-轨道垂向耦合动力学模型，并得出了多种列车运营状态参数下的盾构隧道—可液化粉土地层系统动力响应规律。剖析了天津地铁粉土地层液化机理，提出了一种适用于粉砂土层可液化区盾构隧道工程的直接注氮气减饱和度抗液化方法，同时振动台模型试验验证了严重液化区域采用注入氮气的降饱和度抗液化技术的有效性，为饱和粉土地层抗液化技术的处置提供了新的思路。同时本书成果对国内其他类似城市地铁工程建设具有重要的参考价值，可提升轨道交通运输行业粉土液化条件下的地铁工程建设水平，具有较强的应用推广价值。

本书共8章，由申玉生、朱敢平、郑习羽、杨贵生、杨振丹著。参与本书编写的有西南交通大学(申玉生、黄海峰、周鹏发、朱双燕、曹帮俊)、天津轨道交通集团有限公司(朱敢平、郑习羽、杨振丹、秦银刚)、中国铁路设计集团有限公司(杨贵生、王洪昌、田巧焕)等。主要分工如下：第1章由申玉生、朱敢平、田巧焕等撰写；第2章由郑习羽、杨贵生、王洪昌等撰写；第3章由申玉生、曹帮俊、杨振丹等撰写；第4章由黄海峰、郑习羽、朱双燕等撰写；第5章由周鹏发、朱敢平、秦银刚等撰写；第6章由黄海峰、曹帮俊、杨贵生等撰写；第7章由朱双燕、王洪昌、秦银刚等撰写；第8章由申玉生、黄海峰、杨振丹等撰写；全书由申玉生统编定稿。

在本书撰写过程中，特别感谢陆地交通地质灾害防治技术国家工程实验室闻毓民、邵长江、王武斌、洪彧、晋智斌等老师对振动台模型实验提供的帮助，以及天津轨道交通集团有限公司王路平、中国铁路设计集团有限公司杨毅秋、张舵等部门领导的大力支持。同时在专著文档的整理、现场资料收集等方面，西南交通大学张熙、李小彤、连正、杜明哲、雷龙、闵鹏、甘雨航、王彬光、陈孔福等研究生做了大量文字梳理与图片处理工作，在此一并表示感谢。

由于时间仓促，作者水平和知识面所限，书中难免有疏漏或不妥之处，敬请专家、学者批评指正。

作者

目　录

第1章 绪　　论

1.1 城市地铁建设中砂土/粉土液化问题

随着我国经济的飞速发展，地铁建设已进入大规模开展的黄金阶段。我国东部沿海大部分地区处在环太平洋火山地震带上，地震活动频繁而强烈，根据最新发布的《中国地震动参数区划图》，我国大部分地区为地震设防区，而如天津、河北、山东及辽宁等地被调整为设防烈度为 8 度的高烈度区，地震动强度及地震液化影响均明显加强，地铁抗震设计问题日益凸显。

砂土液化是指饱和砂土在振动作用下抗剪强度骤然下降为零而变成黏滞液体的现象。这种现象在地震时可以大规模发生，造成的危害很大，国内外这方面的例子非常多。在国内，邢台(1966)、海城(1975)和唐山丰南(1976)在地震时由于砂土液化许多建筑物发生了严重破坏；在国外，最著名的是美国阿拉斯加(1964)、日本新潟(1964)和日本阪神(1995)地震，其中在日本阪神地震中首次出现了地铁车站完全破坏的现象，区间隧道也遭受较多破坏。地铁盾构隧道属于柔性结构，更容易受到振动条件下液化土层的影响，而且由于各种限制因素，盾构隧道基本位于 15～25m 深度范围内，不可避免地会穿越液化土层。

城市地铁建设过程中不可避免地会穿越可液化地层，如天津、南京、深圳等城市的地铁及台北捷运系统中某些盾构隧道均遇到了可液化地层。这类地下结构都面临着因地基液化时的上浮、震后不均匀沉陷及隧道衬砌因地基液化导致的额外内力等发生破坏的危险。尤其目前中国大量城市修建地铁工程，针对易发生液化地层地下结构的抗液化技术研究，显得异常紧迫。

天津地区属于软土地区，地质条件复杂，地下水位高。从地铁工程施工过程及其前期的勘查资料分析，施工地点均分布液化地层，液化等级从轻微、中等至严重。唐山地震时，天津地区严重液化地区喷水高度达 8m，厂房沉降达 1m。天津海河河道及新近沉积土地区有近 3000 个喷水冒砂口成群出现，一般冒砂量为 0.1～1m^3，最多可达 5m^3。有时地面运动停止后，喷水现象可持续 30min。按照最新的《中国地震动参数区划图》，天津市区地表地震动峰值加速度值为 0.20g，抗震设防烈度为 8 度。抗震设防烈度调高一度后，地面以下 20m 深度范围地下水位以下饱和粉砂、粉土液化等级较以前均有所提高。

另外，在可液化土层中，粉土特殊的颗粒组成使得影响粉土液化的因素比砂土更复杂，由于粉土的土质特性，特别是颗粒组成和孔隙中薄膜水的物理化学作用与砂土有明显的差异，因而表现在影响抗液化强度的各因素及影响程度方面，粉土和砂土有较大区别。早期对液化现象的研究，偏重于讨论纯砂或粉砂在液化触发时的抗力和对残余强度的评估，而对于饱和粉(砂)土在振动下的动力特性的研究还不够完善，未形成完整的动力响应理论，因此，应进一步研究其液化机理及影响，液化触发的各种因素，液化过程中孔隙水压力增长、消散规律和液化后的变形特性。因此，当区间隧道穿越可液化土层时，非常有必要对地基土液化引起的区间隧道动力响应特征及其抗液化处置开展深入研究。

综上所述，为保证地铁工程设计和运营的安全，需要对液化地层特征和可液化地层中盾构隧道在地震作用及列车运营条件下的动力响应进行分析研究，并提出适用于天津地铁工程需要的针对性技术措施，可为后期类似工程设计施工提供一定的参考与依据。

1.2　隧道与地下工程的抗液化技术研究现状

1.2.1　地震条件下液化土层处治及现象分析

中国地震局对京沪高速铁路徐沪段路基的粉土液化特性进行大型振动台模型试验研究，实验结果再现了自然地震触发的粉土液化的各种宏观震害现象，揭示了饱和粉土的地震液化规律和特征。西南交通大学蒋关鲁、赵如意等(2007)针对京沪高速铁路液化土饱和粉土地层，开展了碎石桩桩网复合加固的大型振动台模型试验，研究了震动条件下的地基液化规律和动力响应，结果表明碎石桩桩网复合地基能够在一定程度上抑制超静孔隙水压力的上升，并能减小路基结构沉降。太原理工大学张明(2010)研究认为，碎石桩是最有效、最经济、最普遍的饱和砂土液化地基处理方式。但碎石桩处理深度有限，施工过程存在较大振动与噪声，挤土施工影响附近建筑物，难以应用于埋深较大、周边建筑物密集的区间隧道的液化层处理。

同济大学宫全美等(2000a)以南京地铁地基为对象进行了地震液化土层判别标准研究，分析了《建筑抗震设计规范》和《铁路工程抗震设计规范》对地震液化判别标准的差异因素，研究认为后者由于考虑了上覆非液化土层厚度的影响，较好地反映了实际情况，在判断液化的成功率上稍高于前者，但两者各有其适应范围，因此在应用上应具体问题具体对待。中国地震局工力所王维铭等(2010)收集整理了阪神、通海、唐山、集集及海城等5次大地震的液化资料，对比分析了场地特征，剖析了其差别和联系，结论表明几次地震中液化层埋藏深度、液化场地地下水位差异明显，液化层地下水位分布范围从小到大依次为通海地震、唐山地震、阪神地震和集集地震，液化层分别主要集中在0～2m、2～6m、4～6m、2～8m，地下水位则分别主要集中在0～1m、1～2m、1～3m；几次地震液化层标贯击数集中范围相似，但范围差异显著；几次地震液化剪切波速变化范围差异明显，范围为150～250m/s，以往认为场地剪切波速在210m/s以上时可不考虑场地液化的认识有误。

1.2.2　国内城市地下工程砂土液化研究现状

为了更清楚地分析天津地铁砂土液化特征，本书调查了解了上海、杭州、宁波等类似地质条件下盾构隧道施工方面砂土液化技术的研究现状。

1. 上海地区地下工程抗震抗液化研究

上海地区大部分的浅土层都是比较典型的三角洲近海沉积物，一般由第四纪淤泥层组成，称为上海软土。在地表下 50～60m 深度范围内，主要是可塑到软可塑的软黏土，其下直到 200～250m 深度的基岩表面，砂土和较硬的黏土层交替出现。上海软土具有一般软土所共有的特性，如高含水量、大孔隙率、高压缩性和低强度等。同时它的主要组成土层(淤泥质黏土和亚黏土)中常夹带众多的粉砂薄层，形成俗称的“千层饼”。总的说来，上海软土的土层较厚，层理比较分明，虽然某些土层在一些地段缺失，但是仍比较均匀且有一定的规律性。地铁地震设防烈度为 7 度。

在上海地区土层液化特性及判定方面，朱士德和邵虚生(1992)根据上海地震烈度和《建筑抗震设计规范》对上海浅层粉砂和粉性土液化进行了探讨。根据标贯试验评判标准，辅之以 Seed 简化判别法，可知上海地区浅层粉砂和粉性土容易产生液化。液化指数计算结果反映，每一场地几乎都有液化可能，液化程度从轻微、中等到严重不等。在垂直深度上，当场地处在中等液化或严重液化程度时，液化土层一般在 10m 以上。深度在 10m 以下的土层虽有可能液化，但对液化指数贡献一般较小。曹宇春和王天龙(1998)根据循环三轴试验，分析了上海原状及重塑粉土的液化特性，提出了原状粉土的孔隙水压力上升模型，并与细砂的液化特性和孔隙水压力模型进行了对比。研究指出，上海饱和粉土发生液化所需的循环应力比要大于饱和砂土；由于粉土和细砂在颗粒特征和结构特性方面的区别，粉土在施加循环应力后，最初阶段，孔隙水压力急剧上升，而细砂在这一阶段，孔隙水压力上升较为缓慢；后期阶段，上升速率减小，最终趋于稳定，土样发生液化，与细砂出现结构崩溃、孔隙水压力急剧发展的液化阶段有较大区别。高广运等(2003)根据工程实际的现场测试和室内试验，提出了上海苏州河故道砂质粉土液化评价的原则和方法，研究以静力触探试验、剪切波速试验和室内动力三轴试验的结果进行分析判定。对多种因素共同作用的地震液化响应，采用宏观判定、原位测试及以室内试验为主要依据的微观判定相结合的多因素评判法对上海饱和土地基进行了液化判定预测。

张继红和顾国荣(2005)采用双桥静力触探法对上海薄夹层黏土地基液化进行了研究。研究将多种原位测试技术与室内土工颗粒分析实验相结合，重点研究上海地区薄层黏性土(或黏质粉土)夹层对液化判别的影响，提出了黏性土薄夹层地区双桥静力触探试验地基液化判别法，并分析了其判别精度。研究认为，由于上海地层存在大量透水性低的黏性土夹层，形成相对薄的隔水层，使土层垂直向的渗透性相对较差，在地震时能有效地隔断或减缓超静孔隙水压力的传递和积聚，对地基抗震是有利的。黄雨等(2009)结合上海某电厂海底隧道的工程实例，基于动三轴试验，对场地内砂质粉土层土体动力特性进行研究。具体研究了往返作用力、固结压力、结构性、颗粒组成等因素对于液化特性的影响，确定了场地内饱和粉性土的抗液化强度指标，并通过 Seed 简化判别法，判别该土层的地震液化可能性。研究指出，饱和粉土同砂土一样会液化，并且土体试样的颗粒组成、结构性不同，表现出的抗液化能力也不同。当粉粒含量占主导地位时，颗粒平均粒径越大，原状结构越好，粉性土越不易液化。经 Seed 简化判别法判别发现，场地中第⑤$_2$层可液化砂质粉土局部有轻微至中等液化可能。

在具体工程的液化响应及防治研究方面，朱永生(2003)针对上海地铁工程 6 号线德平路典型断面进行了抗震分析，并根据不排水有效应力分析法，分析了地下水对隧道地震响应的影响，论证了地铁隧道的稳定性。研究认为，当区域地震设防烈度为 7 度时，地震过程中最大位移时程与地铁尺寸相比较小，地震过程中地铁结构内力峰值不显著。另外，考虑动荷载作用下结构承载力可以提高的因素，认为内力峰值仍未超过结构允许承载力。刘智勇(2008)通过室内动三轴液化试验和有限差分法动力分析两个途径，研究了漕泾电厂取排水隧道所处浅层砂质粉土层的液化可能性，并对隧道衬砌结构的抗震内力响应进行了计算和分析。研究指出，埋深在水底 9m 以上的砂质粉土层局部区域有液化可能，但隧道位于该区域之下，即使液化也不会对隧道的抗震安全性构成影响。

吴祥松等(2006)以上海地铁杨浦线黄兴绿地站到翔殷路站区间隧道双圆盾构工程为背景，探究了列车激震荷载作用下软土地铁双圆隧道的动力响应规律，研究认为合理布置隧道衬砌使结构各阶模态远离地铁运营工作频率或避免工作频率落在某阶模态的半功率带宽内，可令结构具有良好的动力稳定性与整体工作性能，并表明对于隧道结构，列车振动引起的附加内力增幅在 10%左右，设计时应予以考虑，但研究既没有考虑隧道管片接头的影响，也没有考虑土体与隧道衬砌之间的相互作用。

王丹微(2008)对上海世博会会址区地基土工程地质可利用性进行了评价与研究。研究主要对会址区广泛分布的软土和砂类土的钻孔数据进行分析，分别选取了对软土和砂类土工程性质影响较大的指标参数，建立了软土软硬程度、砂土振动液化、砂土渗流液化的可拓评价模型。研究结果表明，该工程场地地面建筑可利用性好的场地占 30%，可利用性较好的场地占 65%，可利用性较差的场地占 5%；在工程区域内，虽地面建筑地质可利用性较好，但仍有部分地区会出现软基变形和砂土振动液化的可能，应提前采取措施。

2. 杭州地区地下工程抗震抗液化研究

杭州地区属冲海相沉积平原区，第四纪覆盖层厚度达 50～70m。上部主要为钱塘江近代冲击沉积的粉砂性土。城市地震烈度按 7 度近震设防。市域内场地在地表下 15m 范围内分布的主要是粉砂性土层，15m 范围内土层的平均剪切波速厚度加权平均值为 170m/s，根据标准贯入试验及剪切波速试验的综合判断结果，沿线饱和粉砂性土层为局部液化。场地土属中软(场地)土，场地类别为III类。

在杭州地区液化场地土层抗震特性方面，沈华骏(2008)通过对杭州地铁 2 号线过江段的岩土工程进行现场勘查、室内及现场试验和理论分析等对实际工程的地震效应、岩土工程地基基础条件、施工中可能遇到的岩土工程及水文地质问题进行了分析研究。研究指出，在 7 度近震条件下，本区间总体为轻微液化场地，局部呈中等液化，主要液化地层为砂质粉土层。庄之敬(2008)针对采取抗液化措施前后的研究区内的杭州湾北岸某电厂的取排水隧道断面和天津西部某水库围坝断面，进行了可液化土的地震液化试验及数值模拟研究。研究利用共振柱和动力三轴试验，针对研究区内可液化的粉性土进行了动力特性试验研究，发现室内试验中饱和粉性土的液化临界孔隙水压力比为 0.7，得出粉性土的抗液化强度指标等有限元模拟参数，同时通过室内试验的液化判别印证了现场测试的判别结果。

对于杭州地区地下工程在可液化土层的抗震研究方面，刘洋(2008)以杭州地铁 1 号线富春路站—秋涛站区间为背景，研究了地铁隧道穿越可液化土层的地震反应规律。研究结果表明，在地铁区间隧道工程中提高衬砌结构的混凝土标号有助于防止因内力过大而造成的结构破坏，同时增大隧道埋深将提高其抗震稳定性。王松平和陈勇华(2010)针对杭州地铁 1 号线地质条件及主要岩土工程问题进行了研究。其中，对砂土液化方面，研究指出沿线场地深度 20m 内存在粉土、砂土层，在 7 度地震时，存在轻微—中等液化势，由于地震液化或通车时对地基土的循环振动加载，对地铁运行后有一定的影响。研究建议隧道施工时应采用管片外二次注浆加固处理，而地铁地下车站由于开挖深度一般大于 16m，砂土液化对车站影响不大。

对于杭州地区可液化地层中地铁列车荷载作用下的盾构隧道振动响应研究，葛国宝(2013)以杭州地区盾构隧道工程为研究背景，对考虑施工影响下列车运营引起的地基土动力特性及沉降进行了研究。研究指出，地铁引起的长期沉降从时间上可以划分为两个阶段，即地铁运营前的沉降和地铁运营期间的沉降。其中，地铁运营前的沉降主要是由隧道掘进引起的，它包含由于土体损失、正面附加推力、摩擦力等原因产生的瞬时沉降及由超孔隙水压力消散而产生的工后固结沉降。地铁运营期间的沉降主要是由列车荷载作用下土体累积塑性变形和累积超静孔隙水压力消散引起的，并受到隧道施工的影响。

郑棋(2014)以杭州地铁贯穿土体周围典型饱和粉土为研究对象，研究了围压、黏粒含量、粉粒含量对土样动强度的影响，综合分析得出细粒含量对粉土动强度影响的关系曲线，总结分析出细粒含量最易液化的比例。饶岳成(2014)以杭州地铁所处的粉土层为背景开展地铁行车荷载下粉土动力特性的相关研究。研究在比重试验、颗粒分析试验、相对密度试验和常规静三轴等室内试验的基础上，系统地分析了粉土在地铁行车荷载下的动力特性，获得了杭州地铁所处粉土层粉土的物理力学性质。在考虑地铁振动荷载作用下建立地铁隧道的有限元模型，模拟了粉土层在地铁行车荷载下的应力场。吕筱(2016)以杭州地铁 1 号线沿线的典型饱和粉土为研究对象，研究了循环振动荷载下饱和粉土的动力特性及其微观结构。研究对试验不同细粒含量的相应粉土试样进行扫描电镜(scanning electron microscope，SEM)试验，综合分析了细粒含量对粉土动强度和动孔隙水压力发展的影响。

3. 宁波地区地下工程抗震抗液化研究现状

宁波地区的场地属冲湖积平原，市域内地下工程范围内均为第四纪松散沉积物，地质属第四系滨海平原沉积层，主要由饱和黏性土、粉性土及砂土组成，其工程性质表现为低地基承载力、荷载变化后易变形且不均匀、变形速率大且稳定时间长、触变性及流变性大等。在宁波地区土层中开挖隧道，会由于施工引起的地层损失、隧道周围受扰动或剪切破坏的重塑土再固结、后期列车运营荷载及其他因素等影响，导致隧道产生长期沉降和沉降差，且沉降的持续时间较长。城市地震烈度按 7 度近震设防。

在宁波地区可液化场地震害安全性研究方面，何学会(1997)在地震危险性分析的基础上，运用剪切波速法、逐步判别法等方法，对宁波金鸡山地区地震活动性及震害进行了研究。研究结果表明，饱和粉细砂与饱和黏质粉土地基液化是平原地区尤其是滨海平原及河流三角洲地带的最主要的震害形式之一。南京工业大学王炳辉等(2007)结合宁波象山港大桥工程场地地震安全性评价，首次对宁波近海沉积的淤泥质黏性土、黏性土和砂土进行了动模量和阻尼比的试验研究。结果表明，宁波近海沉积的砂土和粉土的抗液化强度可采用指数函数进行拟合，且与南京长江三桥场地粉土的抗液化强度相近，但明显大于福建标准砂的抗液化强度。

浙江省工程勘察院林乃山(2010)对宁波地区粉砂土渗透系数的求取进行了研究。研究结合宁波市地铁 1 号线一期工程现场试验及室内渗透试验数值进行对比分析，得出了较优的砂土、粉土渗透系数求取方式。

杨兵明和刘保国(2016)对地铁列车循环荷载作用下宁波软土地区盾构隧道的长期沉降问题进行了研究。研究结果表明，线路的不平顺、地铁列车循环荷载及频率对宁波淤泥质软黏土地区隧道下卧土层的长期沉降有较明显的影响，同等试验条件下，线路不平顺时下卧软土层的长期沉降约为平顺时的 2.9 倍；地铁列车循环荷载的频率越高，所引起的宁波淤泥质软黏土地层的塑性变形幅值越小；宁波轨道交通 1 号线运营 10 年后隧道下卧土体的累计沉降约为 22mm，第 1 年的沉降较大，约占运营 10 年累计总沉降量的 50%。宁波大学岩土工程研究所谢琦峰等(2017)针对宁波饱和重塑黏质粉土进行了循环荷载下饱和重塑黏质粉土的动力特性研究，提出了采用相对动应力来分析不同围压、不同动应力下土的累积塑性应变变化规律，并建立了孔隙水压力-累积塑性应变关系的经验公式。结果表明，累积塑性应变随着相对动应力的增大而增大；温度越高，累积塑性应变值越小，且相同温度增量条件下的累积塑性应变增量随之减小；建立的孔隙水压力-累积塑性应变经验公式可用于长期振动荷载作用后黏质粉土的孔隙水压力计算。

对于国内其他工程地质相似地区的地下工程抗震、抗液化研究，王小花(2005)针对黄河三角洲沉积物特殊的土工性质，对黄河三角洲典型研究区地基土系统地开展了现场测试、室内试验、动力特性和地震液化的数值模拟研究。研究结果表明，孔隙水压力比为 0.65 是黄河三角洲粉质土破坏开始的标志；依据传统方法，抗震设防烈度为 7 度时，大部分土层不会发生液化，少数土层具有轻微液化的可能；通过数值分析，大王北、东营港和新滩研究区3个典型区域的地基土均有液化可能，数值分析得出与传统方法较一致的判别结果。刘晨(2012)针对石家庄滹沱河两岸的细砂模拟了复杂应力条件下砂土的液化过程，通过数值计算分析了地震液化过程中地基土累积孔隙水压力增长与变化规律。研究结果表明，浅层土体更易发生液化，孔隙水压力峰值随土层深度的增加而增大，孔隙水压力比随深度的增加而减小。同一深度处，埋深小于等于车站结构中心的点，孔隙水压力峰值随离结构水平距离的增加而增大；埋深大于结构中心的点，孔隙水压力峰值随离结构水平距离的增加而减小。

1.2.3 可液化地基地下结构的地震响应及危害研究

宫全美等(2000)以南京地铁为背景，针对饱和粉细砂层中盾构隧道的地基液化问题，通过室内试验及理论计算得到如下结论：改变隧道埋深、对周围土压密或对洞周土注入7%～10%的425号普通硅酸盐水泥等，即可达到消除隧道底部、减小隧道顶部液化区的目的。邹德高和孔宪京(2002a)研究了地震时饱和沙土地基中管线上浮机理，进行了饱和砂土浅埋管线的模型试验，证实地震中由于地基的液化使管线上方的填土抗剪强度降低从而使管线上浮导致结构破坏，研究得出了在管线周围布置U形碎石排水措施可令孔隙水压力迅速消散，有效减小上浮总位移量的结论，但由于没充分考虑土体非线性，实验模型并没有建立相似关系，因此对液化土层处理措施的机理及设计参数还需要进行进一步探讨。

Ling 等(2003)针对美国内华达州可液化砂土进行了地震作用下大孔径沉管的离心机模型试验，但研究仅给出了土体沉降、超孔隙水压力及沉管上浮量等试验结果，未对土体与结构的液化表现机理做详细分析，只能初步为后续的数值模拟等定量研究提供参照。Dan Yang 等(2004)对加拿大 George Massey 沉管隧道的抗震性能进行了动力离心试验，但试验中仅关注地震砂土液化造成的结构上浮及横向移动，未考虑结构的变形内力及土与结构件的相互作用。

刘华北和宋二祥(2005)针对可液化分层土体中地铁结构的地震响应，采用非线性动力有限元方法，考虑固液两相体的动力耦合作用，研究了土体与地下结构的液化响应及地下结构在地震作用下的内力分布，揭示了地下结构在强震作用下固结过程的垂直位移机理，提出设置截断墙是减少地下结构由于土层液化上浮而造成严重破坏的有效措施，并对截断墙的工作机理进行了分析，提出了科学的设计依据。刘光磊等(2007)还针对浅埋于饱和砂土地层中较大矩形断面地铁隧道结构的地震反应，进行动力离心模型试验，研究了地基液化时隧道的上浮稳定性，隧道衬砌因地基液化产生的额外变形、内力及与周围地基土的动力相互作用等。在此基础上，对隧道两侧设置截断墙以减轻隧道上浮的处理方法进行了试验研究。研究结果表明，地基液化引起的隧道衬砌上的附加变形内力及隧道上浮量主要受地基液化时土水压力变化的影响。截断墙的设置限制了隧道两侧土体向隧道下方流动的趋势，有效减小了隧道结构的上浮量。

王刚等(2011)提出能够模拟饱和砂土液化后大应变响应的弹塑性循环本构模型，采用完全耦合的饱和土动力反应分析程序，以阪神地震大开车站破坏案例为依据，从饱和砂土单元在液化过程中的应力应变响应角度分析地层和车站的大剪切变形与饱和砂层液化程度的关系，得出了车站实例破坏的原因。

陈国兴等(2008，2010)进行了一系列地铁地下结构地震破坏机理大型振动台模型试验，研究地铁地下车站结构的地震损伤与破坏机理，分析可液化土和软土大变形对地下结构的影响。研究表明，地震引起的隧道壁截面上的附加内力较原静力作用下的内力小，但总值有明显增长，可液化地基中地铁隧道结构会因地震地基液化发生明显的上浮。庄海洋等(2012)分析了可液化地基-地铁车站结构非线性静动力耦合相互作用体系的地震反应规律，给出了地铁车站结构周围地基位移矢量分布图，研究认为可液化地基中地下结构上浮可能有地铁车站底部地基土的动孔隙水压力上升引起浮力增加、侧向地基液化引起侧向土体对结构侧壁的摩擦阻力减小和侧向地基土体向底部地基产生位移引起上托力共同作用等结果。

天津市地下铁道集团有限公司、中国铁路设计集团有限公司(《天津市轨道交通地下建筑结构抗震性能研究》，2015)研究了 7 度设防烈度下区间隧道抗震计算方法研究和液化土层影响的数值分析。郑习羽、郑习羿(2015)分析了天津地铁区间结构抗震液化影响因素，并以现场土层液化判定和数值研究结果为依据对抗液化措施的设计和施工提出了指导建议。

1.2.4　列车循环荷载作用下周围环境振动问题研究

在国外，大城市比较多的许多国家(如美国、法国、日本、德国、英国、比利时、捷克等)交通引起的环境振动问题都已被列为重要的科学研究课题，并开始着手研究振动污染规律、振动产生的原因、传播路径与控制方法及对人体的危害等。英国铁路管理局组织其研究发展部技术中心对铁路车辆引起的地面振动进行了测试，主要就行车速度、激振频率和轨道结构参数的相关关系及共振现象等进行了实验研究。

Jenkins 等(1974)研究了机车车辆参数对轮轨垂直动荷载的影响。Rucker W.(1982)对随机振动进行了深入的研究。Kurzweil 等(1979)研究了地铁列车的振动波在不同地层中的传播途径、衰减特性及邻近建筑物的二次振动和噪声问题。Dawn 和 Stanworth(1979)研究了运行列车引起的地面振动。Fredrick(1980)对轮轨关系进行了研究。

Wilson 等(1983)针对铁路车辆引起的噪声和振动提出了通过改善道床结构形式(采用浮板式道床)和改变铁路车辆转向架构造以减少轮轨接触力，从而减少地铁车辆引起的结构噪声和振动的建议。Fujikake(1986)、青木一郎等分别就交通车辆引起的结构振动发生机理、振动波在地下和地面的传播规律及其对周围居民的影响进行了研究，提出了对周围环境振动水平的预测方法。

另外，瑞士研究小组研究了地铁列车和隧道结构的振动频率和加速度特征，从改善线路结构的角度提出了地铁列车振动对附近地下及地面结构影响的途径。

在国内，虽然大城市发展较晚，但随着现代化进程的加快，交通系统大规模发展极为迅速。国内一些专家学者结合我国北京、上海、沈阳、青岛等一些大城市修建地铁、轻轨交通系统时车辆引起的环境振动的工程实际进行研究，在地铁作用下隧道振动、振动波的传播及其对周围环境和建筑物的影响等方面取得了一些初步的研究成果。

在地铁列车荷载作用下地下结构及轨道结构的振动响应特性研究方面，吴祥松等(2006)以上海地铁杨浦线黄兴绿地站—翔殷路站区间隧道双圆盾构工程为背景，探究了列车激震荷载作用下软土地铁双圆隧道的动力响应规律，研究认为合理布置隧道衬砌使结构各阶模态远离地铁运营工作频率或避免工作频率落在某阶模态的半功率带宽内，可令结构具有良好的动力稳定性与整体工作性能，并表明，对于隧道结构，列车振动引起的附加内力增幅在 10%左右，设计时应予以考虑，但研究既没有考虑隧道管片接头的影响，也没有考虑土体与隧道衬砌之间的相互作用。莫海鸿等(2006)采用三维动力有限差分法，对广州地铁 4 号线埋置于深厚软土地层之中的盾构隧道在地铁营运期间的动力响应进行分析。研究表明，在地铁列车动载荷作用下，隧道动力响应自底部向顶部逐渐衰减，强烈区主要集中在下半部，管片环动力响应与接缝分布有关，临近接缝部位的动力响应值比远离接缝部位的动力响应值要大。

边学成和陈云敏(2007)用分层半空间上周期性支撑的欧拉梁模型求解多层地基和铁路轨道在列车运动荷载作用下的振动问题，发现地基振动特性主要取决于列车的运行速度和地基的土层性状。李晓英(2009)针对板式轨道条件下，由于列车振动引起隧道底部基岩破损变形而导致隧道底部结构及轨道变形的问题，以模型试验为手段，研究了高速列车在动荷载作用下隧道底部结构的动力响应特性。研究表明，在列车荷载作用下，隧道结构加速度响应随列车速度的增大而增大，仰拱加速度增长幅度相对较小，隧道底部基岩处各点加速度增长趋势基本相同。

翟婉明等(2015)对由无砟轨道上超高速列车引起的地面振动进行试验调查研究，结果表明时域上地表振动加速度峰值与列车时速近似呈正向线性关系，且测点离轨道轴线越远，受列车地表振动影响越小，当测点距离中轴线 10m 时，时域振动加速度峰值降低 80%以上；速度在 300km/h 以上的列车所引起的地面振动频率主要集中在 20～60Hz 范围内。

在可液化土层中的地下结构及周围土体的动力液化响应特性研究方面，宫全美等(2000a、b、c)针对地铁列车振动荷载长期作用下地基土的液化特性，以某城市地铁盾构隧道为背景，利用室内试验建立了地铁列车荷载作用下的孔隙水压力累积模型，并利用有效应力的有限元法分析了列车荷载作用引起的地基液化区和轨道变形量、轨面不平顺值对地基液化性影响。王明飞(2009)针对天津地铁盾构隧道中粉土地基在地铁列车振动荷载作用下地层液化的问题，分别应用有限元及有限差分软件，以数值模拟方法分析了粉土地基土层在不同工况下的动力响应规律和饱和粉土地基孔隙水压力发展变化规律，运用有效应力法对地铁地基进行了液化初判。陈松洁(2010)针对软弱地层中水下高速铁路盾构隧道列车振动工况，以广深港客运专线狮子洋盾构隧道为工程背景，采用数值计算和经验公式拟合的方法，探讨了砂土、软土层中隧道结构的受力特性和基底累积变形规律。研究表明，列车振动荷载对隧道底部地层的影响范围主要在隧道底部以下 8m 之内的土层，隧道周边各土层均不会发生液化，隧道结构处于安全状态。

高广运等(2011)对饱和地基上列车运行引起的地面振动进行了分析，讨论了动力渗透系数、孔隙率、土骨架密度和剪切波速等参数对地面振动传播与衰减的影响规律，分析表明以上参数对地表位移幅值均有较大影响。戴林发宝等(2012)基于广深港高速铁路狮子洋盾构隧道工程，对列车荷载引发的隧道动力响应进行了数值模拟，分析了列车高速通过隧道时孔隙水压力的超孔隙水压力比的变化规律。结果表明，高速列车荷载作用下孔隙水压力增大，超孔隙水压力比峰值出现在地表，但值很小，不会发生液化；两列列车交会通过隧道时，超孔隙水压力比近似对称分布，其最大值比单列列车通过情形略有增大。杨文波等(2017)研究了盾构速调管片接缝对隧道结构及周围软土地层的动力响应的影响。结果表明，在列车振动荷载作用频域区间内，隧道结构和软土地层的竖向加速度响应均呈现出随频率的升高而增强的趋势；管片接缝使隧道结构的动力响应明显降低。管片接缝对软土地层的动力响应也具有一定的影响，但影响程度远小于隧道结构本身；管片内力主要集中于施加振动荷载的拱底附近，接缝对管片环所受轴力有较为明显的影响，而对结构所受弯矩影响较小。

此外，De-yun Ding 等(2010)探讨了当时规划中北京地铁 8 号线下穿过国家测量实验室而导致的地表振动问题，研究预测了由北京地铁 8 号线列车运营引发的自由场地振动。研究表明，自由场地的响应主要受列车车轮对及钢轨刚度的动力激励影响；动力响应随列车速度的增大而增大，并近似地有 $v^{1.5}$ 的比例关系，响应幅值随侧向距离的增大而减小。刘卫丰等(2013)就北京地铁 8 号线列车运行对邻近地铁线路的某科研楼内精密仪器的振动影响进行了预测研究，结果预测了地铁列车运行引起的振动，并表明浮置板轨道是一种有效的高频减振措施。

目前，虽然国内外学者对饱和粉土液化机理、液化后特性展开了大量的研究，但饱和粉土不同于砂土，其特殊的结构导致粉土液化更为复杂，国内对于粉土的研究以黄土为主，大量国内外学者的研究多集中在对隧道上浮的影响方面，对粉土地区隧道结构在地震中的应力、应变的研究不足，对天津地区粉土地层隧道结构对液化地层液化特性的影响的研究甚少，有待于进一步开展液化地层特征及其相关技术的研究。

1.3　本书主要内容

本书在调研国内外相关研究成果的基础上，依托天津地铁 5 号线及在建的 7 号线一期工程，采用资料调研、理论分析、现场测试、数值模拟与大型振动台模型试验相结合的方法，介绍了天津地铁盾构隧道粉土地层的特点，阐述了 8 度地震与列车振动条件下盾构隧道的动力特性及其抗震液化技术，为天津地区粉土地层盾构隧道设计与施工提供了一定的理论依据。

主要内容如下：

(1) 可液化粉土地层动力特性及其液化机理。根据天津地铁现场试验资料和粉土特性、土层分布状况、地下水埋深、上覆土层厚度和可液化土层厚度，天津地铁典型粉土可液化区深度 10m 以内的表层粉土，在 8 度抗震设防烈度下，饱和表层粉土极易液化，并对液化区域进行液化判别标准的比选。

(2) 运营条件下列车振动荷载对液化土层和盾构隧道的影响。在“地铁列车-轨道-隧道结构-周围环境地层”系统中，针对主要发振源为高速运行的地铁列车，建立地铁列车振动垂向耦合动力学模型，研究天津地铁列车动力荷载特性，分析轨道不平顺及载客状态对列车荷载特性的影响，同时进一步分析列车运行对盾构隧道及粉土地层动力特性的影响。

(3) 强震作用下粉土地层盾构隧道动力响应研究。针对天津地区粉土液化地基条件，建立大型三维数值模型，分析单双洞形式、隧道埋深、液化地层位置、盾构隧道空间位置等参数变化对粉土地层及隧道结构动力响应规律的影响，为高烈度地震区粉土地层盾构隧道抗液化设计与施工提供理论支撑。

(4) 高烈度地震区粉土地层盾构隧道抗液化技术。调研国内外粉土地层常见抗液化技术措施，对比分析饱和粉土地层隧道施工 3 种抗液化处置技术(注浆加固法、排水桩、降饱和度)，并提出不同粉土液化程度的有效抗液化技术，深入分析 8 度地震区饱和粉土地层隧道降饱和度抗液化性能，为不同地震烈度条件下粉土地层盾构隧道抗液化设计与施工提供了参考与依据。

(5) 强震作用下粉土地层盾构隧道抗液化技术振动台试验。针对天津粉土地层工程条件，提出并设计实施了一套可适用于进行饱和粉土环境下隧道结构动力液化响应振动台模型研究的模型箱及结构模型的防水控水技术体系。同时设计一套应用于振动台模型试验的直接注氮气降饱和度技术，验证了严重液化区域采用注氮气降饱和度抗液化技术的有效性，为饱和粉土地层抗液化提供了新的思路。

第 2 章　天津地铁饱和粉土可液化土层概况

2.1　天津地铁概况

2.1.1　天津地铁整体线路介绍

截至 2019 年 12 月，天津轨道交通开通运营地铁线路共 6 条(图 2-1)，线网覆盖 11 个市辖区，总运营里程为 233km，共设车站 143 个。天津地铁已经运营的线路为 1 号线、2 号线、3 号线、5 号线、6 号线南段、9 号线，其盾构外径采用 6.2m，管片厚度采用 350mm；近期建设中的地铁线路为 10 号线、11 号线、B1 线，盾构外径采用 6.2m，管片厚度采用 350mm，Z2 线、Z4 线、7 号线、8 号线，盾构外径采用 6.6m，管片厚度采用 350mm。

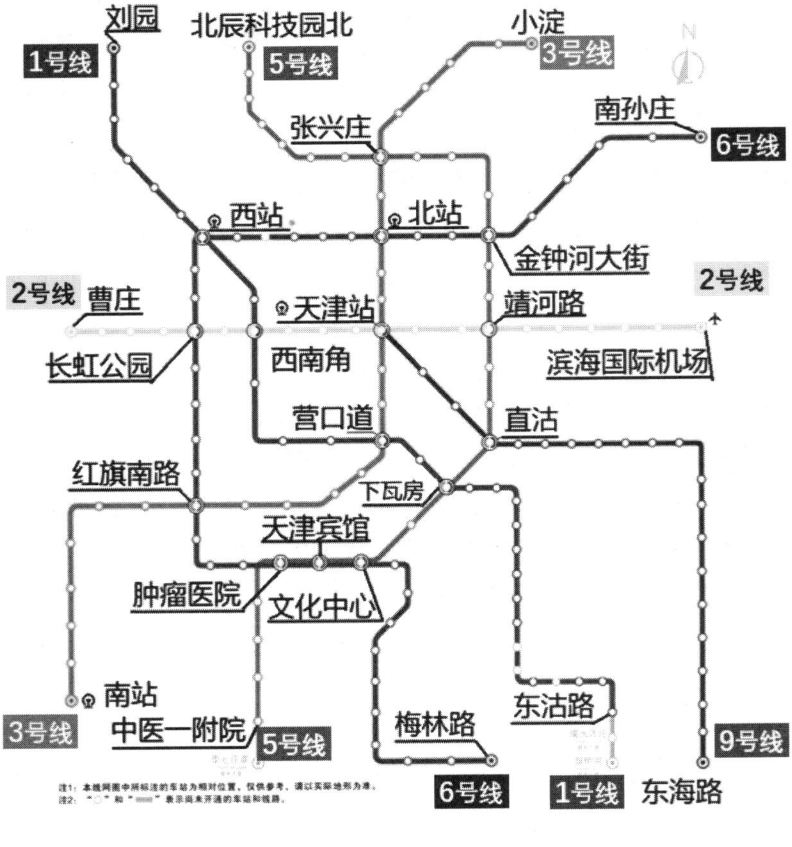

图 2-1　天津地铁轨道交通线网示意图

本书的研究对象为天津地铁工程穿越可液化土层区段。具体依托工程实例为已建成的天津地铁 5 号线及在建的 7 号线一期。天津地铁 5 号线是天津地铁线路之一，于 2017 年 7 月 1 日全线隧道贯通，并于 2018 年 10 月 22 日开通试运营。该线主要沿中环的东南半环分布，为天津市轨道交通网络的骨干线，共设 28 个站。天津地铁 7 号线一期工程是天津市快速轨道交通网中的南北主干线，全长 26.47km，全部为地下线，预计 2023 年 6 月建成通车。

2.1.2　天津地铁 5 号线盾构隧道结构

地铁 5 号线盾构型式选用土压平衡式盾构，采用加泥式土压平衡盾构，盾构内径为 5.5m，外径为 6.2m。衬砌环全环由小封顶 F、两块邻接块 L 和三块标准块 B 构成，为保证盾构环的整体受力和防水效果，采用错缝拼装。衬砌采用单层衬砌结构(C50P10)，衬砌厚度拟采用 350mm，盾构隧道断面图如图 2-2 所示。

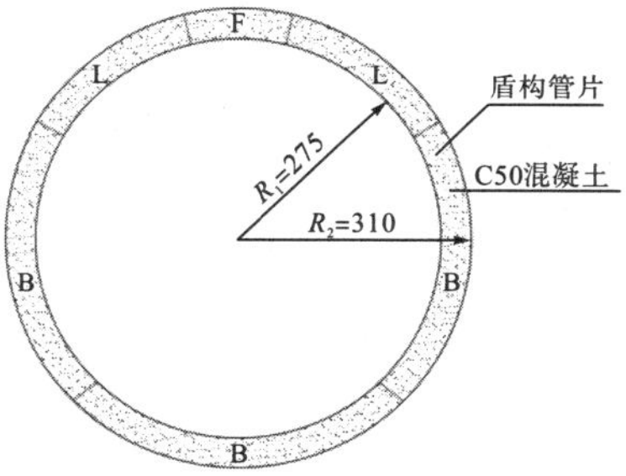

图 2-2　天津地铁 5 号线盾构隧道断面图(单位：cm)

2.1.3　天津地铁 7 号线盾构隧道结构

地铁 7 号线盾构型式选用土压平衡式盾构，采用加泥式土压平衡盾构，盾构内径为 5.9m，外径为 6.6m。衬砌环全环由小封顶 F、两块邻接块 L 和三块标准块 B 构成，为保证盾构环的整体受力和防水效果，采用错缝拼装。衬砌采用单层衬砌结构(C50P10)，衬砌厚度拟采用 350mm，盾构隧道断面图如图 2-3 所示。

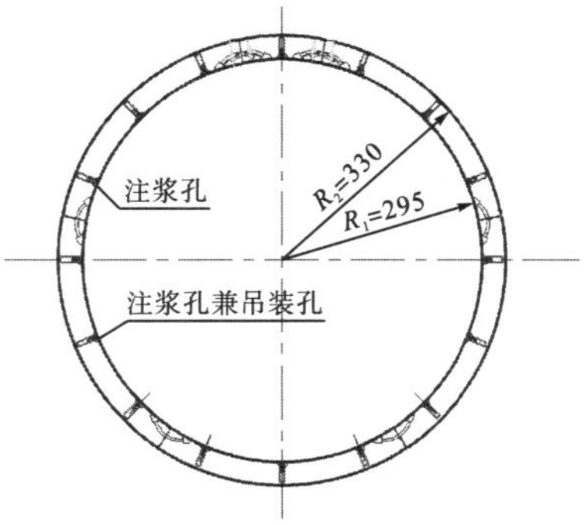

图 2-3　天津地铁 7 号线盾构隧道断面图(单位：cm)

2.2　典型线路粉土液化土层地质概况

2.2.1　天津地铁 5 号线典型可液化土层概况

本段沿线位于天津城区北部平原，涉及的地貌单元属海积—冲积滨海平原。该地区发育的地层主要有：第四系全新统上端陆相冲积层，以砂壤土、粉土、粉砂和壤土为主，底部普遍分布一层淤泥质黏土，局部为壤土；第四系全新统中段湖沼相沉积层，以厚层黏土和壤土为主，偶夹砂壤土透镜体；第四系全新统中段海相沉积层，以厚层壤土为主，局部夹砂壤土和黏土透镜体；第四系全新统下段陆相冲积层，以厚层壤土和黏土为主，局部夹粉细砂透镜体，该层顶部普遍分布一层灰白色黏性土。本场地内表层地下水类型为第四系孔隙潜水；赋存于第Ⅱ陆相层及其以下粉砂和粉土层中的地下水具有承压性。潜水水位埋深为 0.50～1.50m，承压水稳定水位埋深为 3.00～3.50m。

钻孔柱状图表明的场地分布土层如下。

(1) $①_1$层杂填土：杂色，松散，稍湿—湿，含大量碎砖石、混凝土块、灰渣，土层厚度为 0.50～6.20m，层底高程为-3.86～2.08m。

(2) $①_2$素填土：以褐色黏性土为主，湿，可塑状，含碎砖石、灰渣、植物根系，土层厚度为 0.90～1.80m，层底高程为-2.40～0.55m。

(3) ②淤泥质黏土：褐灰、黑灰色，流塑，土质均匀，富含有机质、腐殖质，土层厚度为 0.40～1.70m，层底高程为-4.46～0.09m。

(4) $④_1$粉质黏土：黄褐、灰褐色，可塑、硬塑，均匀，锈染，本亚层为粉质黏土与黏土互层，土层厚度为 0.50～3.50m，层底高程为-2.95～-0.69m。

(5) $④_2$ 粉土：褐黄、灰黄色，饱和，稍密—中密，含铁质，土质均匀，土层厚度为 0.40～2.50m，层底高程为-3.19～-2.89m。

(6) $⑥_3$粉土：灰色，饱和，稍密—中密，中压缩性，含贝壳，局部呈层状，土质均匀，土层厚度为 0.80～2.70m，层底高程为-5.74～-4.97m。

(7) $⑥_4$粉质黏土：灰色，软塑、流塑，含贝壳，均匀，局部夹粉土透镜体，底部分布黏土透镜体，土层厚度为 5.30～6.00m，层底高程为-11.21～-10.96m。

(8) ⑦粉质黏土：浅灰色—青灰色，可塑，中压缩性，均匀，含有机质，局部顶部可见泥炭层，局部夹粉土、黏土透镜体，土层厚度为 1.00～1.40m，层底高程为-12.45～-12.21m。

(9) $⑧_1$粉质黏土：灰黄、褐黄色，含铁质，可塑、硬塑，中压缩性，土质均匀，夹黏土透镜体，土层厚度为 0.50～3.40m，层底高程为-15.78～-12.77m。

(10) $⑧_2$粉砂：褐黄、黄褐色，饱和，中密、密实，中压缩性，夹粉土、细砂透镜体，土层厚度为 4.10～7.60m，层底高程为-19.94～-19.39m。

(11)⑨$_2$ 细砂：黄褐、褐黄色，密实，饱和，中压缩性，土质均匀，本亚层为细砂与粉砂互层，下部夹粉土，土层厚度为 9.10～15.00m，层底高程为−29.45～−29.04m。

天津地铁 5 号线盾构区间液化土层分布情况见表 2-1。

表 2-1　天津地铁 5 号线可液化土层分布情况

盾构区间	液化土层分布					备注
	土层名称	土层深度/m	土层厚度/m	与盾构的关系	液化等级	
志成路站—思源道站区间	④$_2$ 黏质粉土	−4.21～−1.35	0～2.3	盾构上方	轻微液化	全区间
	⑥$_3$ 黏质粉土	−6.70～−3.62	0.6～1.8	盾构上方	轻微液化	区间中部
思源道站—建昌道站区间	④$_{23}$ 黏质粉土	−5.48～−1.55	3～3.26	盾构上方	轻微液化	靠近建昌道站
建昌道站—金钟河大街站区间	④$_2$ 黏质粉土	−3.17～−1.09	0.58～2.07	盾构上方	轻微液化	靠近金钟河大街站
	⑥$_3$ 黏质粉土	−6.08～−3.17	1.8～2.5	盾构上方	轻微液化	靠近两侧车站

前期勘察结果表明，建昌道站—金钟河大街站区间隧道地基范围内的部分④$_2$ 层饱和黏质粉土与⑥$_3$ 层黏质粉土具轻微液化可能。该盾构区间长度为 941.296m，液化土层深度范围为 1.09～6.08m，液化等级为轻微液化，液化土层处于盾构上方。隧道顶板埋深为 9.56～17.09m，高程为−6.06～−13.98m，隧道底板埋深为 15.80～23.39m，高程为−12.30～−20.22m，如图 2-4 所示。

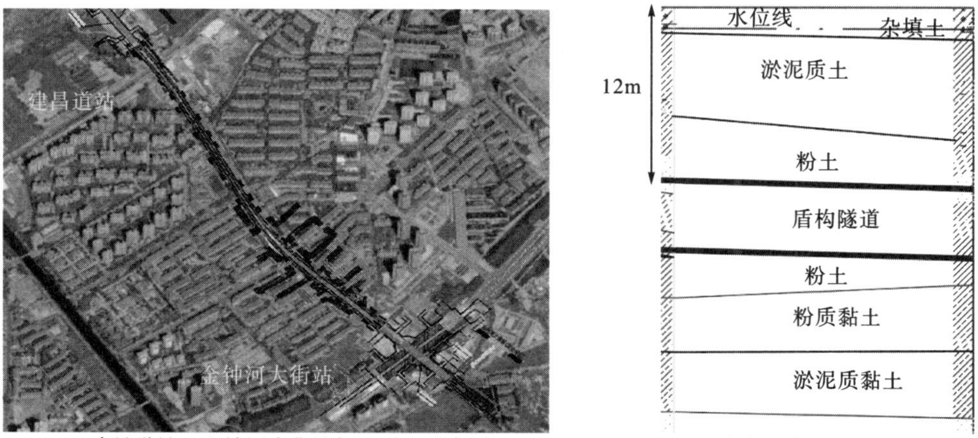

(a)建昌道站—金钟河大街站场地平面示意图　　(b)区间隧道地质纵断面示意图

图 2-4　天津地铁 5 号线典型可液化区段

2.2.2　天津地铁 7 号线一期可液化土层概况

1. 场地可液化土层总体分布概况

天津地铁 7 号线典型可液化区段场地范围内普遍分布有黄河故河道及其洪泛区沉积

层，埋深范围为 0.5～24.3m，该层主要由软弱的黏性土、局部淤泥质土和厚层中等—严重液化的黏质粉土层组成，其中淤泥质土含水量高，孔隙率大，压缩性高，承载力低，灵敏度高，极易发生扰动和蠕动，工程性质差；同时厚层液化粉土层触变性强，易产生流土、管涌等现象，均对工程造成不利影响。根据《天津地铁 7 号线一期工程地质灾害危险性评估报告》：该区间范围内 2010～2014 年平均沉降速率为 51.8mm/a，1995～2014 年累计沉降量为 928mm，地面沉降地质灾害强发育，危害程度大，危险性大。

天津地铁 7 号线盾构区间液化土层分布情况见表 2-2。

表 2-2　天津地铁 7 号线盾构区间液化土层分布情况

盾构区间	液化土层名称	液化土层深度/m	液化土层厚度/m	液化等级	液化土层与盾构区间的关系
赛达路站—芦北路站区间	⑥$_{3}$ 黏质粉土	−11.34～−0.19	0～9.2	中等	盾构上方（极少部分侵入盾构上部）
	⑥$_{42}$ 黏质粉土	−18.33～−9.17	0～5.08	轻微	盾构上方，侵入盾构，盾构下方
芦北路站—宏源道站（原幸福道站）区间	⑥$_{3}$ 黏质粉土	3.1～16.6	4.8～11.4	中等—严重	覆盖全部盾构区间
	③$_{2}$ 黏质粉土	4.2～14.8	7.4～11.1	严重	盾构区间的上半幅或全覆盖
	③$_{42}$ 黏质粉土	14.3～23.9	1.2～5.2	轻微	盾构区间顶部或区间上半幅
宏源道站（原幸福道站）—兴华道站区间	③$_{2}$ 黏质粉土	4.2～14.3	4.3～8.1	轻微—中等	位于盾构进出洞上半幅
	③$_{42}$ 黏质粉土	12.4～21.4	2～9	轻微	位于盾构进出洞下半幅或全覆盖
	⑥$_{34}$ 粉砂	13.8～17.2	1.1～3.4	轻微—中等	位于盾构进出洞上半幅
	⑥$_{42}$ 黏质粉土	13.8～16.9	2.2～3.1	轻微	位于盾构进出洞上半幅
兴华道站—张道口站区间	③$_{2}$ 黏质粉土	0.7～7.0	0～2.9	轻微	该层土体处于区间隧道上方
	⑥$_{3}$ 黏质粉土	8.95～16.65	0～13.5	轻微	该层土体处于盾构开挖断面上半圆内
	⑥$_{42}$ 黏质粉土	15.0～17.3	0～1.6	轻微	该层土体仅在盾构开挖断面下部局部
张道口站—梅江会展中心南站区间	③$_{2}$ 黏质粉土	2.4～14.9	0～2.9	轻微、中等、严重	该层土体处于区间隧道上方
	③$_{42}$ 黏质粉土	10.5～21.5	0～4.8	轻微	该层土体局部出现于盾构开挖断面内
	③$_{44}$ 粉砂	11.2～16.6	0～4.0	轻微	该层土体局部出现于盾构开挖断面内
	⑥$_{42}$ 黏质粉土	12.4～16.4	0～3.2	轻微	该层土体局部出现于盾构开挖断面中部
梅江会展中心南站—王兰庄站区间	③$_{24}$ 粉砂	17.0～21.5	0.5～13.5	中等	在盾构洞身至底部

续表

盾构区间	液化土层名称	液化土层深度/m	液化土层厚度/m	液化等级	液化土层与盾构区间的关系
王兰庄站—丽江道站区间	③$_2$ 黏质粉土	15.5～6.0	0～5	中等	在盾构区间上侧
肿瘤医院站—天塔站区间	黏质粉土(④$_2$)、砂质粉土(④$_{2\text{-}3}$)、粉砂(④$_{2\text{-}4}$)、黏质粉土(⑥$_3$)、砂质粉土(⑥$_{3\text{-}3}$)、粉砂(⑥$_{3\text{-}4}$)	4.3～7.6	1.1～5.7	轻微	在盾构区间上侧
六里台站—海光寺站区间	④$_2$ 黏质粉土层	3.6～5.8	0.0～2.2	轻微	在区间盾构上侧
海光寺站—福安大街站区间	④$_2$、⑥$_3$ 黏质粉土层	3.6～13.3	0.0～6.9	轻微	在区间盾构上侧
福安大街站—鼓楼站区间	④$_2$、⑥$_3$ 黏质粉土层	6.0～11.4	0.7～4.0	中等	在盾构区间上侧
鼓楼站—广东会馆站区间	⑥$_3$ 黏质粉土层	7.5～12.6	4.5～5.1	轻微	盾构区间穿越
中山路站—外院附中站区间	④$_{23}$ 黏质粉土	0.41～2.41	0～2	轻微—中等	上方(侵入盾构上部，为轻微液化)
	⑥$_{33}$ 黏质粉土	−3.16～0.72	1.9～3.45	轻微—中等	上方(侵入盾构上部，为轻微液化)
外院附中站—喜峰道站区间	黏质粉土(④$_2$)	4.3～9.2	0.90～3.10	轻微	位于盾构上部或盾构区间顶部穿越液化层
	黏质粉土(⑥$_3$)	6.2～15.4	2.00～7.10	轻微	盾构区间穿过液化层

2. 典型场地可液化地层分布概况

以典型液化区段芦北路站—宏源道站为例：该盾构区间长度为 941.296m，液化土层深度范围为 3.1～23.9m，液化等级为中等—严重，液化土层与盾构区间的关系为覆盖全部盾构区间。区间拟采用盾构法施工，隧道顶板埋深约为 9.51～21.40m，底板埋深约为 15.75～27.64m。从芦北路站出发，隧道沿赛达路由南向北敷设，沿途下穿赛达大道、鑫源道、宏源道等，最终到达宏源道站。区间起点里程为右 DK11+344.665，终点里程为右 DK13+097.279，线路长度为 1752.614m，双线并行。

芦北路站—宏源道站区间场地为海积—冲积滨海平原(图 2-5)，地形较平坦，地势开阔，地面高程一般为 1.46～3.26m。场地范围内地层主要为人工填土层(第四系全新统人工堆积)、新近沉积层(第四系全新统新近组黄河故河道、洼淀冲积)、第Ⅰ海相层(第四系全新统中组浅海相沉积)、第Ⅱ陆相层(第四系全新统下组沼泽相沉积、第四系全新统下组河床—河漫滩相沉积)、第Ⅲ陆相层(第四系上更新统五组河床—河漫滩相沉积)、第Ⅱ海相层(第四系上更新统四组滨海—潮汐带相沉积)、第Ⅳ陆相层(第四系上更新统三组河床—河漫滩相沉积)、第Ⅲ海相层(第四系上更新统二组浅海—滨海相沉积)、第Ⅴ陆相层(第四系上更新统一组河床—河漫滩相沉积)，地层主要为填土、淤泥质土、黏性土、粉土及砂土。

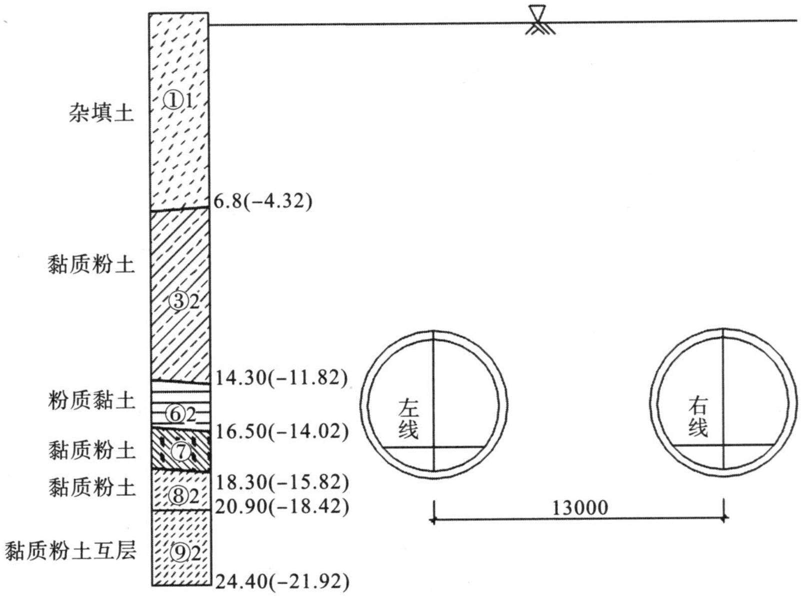

图 2-5　天津地铁 7 号线一期典型可液化区段示意图

前期勘察显示该场地内分布的可液化土层如下。

(1) ③$_2$黏质粉土：褐灰色，灰褐色，湿，稍密—中密，含有机质，与粉质黏土互层，含少量螺壳碎片。水平方向分布不连续，仅在揭示有黄河故河道段有揭示，该地层为地震可液化层。土层厚度为 0.90～12.90m，顶板高程为−10.86～−0.39m。

(2) ③$_{42}$黏质粉土：褐灰色，灰褐色，湿，稍密—中密，含有机质，与粉质黏土互层，含少量螺壳碎片。水平方向分布不连续，该地层大部为地震可液化层。土层厚度为 0.90～9.30m，顶板高程为−18.67～−11.12m。

(3) ⑥$_3$黏质粉土：灰黄色，褐灰色，灰褐色，稍密—中密，湿，含有机质及贝壳碎屑，含云母、粉砂颗粒。场地大部连续分布，仅在个别孔位附近缺失。该地层为地震可液化层。土层厚度为 1.80～12.00m，顶板高程为−11.40～−0.14m。

本场地地基土竖向上成层分布，水平向分布相对变化较大，土质总体上较均匀、稳定。本场地地震烈度为 8 度，动峰值加速度为 0.20g；场地土类型为软弱土—中硬土，场地类别为III类；场地液化等级综合判定为中等—严重。

第 3 章　可液化粉土地层动力特性及其液化机理

地下结构非自由液化场动力反应是土与结构相互作用的结果，非自由液化场动力的一些特性是自由液化场动力特性的反映，自由液化场是研究液化问题的基础，为了深入了解液化场与结构的相互作用原理，首先需要探究自由液化场的基本特性。

3.1　粉土地层的物理特性

3.1.1　粉土物理力学及工程性质

粉土在世界各地都有较为广泛的分布，而在沿海地区大部分的表面沉积物均是粉土。在我国，天津、北京、新疆及昆明等内陆区分布有较广泛的粉土，钱塘江、淮河地段等沿河海地区也有粉土分布。

在《建筑地基基础设计规范》中定义粉土为塑性指数 $I_P \leqslant 10$，且粒径大于 0.075mm 的颗粒含量不超过全重 50%的土。在粉土中，细颗粒的含量远远超过了粗粒和黏粒的含量。粉土介于砂土和黏性土之间，具有不同于黏性土和砂土的独特性质。它是一种低塑性土，粉土中包含了砂粒、粉粒及黏粒，其中细砂粒和粉粒在粉土中占有 70%以上的含量，所以粉土同时具有砂土和黏土的某些性质。砂粒透水性较好，没有黏性；黏粒在湿润时具有黏性可塑性的性质；而粉粒的透水性比砂粒小，黏性可塑性比黏粒差。正是由于粉土颗粒比砂粒细，同时由于黏粒在粉土中起到的黏性可塑性作用，与孔隙水之间的薄膜相互连接，使得粉土相比于砂土来说抗液化能力更强。粉土在结构上表现出由砂土的散状接触向黏性土的胶结状态慢慢过渡的形式，而粉土在物理性质上则表现出从砂土的物理性质向黏性土的物理性质过渡。太沙基对于粉土的描述是，粉粒是土体骨架，砂粒在粉土中是一种不稳定的结构，而黏性土在其中起着胶结的塑性作用，增强了粉土抗液化的能力。

3.1.2　粉土的成因及分类

粉土的形成方式不同，导致不同粉土的工程性质差别很大。山区中的黄土和黄状土，大部分属于粉土，这些土体多由于重力及风力堆积形成大孔结构，具有一定的湿陷性；而在冲积平原、河海湖平原的粉土中存在大量的自由水，在地震作用下，极易发生液化现象，是工程中经常遇到的一种不良土质。

在处理粉土的过程中，应根据不同粉土采用适宜的加固措施，所以需要对粉土的形成原因进行探讨。粉土一般分为以下几种。

1. 风成粉土

风成粉土又称为黄土，这种土一般都是在风力的挟带作用下，沉积成较大孔隙的土。黄土具有大孔结构，粉粒含量最高，在地震作用下极易液化。

2. 残积粉土

在残坡积和重力堆积作用下，沉积在山丘、山坡及河流阶地上的土称为次生黄土。这种土一般是大孔结构，具有一定的湿陷性。在黄土和次生黄土颗粒含量中，粉粒占比较大，砂粒和黏粒较少，在地质中一般是粉土、粉质黏土或砂粉质黏土。

3. 水成粉土

土颗粒在水的作用下，运动并且沉积成土，称为水成粉土。影响水成粉土形成的因素较多，运动距离、沉积环境及位置等对水成粉土的物理性质影响很大，故水成粉土又分为山区粉土和平原粉土。

山区粉土的土颗粒运动距离较短，多见于山区、山坡及冲积阶地。这类土埋深较浅，一般在地下水以下，处于欠固结状态，物理性质和黄土类似。

平原粉土的土颗粒运动距离较长，这些土颗粒在水的作用下，沉积在河流三角洲、沿河海平原。这类粉土由于长期的搬运作用，颗粒粒径大部分在 0.005～0.075mm 之间，为粉粒颗粒，且由于地下水位较浅，平原粉土多为饱和粉土，具有极易振动液化失水、土层压缩沉降较大、压缩固结较快、地基承载力的物理及现场标贯入击数低等特点。

3.1.3　天津可液化粉土基本物理力学性质

为研究天津地铁粉土液化土层在地震动作用下的物理力学参数变化，首先针对现场砂土液化土层开展一系列室内试验基本参数的测试，测定天津地铁砂土液化区土样的各项参数，进而在实验室中重新配比土样。

室内试验用原状土从天津现场钻孔取样(图 3-1)后，用不透水的塑料膜包装运输，到达实验室后，立即对土样参数进行了含水率及密度测定。本试验中用于测试其他物理参数的土样均为根据原状土参数重新加蒸馏水配比所得的重塑土样。

根据剪切波速试验，测得之前类似试验模型场地的剪切波速约为原型场地剪切波速的 1/2。

1. 含水率实验

采用烘干法实验，取适量土样放入铝盒(图 3-2)，测量其进入烘干机前后质量差作为水的质量，经过计算得出含水率为 21.8430%，测量数据见表 3-1。

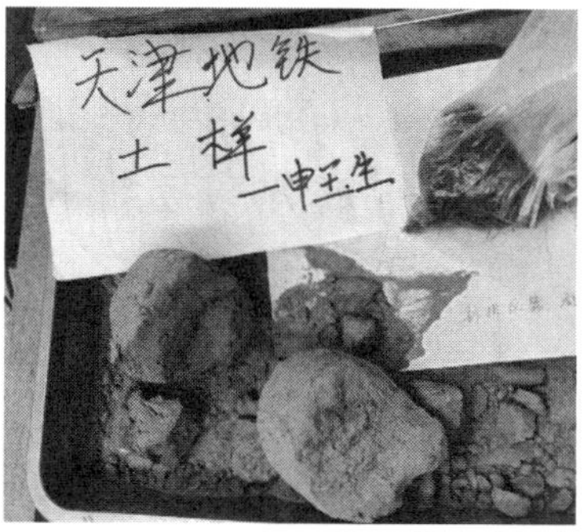

图 3-1　天津粉土试样

图 3-2　粉土含水率试验

表 3-1　含水率实验数据

铝盒编号	铝盒质量/g	烘干前质量/g	烘干后质量/g	湿土质量/g	干土质量/g	含水率/%
1835	14.598	50.391	44.085	35.793	29.487	21.3857
1786	14.331	46.575	40.592	32.244	26.261	22.7828
1964	14.575	48.261	42.332	33.686	27.757	21.3604
平均值	—	—	—	—	—	21.8430

2. 颗粒分析实验

颗粒分析实验的目的在于测定土的颗粒级配，是粗粒土分类及选择填料的重要依据。本次实验采用了筛分法。将烘干后的实验样品充分碾散，放入标准筛仪器(图 3-3)中进行实验，所得数据见表 3-2。

图 3-3　颗粒分析试验

表 3-2　颗粒分析实验数据

项目	0.5mm	0.25mm	0.1mm	0.075mm	底盒	总质量	原土样质量和
筛盒质量/g	328.6	323.6	314.2	317.0	237.2	1678.6	—
筛后质量/g	329.4	352.8	394.8	487.34	1121.66	2699.8	2708.8
土样质量/g	0.8	29.2	80.6	170.34	884.46	1021.2	1030.2

1021.2/1030.2=99.126%＞99%，说明在筛分实验中土的质量的损失不超过 1%，本组数据可靠。采用密度计法对筛分法得到的粒径小于 0.075mm 的土样进行计算，得到粒径小于 0.075mm 的颗粒占土样的百分数，最终得到⑥$_3$层粉土的性质，见表 3-3。粉土颗粒分析曲线如图 3-4 所示。

表 3-3　原状土样颗粒组成

名称	颗粒组成/%		
	砂粒	粉粒	黏粒
	0.25～0.074mm	0.075～0.005mm	＜0.005mm
粉土	27.5	65.8	6.7

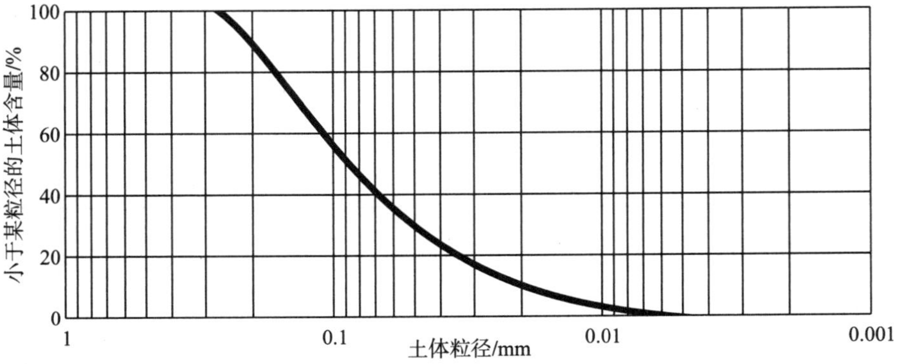

图 3-4　粉土颗粒分析曲线

3. 土样密度测定

土样密度的测定数据见表 3-4。

表 3-4　土样密度测定数据

环刀编号	环刀质量 m_1/g	(环刀+土体质量) m_2/g	土体质量/g	湿密度 /(g·cm^{-3})	干密度 /(g·cm^{-3})
1	42.478	158.613	116.135	1.936	1.585
2	42.334	157.492	115.158	1.919	1.575
3	44.471	163.958	119.487	1.991	1.634
4	42.297	155.751	113.454	1.891	1.552
5	43.204	158.471	115.267	1.921	1.577
6	43.472	160.745	117.273	1.955	1.604
7	43.072	161.136	118.064	1.968	1.615
8	43.096	160.237	117.141	1.952	1.602
平均值	—	—	—	1.942	1.593

从表 3-4 中可以得出土样的湿密度为 1.941g/cm^3，干密度为 1.593g/cm^3。

4. 变水头渗透实验

通过对变水头管中的水位进行高度变换(图 3-5)，出水口出水时开始记录水头和时间变化，进行了 8 组数据的测量，测试数据见表 3-5。

图 3-5　变水头渗透实验

表 3-5　渗透实验起始、终止水头数据

起始水头 H_1/cm	终止水头 H_2/cm
43.30	38.50
38.50	33.80
29.30	26.00
26.00	22.10
36.20	32.20
32.20	28.40
59.30	52.00
52.00	44.80

渗透系数 k_T 按式(3-1)计算：

$$k_{\mathrm{T}} = 2.3\frac{aL}{A(t_2 - t_1)}\log\frac{H_1}{H_2} \tag{3-1}$$

式中，a 为变水头管的断面积(cm^2)；L 为渗径，即试样高度(cm)；t_1、t_2 分别为测读水头的起始和终止时间(s)；A 为饱和土样截面积(cm^2)；H_1、H_2 分别为起始和终止水头。

通过式(3-1)计算，取平均值后得到平均渗透系数为 k_T=2.409×10^{-4}cm/s。

5.标准固结试验

在 50kPa、100kPa、200kPa、300kPa、400kPa 的压力下进行 3 组平行试验(图 3-6)，

计算得到压缩指数、压力 p 和孔隙率 e。绘制压力 p 与孔隙率 e 的关系曲线和 log p 与 e 的关系曲线，如图 3-7 和图 3-8 所示。压缩指数 C_c=0.0388。

图 3-6　标准固结实验

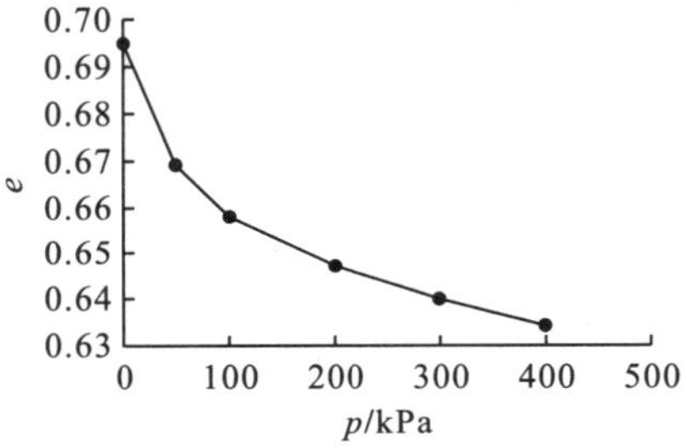

图 3-7　e-p 关系曲线

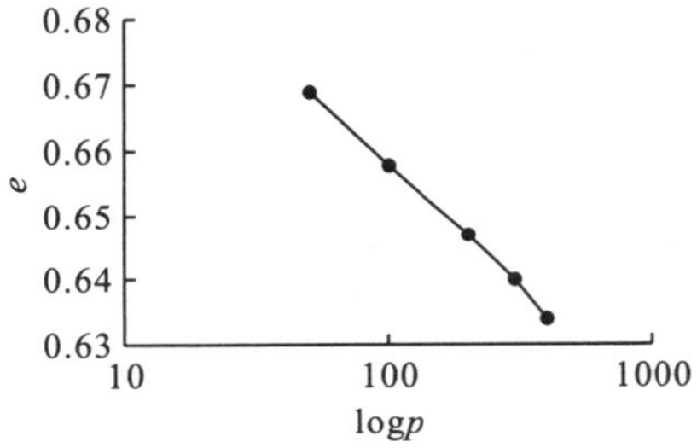

图 3-8　e-log p 关系曲线

6. 直剪实验

对 50kPa、100kPa、200kPa、300kPa 4 组工况各进行 4 次平行实验，本试样含水率为 21.8430%。根据试验数据绘制抗剪强度与垂直压力的关系曲线，两者呈线性相关关系，如图 3-9 所示。从而测得内摩擦角 φ=36.75°和黏聚力 C=8.4899kPa。

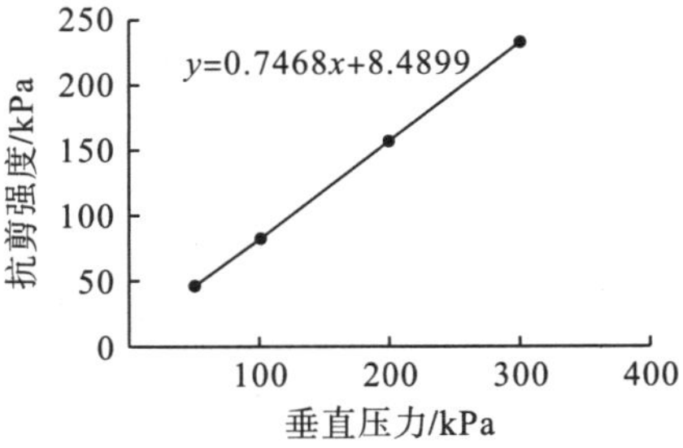

图 3-9　抗剪强度与垂直压力的关系曲线

7. 液限、塑限实验

液限是黏性土或细粒土由流动状态转变为可塑状态的界限含水率。塑限是黏性土或细粒土由可塑状态转变为半固体状态的界限含水率。在本次实验中，采用光电液塑限联合测定仪(图 3-10)进行测试。

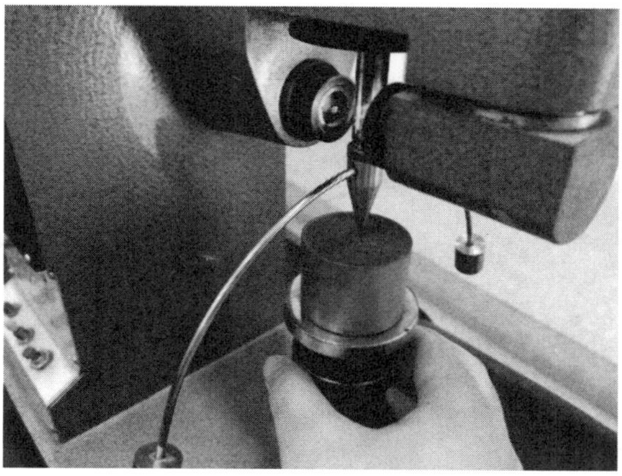

图 3-10　液限、塑限实验

实验测得此土样塑性指数为 0.241，液性指数为 0.856。

8. 静力三轴实验

进行静力三轴实验(图 3-11)，整理测得的实验数据，以 $\frac{\sigma_1'-\sigma_3'}{2}$ 为纵坐标，$\frac{\sigma_1'+\sigma_3'}{2}$ 为横坐标，绘制有效应力路径曲线。围压为 100kPa 时的应力路径曲线如图 3-12 所示。

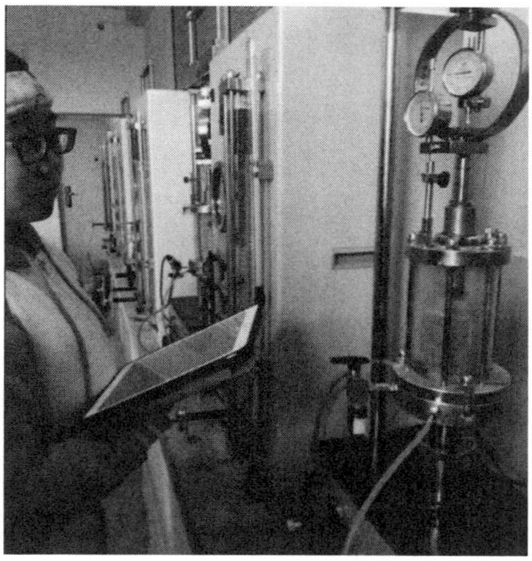

图 3-11　静力三轴实验

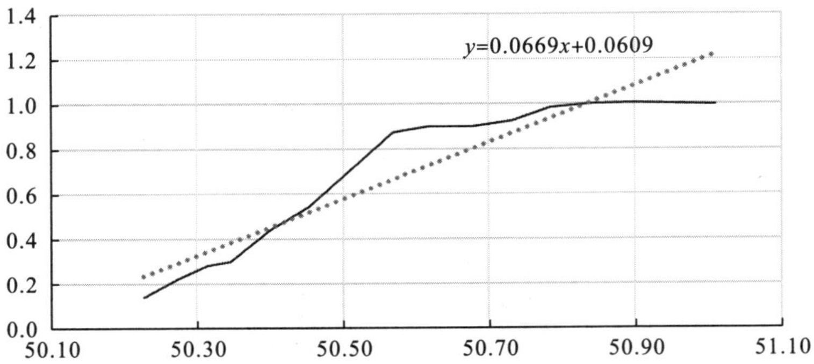

图 3-12　围压为 100kPa 时的应力路径曲线

可得围压为 100kPa 时有效内摩擦角 φ=3.84°，有效黏聚力 C=0.0609kPa，初始孔隙水压力系数 B=0.623。

围压为 200kPa 时的应力路径曲线如图 3-13 所示。

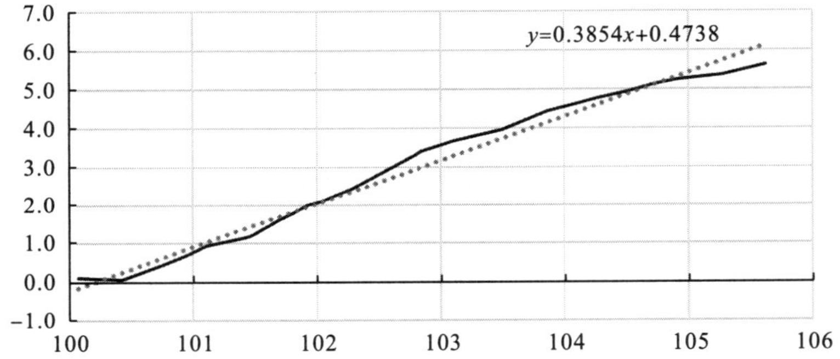

图 3-13　围压为 200kPa 时的应力路径曲线

可得围压为 200kPa 时有效内摩擦角 φ=22.67°，有效黏聚力 C=0.4738kPa，初始孔隙水压力系数 B=0.98。

本次室内实验中，对天津地铁液化土样分别进行了含水率实验，颗粒分析实验，土样密度测定，变水头渗透实验，标准固结试验，直剪实验，液限、塑限实验，静力三轴实验。主要参数见表 3-6。

表 3-6　天津粉土地层物理力学参数指标参考值

序号	项目	参数值
1	土样湿密度	1.941g/cm^3
2	土样干密度	1.593g/cm^3
3	含水率	21.8430%
4	渗透系数 k_T	2.409×10^{-4}cm/s
5	内摩擦角 φ	36.75°
6	黏聚力 C	8.4899kPa

续表

序号	项目		参数值
7	土样液限		25.3%
8	土样塑限		1.2%
9	塑性指数		0.241
10	液性指数		0.856
11	围压为 100kPa 时	有效内摩擦角 φ	3.84°
		有效黏聚力 C	0.0609kPa
		初始孔隙水压力系数 B	0.623
12	围压为 200kPa 时	有效内摩擦角 φ	22.67°
		有效黏聚力 C	0.4738kPa
		初始孔隙水压力系数 B	0.98

3.2 粉土液化机理及其影响因素

3.2.1 粉土地层液化机理

饱和砂土是砂和土的复合体系，在震动作用下饱和砂土发生液化是土颗粒间有效应力减小而孔隙水压力增大的结果。砂土是一种松散物质，主要靠颗粒间的摩擦力抵抗外力和维持自身稳定。这种摩擦力主要取决于法向应力，采用式(3-2)计算：

$$\tau = \sigma \tan\varphi \tag{3-2}$$

式中，σ 为土体破坏平面上的正应力；φ 为内摩擦角。

在地震过程中，松散的饱和砂土在地震引起的剪切应力反复作用下，土颗粒间的相对位置发生调整使砂土趋于密实，砂土变密实就要排水。如果砂土透水性不良，水来不及排走，又不可压缩，于是就产生了超孔隙水压力，此时砂土的抗剪强度为

$$\tau_{\mathrm{f}} = [\sigma - (\mu_0 + \Delta\mu)]\tan\varphi' = (\sigma - \mu)\tan\varphi' \tag{3-3}$$

式中，μ 为总孔隙水压力；$\Delta\mu$ 为超孔隙水压力。

显然随着震动时间的延长，超孔隙水压力不断累积，有效应力不断减小，使砂土抗剪强度降低，直至完全丧失。

针对粉土的液化机理，根据初始剪应力的不同又可分两种情况。

1. 不存在初始剪应力情况下的液化机理

砂质粉土属于粉性土，而粉性土又是介于黏性土和砂性土之间的一种特殊土，其性质有很大的特殊性。一方面，粉土具有某些团粒结构的特征和比砂土高的结构强度，往往表现出比砂土高的抗液化强度。另一方面，粉土的渗透性比较弱，孔隙中的水不能及时排除，致使孔隙水压力不断增大，粉粒间的剪阻力相应地减小，同时由于土的结构破坏和孔隙水

压力上升而引起土体强度降低(软化)，具有了液化流动的特征。根据土体弱化(抗剪强度降低)程度的不同，土体表现为实际液化或循环活动性的特征。在此过程中所含的黏粒可能主要起润滑作用而使抗液化强度降低。

饱和粉性土在往返荷载作用下的变形可分为两个阶段。在第一阶段，变形幅值很小，基本保持不变，随往返作用次数的增加没有明显增大。当往返作用达到一定次数后，变形幅值增大，变形进入第二阶段。与之对应的是孔隙水压力在往返荷载作用下不断累积并趋于稳定，土的抗剪强度和对剪切变形的抵抗能力逐渐降低，剪应变不断增大，发生液化。

在施加循环应力后，最初阶段孔隙水压力急剧上升，后期阶段上升速率减小，最终趋于稳定。这是由于粉性土的渗透系数与无黏性土相比一般要小，故在振动开始时，孔隙水压力不易消散和转移，产生较大的体变势，致使初始孔隙水压力急剧上升，使土样的结构迅速破坏；因为粉土颗粒细小，有少量的黏粒存在，使粉土具有一定的结构强度和黏聚力，阻碍和限制了体变势的增大，使后期的孔隙水压力上升较缓慢，直至趋于稳定。

2. *存在初始剪应力情况下的液化机理*

当存在初始剪应力时，在往返作用下，应变将沿着初始剪应力的方向发展；孔隙水压力不断上升，达到一定振次后，孔隙水压力上升放缓并逐渐趋于稳定，但变形持续增大。受初始剪应力的影响，土体的密实度相应提高，相比不存在初始剪应力的情况，超孔隙水压力不容易上升，在往返作用下的变形性状及孔隙水压力上升性状发生了改变。

3.2.2　粉土液化影响因素

影响粉土液化的因素较多，在液化现象开始被学者注意之后，国内外学者 Seed、Cassagrande、Lee、谢定义、汪闻韶等先后对液化影响因素开展了大量的理论及试验研究。大量研究表明，影响液化的因素主要表现在宏观和微观两个方面。宏观方面主要是地形地貌、土层埋藏条件、排水条件及土体扰动情况等；而微观方面主要表现在土颗粒粒径、密度及土体的结构性等方面。除此之外，动荷载的形式和幅度对粉土液化也有一定的影响。

影响饱和粉土发生液化的主要因素如下。

(1) 土性条件。主要表现在土体密度、粒度及结构特性等方面。土体密度主要有干密度 ρ、相对密度 D_r 和孔隙率 e 等方面；粒度主要包括平均粒径 d_{50}、不均匀系数 C_u 和黏粒含量。土体密度 ρ 越大、孔隙率 e 越小、土体平均粒径 d_{50} 及不均匀系数 C_u 越大，土体的抗液化能力越强；对于土体的结构性，当土颗粒按照一定顺序进行排列时，颗粒之间的胶结强度越高，土体的抗液化能力越强。

具体来说，颗粒组成的不同对粉性土的液化强度有着不容忽视的影响：在黏粒含量相当时，沙粒含量越高，砂质粉土的抗液化强度越大；随着砂粒含量的降低，粉粒含量的升高，砂质粉土的抗液化强度逐渐降低；黏粒含量对抗液化强度有一定影响。对颗粒组成相似的粉性土，土体的结构性对其抗液化强度影响很大，如重塑土改变了土的原状结构，使其抗液化强度降低。

(2) 埋深条件。埋深条件主要包括可液化土层及相邻土层的性质。可液化土层的埋深越大，说明土体的初始应力及初始固结应力比越大，土体的抗液化能力越强；上覆土体的土性条件越好，可液化土层越不易液化。

(3) 动荷载条件。由于地震波形较为复杂，有学者通过三轴试验将地震波形分为了振动型波和冲击型波两种类型。与振动型波相比，冲击型波作用于土体时，达到液化时的应力值大。地面振动时间越长，动荷载的循环次数就越多，越容易发生液化现象。

除此之外，地震峰值加速度越大，地震烈度越强，土体在振动作用下越容易液化。当往返作用力大时，液化变形的第一阶段持续时间短，应变很快进入液化变形的第二阶段，且应变呈现出持续增大的趋势。往返作用力小时，液化变形的第一阶段持续时间长，当往返作用达到一定次数后，变形幅值加大，变形进入第二阶段，应变呈现出持续增大的趋势。往返作用力大时，孔隙水压力随应变的增大快速增长；往返作用力小时，孔隙水压力持续增长至变形放大后才趋于稳定。

(4) 排水条件。土体的排水条件主要包括地下水位的埋深及上覆土层的排水条件。若地下水位较高，上覆土层的透水性较差，则土层容易发生液化。反之，则不易发生液化。

3.2.3　地震动作用下粉土孔隙水压力变化规律

标贯击数、静力触探等方法大多都是根据实际工程及现场资料判别土体液化情况，适用性及普遍性较差。而场地土液化主要是由于在地震作用下土体有效应力的下降，导致土体产生过量的变形或者强度降低，也就是说粉土液化过程实际上就是孔隙水压力增长过程，有效应力降低，孔压比上升的过程，故通过研究土体孔隙水压力增长的规律是判断场地土液化的最有效手段。因此，建立真实、完整、有效的孔隙水压力增长模型是进行场地土液化分析的最有效手段。

孔隙水压力在动荷载作用下的增长规律，是了解土体的变形及承载能力的重要指标。黄文熙和汪闻韶率先对地震作用下饱和砂土的孔隙水压力的增长规律进行了研究，发现了土体强度及变形与孔隙水压力变化规律的关系。谢定义(1992)根据前人的经验提出了孔隙水压力的瞬态模式，同时完善了不同孔隙水压力类型的计算模型及计算参数。

众多学者对孔隙水压力增长模型进行了大量的研究，最初广泛应用的模型是 Seed 等建立的 Seed 孔隙水压力增长模型。

Seed 孔隙水压力增长模型是一种计算饱和砂土振动孔隙水压力的应力模型，这类模型通常把震动孔隙水压力以循环应力幅值和循环次数的函数表示。Seed 和 Martin 根据饱和砂土在均等固结不排水动三轴试验中的结果，提出了计算孔隙水压力的应力模型：

$$\frac{\mu}{\sigma_0'}=\frac{1}{2}+\frac{1}{\pi}\arcsin\left[2\left(\frac{N}{N_{\mathrm{L}}}\right)^{1/\theta}-1\right] \tag{3-4}$$

式中，σ_0'为均等固结初始有效固结应力；μ为平均振动孔隙水压力；N为动荷载的循环作用次数；N_L为达到初始液化时循环荷载的作用次数；θ为与土性有关的试验参数，一般取 0.7。

Finn 等(1997)进行了非均等的固结动三轴试验，研究了初始剪应力对砂土孔隙水压力变化规律的影响。在非均等固结条件下，振动条件下孔隙水压力不能达到初始有效侧向固结应力的数值。因此，有时就无法确定出孔隙水压力达到初始有效侧向固结应力的循环次数，因此，在非均等固结条件下，常以振动孔隙水压力达到初始有效侧向固结应力一半时的循环次数N_{50}代替N_L，修正得到如下形式：

$$\frac{\mu}{\sigma_{30}'}=\frac{1}{2}+\frac{1}{\pi}\arcsin\left[2\left(\frac{N}{N_{50}}\right)^{1/\theta}-1\right] \tag{3-5}$$

$$\theta=\alpha_1+\alpha_2 K_c \tag{3-6}$$

$$K_c=\frac{\sigma_{10}'}{\sigma_3'} \tag{3-7}$$

式中，σ_{30}'为初始有效侧向固结应力；σ_{10}'为初始有效竖向固结应力；N_{50}为振动孔隙水压力达到$0.5\sigma_{30}'$时循环的次数；α_1和α_2是与土体有关的系数。

在此基础上，徐志英和沈珠江(1981)进行简化，得到：

均等固结条件下

$$\frac{\mu}{\sigma_0'}=\frac{2}{\pi}\arcsin\left(\frac{N}{N_L}\right)^{1/2\theta} \tag{3-8}$$

非均等固结条件下

$$\frac{\mu}{\sigma_{30}'}=\frac{2}{\pi}\left(1-m\frac{\tau_0}{\sigma_{30}'}\right)\arcsin\left(\frac{N}{N_{50}}\right)^{1/2\theta} \tag{3-9}$$

式中，τ_0为静初始剪应力；m为试验参数，一般取 1.1～1.3。

振动作用下，孔隙水压力增长模型都是在室内试验的条件下建立的，现场的应力状况更加复杂，不可能按照实验室的理想条件进行，因此，用这种孔隙水压力增长模型计算地震作用下孔隙水压力，会造成较大的误差，而各个地区的土性差异很大，土的结构及粉土的组成有很大的差异，因此建立适应各个地区的粉土孔隙水压力增长模型有极为重要的意义。

对于粉土孔隙水压力增长模型，近年来符合我国工程应用及地质环境的主要有以下几种。

(1)陈国兴(2004)以南京粉砂土为研究对象，通过一系列试验推出双曲线形式的孔隙水压力增长模型：

$$\frac{\mu}{\mu_1}=\frac{\dfrac{N}{N_1}}{a+\left(\dfrac{bN}{N_1}\right)} \tag{3-10}$$

(2) 曹宇春(1998)研究了上海粉土，以试验推导出以下孔隙水压力增长模型：

$$\frac{\mu}{\sigma_3}=\frac{\left(\dfrac{N}{N_1}\right)^a}{\left[(1-b)\left(\dfrac{N}{N_1}\right)^a+b\right]} \tag{3-11}$$

(3) 曾长女(2005)以粉土动三轴试验为基础，提出了改进的孔隙水压力增长模型：

$$\frac{\mu_{\mathrm{d}}}{\sigma_3}=a\left(1-\mathrm{e}^{-bN/N_1}\right) \tag{3-12}$$

(4) 景立平等提出了一种适用于干密度较大的粉土的双曲线模型：

$$\alpha_{\mathrm{u}}=\frac{\alpha_\lambda}{a+b\alpha_\lambda} \tag{3-13}$$

式中，a 和 b 均为只与土体密度、黏粒含量及土体剪应力比有关的参数，可以通过试验确定；α_{u} 为孔隙水压力比；α_λ 为时间参数比。

$$\alpha_\lambda=\frac{\lambda}{\lambda_{\mathrm{L}}} \tag{3-14}$$

$$\lambda=\frac{1}{\sqrt{K_{\mathrm{c}}}}\int_0^t\frac{\left|\tau_{\mathrm{d}}(t)\right|}{\sigma_{\mathrm{s}}}\mathrm{d}t \tag{3-15}$$

式中，λ 和 λ_{L} 分别为时间参数和发生液化的时间参数；$\tau_{\mathrm{d}}(t)$ 表示模拟面上的循环剪应力；σ_{s} 表示模拟面上静力下的正应力。

在地震波输入为正弦波时，在一个循环荷载周期内的时间 λ 增量如下：

$$\lambda=N\Delta\lambda \tag{3-16}$$

在等幅值的循环荷载作用下 $\Delta\lambda$ 的计算公式如下：

$$\Delta\lambda=\frac{2T}{\pi}\frac{1}{\sqrt{K_{\mathrm{c}}}}\frac{\tau_{\mathrm{d}}(t)}{\sigma_{\mathrm{s}}} \tag{3-17}$$

3.3　粉土地层液化判别方法

3.3.1　液化评估方法

液化判别是工程建设中可液化地基需要解决的首要问题。经过几十年的研究，对于饱和可液化土的液化判别提出了许多方法。目前，液化判别的方法主要可以分为三大类：基于震害经验的液化可能性估计方法、基于室内试验分析的液化可能性估计方法、基于概率与统计分析的液化可能性估计方法。

1. 基于震害经验的液化可能性估计方法

1976 年以后，国内相继出现了一些预测粉土现场液化可能性的判别方法和公式，这些液化判别方法和公式在实践中经过检验后，编入抗震设计规范的液化判别规定中。这类方法是基于宏观调查资料，利用图解法或数理统计中的判别分析法建立的经验法。它通过对已知液化场地进行勘探，获得液化判别指标的现场试验数据，然后通过现场液化调查资料与现场试验的对比分析，得出区分液化和非液化的条件和界限，这一类方法不仅直观，而且对一些影响饱和土体液化的重要因素可以得到充分的考虑。但这些公式仅是基于宏观调查资料对比，研究后用数理统计中的分析判别法或图解法建立的线性判别式。这类方法主要有 SPT（standard penetration test，标准贯入试验）、CPT（cone penetration test，圆锥贯入仪试验）、电测法、剪切波速判别法。经验法目前多数是通过现场标准贯入试验数理统计分析得到临界标准贯入击数，同时考虑颗粒含量的影响，对临界标准贯入击数进行修正，然后比较现场测试的标准贯入击数与临界标贯击数来判别液化与否。

2. 基于室内试验分析的液化可能性估计方法

这类方法是以室内研究成果为基础的估计液化可能性的方法。这种方法的实质在于由室内研究成果估计现场土层引起液化的应力比或残余孔隙水压力比，估算土层中的地震应力比，通过比较液化应力比和地震应力比的大小来评价液化可能。室内试验研究主要通过循环三轴试验、循环动单剪、循环扭剪、振动台、离心机模型试验来实现。此类代表性的方法是 Seed-Idriss 简化法。

3. 基于概率与统计分析的液化可能性估计方法

这类方法可以考虑某些影响因素（如震级、震中距、标贯值等）的不确定性，给出整个场地液化和液化危害程度的发生概率。例如，日本学者谷本喜一，使用多元统计分析方法判别砂土液化，利用线性函数来判别砂土的液化指数；刘红军和薛新华（2004）利用神经网络理论建立液化等级评判的反向神经网络模型进行判别；季倩倩（2003）利用模糊最优归类方法对砂土地震液化进行判定，通过综合地震烈度、平均粒径、标贯值和有效上覆应力等影响砂土地震液化的因素，利用最优归类隶属度向量作为砂土是否液化的判别指标。这类方法通过严谨的数学方法把一些指标统一在一起，进行判别。

4. 液化等级

危害程度估算主要分为两步：先求出液化指数；然后根据规范对液化等级进行确定。

《建筑抗震设计规范》（GB 50011—2010）规定，存在液化土层的地基，液化指数 I_{LE} 定义为

$$I_{LE}=\sum_{i=1}^{n}\left(1-\frac{N_i}{N_{cri}}\right)d_iW_i \tag{3-18}$$

式中，n 为在判别深度范围内每一个钻孔标准贯入试验点的总数；N_i、N_{cri} 分别为第 i 点标准贯入击数的实测值和临界值，当 $N_i>N_{cri}$ 时，取 $N_i=N_{cri}$；d_i 为第 i 点所代表的土层厚度(m)，可采用与该标准贯入试验点相邻的上、下两标准贯入试验点深度差的一半，但上界不高于地下水位深度，下界不深于液化深度；W_i 为第 i 土层单位土层厚度的层位影响权函数值(m^{-1})，若判别深度为 15m，则当该层中点深度不大于 5m 时应采用 $10m^{-1}$，等于 15m 时应采用零值，5～15m 时应按线性内插法取值。

根据液化指数，地基按表 3-7 划分液化等级。

表 3-7　地基液化等级

液化等级	液化指数 I_{LE}	地面喷水、冒砂情况	对建筑物危害程度描述
轻微	0～5	地面无喷水、冒砂或仅在洼地河边有零星喷冒点	液化危害性小，一般不致引起明显的震害
中等	5～15	喷水、冒砂可能性大，从轻微到严重均有，多数属中等喷冒	液化危害性较大，可造成不均匀沉降和开裂，有时可能达到 200mm
严重	＞15	一般喷水、冒砂都很严重，地面变形很明显	液化危害性大，不均匀沉降可能大于 200mm

在长达 40 多年的液化研究中，人们总是认为地震时低塑性的粉性土不易液化。但 1961 年以后，在国内外发生的多次强地震中，粉性土的地震液化逐渐引起人们的重视。汪闻韶(2019)指出，实际地震中发生液化的土类，已超出了过去一般认为只有饱和砂土的局限，而扩大到含有一定细粒的粉性土。粉性土在物理力学性质、土的颗粒组成和孔隙中薄膜水等形成的物理力学及强度等特性与砂土不同，在动载荷作用下产生的超孔隙水压力及残留孔隙水压力上还存在许多问题未能解决，使得影响粉性土液化特性的因素很复杂。因此，在地震液化分析中，进行粉性土的动力特性、动剪强度和液化问题的研究，探讨其规律性，具有重要的实际意义。这些研究主要集中在震动液化产生机理和影响条件、地震液化评估方法、抗液化强度的确定及液化产生可能性评价方面。

在天津地铁 5 号线、7 号线盾构隧道区间范围内，地勘显示，对工程系统影响最大的可液化地层均为粉土或黏质粉土，不同于一般常见砂性土的液化特征，粉土还有其独特的性质，研究中应特别注意。

3.3.2　基于现场试验的地基液化势评估方法

目前工程中土的现场液化判别方法主要有标准贯入击数判别法、静力触探法等。

1. 标准贯入击数判别法

我国《水利水电工程地质勘察规范》(GB 50487—2008)等规定，符合式(3-19)条件的土应判为液化土：

$$N_{63.5} < N_{\mathrm{cr}} \tag{3-19}$$

式中，$N_{63.5}$为工程运用时，标准贯入点在当时地面以下 d_s (m)深度处的标准贯入击数；N_{cr}为液化判别标准贯入击数临界值。

当标准贯入试验贯入点深度和地下水位在试验地面以下的深度不同于工程正常运用时，实测标准贯入击数应按式(3-20)进行校正，并应以校正后的标准贯入击数 $N_{63.5}$ 作为复判依据。

$$N_{63.5} = N'_{63.5}\left(\frac{d_{\mathrm{s}} + 0.9d_{\mathrm{w}} + 0.7}{d'_{\mathrm{s}} + 0.9d'_{\mathrm{w}} + 0.7}\right) \tag{3-20}$$

式中，$N'_{63.5}$为实测标准贯入击数；d_s为工程正常运用时，标准贯入点在当时地面以下的深度(m)；d_{w}为工程正常运用时，地下水位在当时地面以下的深度(m)，当地面淹没于水面以下时，取为 0；d'_{s}为标准贯入试验时，标准贯入点在当时地面以下的深度(m)；d'_{w}为标准贯入试验时，地下水位在当时地面以下的深度(m)，当地面淹没于水面以下时，取为 0。

在标准贯入点在地面以下 15m 以内时，液化判别标准贯入击数临界值应根据式(3-21)计算：

$$N_{\mathrm{cr}} = N_{\mathrm{cr}}\left[0.9 + 0.1\left(d_{\mathrm{s}} - d_{\mathrm{w}}\right)\right]\sqrt{\frac{0.03}{\rho_{\mathrm{c}}}} \tag{3-21}$$

在标准贯入点在地面以下 15～20m 深度范围内时，液化判别标准贯入击数临界值应根据式(3-22)计算：

$$N_{\mathrm{cr}} = N_0\left(2.4 - 0.1d_{\mathrm{w}}\right)\sqrt{\frac{0.03}{\rho_{\mathrm{c}}}} \tag{3-22}$$

式中，d_{s}为标准贯入点的深度(m)；d_{w}为地下水位的深度(m)；ρ_{c}为土的黏粒质量分数(%)，当ρ_{c}＜3%时，ρ_{c}取 3%；N_0为液化判别标准贯入击数基准值，按表 3-8 取值。

表 3-8　液化判别标准贯入击数基准值

地震类型	6 度	8 度	9 度
近震	6	10	16
远震	8	12	—

2. 静力触探试验判别法(双桥)

根据静力触探试验，符合式(3-23)条件的土应判为液化土：

$$q_{\mathrm{so}} < q_{\mathrm{scr}} \tag{3-23}$$

式中，q_{so}为实测锥尖阻力；q_{scr}为锥尖阻力临界值。

我国《岩土工程勘察规范》(GB 50021—2018)规定，当采用静力触探试验时，饱和砂土和粉土进行液化判别可按式(3-24)计算：

$$q_c' = q_{co} a_w a_u a_p \tag{3-24}$$

式中，q_c' 为饱和土液化临界锥尖阻力(MPa)；q_{co} 为 d_w =2m、d_u =2m 时，饱和土液化临界锥尖阻力(MPa)，可按表 3-9 取值；d_w 为地下水位深度(m)，d_u 为上覆非液化土层厚度(m)；a_w 为地下水位影响系数，按 $a_w = 1 - 0.065(d_w - 2)$ 计算，地面常年有水且与地下水有水力联系时，取 1.13；a_u 为上覆非液化土层影响系数，按 $a_u = 1 - 0.05(d_u - 2)$ 计算，对于深基础，a_u =1；a_p 为土性修正系数，按表 3-10 取值。

表 3-9　锥尖阻力临界值 q_{co}

参数	6 度	8 度	9 度
q_{co}	4.6～5.5	10.5～11.8	16.4～18.2

表 3-10 土性修正系数 a_p

参数	砂土	粉土	
静力触探摩阻比 R_f	R_f ≤0.4	0.4< R_f ≤0.9	R_f >0.9
a_p	1.0	0.6	0.45

3. Seed 简化分析法

将计算的现场地震剪应力与试验室测定的抗液化剪应力进行对比，饱和的砂土和粉土在外力(如地震)的作用下，抗剪强度很快丧失，地基失去承载力，发生液化现象。

对饱和液化土的动力三轴强度试验中的动剪应力比与等效平均剪应力进行对比，可进行液化判别，该方法物理模型直观，理论严格，已成为北美和世界上许多地区进行砂土液化判别的常用方法。根据《工程地质手册》所提供的 Seed 简化法，等效平均剪应力和液化剪应力公式分别为

$$\tau_c = 0.65 d_z \frac{\sum \gamma_i h_i}{g} a_{max} \tag{3-25}$$

$$\tau_d = 0.65 C_r \left(\frac{\sigma_d}{2\sigma_c}\right)_{N_f} \sigma_v' \tag{3-26}$$

式中，τ_c 为等效平均剪应力；τ_d 为液化剪应力；d_z 为地震剪应力修正系数，$d_z = 1 - 0.0133z$；γ_i、h_i 分别为第 i 层土的饱和重力密度和厚度；a_{max} 为水平最大加速度；$\left(\frac{\sigma_d}{2\sigma_c}\right)_{N_f}$ 为由动力三轴试验确定的土层液化剪应力比；C_r 为土层液化剪应力的修正系数；σ_v' 为土层的上覆有效压力。

符合式(3-27)条件的土判别为液化土：

$$\tau_c > \tau_d \tag{3-27}$$

对于存在液化可能的地基土层，利用动力三轴试验的结果，按比值 τ_d / τ_{av} 和液化土层的埋深来计算该地基的液化指数和等级。液化指数定义为

$$I_{\mathrm{LE}}=\sum_{i=1}^{n}\left(1-\frac{\tau_{\mathrm{d}i}}{\tau_{\mathrm{av}i}}\right)d_iW_i \tag{3-28}$$

式中，I_{LE}为液化指数；$\tau_{\mathrm{d}i}$、$\tau_{\mathrm{av}i}$分别为i点等效循环剪应力及抗液化剪应力，当抗液化剪应力大于等效循环剪应力时其比值为 1；d_i为i点所代表的土层厚度(m)；W_i为i土层单位土层厚度的层位影响权函数值(m^{-1})，若判别深度为 15m，则当该层中点深度不大于 5m 时应采用 $10\mathrm{m}^{-1}$，等于 15m 时应采用零值，5～15m 时应按线性内插法取值，若判别深度为 20m 时，当该层中点深度不大于 5m 时应采用 $10\mathrm{m}^{-1}$，等于 20m 时应采用零值，5～20m 时应按线性内插法取值。

液化等级：$0<I_{\mathrm{LE}}\leqslant 6$，轻微液化；$6<I_{\mathrm{LE}}\leqslant 18$，中等液化；$I_{\mathrm{LE}}>18$，严重液化。

地震震级是表示地震本身的绝对大小，与释放的能量大小有关，见表 3-11。地震烈度是指某一地区地面和各类建筑物遭受一次地震影响的强弱程度。表示地震大小的震级只有一个，但一次地震对不同地区所造成的影响是不同的，越靠近震中，震动越强烈，地震烈度越高。Seed 简化法属于试验分析判断饱和土液化的方法，这种方法是基于对现有地震液化资料的调查研究而提出的液化判别方法，该方法考虑了不同地震震级对饱和土液化的影响，没有考虑不同地震烈度对液化的影响。所以用此方法进行地震液化判别时，只能针对某一地震震级，考虑不同的抗震设防烈度(加速度)。

表 3-11　等效循环次数与地震震级的关系

地震震级/级	5.5～6.0	6.5	7.0	7.5	8.0
等效循环次数/级	5	8	12	20	30

4. 剪切波速判别法

剪切波速判别法是对比原状土与液化土的剪切波速，判别砂土是否达到液化状态。若实测波速大于液化波速，则说明场地土未发生液化；反之，则发生液化。这种方法精确度较高，判断准确，但对于液化土体的临界剪切波速精准值的确定却是重中之重，所以很多学者对该种方法进行了大量的研究。汪闻韶和郭锡荣(1983)进行了大量的三轴动力试验，推导了可液化土体的临界剪切波速公式。石兆吉(1984)结合前人经验，将地震加速度及埋深等因素与我国相关地震液化的实际情况相结合，推导了适合我国实际情况的剪切波速计算公式。陈国兴(1995)总结了大量的土体液化实例，得出了不同条件下的液化判别公式。曹振中和袁晓铭(2010)对 2008 年汶川地震中发生的液化现象进行调研，发现汶川地震中砂砾土层发生大规模破坏，并推导了其剪切波速公式。

5. 理论公式判别法

土体液化的宏观反映是发生流动性破坏，此时土体的抗剪能力完全丧失，根据此条件，场地土发生液化时，广义剪应力$q=0$，同时有效球应力$p=0$，如式(3-29)和式(3-30)所示：

$$q=\frac{1}{2}\sqrt{(\sigma_1'-\sigma_2')^2+(\sigma_2'-\sigma_3')^2+(\sigma_3'-\sigma_1')^2}=0 \tag{3-29}$$

$$p=\frac{1}{3}(\sigma_1'+\sigma_2'+\sigma_3')=0 \tag{3-30}$$

由式(3-29)和式(3-30)可以解出

$$\sigma_1'=\sigma_2'=\sigma_3'=0 \tag{3-31}$$

式中，$\sigma_i'(i=1,2,3)$表示土体的有效主应力，当土体发生液化时，$\sigma_i'(i=1,2,3)=0$。

在数值模拟计算中，土体液化一般常用超孔隙水压力比(excess pore water pressure ratio，PPR)来判别，超孔隙水压力比是循环荷载作用下孔隙水压力增量与侧向有效固结应力的比值，反映的是土体液化的程度。当 PPR 为 1.0 时，说明土体完全液化；当 PPR 为 0.65 及以上时，说明土体接近液化状态。在数值模拟中超孔隙水压力比公式表示为

$$r_{\mathrm{u}}=1-\frac{\sigma_1'+\sigma_2'+\sigma_3'}{\sigma_{10}'+\sigma_{20}'+\sigma_{30}'} \tag{3-32}$$

式中，r_{u}表示 PPR；$\sigma_{j0}'(j=1,2,3)$表示原状土的有效主应力；而$\sigma_i'(i=1,2,3)$表示振动过程中土体的有效主应力。

3.4　天津地铁粉土液化判别

为论证天津地铁粉土液化地层判别标准的可靠性，提出适用于天津地铁粉土液化地层的判别标准，本次采用多种方法对天津地铁典型液化区间内盾构隧道穿越可液化粉土地层进行现场试验和理论分析，原状土选取自天津地铁 10 号线香山道—崂山道在建区段，该区段粉土地层物理力学参数指标与天津地铁 7 号线芦北路站—宏源道站地层信息类似。

3.4.1　标准贯入击数判别法

此次标准贯入试验贯入点全位于地下水位以下，与地铁建成后的天然浸没状态相符，所以不需进行标准贯入击数的校正。标准贯入击数判别法的抗震设防烈度为 8 度。判别结果见表 3-12。

表 3-12　标准贯入液化判别结果(天然浸没状态，抗震设防烈度为 8 度)

勘探点号	土类	标准贯入击数基准值 N_0	标准贯入点深度 d_s /m	标准贯入击数 $N'_{63.5}$	临界值 N_{cr}	是否液化	液化指数 I_{LE}	液化等级
10XZ-XS01	粉土	12	4.75	8	9.03	液化	0.96	轻微
10XZ-XS03	粉土	12	6.45	7	14.31	液化	12.13	中等
10XZ-XS05	粉土	12	5.75	7	10.47	液化	9.28	中等
10XZ-XS06	粉土	12	5.45	3	12.63	液化	3.57	轻微
10XZ-XS07	粉土	12	7.75	7	10.84	液化	4.75	中等
10XZ-XS08	粉土	12	7.25	10	9.91	不液化	—	不液化
10XZ-XS09	粉土	12	6.15	6	9.68	液化	7.65	中等

3.4.2 Seed 简化法的液化判别

按 7 级地震震级考虑时，等效循环次数为 12 次；地震基本烈度为 8 度时，地面最大加速度为 0.30g。判别结果见表 3-13。

表 3-13　静力触探液化判别结果(天然浸没状态，抗震设防烈度为 8 度)

勘探点号	土类	深度/m	应力校正系数 C_r	$\left(\frac{\sigma_d}{2\sigma_0}\right)_{N_f}$ /MPa	上覆有效应力/kPa	地震剪应力 τ_{av}/kPa	液化剪应力 τ_d/kPa	液化判别	液化指数 I_{LE}	液化等级
				7 级		8 度	7 级			
10XZ-XS01	粉土	4.0	0.57	0.26	32	13.29	12.37	液化	0.42	轻微
10XZ-XS03	粉土	6.0	0.57	0.28	48	20.49	15.11	液化	5.4	中等
10XZ-XS05	粉土	6.0	0.57	0.15	40	20.49	14.35	—	6.1	中等
10XZ-XS06	粉土	6.0	0.57	0.30	40	20.49	17.92	—	1.9	轻微
10XZ-XS07	粉土	6.0	0.57	0.31	48	20.49	16.33	—	4.5	中等
10XZ-XS08	粉土	6.0	0.57	0.42	48	20.49	22.13	—	—	不液化
10XZ-XS09	粉土	4.0	0.57	0.19	40	13.29	9.56	—	6.4	中等

注：地下水位埋深按 0 考虑，地下水位以下土体有效重力密度 γ_{sat}=18.0kN/m^3；γ'=8.0kN/m^3。

由液化判别结果可知，在地铁设计线路上，对存在潜在液化势的地基土，按 7 级地震、8 度抗震设防烈度考虑，在浸没状态下，土层重力密度采用 γ_{sat}=18.0kN/m^3，采用 Seed 简化法进行判别，当地震剪应力大于液化剪应力时，土体液化；当液化剪应力大于地震剪应力时，土体不会液化。

在所选的勘探测点中，只有 XS08 号测点土样被判定为不液化，说明强震发生时，在高烈度地震动作用下天津表层粉土会发生较为严重的液化现象。综合分析目前地勘中实际采用的标准贯入击数判别法和结合室内试验的 Seed 简化法所得的结果，可看出后者印证了依靠经验法的现场试验判别结果，该区域的表层粉土具有程度不同的液化势。同时由液化判定结果来看，实际采用的标准贯入击数法相对更安全。若后期建设工程中，在确保地铁工程安全可靠的原则上，考虑降低建设与加固措施成本，则可采用 Seed 简化法等现场与室内试验相结合的方法更准确地确定粉土可液化性。该类方法的物理模型更直观，理论更严格，但要求勘测单位对每个勘探测点进行更多的室内试验，以求获取各个区域内可液化土层的动剪应力比和等效平均剪应力。

3.5　本 章 小 结

根据现场试验资料和粉土特性、土层分布状况、地下水埋深、上覆土层厚度和可液化土层厚度，结合天津地铁工程在建项目，对项目研究区域进行了液化判别，结果表明：

(1) 从可液化土层的基本特性可知，天津表层粉土属于第四系全新统上段陆相冲积层，经历的地质历史时期较短，表层粉土长期经受风化、地下水等外在条件影响，结构疏松，上覆土层又浅，因此天津粉土较我国其他区域粉土地层更易发生液化。

(2) 天津地铁典型粉土可液化区深度 10m 以内的表层粉土，在 8 度抗震设防烈度下，饱和表层粉土极易液化，从试验判别结果来看，处于自由场的表层粉土在 8 度抗震设防烈度下具有轻微—中等的液化势，局部有出现严重液化的可能。

(3) 针对项目所研究的实际依托工程，对于天津地铁已建成及在建地下结构而言，地下车站和隧道结构会造成下覆可液化土层的应力状态改变，同时隧道盾构过程中将对隧道周围可液化土层产生扰动，致使土的结构性降低。所以在天津地铁建设过程中，表层粉土地层地震液化的发生会比自由场地更有利，这就需要在自由场基础上，按地下结构与周围土层构成的体系一同分析动力液化响应，这与普通地上结构物讨论地基液化问题是不同的。

(4) 由液化判定结果来看，实际采用的标贯击数法相对更安全。若后期建设工程中，在确保地铁工程安全可靠的原则上，考虑降低建设与加固措施成本，则可采用 Seed 简化法等现场与室内试验相结合的方法更准确地确定粉土可液化性。

第 4 章　可液化地层盾构隧道结构动力分析理论

地震对一般地下建筑的影响，现在一般认为与周边地基的反应有关。在盾构隧道这种地下结构物中，隧道周边由土体支撑，隧道衬砌的表观单位体积质量比周边地基的单位体积质量要小，所以对地基和结构物的相互作用的研究尤为重要。相比于其他一般建筑结构，隧道的变形特征主要依赖周边土体的行为，若隧道向土体方向变形，则土体的反作用力就会作用在隧道上；反之，土体就不会产生反作用力。因此，在抗震研究中分析模型能够恰当反映地基和结构物的相互作用非常重要。

4.1　盾构隧道动力特性分析理论

4.1.1　地基动力响应分析

纵观世界上已建成并经历过强震影响的盾构隧道工程，如日本兵库县南部地震和墨西哥米却肯地震中，盾构隧道虽然遭受强烈地震动的影响，但只在竖井对接处和曲线处出现轻微破坏，并没有如明挖隧道一样出现隧道坍塌这种巨大灾害。正如前所述，盾构隧道是一种对周边地基的跟随性很强的柔性结构，故只要确保周边地基的稳定性，盾构隧道便会在抗震方面充分显示其优越性。而地下结构物的抗震研究一般按照周边地基响应值的分析、结构物反应值的分析、结构构件检算的顺序进行。而在隧道中，除了竖井或急曲线等结构变化处，一般部位均可通过计算周边地基的反应值来进行盾构隧道的抗震设计研究。

1. 隧道横向

应用反应谱法或一维地基的时程反应分析，计算出隧道上端和下端之间地基的相对位移。利用计算出的相对位移 δ 和隧道的外径 D 求得倾斜角度 φ：

$$\varphi = \frac{\delta}{D} \tag{4-1}$$

式中，φ 为地基的倾斜角度；δ 为隧道上端和下端之间的最大地基反应位移(相对位移)；D 为隧道的外径。

由于盾构隧道对周边地基的跟随性很强，所以地基的倾斜角度 φ 可以考虑为与盾构隧道横断面剪切变形的倾斜角度大小相同。因此，要以地基倾斜角度 φ 为指标，评价盾构隧道横向的安全性。另外，这个倾斜角度就是隧道周边地基的剪切变形。通常，在抗震研究设计条件下，倾斜角度为 1/230～1/270。

2. 隧道纵向

隧道纵向和横向一样，要利用符合研究条件的方法计算出地基的相对位移。将隧道深处的最大反应位移 U 作为振幅，假设相对位移是波长为 L 的正弦曲线，可以认为该曲线与结构物的位移曲线相同。正弦曲线的最大应变为

$$\varepsilon = \frac{2\pi U}{L} \tag{4-2}$$

式中，ε 为正弦曲线的应变；U 为隧道深处的最大地基反应位移；L 为正弦曲线的波长。

集中在环向接头处的地基反应位移相当于管片宽度 B 的地基反应位移总和：

$$\Delta = \varepsilon B \tag{4-3}$$

这里 Δ 假设为环向接头的张开量，容许张开量必须在充分考虑止水带防水性能的基础上确定。绘制正弦曲线时，在几何上圆环之间的错位量是可以计算的。但一般来说，错位量被设定为相当于螺栓间隙偏差量的范围(3mm)，在满足防水性和结构方面都没有问题。

4.1.2　隧道结构的抗震研究方法

4.1.1 节介绍了仅通过地基反应分析实施抗震研究的简单方法。本节主要阐述关于抗震研究的一般方法，即按照地基反应值、结构物反应值及验算的顺序进行盾构隧道结构分析的抗震研究方法。

1. 地基基础条件

设计及研究时，需要明确隧道周边地基条件、隧道线性和结构、材料等内容。对于地基条件，要了解有无交错部位的地层变化和各地层的物理性质，尤其是动态物理性质指标或相关资料，关于抗震设计基岩面的确定也有必要进行研究。对于结构条件，要清楚隧道平面及纵向线性、管片及管片接头、环向接头的结构和使用材料的相关资料。

2. 设计地震动的确定

对于应用于设计的输入地震动，要对各种设计标准和规范、规划地点和周边地域的地震活动情况，或者地域防灾计划中所规定的地震进行综合勘察之后来确定。以地下结构物为对象时，主要以反应谱和加速度的时程波形作为设计地震动的确定方法，它们都是针对上基岩面的抗震设计而设定的。

3. 地基地震反应分析

地基地震反应分析目的是计算地震时隧道周边地基的刚度减量和位移的反应值。广义的反应位移法，即分离周边地基和隧道结构来进行分析的方法，求出周边地基的反应值，通过连接隧道和地基的弹簧作为外力作用于隧道结构。地基地震反应分析就是为了确定作

用于隧道的地震外力，或者确定分析模型需要的地基弹簧。应用有限元模型将隧道和周边地基模型化，使用二维有限元的动态分析法时，由于地基单元应力-应变关系的非线性，进行地基和隧道整体地震反应分析，便不再以地基为对象实施地震反应分析。

4. 地震荷载计算

地震荷载根据所采用的结构分析方法不同，其表现形式和作用方法也不同。基本上是利用地基地震反应分析求出的隧道周边地基的地震反应分析结果计算地震荷载。例如，采用反应位移法进行隧道横向抗震研究时，地震荷载就是隧道上、下端地基相对位移或作用于隧道周围的地应力，这种地震荷载是依据隧道周边地基的反应位移和剪切应力来确定的。此外，采用时程反应分析进行隧道纵向抗震研究时，所采用的地震荷载一般取隧道轴向的一质点系模型所计算的沿隧道埋深的时程反应位移。而且，这时地基质点模型的分析常数是在考虑了刚度降低值和衰减常数的基础上确定的。

5. 盾构隧道的结构分析

盾构隧道的结构分析是将地震荷载作用于由管片主体及接头组成的结构分析模型上，求出管片主体和接头上产生的内力或变形等的反应值。横向结构分析是以管片主体和管片接头为对象，算出圆周方向上产生的内力和变形，纵向结构分析是以求出管片主体和环向接头上隧道轴向产生的内力和变形为目的。隧道横向、纵向目前出现了若干分析方法，以盾构隧道为对象的分析中，重要的是恰当地把管片主体和管片接头、环向接头所具备的力学特性模型化，并充分反映出盾构隧道的结构特性。

地震时的结构分析方法大致分为计算地震荷载的地基反应分析与隧道结构分析分开进行的方法，以及隧道与周边地基视作一个整体的分析方法。前者采用第一种方法进行分析时，进行充分的研究和确定合适的弹簧刚度是十分重要的。

横向和纵向分析中，在对隧道和周边地基分别分析和整体分析的情况下，还可分为地震荷载静态分析方法和动态分析方法。因此，对于盾构隧道的结构分析方法，最重要的是在对研究目的、相关条件分析的精度、必要的验算方法等进行综合性评价的基础上选择最合理的方法。对经济性和研究结果的精度进行恰当评价在实际设计中是很重要的。

6. 抗震性能的验算

在抗震分析体系中，最后应根据由结构分析结果得出的内力和变形量，对衬砌及管片接头和环向接头进行抗震性能验算。抗震性能验算是评价抗震性能是否符合设计地震动等级的抗震性能水准的工作，如果得出的结论是很难保证设计要求的抗震性能，那么就要对衬砌结构或接头结构进行再研究，或者采取柔性结构抗震施工措施。

4.2　可液化地层与盾构隧道动力相互作用研究

4.2.1　盾构隧道可液化地基稳定性

关于周边地基稳定性的研究是隧道等地下结构物构件设计的前提条件，也是盾构隧道工程抗震体系的设计基础。例如，地震发生时的液化现象、斜面滑坡、活动断层剪切变形等研究能够确保隧道的稳定性。在修建一般的盾构隧道的地基条件里，关于隧道周边地基的液化现象的研究是主要课题，因此，本节以液化震害影响隧道周边地基的稳定性研究为重点进行阐述。

在地震作用下，隧道周边地基土会发生液化，如图 4-1 所示。隧道周边地基液化可能导致隧道结构失稳，以下是几种典型液化地基震害。

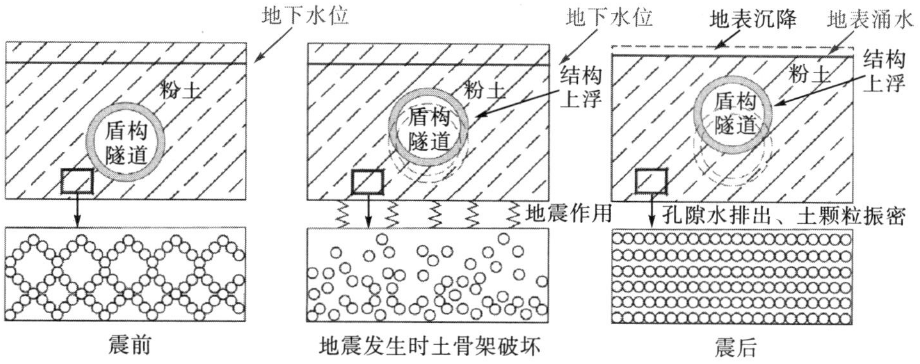

图 4-1　粉土液化地层隧道结构震害机理

1. 隧道上浮

一般来说，隧道等中空型地下结构物，其表观的单位体积质量(隧道轴向 1m 长度上的质量/隧道的断面面积)大多数比周边地基小。因此地下结构物的周边地基一旦发生液化，随着孔隙水压力的不断增大，隧道支撑结构遭到破坏，土粒移动导致隧道整体上浮，使隧道很难保持纵向线形，结构对接处将产生不利的相对位移，从而造成破坏，导致隧道失去功能。尤其是下水管道设施出入口没有覆土的结构物，可能会完全上浮到地面，这种实例在以往发生大规模液化震害的地震中多次出现，如新潟地震、中越地震等。

在盾构隧道的情况下，大多要确保覆土厚大于隧道外径，因为盾构隧道很难产生将上方的土粒全部排除并完全上浮的现象，而且隧道是纵向延伸的线性结构，不会出现类似升降井或地下油罐一样完全上浮到地面的现象。

2. 泥土压及动水压力的作用

周边地基一旦出现液化现象就会成为泥水状态，之前的静水压力和土压力作用形成的地下应力条件会变为泥水压力，而且地震发生时由流体的惯性产生的动水压力也会发生作用。静止泥水压力是由土压与水压之比土压力和水压力相互作用而产生，因此，与常规设计所考虑的荷载相比，会出现较大的数值。但是，在盾构隧道的衬砌设计中，多数情况下管片的断面由垂直荷载和水平荷载之间的不平衡力矩所产生的弯曲来决定。由上述液化现象产生的水平方向上的泥水压力，和垂直方向上的土压力大小基本相同，垂直荷载和水平荷载不平衡力矩减小，轴力非常大。所以，除了用于输水的盾构隧道，通常隧道较少因此出现问题，在一般实际工程中忽略不计。

3. 地震后排水下沉

如果盾构隧道的周边和较深位置出现液化现象，随着地震中升高的超孔隙水压力的逐渐消散和排水，地基的体积不断缩小，地震后的地基出现残余沉降。隧道纵向出现不均匀沉降，尤其是依赖隧道纵向线形的地铁和自流排水管道，会引发重大功能故障。同时，与其他支撑的连接处发生不连续位移，也很可能对隧道造成破坏。

这种伴随液化发生后的排水而出现的残余下沉，只要具备发生液化的条件就一定会产生液化，对于线形地下结构物来说是无法避免的难题。此外，地震动等级高，其对象范围又会相对扩大，如果采取对结构物连接处的局部性措施结合改良地基的方法来处理，便不能够很好地满足基建工程的经济性要求。因此，在隧道设计阶段选择避开易液化地层的纵向线形仍是重要的抗震方案。

4. 震后伴随液化现象的地基侧面流动

伴随液化现象的地基侧面流动容易发生在地表和液化层上方的土层中，特别是有一定坡度或填土造地等水位线处有护岸等抗土压结构物的情况下，更易发生侧面流动。对于前者，在对实际工程案例的观察中注意到地表坡度只有1%或者工程上角度基本呈水平的区域也会发生数米的侧面流动，关于判定发生侧面流动可能性的实用方法至今仍在研究阶段，并且根据已有研究显示，液化层下的坡度并不是发生侧面流动的主要原因。地震震动结束一段时间内还在继续流动也是侧面流动现象的特征之一。

直到目前，还没有出现过盾构隧道本身因侧面流动而受到破坏的报告。但由于盾构隧道很多修建在沿海城市地区的填海造地或堤岸等临水区域，故应按以往地下结构物伴随侧面流动现象的震害类型加以研究。

以上这些现象若发生在隧道全线，则会对隧道造成重大影响，但若发生在部分区域，则可以通过加强纵向刚度来保持其稳定性。另外，在制订隧道建设计划时，选择避开易液化土层的纵向线形也是重要的设计原则。

4.2.2　盾构隧道可液化地基反应评价

隧道液化有可能对上浮或侧压上升的隧道衬砌造成损伤，但与明挖隧道不同，由于盾构隧道的覆土较多，所以很少考虑隧道周边地基的液化问题。地表的倾斜、护堤等抗土压结构物有可能出现向临水一侧流动，对较浅的结构区域造成影响。与竖井不同的是，盾构隧道本身的安全较少出现问题。一般，盾构隧道由于覆土厚度很大，较难出现上浮问题，即使考虑孔隙水压力上升及由周边地基的剪切变形造成的隧道结构变化，造成损伤的程度也是有限的。若将日常荷载所对应的构件应力控制在限定值内，则即使出现超孔隙水压力上升，隧道的功能仍满足安全性和可修复性。但是，液化现象的发生包含许多不确定因素，因此从保护隧道的角度考虑，原则上若有发生液化的可能性，则在隧道线路选择时应尽可能避开。

以液化调查的大致结构为基础计算，液化发生在距震中的液化边界距离内。日本学者 Kuribayashi 和 Tatsuoka(1975)研究震级和液化边界距离之间的关系，求得的回归方程为

$$\log R = 0.77M - 3.6 \tag{4-4}$$

式中，R 为液化边界到震中的距离(km)；M 为震级。

国际上以往的强震资料显示，发生大地震灾害的震中处于板块交界的海域的情况较多，在发生 7 级以上板块边界地震的情况下，同时发生液化的可能性很高。这时的液化现象不是发生在该液化边界距离内的全部地区，而是限于旧河道、回填地等地形条件，以及存在松砂地基的地下水位高的区域。因此分析判断地形、地质分类和过去的液化历史、N 值、物理特性(细砂含有率 F_c、黏土含有率 P_c、塑性指数 I_P)等，对判断有无发生液化可能的地层来说非常重要。

地震时对隧道结构物的安全性检查，应着重于检查周边地基的稳定性、横向及纵向隧道构件的承载力、变形性能，以及考虑侧向流动、上浮为主的稳定性问题。由超孔隙水压力的上升带来的行为特性变化，应纳入主要构件设计的范畴。根据有效应力法的二维有限元模型进行地震反应分析，如 FLIP 和 LIQCA 等软件适用于验证分析。地震时地基与结构物的反应及地震后的残余变形等，可以认为是一种从地震开始到地震结束，隧道及周边地基反应的真实再现。

液化发生时，考虑在设计方面进行简化，可将作用荷载转化为静荷载。

4.3　动力分析数值计算基本理论

4.3.1　有限差分法基本理论

有限差分法的基本原理与离散元法相同，但却能有像有限元法一样适用于多种材料模式和边界条件的非规则区域的连续问题求解。在采用显式有限差分法求解运动基本方程的

过程中，又采用了离散元的动态松弛法，不需要求解大型联立方程组(大型刚度矩阵)，便于在计算机上实现。同以往的差分法相比，快速拉格朗日数值分析不但可以处理一般的大变形问题，而且可以模拟岩体沿某一弱面或结构面产生的滑动变形，同时还能够针对不同的材料特性使用相同的本构方程来比较真实地反映材料的动态行为。

有限差分法可使用周围区域实际密度得到的集中网格点质量而不是静态求解的假定质量，求解全部运动方程，方程式能够耦合到结构单元模型中，因此可以用域解决本书中地震作用下的土与隧道衬砌结构的动力相互作用问题。动力特性也可以耦合到地下水流动模型中，这样可以分析与液化有关的孔隙水压力随时间的变化情况。

有限差分法的理论公式从概念上类似于 Otter 提出的动态松弛法，采用任意形状的网格、大应变和不同的阻尼，按照 Wilkins 提出的差分格式进行计算。用户将模型分为由四边形单元组成的有限差分网格。在内部，该程序将每一个单元再分为两组覆盖(共 4 个)的常应变三角形单元，每个三角形单元的偏应力分量相互独立。作用在每个节点的外力可视为两个重叠的四边形的两个外力矢量的平均值。

4.3.2　可液化粉土的动本构模型

有限差分法可以进行耦合地下水流动的计算，默认情况下，孔隙流体是随着动态力学加载引起的孔隙体积的变化而变化的，但平均孔隙水压力在分析中是不变的。

众所周知，在某些砂土中孔隙水压力会随着周期剪切荷载的增大而上升，最终这种过程会因有效应力接近于零而发生液化。有许多研究人员用不同的模型试图解释孔隙水压力的上升，但以往通常采用了一种不明确的形式，因为他们借助于具体的室内试验。但在计算机模拟中，可以表达出液化的基本物理过程，它不仅适用于具体的室内试验，也适用于各种复杂的液化分析。

在实际问题中，孔隙水压力的产生是一个次生效应，尽管许多人认为它是循环荷载的首要响应。当受到不变围压限制的材料历经循环应变时，首先的效果是产生不可逆转的颗粒模型的体积压缩，由于发生的是土颗粒的重组而不是颗粒体积的改变，孔隙体积在不变限制压力的作用下将减小。如果孔隙中充满了水，则流体的压力将增大，而作用在土颗粒上的有效应力将减小。

Martin、Finn 和 Seed(1975)在饱和砂土在不排水条件下的孔隙水压力的增量与其在排水条件下体积应变的增量之间建立了联系。他们认为水的刚度量级要比土骨架的刚度量级大，水在不排水周期荷载作用下引起的体积应变可以忽略不计，即不排水试验为常体积试验。然而，在动力荷载作用下结构产生一定的破坏，孔隙水压力上升导致土骨架有效应力降低，土骨架必然产生一定的弹性体积应变。由于是常体积试验，因此弹性体积应变将被塑性体积应变抵消。

因此如果能够求得每一个应力循环所引起的塑性体积应变 $\Delta\xi_{vd}$，则可以将它视为和弹

性体积应变相等，而求得孔隙水压力的增量 $\Delta\mu$ ，即

$$\Delta\mu = \overline{E_{\mathrm{r}}}\Delta\xi_{\mathrm{vd}} \tag{4-5}$$

式中， $\overline{E_{\mathrm{r}}}$ 为相应于一周应力循环开始时有效应力状态下的回弹模量。

然而，不排水条件下的 $\Delta\xi_{\mathrm{vd}}$ 和 $\overline{E_{\mathrm{r}}}$ 是无法测定的。Martin 等的排水单剪试验表明塑性体积应变增量仅与剪应变幅值有关，因而建议通过排水试验确定不排水试验的塑性体积应变增量。

通过对渥太华砂在不同应变幅值、不同竖向应力、不同密度和不同固结(正常固结和超固结)情况下，对排水试验的体积应变与不排水试验的孔隙水压力进行唯一性检验，认为在体应变为 ξ_{vd} 时，一周的 $\Delta\varepsilon_{\mathrm{vd}}$ 只与剪应变幅值 γ 有关，可建立 $\Delta\varepsilon_{\mathrm{vd}}$ 与 γ 的关系：

$$\Delta\varepsilon_{\mathrm{vd}} = C_1\left(\gamma - C_2\varepsilon_{\mathrm{vd}}\right) + \frac{C_3\varepsilon_{\mathrm{vd}}^2}{\gamma + C_4\varepsilon_{\mathrm{vd}}} \tag{4-6}$$

式中， C_1 、 C_2 、 C_3 、 C_4 为试验测定常数。

1991 年，在 Martin-Finn-Seed 孔隙水压力模型的基础上，Byrne 提出了一种更简便的计算塑性体积应变增量的方法：

$$\frac{\Delta\xi_{\mathrm{vd}}}{\gamma} = C_1 \mathrm{e}^{\left(-C_2\frac{\Delta\xi_{\mathrm{vd}}}{\gamma}\right)} \tag{4-7}$$

式中， C_1 和 C_2 为试验参数，一般情况下：

$$C_2 = \frac{0.4}{C_1} \tag{4-8}$$

$$C_1 = 8.7\sqrt{N_{60}} \tag{4-9}$$

式中， N_{60} 为标准贯入数。

有限差分程序中内置了一个本构模型(Finn 模型)，将式(4-6)和式(4-7)合并到标准摩尔-库仑塑性模型中，可以通过设定参数来选择上述两公式中的一个。

4.3.3　可液化粉土的动力反应分析

1. 静力分析

在对粉土进行动力计算前，需要了解土体的静力特征，即需要对初始土压力及初始孔隙水压力进行计算。式(4-10)是静力下土体的有限元解析方程。

$$[K]\{U\} = \{R\} \tag{4-10}$$

式中， $[K]$ 是计算土体的总刚度矩阵，仅与计算各单元的尺寸和材料有关，由各单位刚度矩阵叠加得到； $\{U\}$ 表示节点在静力状态下的位移向量，根据 $\{U\}$ 可以求解节点所在单元的应力和应变； $\{R\}$ 是节点所受的外荷载，包括材料自重、水的渗透力及其他荷载。由于土体本构的非线性，所以一般在计算过程中需要增量迭代 3～5 次。

2. 动力分析

在完成静力分析后，对场地土体进行二维分析，建立动力求解方程。

$$[K]\{U\}+[M]\{U''\}+[C]\{U'\}=-\{E\}_x U_g''(t)-\{E\}_y V_g''(t) \tag{4-11}$$

式中，$[K]$是计算土体的总刚度矩阵，由各单位刚度矩阵叠加得到，与土体单元划分及模量相关；$[M]$是计算土体的质量矩阵，由各单元质量集合而成；$\{E\}_x$是水平方向地震荷载的质量矩阵，其中奇数元素为节点质量，偶数元素为 0；$\{E\}_y$是竖向荷载的质量矩阵，其中偶数元素为节点质量，奇数元素为 0；$\{U\}$、$\{U'\}$、$\{U''\}$是方程需要求解的量，分别为计算节点相对于基岩的位移、速度及加速度；$[C]$是体系的阻尼矩阵，由单元的阻尼组合而成，如式(4-12)所示。

$$\begin{bmatrix} [C]_e=\alpha[M]_e+\beta[K]_e \\ \alpha=\zeta\omega \\ \beta=\dfrac{\zeta}{\omega} \end{bmatrix} \tag{4-12}$$

式中，ω表示体系的自振频率，但由于自振频率计算的复杂性，所以一般用主振圆频率ω_1代替；ζ为材料的阻尼比；$[K]$及$[M]$的意义同上。

解出某一个时刻的位移之后，便可以得到这一时刻的应力和应变分量，最终求得粉土地层的孔隙水压力及其增量，得到粉土地层在发生液化时孔隙水压力及位移的变化规律。

4.3.4　可液化粉土孔隙水压力增长模型

为验证孔隙水压力增长规律，建立数值模型分析不同峰值加速度(peak ground acceleration，PGA)下粉土地层的孔隙水压力增长规律和土体竖向位移的变化规律。

计算模型尺寸为 60m×30m×20m。土体在静力计算中采用摩尔—库仑模型，在动力计算中采用 Finn 模型。土体计算模型如图 4-2 所示。土体物理参数见表 4-1。

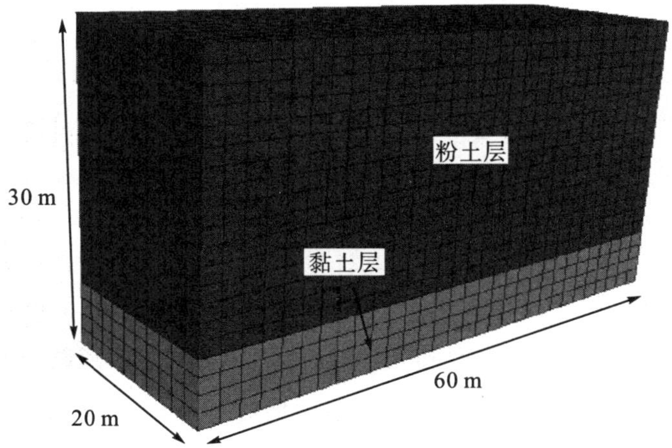

图 4-2　计算模型示意图

表 4-1　土体物理参数

类型	饱和密度 /(kg·m⁻³)	弹性模量 /MPa	剪切模量 /MPa	体积模量 /MPa	内摩擦角 /(°)	黏聚力 /kPa	泊松比
粉土	1800	19.2	10	30	35	7.3	0.3
黏土	1900	60	23	50	30	22	0.3

计算开始后，首先进行初始地应力平衡及渗流平衡，随后进行动力计算。动力计算时，模型边界四周及底部采用自由场边界，选用的临界阻尼为 0.417。过基线校正和过滤处理，选取能量变化最为剧烈的 5～13s 时段的地震波。本次地震波的输入通过将加速度波转化为应力波从模型底部输入，根据实际条件，最终输入的应力波乘以 0.3 的折减系数，即输入的地震波峰值加速度为 0.3*g*，输入的地震波如图 4-3 所示。

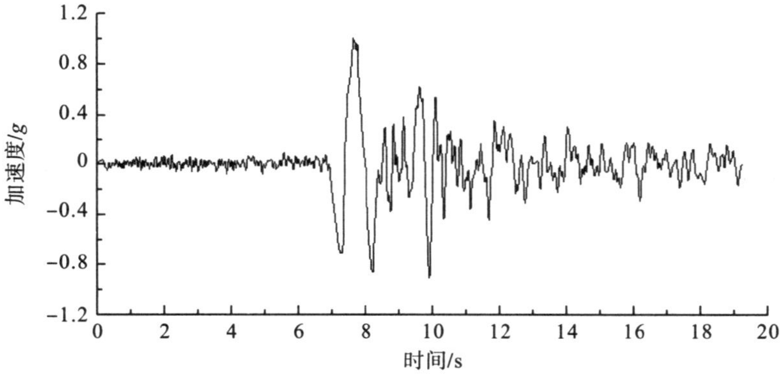

图 4-3　输入地震波加速度时程图

图 4-4 和图 4-5 所示分别为动力计算结束后，土体超孔隙水压力比随埋深的变化规律及不同 PGA 下土体在埋深 3m 处的超孔隙水压力比时程图。

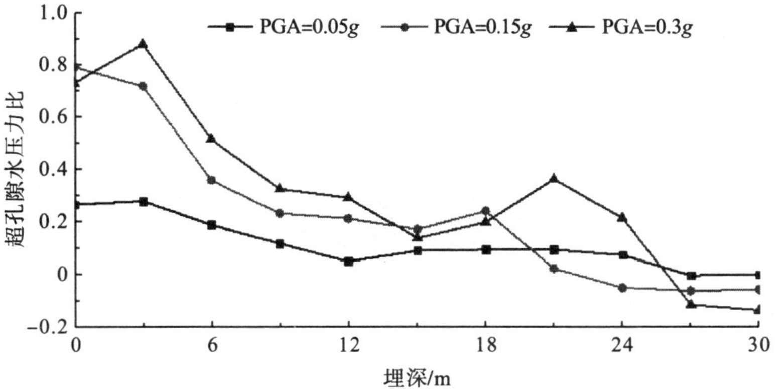

图 4-4　土体超孔隙水压力比随埋深的变化规律

从图 4-4 可以看出，随着埋深的增加，土体的超孔隙水压力比呈现下降的趋势。当 PGA=0.3*g* 时，地表处的超孔隙水压力比为 0.72，土体最大超孔隙水压力比(0.9)出现在埋深 3m 处；当 PGA=0.15*g* 时，最大超孔隙水压力比出现在地表处，为 0.8；当 PGA=0.05*g* 时，最大超孔隙水压力比仅为 0.28，远远小于其他两种工况。

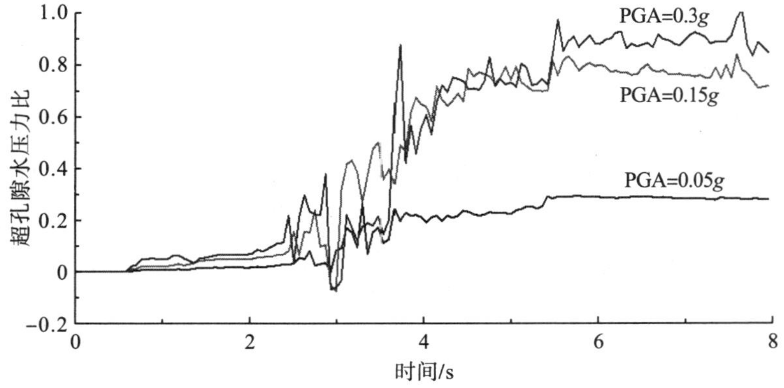

图 4-5　不同 PGA 下土体在埋深 3m 处的超孔隙水压力比时程图

从图 4-5 可以看出，当 PGA=0.05*g* 时，土体超孔隙水压力比远远小于另外两种工况；当 PGA=0.15*g* 和 PGA=0.3*g* 时，土体的超孔隙水压力比较为接近，在计算时最大超孔隙水压力比分别达到 0.8 及 1.0。说明 PGA 达到 0.15*g* 时土体可能已经产生了液化现象，继续增大 PGA，土体仍处于液化状态，超孔隙水压力比增大不再明显。

图 4-6～图 4-8 所示分别为 PGA=0.05*g*、0.15*g* 及 0.3*g* 时动力计算结束后土体的竖向位移云图。从图 4-6～图 4-8 可以看出，随着峰值加速度的增大，土体的竖向位移幅值也增大，但是在土体中部，竖向位移接近 0，土体的底部产生隆起位移，顶部产生沉降位移。

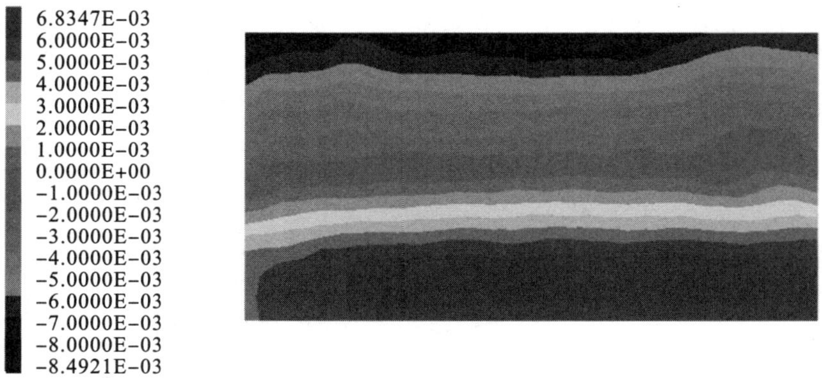

图 4-6　PGA=0.05*g* 时，土体的竖向位移云图(单位：m)

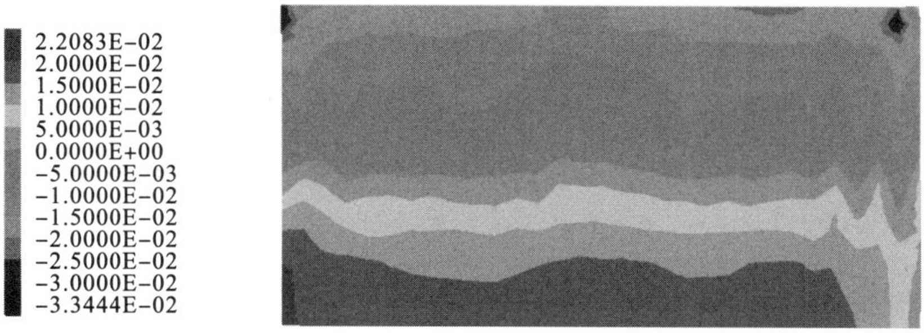

图 4-7　PGA=0.15*g* 时，土体的竖向位移云图(单位：m)

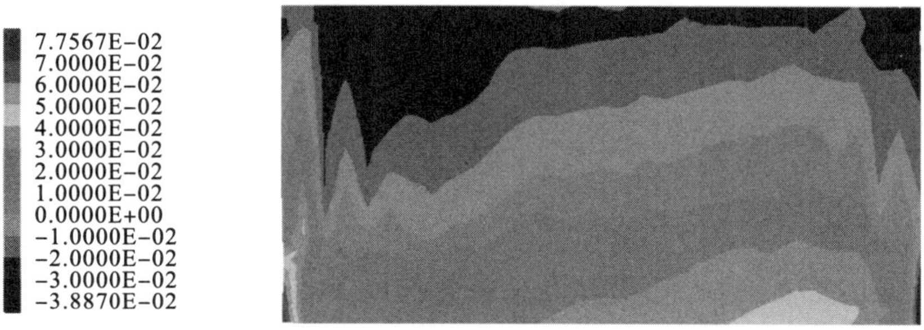

图 4-8　PGA=0.3*g* 时，土体的竖向位移云图(单位：m)

图 4-9 和图 4-10 所示分别为动力计算结束后，土体竖向位移随埋深的变化规律及不同峰值加速度在埋深 3m 处的土体竖向位移。

从图 4-9 和图 4-10 可以看出，随着 PGA 的增大，土体的竖向位移也增大；在 3 种峰值加速度下，土体中部(埋深 15m 处)的竖向位移基本接近为 0，往上土体发生沉降位移，往下土体发生隆起位移，且距埋深 15m 处越远，土体位移越大。

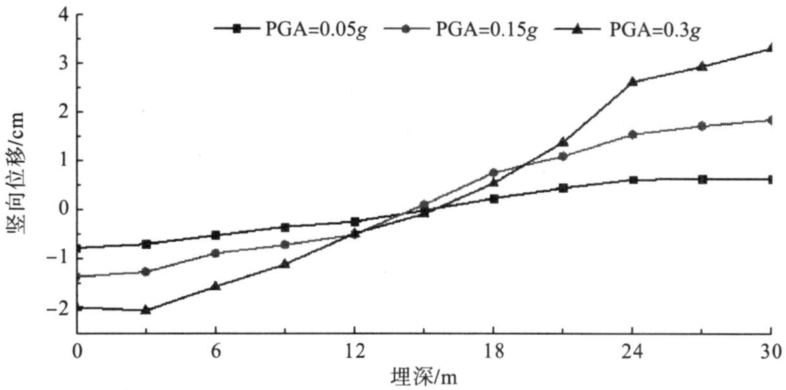

图 4-9　土体竖向位移随埋深的变化规律

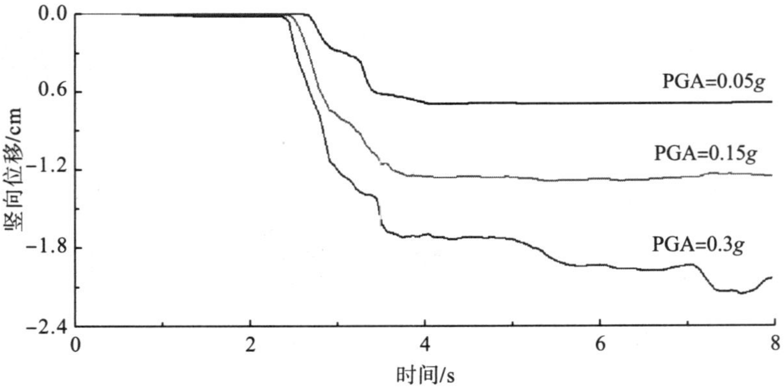

图 4-10　不同 PGA 下土体在埋深 3m 处的位移时程图

4.3.5　液化地层隧道结构动力分析模型

1. 模型计算范围的选取

隧道在模型中的开挖，通常假定为被半无限介质土层所包围，属于无界域。要进行数值模拟分析就需要人工截取有限区域进行离散。在静态分析中，可以引入虚边界的概念，它处于离结构足够远的地方，荷载对它的影响在实用上可以忽略不计。于是土层变成了有限域，可以用对结构的类似方法对土层加以模拟，这样就能直接对由结构和土层组成的整个离散体系进行分析。

侧向边界位置选取的原则是尽量减小边界上反射波的影响。根据经验做法，通常取地下结构宽度的 5～10 倍范围作为计算区域。

在进行隧道的动力分析时，边界条件的设置将对分析结果产生重大影响。经验表明，若采用简单边界，当以竖向振动为主时，网格两侧可采用水平约束。假定计算区域底部边界为基岩面，采用竖向约束，并使之离隧道地面较远。当以水平振动为主时(如水平地震力作用)，网格两侧采用竖向约束，地面采用全约束，且网格底部取至基岩顶面最为理想。然而对于一个确定的工程来说，地下结构的埋深和基岩都是确定的，只需要确定合理的横向计算宽度。

2. 动态边界条件的建立

在进行动态问题分析时，仅使用简单边界条件会导致向外传播的波反射回模型中，从而引起波的震荡，且不允许必要的能量发散，导致模拟失真。利用数值方法研究动态问题时，如何抑制有限离散模型边界上波的反射，是目前研究和讨论较多的问题之一。

有两种方法可以解决这个问题：一种方法是将地基范围取得很大，让人工边界远离结构体，这时当波动能量传到人工截取边界前已因地基内部的阻尼而大部分消除，但地基范围取得很大，需要对计算机提出更高的要求；另一种方法是在边界上施加特殊的边界条件，即引入人工边界条件，人工边界条件常被用于解决有限离散模型边界上波的反射问题，许多学者提出了很多种人工边界，用于在有限离散模型边界上模拟无限远边界条件，以便消除或减少边界上波的反射的影响。有限差分程序中内置了 3 种人工边界：静态(吸收)边界、自由场边界和三维辐射阻尼边界，可以减少在有限边界上所产生的波传播的反射效应。

3. 常用的阻尼形式

振动系统内部必须包含某种程度的阻尼效应，否则当系统受到驱动力时，将会无休止地振动下去。阻尼效应是由于接触材料内部的摩擦损失和沿着接触面产生滑动，从而产生系统的能量消耗。工程上，一般将阻尼分为外阻尼和内阻尼两大类。外阻尼相互作用引起能量损耗等；内阻尼则是通过材料内部的摩擦将能量转变为热能耗散。

有限差分程序能够用动态运算法则来解决两种力学问题：准静态问题和动态问题。阻尼也被用来解决这两种问题，但是准静态问题需要更多的阻尼来达到平衡的快速收敛。对于动态分析，数值模拟中的阻尼必须能够重现自然系统受动态荷载作用时能量损失的幅度和形式。在土和岩石中，自然阻尼主要是与频率无关的滞后阻尼，要在数值上重现这种阻尼是很困难的，有以下两种原因：第一，当几种波形叠加时，许多简单滞后阻尼函数无法将系统所有振动成分平等地衰减掉；第二，滞后阻尼函数是与路径相关的，会使结果相当难以理解。但如果一种本构模型包含了阻尼，而且足够模拟自然系统的实际阻尼，就不需要再施加任何阻尼了。

在日常工程设计中，必须正确地重现循环能量的消散。在有限差分程序中，一般在瑞利阻尼和滞后阻尼中选择。瑞利阻尼在时间为主导的程序里常被用作模拟自然系统的阻尼，在一定的频率范围内它与频率无关。滞后阻尼是将应变相关模量和阻尼函数结合到数值模拟中。

4. 动态加载方式

有限差分程序可以在模型内部网格点或模型边界上施加内部或外部动态荷载，采用地震波的均匀输入法，即假定地基中截断边界面上各点的地震加速度在同一时刻都是相同的。根据运动相对性原理，地震问题可以将边界看作相对静止不动，而对域内各点在惯性力作用下的参数进行计算。地震波的输入可以有以下 4 种方式：①加速度历史记录；②速度历史记录；③应力历史记录；④荷载历史记录。

当动态荷载的输入以速度或加速度记录施加在模型边界上时，需要注意这些输入形式不能沿黏滞边界施加，而必须使用应力记录输入，即速度记录必须先转换成应力记录才可作为边界条件施加在黏滞边界上。

4.4 本 章 小 结

(1)本章介绍了土层与地下结构体系动力分析的基本理论，从自由场地基、盾构隧道结构及隧道与土层的相互作用 3 个方面层层递进地构建起本书的理论分析体系。

(2) 地层的合理模拟对结构及周围地层的变形及内力具有非常重要的影响，为此，尽可能地选择地层材料的合理本构模型，本书对天津粉土地层的数值计算选择 Finn 模型。

(3) 数值计算动力分析中地层与结构作为一个有机的整体考虑，同时本书着重考虑地下水的影响，根据需要建立相关的渗流耦合模型和固结模型。

第5章　列车荷载作用下粉土地层及盾构隧道动力响应

列车振动环境影响研究常用的理论研究方法是首先确定列车振动荷载，然后将列车振动荷载输入隧道结构-地层系统中，最后分析列车在荷载振动作用下的动力响应规律。

在列车振动荷载的确定方面，目前主要有经验法、试验分析法及理论分析法等。经验法在国内最早由潘昌实等提出，该方法是在国内外对列车振动荷载的产生原因、频率特征等先验认识的基础上，用一个静荷载和一系列正弦函数叠加而成的激振力函数来模拟列车振动荷载。

在铁路运输领域，轮轨动力学问题经过了长期的发展，已经由最初分离的车辆动力学和轨道动力学发展成为当下较为成熟的列车-轨道耦合动力学理论体系。但是，这些研究重点在于讨论列车车体和轨道系统的动力特性，很少针对地铁列车振动引起的对隧道结构的作用荷载进行深入讨论，因此对地铁列车运行引起的环境振动分析可能存在偏差。

鉴于目前对地铁盾构隧道受列车振动荷载作用下的动力分析中存在分析指标与轮轨激振参数较为脱节的不足，本章以研究可液化地层盾构隧道在垂向列车振动荷载作用下的动力学特性为目标，建立地铁列车振动垂向激振模型并验证其合理性，并进一步研究可液化地层盾构隧道在垂向列车振动荷载作用下的动力响应规律。

5.1　地铁列车-轨道垂向耦合动力学模型

5.1.1　地铁列车及轨道系统动力学建模

本节按铁道工程中列车-轨道垂向系统统一模型的客车建模方法，建立地铁列车-轨道垂向耦合动力学模型。

地铁列车由地铁车辆编组而成，我国地铁车辆分为动车和拖车两种类型。其中，动车又分为带司机室动车(Mc)和无司机室动车(M)；拖车分为带司机室拖车(Tc)和无司机室拖车(T)。在列车-轨道垂向耦合动力学模型建立的过程中，视车辆之间的纵向连接情况确定是否考虑纵向连接的垂向耦合作用。对我国常见的地铁列车，车辆之间的纵向连接采用车钩连接，由于车钩具有一定的垂向自由转角，其垂向耦合作用较弱。因此，不考虑车辆之间的垂向耦合动力作用，将地铁列车的各车辆模拟为以速度 v 运行于轨道结构上的多刚体系统。图 5-1 所示为天津地铁 5 号线带司机室拖车设计图。

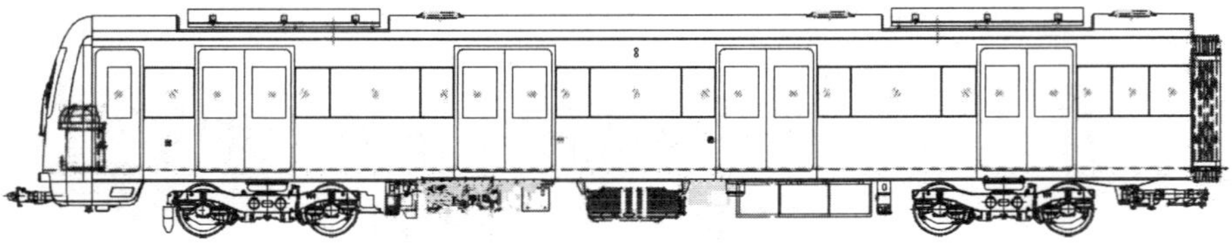

图 5-1　天津地铁 5 号线带司机室拖车设计图

如图 5-2 所示，将地铁车辆简化为由车体、两个转向架和 4 个轮对组成的多刚体系统，其相互作用简化为弹簧阻尼元件。考虑到地铁列车模型的建立，用编组参数 k（$k=1,2,\cdots,n$）表示第 k 辆地铁车辆，编号方向与列车运行方向相反，即从车头到车尾进行编号。车辆内部的前后转向架构架、轮对的编号方式同样采用由靠近车头侧向靠近车尾侧进行。

地铁车辆系统模型考虑的自由度有车体沉浮自由度（Z_{ck}）、车体点头自由度（β_{ck}）、构架沉浮自由度（Z_{tk1} 和 Z_{tk2}）、构架点头自由度（β_{tk1} 和 β_{tk2}）及轮对垂向运动自由度（Z_{wk1}、Z_{wk2}、Z_{wk3}、Z_{wk4}）。单辆车自由度总数为 10。车辆主要参数有车体质量（M_{ck}）及车体点头惯量（J_{ck}）、转向架构架质量（M_{tk}）及其点头惯量（J_{tk}）、轮对质量（M_w）及轮对直径（R_w）、一系悬挂刚度 K_{pzk} 和一系悬挂阻尼 C_{pzk}、二系悬挂刚度 K_{szk} 和二系悬挂阻尼 C_{szk}。

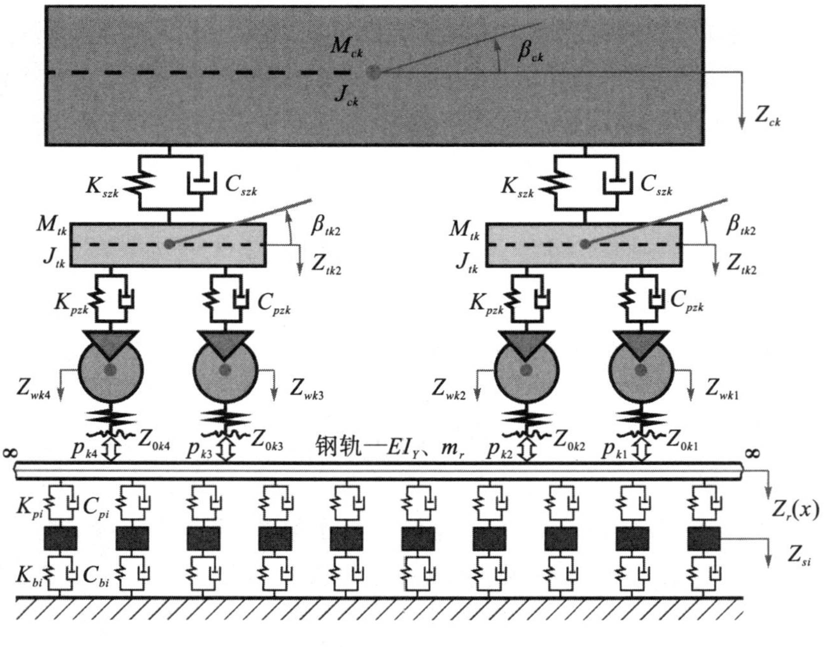

图 5-2　列车车辆-轨道垂向耦合动力学模型

通过对上述模型进行编组可以得到地铁列车模型，如图 5-3 所示。对于 k 辆编组的地铁列车，自由度的总数为 N=10K。

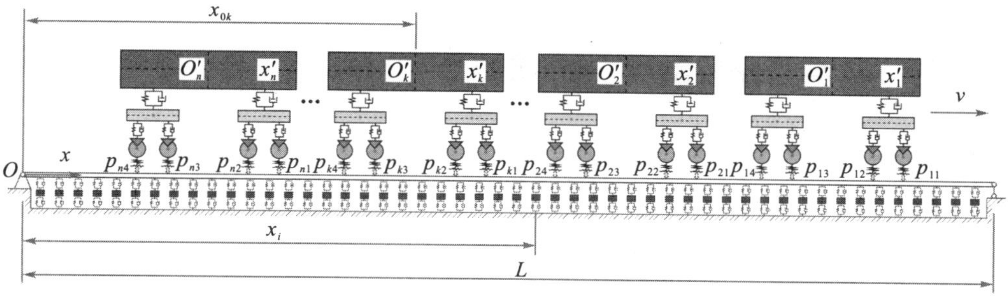

图 5-3　地铁列车—轨道垂向耦合动力学模型

在轨道模型方面，根据无砟轨道形式的不同，常用的模型主要有 3 种，分别是长枕埋入式无砟轨道模型、弹性支承块式无砟轨道模型和板式轨道模型，如图 5-4 所示。

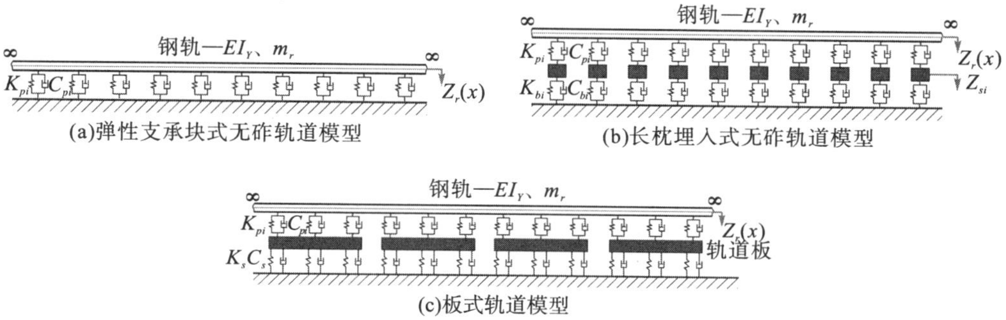

图 5-4　常用地铁轨道模型

图 5-5 所示为天津地铁 5 号线建昌道站—金钟河大街站区间盾构隧道。轨道结构按天津地铁一般地段设计，采用钢筋混凝土长轨枕式整体道床，道床整体刚度较大。轨道采用 DTⅥ2 型扣件，轨道弹性主要由扣件及橡胶垫板提供。因此，地铁轨道结构宜采用单层黏弹性支撑模型。

图 5-5　天津地铁 5 号线一般地段轨道形式

5.1.2 列车车辆系统振动动力学方程

1. 车体沉浮运动

$$M_{ck}\ddot{Z}_{ck}+(C_{szk1}+C_{szk2})\dot{Z}_{ck}+(K_{szk1}+K_{szk2})Z_{ck}\\-C_{szk1}\dot{Z}_{tk1}-K_{szk1}Z_{tk1}-C_{szk2}\dot{Z}_{tk2}-K_{szk2}Z_{tk2}=M_{ck}g \tag{5-1}$$

2. 车体点头运动

$$J_{ck}\ddot{\beta}_{ck}+(C_{szk1}+C_{szk2})l_{ck}^2\dot{\beta}_{ck}+(K_{szk1}+K_{szk2})l_{ck}^2\beta_{ck}+C_{szk1}l_{ck}\dot{Z}_{tk1}\\-C_{szk2}l_{ck}\dot{Z}_{tk2}+K_{szk1}l_{ck}Z_{tk1}-K_{szk2}l_{ck}Z_{tk2}=0 \tag{5-2}$$

3. 前转向架构架沉浮运动

$$M_{tk}\ddot{Z}_{tk1}+(C_{pzk1}+C_{pzk2}+C_{szk1})\dot{Z}_{tk1}+(K_{pzk1}+K_{pzk2}+K_{szk1})Z_{tk1}-C_{szk1}\dot{Z}_{ck}-K_{szk1}Z_{ck}\\-C_{pzk1}\dot{Z}_{wk1}-C_{pzk2}\dot{Z}_{wk2}-K_{pzk1}Z_{wk1}-K_{pzk2}Z_{wk2}+C_{szk1}l_{ck}\dot{\beta}_{ck}+K_{szk1}l_{ck}\beta_{ck}=M_{tk}g \tag{5-3}$$

4. 前转向架构架点头运动

$$J_{tk}\ddot{\beta}_{tk1}+(C_{pzk1}+C_{pzk2})l_{tk}^2\dot{\beta}_{tk1}+(K_{pzk1}+K_{pzk2})l_{tk}^2\beta_{tk1}+C_{pzk1}l_{tk}\dot{Z}_{wk1}\\-C_{pzk2}l_{tk}\dot{Z}_{wk2}+K_{pzk1}l_{tk}Z_{wk1}-K_{pzk2}l_{tk}Z_{wk2}=0 \tag{5-4}$$

5. 后转向架构架沉浮运动

$$M_{tk}\ddot{Z}_{tk2}+(C_{pzk3}+C_{pzk4}+C_{szk2})\dot{Z}_{tk2}+(K_{pzk3}+K_{pzk4}+K_{szk2})Z_{tk2}-C_{szk2}\dot{Z}_{ck}-K_{szk2}Z_{ck}\\-C_{pzk3}\dot{Z}_{wk3}-C_{pzk4}\dot{Z}_{wk4}-K_{pzk3}Z_{wk3}-K_{pzk4}Z_{wk4}+C_{szk2}l_{ck}\dot{\beta}_{ck}+K_{szk2}l_{ck}\beta_{ck}=M_{tk}g \tag{5-5}$$

6. 后转向架构架点头运动

$$J_{tk}\ddot{\beta}_{tk2}+(C_{pzk3}+C_{pzk4})l_{tk}^2\dot{\beta}_{tk2}+(K_{pzk3}+K_{pzk4})l_{tk}^2\beta_{tk2}+C_{pzk3}l_{tk}\dot{Z}_{wk3}\\-C_{pzk4}l_{tk}\dot{Z}_{wk4}+K_{pzk3}l_{tk}Z_{wk3}-K_{pzk4}l_{tk}Z_{wk4}=0 \tag{5-6}$$

7. 第一轮对沉浮运动

$$M_{wk}\ddot{Z}_{wk1}+C_{pzk1}\dot{Z}_{wk1}+K_{pzk1}Z_{wk1}-C_{pzk1}\dot{Z}_{tk1}-K_{pzk1}Z_{tk1}+C_{pzk1}l_{tk}\dot{\beta}_{tk1}\\+K_{pzk1}l_{tk}\beta_{tk1}+2p_{k1}(t)-M_{wk}g=F_{0k1}(t) \tag{5-7}$$

8. 第二轮对沉浮运动

$$M_{wk}\ddot{Z}_{wk2}+C_{pzk2}\dot{Z}_{wk2}+K_{pzk2}Z_{wk2}-C_{pzk2}\dot{Z}_{tk1}-K_{pzk2}Z_{tk1}-C_{pzk2}l_{tk}\dot{\beta}_{tk1}\\-K_{pzk2}l_{tk}\beta_{tk1}+2p_{k2}(t)-M_{wk}g=F_{0k2}(t) \tag{5-8}$$

9. 第三轮对沉浮运动

$$
\begin{aligned}
&M_{wk}\ddot{Z}_{wk3}+C_{pzk3}\dot{Z}_{wk3}+K_{pzk3}Z_{wk3}-C_{pzk3}\dot{Z}_{tk2}-K_{pzk3}Z_{tk2}+C_{pzk3}l_{tk}\dot{\beta}_{tk2}\\
&\quad+K_{pzk3}l_{tk}\beta_{tk2}+2p_{k3}(t)-M_{wk}g=F_{0k3}(t)
\end{aligned}
\tag{5-9}
$$

10. 第四轮对沉浮运动

$$
\begin{aligned}
&M_{wk}\ddot{Z}_{wk4}+C_{pzk4}\dot{Z}_{wk4}+K_{pzk4}Z_{wk4}-C_{pzk4}\dot{Z}_{tk2}-K_{pzk4}Z_{tk2}-C_{pzk4}l_{tk}\dot{\beta}_{tk2}\\
&\quad-K_{pzk4}l_{tk}\beta_{tk2}+2p_{k4}(t)-M_{wk}g=F_{0k4}(t)
\end{aligned}
\tag{5-10}
$$

5.1.3　无砟轨道结构振动方程

1. 钢轨振动微分方程

将地铁轨道简化为足够长、两端简支且受轨下混凝土支撑块弹性支反力和列车车轮-轨道接触力作用的 Euler 梁模型。钢轨振动位移函数为 $Z_r(x,t)$，支反力为 F_{rsi}。混凝土支撑块的坐标为

$$
x_i=il_s \tag{5-11}
$$

列车各车轮的坐标为

$$
\begin{aligned}
x_{wk1}&=x'_{ok}+l_{ck}+l_{tk}+vt\\
x_{wk2}&=x'_{ok}+l_{ck}-l_{tk}+vt\\
x_{wk3}&=x'_{ok}-l_{ck}+l_{tk}+vt\\
x_{wk4}&=x'_{ok}-l_{ck}-l_{tk}+vt
\end{aligned}
\tag{5-12}
$$

钢轨的振动方程为

$$
EI_Y\frac{\partial^4 Z_r(x,t)}{\partial x^4}+m_r\frac{\partial^2 Z_r(x,t)}{\partial t^2}+\sum_{i=1}^{m}F_{rsi}(t)\delta(x-x_i)-\sum_{k=1}^{n}\sum_{j=1}^{4}\left[p_{kj}\delta(x-x_{wkj})\right]=0 \tag{5-13}
$$

钢轨所受支反力为

$$
F_{rsi}(t)=K_{pi}\left[Z_r(x_i,t)-Z_{si}(t)\right]+C_{pi}\left[\dot{Z}_r(x_i,t)-\dot{Z}_{si}(t)\right] \tag{5-14}
$$

为了方便数值求解，采用 Ritz 法将其转化为二阶常微分方程组，钢轨的振动位移函数可用正则振型坐标 $q_\xi(t)$ 表示为

$$
Z_r(x,t)=\sum_{\xi=1}^{NM}Z_\xi(x)q_\xi(t) \tag{5-15}
$$

式中，NM 为模态阶数；$Z_\xi(x)$ 为垂向振型。

$$
Z_\xi(x)=\sqrt{\frac{2}{m_rL}}\sin\frac{\pi\xi x}{L} \tag{5-16}
$$

将式(5-15)代入式(5-13)可以得到

$$\sum_{\xi=1}^{NM} EI_Y \frac{\mathrm{d}^4 Z_\xi(x)}{\mathrm{d}x^4} q_\xi(t) + \sum_{\xi=1}^{NM} m_r Z_\xi(x) \ddot{q}_\xi(t) + \sum_{i=1}^{m} F_{rsi}(t)\delta(x-x_i) - \sum_{k=1}^{n}\sum_{j=1}^{4}\left[p_{kj}\delta(x-x_{wkj})\right] = 0 \tag{5-17}$$

式中，

$$F_{rsi}(t) = K_{pi}\sum_{\xi=1}^{NM} Z_\xi(x_i) q_\xi(t) - K_{pi} Z_{si}(t) + C_{pi}\sum_{\xi=1}^{NM} Z_\xi(x_i) q_\xi(t) - C_{pi}\dot{Z}_{si}(t) \tag{5-18}$$

将式(5-17)两边同时乘以 h 阶振型函数 $Z_h(x)$，并对 x 从 0 到 L 积分可以得到

$$\begin{aligned}\int_0^L \left[Z_h(x)\sum_{\xi=1}^{NM} EI_Y \frac{\mathrm{d}^4 Z_\xi(x)}{\mathrm{d}x^4} q_\xi(t)\right]\mathrm{d}x + \int_0^L \left[Z_h(x)\sum_{\xi=1}^{NM} m_r Z_\xi(x)\ddot{q}_\xi(t)\right]\mathrm{d}x \\ + \int_0^L \left[Z_h(x)\sum_{i=1}^{m} F_{rsi}(t)\delta(x-x_i)\right]\mathrm{d}x \\ - \int_0^L \left\{\sum_{k=1}^{n}\sum_{j=1}^{4}\left[p_{kj} Z_h(x)\delta(x-x_{wkj})\right]\right\}\mathrm{d}x = 0\end{aligned} \tag{5-19}$$

考虑模态函数的正交性，当 $h \neq k$ 时有

$$\int_0^L Z_h(x) Z_k(x)\mathrm{d}x = 0 \tag{5-20}$$

则式(5-19)可以化简为

$$\begin{aligned}\int_0^L \left[EI_Y Z_h(x)\frac{\mathrm{d}^4 Z_h(x)}{\mathrm{d}x^4} q_h(t)\right]\mathrm{d}x + \int_0^L \left[m_r Z_h(x) Z_h(x)\ddot{q}_h(t)\right]\mathrm{d}x \\ + \int_0^L \left[\sum_{i=1}^{m} F_{rsi}(t) Z_h(x)\delta(x-x_i)\right]\mathrm{d}x \\ - \int_0^L \left\{\sum_{k=1}^{n}\sum_{j=1}^{4}\left[p_{kj} Z_h(x)\delta(x-x_{wkj})\right]\right\}\mathrm{d}x = 0\end{aligned} \tag{5-21}$$

由狄拉克函数的性质可以得到

$$\begin{aligned}EI_Y q_h(t)\int_0^L \left[Z_h(x)\frac{\mathrm{d}^4 Z_h(x)}{\mathrm{d}x^4}\right]\mathrm{d}x + m_r \ddot{q}_h(t)\int_0^L \left[Z_h(x) Z_h(x)\right]\mathrm{d}x \\ + \sum_{i=1}^{m} F_{rsi}(t) Z_h(x_i) - \sum_{k=1}^{n}\sum_{j=1}^{4}\left[p_{kj} Z_h(x_{wkj})\right] = 0\end{aligned} \tag{5-22}$$

式(5-22)中的积分项分别为

$$\int_0^L \left[Z_h(x) Z_h(x)\right]\mathrm{d}x = \frac{1}{m_r} \tag{5-23}$$

$$\int_0^L \left[Z_h(x)\frac{\mathrm{d}^4 Z_h(x)}{\mathrm{d}x^4}\right]\mathrm{d}x = \frac{1}{m_r}\left(\frac{k\pi}{L}\right)^4 \tag{5-24}$$

则钢轨的振动微分方程为

$$\ddot{q}_h(t) + \frac{EI_Y}{m_r}\left(\frac{k\pi}{L}\right)^4 q_h(t) + \sum_{i=1}^{m} F_{rsi}(t) Z_h(x_i) - \sum_{k=1}^{n}\sum_{j=1}^{4}\left[p_{kj} Z_h(x_{wkj})\right] = 0 \tag{5-25}$$

在式(5-25)中代入广义坐标表示的梁振动支反力响应函数可得钢轨的振动微分方程为

$$\begin{aligned}&\ddot{q}_h(t)+\frac{EI_Y}{m_r}\left(\frac{k\pi}{L}\right)^4 q_h(t)+\sum_{i=1}^{m}\left[K_{pi}Z_h(x_i)\sum_{\xi=1}^{NM}Z_\xi(x_i)q_\xi(t)\right]-\sum_{i=1}^{m}\left[K_{pi}Z_h(x_i)Z_{si}(t)\right]\\&\quad+\sum_{i=1}^{m}\left[C_{pi}Z_h(x_i)\sum_{\xi=1}^{NM}Z_\xi(x_i)q_\xi(t)\right]-\sum_{i=1}^{m}\left[C_{pi}Z_h(x_i)\dot{Z}_{si}(t)\right]-\sum_{k=1}^{n}\sum_{j=1}^{4}\left[p_{kj}Z_h(x_{wkj})\right]\\&=0\qquad(h=1\sim NM)\end{aligned}\tag{5-26}$$

2. 车轨垂向耦合关系

根据 Hertz 非线性弹性接触理论，可以确定轮轨之间的垂向作用力为

$$p(t)=\left[\frac{1}{G}\delta Z(t)\right]^{3/2}\tag{5-27}$$

式中，G 为轮轨接触常数($\mathrm{m/N^{2/3}}$)；$\delta Z(t)$ 为轮轨间的弹性压缩量(m)。

轮轨间的弹性压缩量可由轮轨接触点处车轮和钢轨的位移值进行确定：

$$\delta Z(t)=Z_{wkj}(t)-Z_r(x_{wkj},\ t)\tag{5-28}$$

式中，$Z_{wkj}(t)$ 为 t 时刻第 k 辆车第 j 个车轮的位移值(m)；$Z_r(x_{wj},\ t)$ 为 t 时刻第 k 辆车第 j 个车轮下钢轨的位移值(m)。

当轮轨界面存在位移不平顺 $Z_0(t)$ 输入时，轮轨力的表达式为

$$p_{kj}(t)=\begin{cases}\left\{\dfrac{1}{G}\left[Z_{wkj}(t)-Z_r(x_{wkj},\ t)-Z_{0kj}(t)\right]\right\}^{3/2}\\0,\qquad Z_{wkj}(t)-Z_r(x_{wkj},\ t)<0\end{cases}\tag{5-29}$$

5.1.4　数值求解方法

列车-轨道耦合动力学方程可以写成统一的形式：

$$\boldsymbol{M\ddot{Z}}+\boldsymbol{C\dot{Z}}+\boldsymbol{KZ}=\boldsymbol{P}\tag{5-30}$$

采用翟方法进行积分求解。翟方法属于显式二步数值积分法，积分公式为

$$\begin{cases}\boldsymbol{Z}_{n+1}=\boldsymbol{Z}_n+\dot{\boldsymbol{Z}}_n\Delta t+\left(\dfrac{1}{2}+\phi\right)\ddot{\boldsymbol{Z}}_n\Delta t^2-\phi\ddot{\boldsymbol{Z}}_{n-1}\Delta t^2\\\dot{\boldsymbol{Z}}_{n+1}=\dot{\boldsymbol{Z}}_n+(1+\varphi)\ddot{\boldsymbol{Z}}_n\Delta t-\varphi\ddot{\boldsymbol{Z}}_{n-1}\Delta t\end{cases}\tag{5-31}$$

式中，Δt 为时间步长；ϕ 和 φ 分别为控制积分的独立参数。

5.1.5　天津地铁列车计算参数

以天津地铁 5 号线为例，其运营车辆是符合《地铁限界标准》(CJJ/T 96—2018)中 B2 型车辆限界的 B2 型地铁车辆，车体采用不锈钢材料的轻量化整体承载焊接结构。车辆采用 VVVF 逆变器控制的交流异步电动机牵引传动系统。列车采用“四动二拖”固定编组，

每列车由两辆带司机室的拖车和中间的 4 辆动车组成，各车辆上部为客室，下部为设备悬挂空间。列车具有远期扩编为 7 编组运营的能力。

1. 列车编组形式

列车采用带司机室拖车(Tc1、Tc2)、具有动力的带受电弓的车(Mp1、Mp2)、不带受电弓的车(M1、M2)及加编的无司机室拖车(T)，共 4 种车型(7 辆编组)。

列车编组形式见表 5-1。

表 5-1　列车编组状态

编组形式	编组示意图
6 辆编组	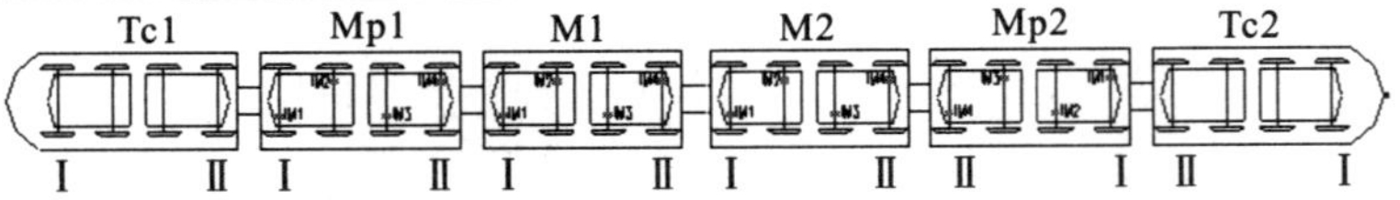
7 辆编组	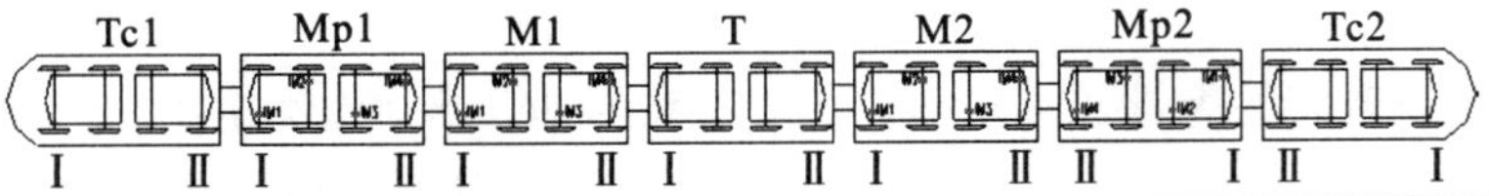

由于不同列车编组形式和载客状态，下列车参数存在差异，选取典型工况进行说明。其中载客状态用“AW”表示，设计共考虑 4 种载客状态，分别是：空载状态（AW），座席载客量(AW1)、定员载客量(AW2)、超员载客量(AW3)。

2. 车体动力学参数

当地铁列车由 1 辆拖车(Tc)+4 辆动车(M)+1 辆拖车(Tc)的 6 辆编组形式编组时，考虑载客状态(AW2)时的地铁列车动力学参数见表 5-2。

表 5-2　地铁列车动力学参数

参数名称	车型	参数值
车体质量/kg	M	35995
	Tc	37290
车体点头惯量/(kg·m^2)	M	1243910
	Tc	1139540
转向架质量/kg	M	3580
	Tc	1800
转向架点头惯量/(kg·m^2)	M	1590
	Tc	780
轮对质量/kg	M	1816
	Tc	1255
二系悬挂刚度/(MN·m^{-1})	M/Tc	0.9
二系悬挂阻尼/[(kN·s)m^{-1}]	M/Tc	12
一系悬挂刚度/(MN·m^{-1})	M/Tc	1.4

续表

参数名称	车型	参数值
一系悬挂阻尼/[(kN·s)m^{-1}]	M/ Tc	15
车辆定距之半/m	M/ Tc	6.3
转向架轴距之半/m	M/ Tc	1.1
车轮半径/m	M/ Tc	0.42
两车邻轮对距离/m	—	4.72
接触常数 G/(m·$N^{-2/3}$)	—	5.23×10^{-8}

地铁轨道系统动力学参数见表 5-3。

表 5-3　地铁轨道系统动力学参数

参数名称	参数值
钢轨抗弯刚度(单根)/(MN·m^{-2})	6.62
钢轨线密度/(kg·m^{-1})	6.3
扣件刚度/(MN·m^{-1})	30
扣件阻尼/[(kN·s)m^{-1}]	75

3. 列车轴重及载客状态

空车状态下，各类型车辆及列车的质量如下：拖车(Tc)(AW0)不大于 32t/辆 ；动车(M、Mp)(AW0)不大于 35t/辆；无司机室拖车(T)(AW0)不大于 28t/辆；6 编组列车不大于 204t /列 ；7 编组列车不大于 232t/列。同时，列车还需要考虑载客状态的影响，天津地铁列车载客状态参数见表 5-4。

表 5-4　列车载客状态参数

载客状态(AW)	Tc 车(每辆)		M/T/Mp 车(每辆)		列车(4M2T)		列车(4M3T)		备注
	人数/人	质量/kg	人数/人	质量/kg	人数/人	质量/kg	人数/人	质量/kg	
AW0	0	0	0	0	0	0	0	0	每位乘客质量按 60kg 计
AW1	36	2160	44	2640	248	14880	292	17520	
AW2	230	13800	250	15000	1460	87600	1710	102600	
AW3	294	17640	318	19080	1860	111600	2178	130680	

5.2　运营列车荷载特性

5.2.1　轨道不平顺影响

不平顺功率谱密度函数作为列车-轨道接触不平顺性的数学描述，在国内外铁道运输领域受到了大量的关注。田国英等(2016)对国内外轨道不平顺功率谱的研究进展进行了综述，并对不同轨道不平顺功率谱的适用速度等级和波长范围等进行了归纳。目前，国内外尚没有针对地铁线路的标准化轨道不平顺功率谱。

1. 美国轨道不平顺功率谱

美国运输部联邦铁路管理局(Federal Railroad Administration，FRA)在 1976～1983 年期间，通过对大量轨道不平顺数据的统计分析，得到了美国 1～6 级轨道不平顺功率谱函数，该不平顺功率谱函数的适用速度范围为 176km/h 以下，适用波长范围为 0.3048～304.8m。美国轨道不平顺功率谱的表达式为

$$S_v(\Phi)=\frac{A_v\Phi_{v2}^2(\Phi^2+\Phi_{v1}^2)}{\Phi^4(\Phi^2+\Phi_{v2}^2)} \tag{5-32}$$

式中，$S_v(\Phi)$ 为空间频率表示的轨道不平顺功率谱密度（m^2/m^{-1}）；Φ 为空间频率)（m^{-1}）；A_v 为粗糙度常数（m）；Φ_{v1} 和 Φ_{v2} 为截断频率(m^{-1})。

美国 5 级线路及 6 级线路的不平顺功率谱参数见表 5-5。

表 5-5　美国轨道不平顺功率谱参数

轨道等级	$A_v/10^{-7}$ m	Φ_{v1} / m^{-1}	Φ_{v2}/m^{-1}
5 级	1.6722	0.0233	0.1312
6 级	0.9525	0.0233	0.1312

2. 德国轨道不平顺功率谱

德国轨道不平顺功率谱的表达式为

$$S_v(\omega)=\frac{A_v\omega_c^2}{(\omega^2+\omega_r^2)(\omega^2+\omega_c^2)} \tag{5-33}$$

式中，$S_v(\omega)$ 为空间角频率表示的轨道不平顺功率谱密度$[m^2/(rad/m)]$；A_v 为粗糙度常数$[(m^2\cdot rad)/m]$；ω_r 和 ω_c 为截断频率（rad/ m ）。

德国轨道不平顺功率谱分为高干扰谱和低干扰谱，其中高干扰谱适用于车速小于 250km/h 的铁路。德国轨道不平顺功率谱的参数见表 5-6。

表 5-6　德国轨道不平顺功率谱参数

轨道类别	$A_v/[(10^{-7}\ m^2\cdot rad)\cdot m^{-1}]$	$\omega_r/(rad\cdot m^{-1})$	$\omega_c/(rad\cdot m^{-1})$
低干扰	4.032	0.0206	0.8246
高干扰	10.8	0.0206	0.8246

3. 三大提速干线轨道不平顺功率谱

我国京广、京沪、京哈三大提速干线轨道不平顺功率谱的表达式为

$$S(f)=\frac{A(f^2+Bf+C)}{f^4+Df^3+Ef^2+Ff+G} \tag{5-34}$$

式中，$S(f)$ 为空间频率表示的轨道不平顺功率谱密度(mm^2/m)；A、B、C、D、E、F、G 均为拟合参数；f 为空间频率(m^{-1})。

4. 上海地铁拟合谱

目前国内外还未形成标准化的地铁轨道不平顺功率谱。其中，何越磊等(2014)利用我国干线铁路七参数谱模型作为拟合函数，以上海地铁轨道检测数据为样本，分别拟合了地铁高架无砟轨道线路、地面有砟轨道线路及地下无砟轨道线路的轨道不平顺功率谱。其中，地下无砟轨道线路不平顺功率谱拟合参数见表 5-7。

表 5-7　两种基于我国七参数模型的地铁轨道不平顺功率谱

拟合参数	三大提速干线		何越磊等地下无砟轨道	
	左	右	左	右
A	1.1029	0.8581	0.008543	0.008876
B	−1.4709	−1.4607	0.091129	0.065356
C	0.5941	0.5848	0.018 636	0.012982
D	0.8480	0.0407	0.134389	0.140656
E	3.8061	2.8428	0.010038	0.010745
F	−0.2500	−0.1989	0.000408	0.000407
G	0.0112	0.0094	0.000022	0.000020

如图 5-6 所示，取波长范围为 0.5～100m，将不同地铁不平顺谱绘制于双对数坐标中。可以看出，德国高干扰谱、美国 5 级谱和美国 6 级谱在 0.5～100m 波长范围内较为接近，何越磊等拟合的上海地铁谱在波长大于 8m 时，较其他谱有利；在波长小于 5m 时，相较于德国高干扰谱、美国 5 级谱和美国 6 级谱更为不利。在波长小于 40m 范围内，中国提速干线谱相较于其他谱更为不利。特别地，当波长小于 3m 时，中国提速干线谱与其他谱差异较大，可能使对短波不平顺性较为敏感的运行工况产生较大的振动响应。

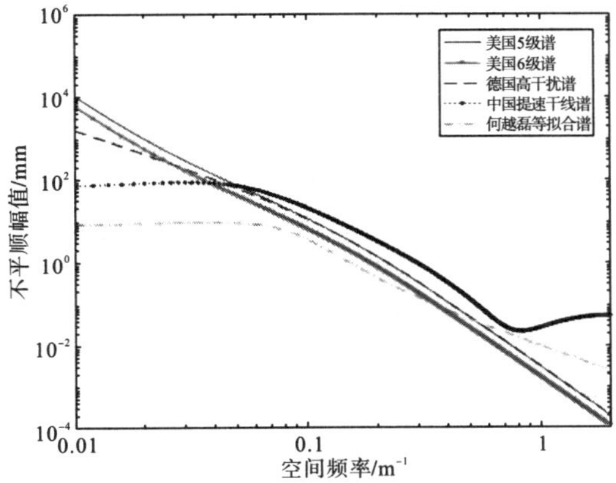

图 5-6　地铁分析常用不平顺谱对比

5.2.2　时域不平顺性曲线模拟

常用的轨道不平顺性时域样本模拟方法主要有三角级数法、白噪声滤波法、二次滤波法和逆傅里叶变换法等。其中，逆傅里叶变换法首先由陈果和翟婉明(1999)用于模拟轨道不平顺性时域样本并取得了良好的效果。通过分析估计功率谱密度函数的 Blackman-Turkey 周期图法可以得到离散功率谱密度和时间序列傅里叶频谱存在如下关系：

$$S_x(k)=\frac{1}{N^2}[X^*(k)X(k)] \tag{5-35}$$

式中，$S_x(k)$ 为离散功率谱密度(单边谱)；N 为采样点数；$X^*(k)$ 和 $X(k)$ 分别为时间序列傅里叶频谱的共轭和时间序列傅里叶频谱。

由此可以得到时间序列傅里叶频谱的模值为

$$\left|X(k)\right|=N_r\sqrt{S_x(k)} \tag{5-36}$$

式中，N_r 为采样点数，下标表示采样点数为 2 的整次幂。

引入均匀分布随机相位序列(复数)：

$$\xi(k)=\mathrm{e}^{\mathrm{i}\Phi_k} \tag{5-37}$$

式中，Φ_k 服从 0～2π 均匀分布；i 为虚数单位。

由此可以得到不平顺时域样本为

$$x(n)=\frac{1}{N_r}\sum_{k=0}^{N_r-1}\left[\xi(k)\left|X(k)\right|\mathrm{e}^{\frac{\mathrm{i}2\pi kn}{N_r}}\right] \tag{5-38}$$

需要特别注意的是，由于不同轨道谱表示的方法不同，因此需要通过能量守恒定律将其统一为时间频率：

$$S_t\left(f_t\right)=\frac{1}{v}S_m^{f_m}\left(\frac{f_t}{v}\right)=\frac{2\pi}{v}S_m^{\omega_m}\left(\frac{2\pi f_t}{v}\right) \tag{5-39}$$

式中，S_t 和 S_m 分别为时间频率和空间频率表示的功率谱密度；f_t、f_m 和 ω_m 分别表示时间频率、空间频率和空间圆频率。

由于地铁没有标准化的不平顺功率谱可供参考，因此当前研究中多采用国内外高速铁路和既有铁路线的不平顺功率谱作为输入。本书通过逆傅里叶变换法得到常用轨道不平顺功率谱的时域样本作为不平顺性输入。以车速为 60km/h 为例，取空间波长范围为 0.5～60m 得到各不平顺功率谱下的随机不平顺性时域样本，如图 5-7 所示。

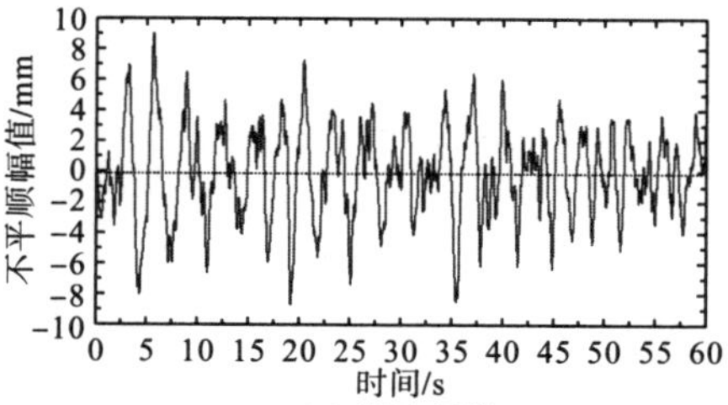

(a) 美国6级谱

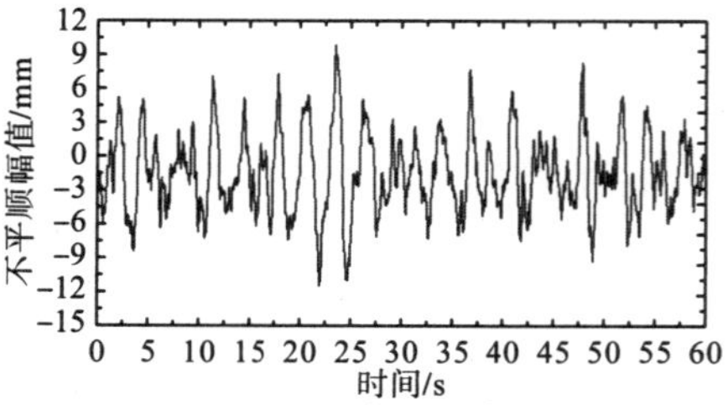

(b) 美国5级谱

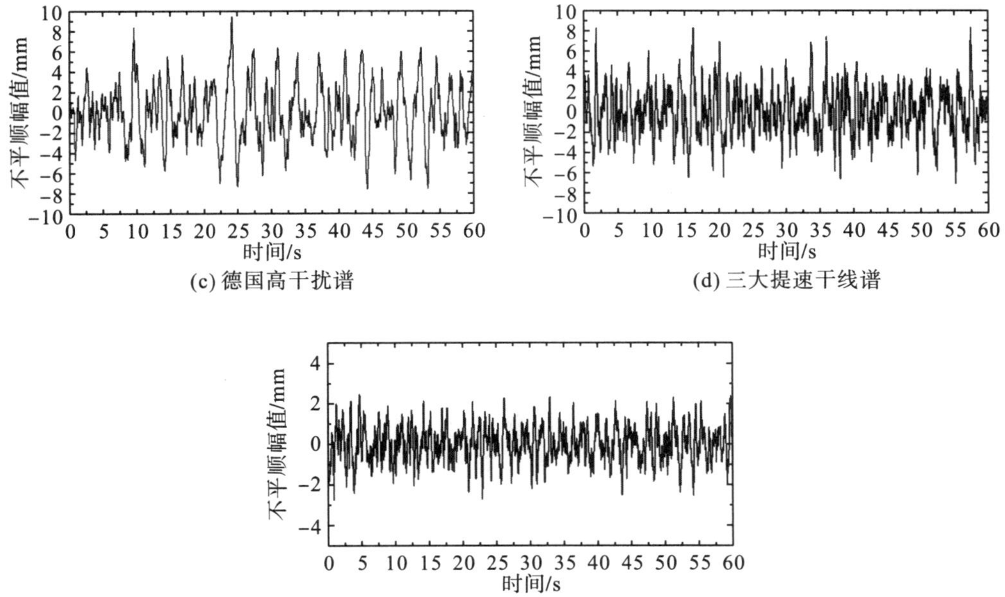

(c) 德国高干扰谱
(d) 三大提速干线谱
(e) 何越磊等上海地铁拟合谱

图 5-7　时速为 60km 时的轨道不平顺时域样本

由图 5-7 可以看出，不同轨道不平顺功率谱得到的时域样本存在一定的差异。其中，美国 5 级谱对应的时域样本幅值最大；美国 6 级谱、德国高干扰谱、中国三大提速干线谱所对应的时域样本幅值较为接近；何越磊等上海地铁拟合谱对应的时域样本幅值最小。同时，在时域样本曲线中可以看出三大提速干线谱、何越磊等上海地铁拟合谱的短波(高频)成分较为丰富。

5.2.3　扣件荷载特征

车速为 80km/h 时，美国 6 级谱、何越磊等上海地铁拟合谱及三大提速干线谱最为不平顺输入情况下轨道结构扣件力时程及相应的频谱如图 5-8 所示。

从图 5-8 可以看出，扣件力时程各峰值与列车各轮对到达监测断面的时间相对应。每个转向架经过产生一个“驼峰”波形。列车编组中第一辆车(①号车)和最后一辆车(⑥号车)为拖车(Tc)，车辆参数较动车(M)有利，经过监测断面产生的扣件力小于动车经过时产生的扣件力。在 3 种典型轨道谱条件下列车扣件力时程中，扣件力峰值大小关系为三大提速干线谱(34.8kN)＞何越磊等上海地铁拟合谱(23.7kN)＞美国 6 级谱(23.0kN)。同时可以看到在转向架到达时，三大提速干线谱对应的扣件力时程波动较大；而美国 6 级谱对应的扣件力时程波动较小。

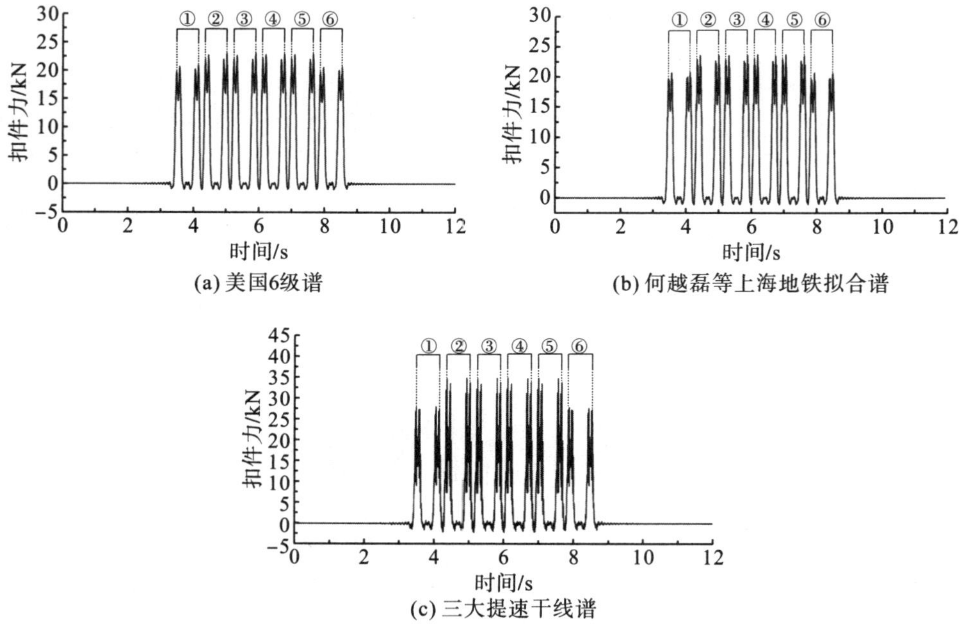

(a) 美国6级谱　　(b) 何越磊等上海地铁拟合谱

(c) 三大提速干线谱

图 5-8　典型轨道谱输入轨道结构扣件力时程及相应的频谱

分别对不同车速(20km/h、40km/h、60km/h 和 80km/h)时各轨道不平顺功率谱输入条件下的扣件力峰值进行计算，如图 5-9 所示。可以看出，采用三大提速干线谱作为不平顺输入时，随着车速增大扣件力峰值逐渐增大；而采用其他谱作为输入条件时，在所计算的速度范围内扣件力峰值受车速的影响很小。

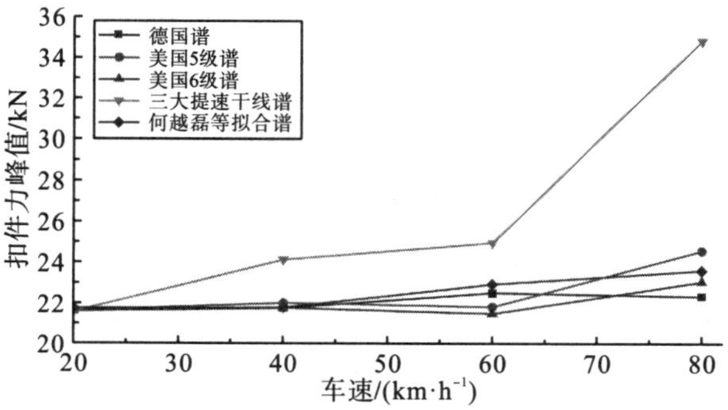

图 5-9　不同车速及轨道谱输入情况下的扣件力峰值

车速为 80km/h 条件下各扣件力时程中有效信号段的傅里叶频谱如图 5-10 所示。可以看出，各不平顺功率谱输入条件下，轨道扣件力频谱的峰值均出现在频率为 0 处，该直流分量体现了列车激振力主要成分的单极性。

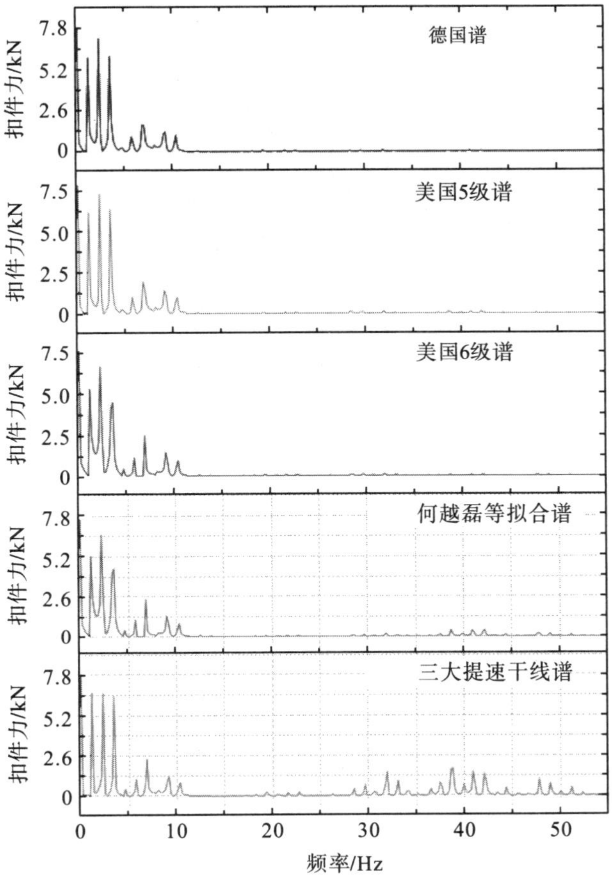

图 5-10　扣件力傅里叶频普

在图 5-10 中的低频段(0～11Hz)，各个工况下轨道扣件力频率成分基本一致；而在高频带(28～52Hz)，德国谱、美国 5 级谱、美国 6 级谱输入条件下其峰值几乎为 0；何越磊等拟合谱输入条件下，荷载力在 37～4Hz 频带内体现出了高频成分；三大提速干线谱对应的扣件力时程高频成分最为明显，分布在 28～52Hz 频带内。

为分析不同车速下轨道不平顺性波长变化对地铁列车轨道扣件力的影响，取波深为 5mm 对不同不平顺性波长条件下扣件力峰值进行计算。计算车速在 5～80km/h 范围内间隔 5km/h 进行选取，轨道几何不平顺性波长考虑序列 0.2m、0.4m、0.6m、0.8m、1m、2m、4m、6m、8m、10m、20m、40m、60m、80m、100m。

不同不平顺性波长及车速条件下扣件力峰值等值线云图采用双对数坐标绘制于图 5-11 中。可以看出，在地铁列车常见运行速度下(≤80km/h)，既定的不平顺性波深(5mm)对应的不平顺波长过短将使轨道扣件力陡增。同时，车速越大，扣件力陡增的界限波长越长。

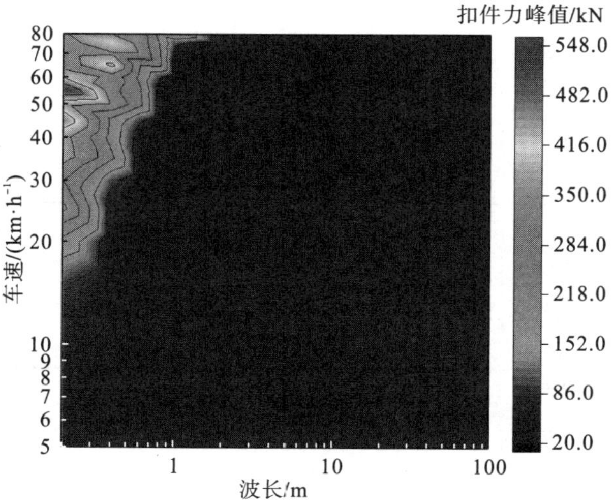

图 5-11　扣件力峰值等值线云图

5.2.4　载客状态影响

1. 载客状态参数等效

地铁列车不同载客状态下的设计载客人数不能直接用于列车-轨道垂向耦合动力学模型的计算中，因此需要对地铁列车载客状态进行等效。地铁车辆载客状态参数见表 5-8。

表 5-8　地铁车辆载客状态参数

载客状态	Tc 车		M/T/Mp 车	
	人数/人	质量/kg	人数/人	质量/kg
AW0	0	0	0	0
AW1	36	2160	44	2640
AW2	230	13800	250	15000
AW3	294	17640	318	19080

注：每位乘客按 60kg 计。

由地铁列车-轨道垂向耦合动力学模型可以知道，地铁列车载客状态主要影响车辆的车体质量（M_{ck}）及车体点头惯量（J_{ck}）参数。根据车辆出厂参数，车体重心高度距轨面约为 1.85m，而车辆地板面距轨面高度为 1.1m，因此车体重心距离车辆地板面的高度为 0.75m 左右。为了分析不同载客状态下地铁列车的振动特性，本书对乘客荷载分布做了如下假设：假设所有乘客沿车辆纵向（$L_v = 19\text{m}$）均匀分布，且每乘客重心均与车体重心在同一水平面上。

基于该假设，可以得到不同载客状态下的车体参数增量：

$$\Delta M = M^{AW} \tag{5-40}$$

$$\Delta J_c = \int_{-\frac{L_v}{2}}^{\frac{L_v}{2}} \frac{M^{AW}}{L_v} x^2 \mathrm{d}x = \frac{M^{AW}}{12} L_v^2 \tag{5-41}$$

式中，ΔM 表示载客产生的等效车体质量增量；ΔJ_c 表示载客产生的等效车体点头惯量增量；M^{AW} 表示第 i 种载客状态乘客质量；L_v 表示车体总长度。

不同载客工况下等效车体质量及点头惯量见表 5-9。

表 5-9　车辆载客状态等效参数

载客状态	Tc 车		M/T/Mp 车	
	车体质量/kg	点头惯量/(kg·m^2)	车体质量/kg	点头惯量/(kg·m^2)
AW0	23490	724390	20995	792660
AW1	25650	789370	23635	872080
AW2	37290	1139540	35995	1243910
AW3	41130	1255060	40075	1366650

2. 载客状态对地铁列车荷载特性的影响

考虑到轨道不平顺对列车振动荷载的影响，选用上海地铁拟合谱作为地铁列车振动荷载分析轨道不平顺功率谱。不同车速及载客状态下地铁列车的振动荷载峰值见表 5-10。

表 5-10　不同车速及载客状态下地铁列车的振动荷载峰值

车速/(km·h^{-1})	载客状态	列车振动荷载峰值/kN
20	AW0	15.18
	AW1	16.31
	AW2	21.59
	AW3	23.42
40	AW0	15.34
	AW1	16.49
	AW2	21.85
	AW3	23.79
60	AW0	15.93
	AW1	17.11
	AW2	22.41
	AW3	24.64
80	AW0	18.32
	AW1	19.46
	AW2	24.76
	AW3	26.67

将不同车速及载客状态下地铁列车振动荷载峰值的变化情况绘制成曲线图，如图 5-12 所示。

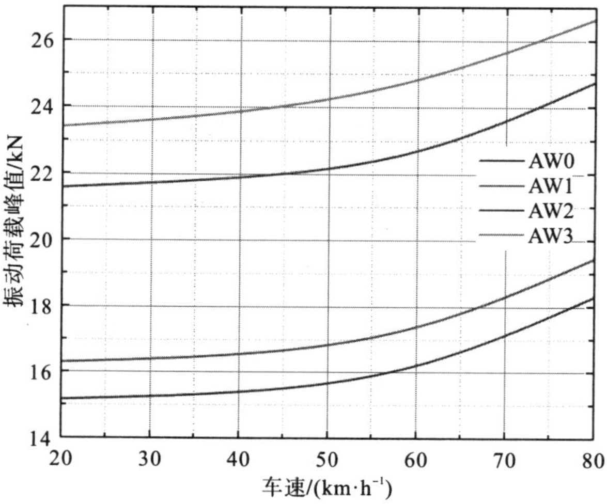

图 5-12　不同车速及载客状态下列车振动荷载峰值曲线图

从图 5-12 可以看出，不同载客状态下列车振动荷载峰值随车速的变化关系基本一致，随着车速增大，振动荷载峰值均先慢后快地增大。其中，当载客状态为 AW3 时，列车振动荷载最为不利。

从上述分析可以看出：

(1) 地铁轨道不平顺功率谱特征对轨道扣件力峰值特性有较大影响。同时，在地铁列车行车条件下，影响垂向轨道扣件力峰值的主要因素体现在轨道不平顺功率谱的短波不平顺性特征上。

(2) 轨道不平顺功率谱对垂向扣件力时程频谱特性的影响在其低频段不明显，各轨道不平顺功率谱输入条件下扣件力时程的低频特性基本一致。而当列车行车速度达到某一限值时，能够激发出短波不平顺性，导致扣件力时程出现高频成分，从而使扣件力峰值显著增大。

(3) 不同车速下，轨道垂向扣件力显著增大的界限短波不平顺性波长不同。车速越大，该界限波长越长。

(4) 通过分析，在进行地铁列车振动力评价时，严格评价地铁轨道的短波长不平顺性十分必要。由于国内外目前尚未形成标准化的地铁轨道不平顺功率谱，因此合理地选用轨道不平顺功率谱是保证工程分析的准确性的前提。

5.3 天津地铁列车振动对饱和粉土地层及盾构隧道结构动力特性的影响

5.3.1 计算模型建立

为研究列车振动荷载作用下盾构隧道结构及粉土地层的动力响应，根据天津地铁 5 号线地层参数，建立 Flac3D 模型开展数值分析。数值模型及监测点布置分别如图 5-13 和图 5-14 所示。

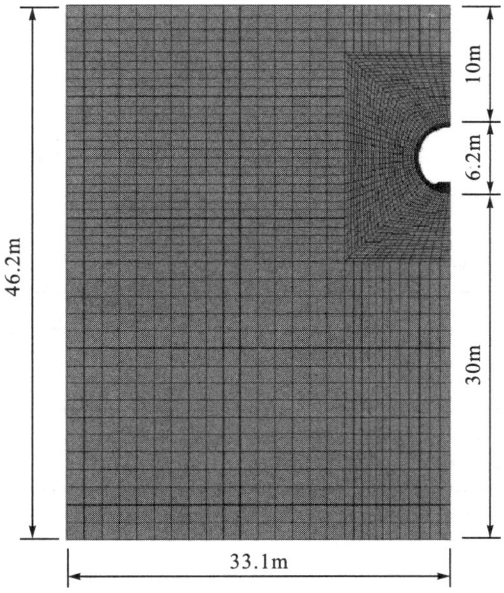

图 5-13 数值模型

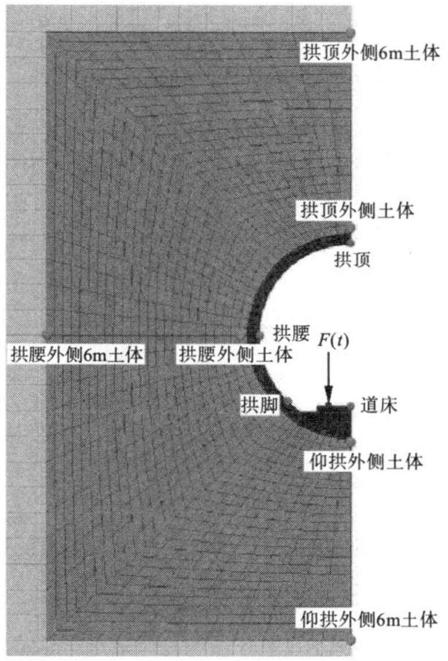

图 5-14 主要监测点布置

如图 5-13 所示，为了提高计算效率，考虑到模型及施加荷载的对称性，沿隧道中轴线取模型的一半进行计算。模型宽度为 33.1m，模型高度为 46.2m，盾构隧道埋深取 10m，数值模型底部边界为 30m。按实际设计，盾构隧道外径为 6.2m。动力荷载时程施加于道床上轨道安装位置。

计算中分别对盾构遂道结构和土体动力响应进行监测，如图 5-14 所示。对于盾构隧道结构，监测点分别位于道床、拱脚、拱腰及拱顶位置；土体监测点分别沿结构仰拱、拱腰和拱顶外侧进行布置。

动力边界方面，采用静力边界可以有效减小人工边界上的反射。静力边界也称为黏性边界或者吸收边界，由 Lysmer 和 Kuhlemeyer(1969)提出。其原理是在模型的法向和切向分别设置自由的阻力器从而达到吸收入射波的目的，阻力器提供的法向和切向黏性

力分别为

$$
\begin{aligned}
t_n &= -\rho C_p v_n \\
t_s &= -\rho C_s v_s
\end{aligned}
\tag{5-42}
$$

式中，v_n 和 v_s 分别为模型边界上法向和切向的速度分量；ρ 为介质密度；C_p 和 C_s 分别为纵波和横波波速。

盾构隧道结构采用弹性本构模型进行模拟，其物理力学参数同盾构管片力学参数，见表 5-11。

表 5-11　盾构管片力学参数

材料名称	饱和重力密度 /(kN·m^{-3})	弹性模量/MPa	剪切模量/MPa	体积模量/MPa	泊松比
管片	2.5	33.5×10^3	14.0	18.6	0.2

粉土地层采用 Finn 模型进行分析，其物理力学参数见表 5-12，粉土地层所采用的流体参数及液化参数见表 5-13。

表 5-12　粉土地层的物理力学参数

地层名称	饱和重力密度/(kN·m³)	弹性模量 /MPa	剪切模量 /MPa	体积模量 /MPa	内摩擦角 /(°)	黏聚力 /kPa	泊松比
粉土	1.96	2.8	10	30	35	0	0.4

表 5-13　粉土地层流体参数及液化参数

模型	渗透系数 /(cm·s^{-1})	孔隙率	Finn 模型常数 C_1	Finn 模型常数 C_2	Finn 模型常数 C_3	Finn 模型常数 C_4
Finn 模型	1.0×10^{-2}	0.44	0.8	0.79	0.45	0.73

当载客状态为 AW3 时，列车荷载最为不利。因此以载客状态为 AW3 时扣件力时程作为列车荷载，分析不同车速下盾构隧道及土层的动力响应特征。

5.3.2　列车振动对盾构隧道结构的影响

1. 盾构隧道加速度响应

以车速为 80km/h 和 20km/h 为例，分析地铁列车运行对盾构隧道结构动力响应的影响。车速为 80km/h、载客状态为 AW3 时，隧道不同部位的竖向加速度响应曲线如图 5-15 所示。

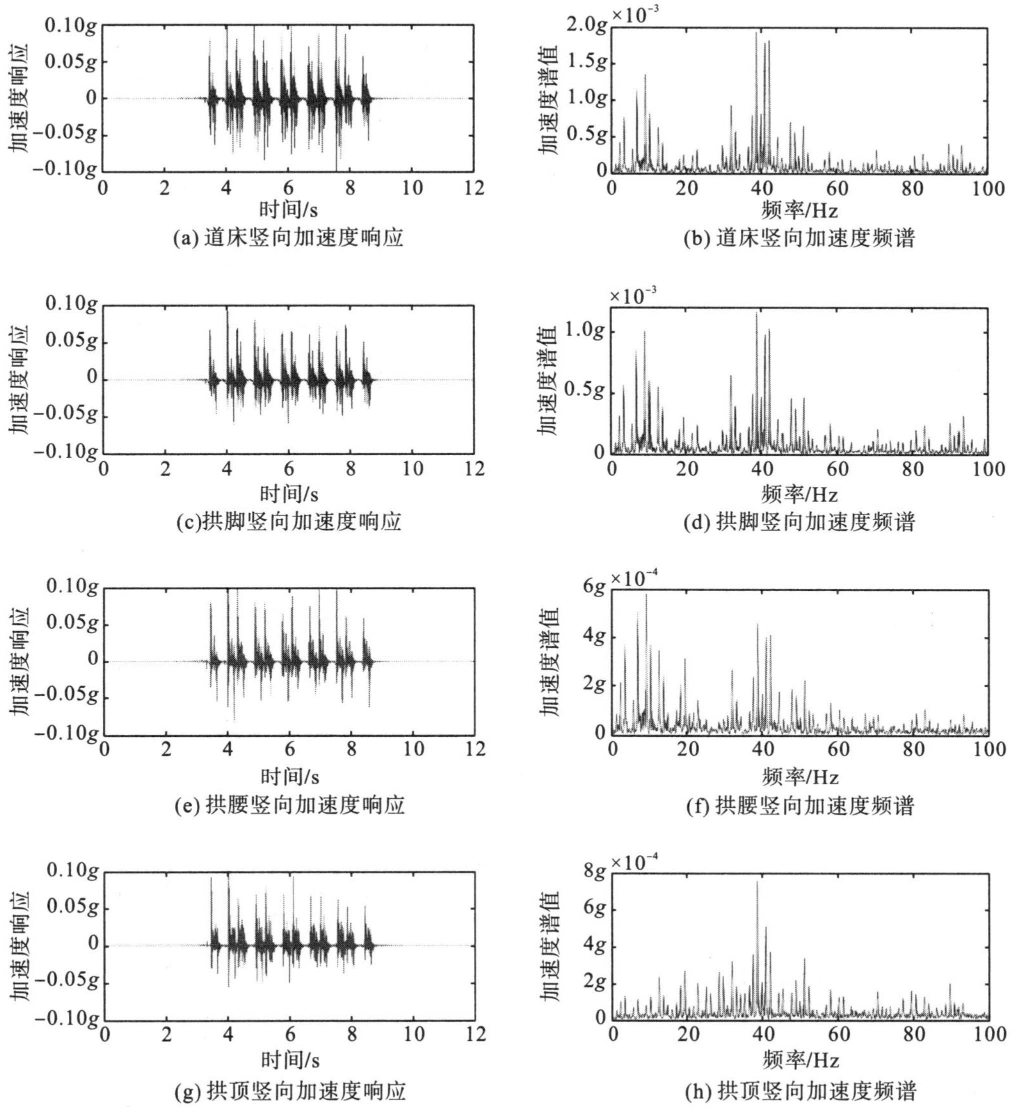

图 5-15　车速为 80km/h、载客状态为 AW3 时隧道不同部位的竖向加速度响应曲线

由图 5-15 可以看出，道床竖向加速度响应峰值为 0.11g，发生在 7.6s 左右；拱脚竖向加速度峰值为 0.09g，发生在 4.1s 左右；拱腰竖向加速度峰值为 0.13g，发生在 4.0s 左右；拱顶竖向加速度峰值为 0.13g，发生在 4.0s 左右。总体而言，不同部位加速度峰值差异不大。

从加速度响应时程曲线的形态特征可以看出，道床竖向加速度响应正负方向响应基本对称，而拱脚、拱腰和拱顶位置加速时程响应均呈现正轴方向响应大于负轴方向响应的特征。频谱方面，道床、拱脚和拱腰部位加速度响应频谱呈现出低频带(2～14Hz)和高频带(30～50Hz)两个频带，而拱顶加速度响应能量主要分布在约 40Hz 的高频带内。道床低频带主要频率为 9.08Hz，高频带主要频率为 38.67Hz；拱脚低频带主要频率为 9.08Hz，高频带主要频率为 38.67Hz；拱腰低频带主要频率为 9.08Hz，高频带主要频率为 38.75Hz；拱顶主要频率为 38.67Hz。

通过对比可以发现，道床、拱脚和拱腰主要频率分布可以认为基本一致，其差异主要在于能量分布不同。整体而言，道床、拱脚和拱顶位置的第一主频均分布在 30～50Hz 的高频带，而拱腰位置加速响应第一主频在低频带内。

车速为 20km/h、载客状态为 AW3 时隧道不同部位的竖向加速度响应曲线如图 5-16 所示。可以看出，当车速较低时，加速度时程最主要由时间较短的脉冲组成，同时各部位加速度响应主要分布在低频带(0.5～12Hz) 内。道床竖向加速度峰值为 0.16g，拱脚加速度峰值为 0.18g，拱腰加速度峰值为 0.17g，拱顶加速度峰值为 0.15g；加速度峰值均出现在 3.8s，对应于列车首个车轮到达时刻。

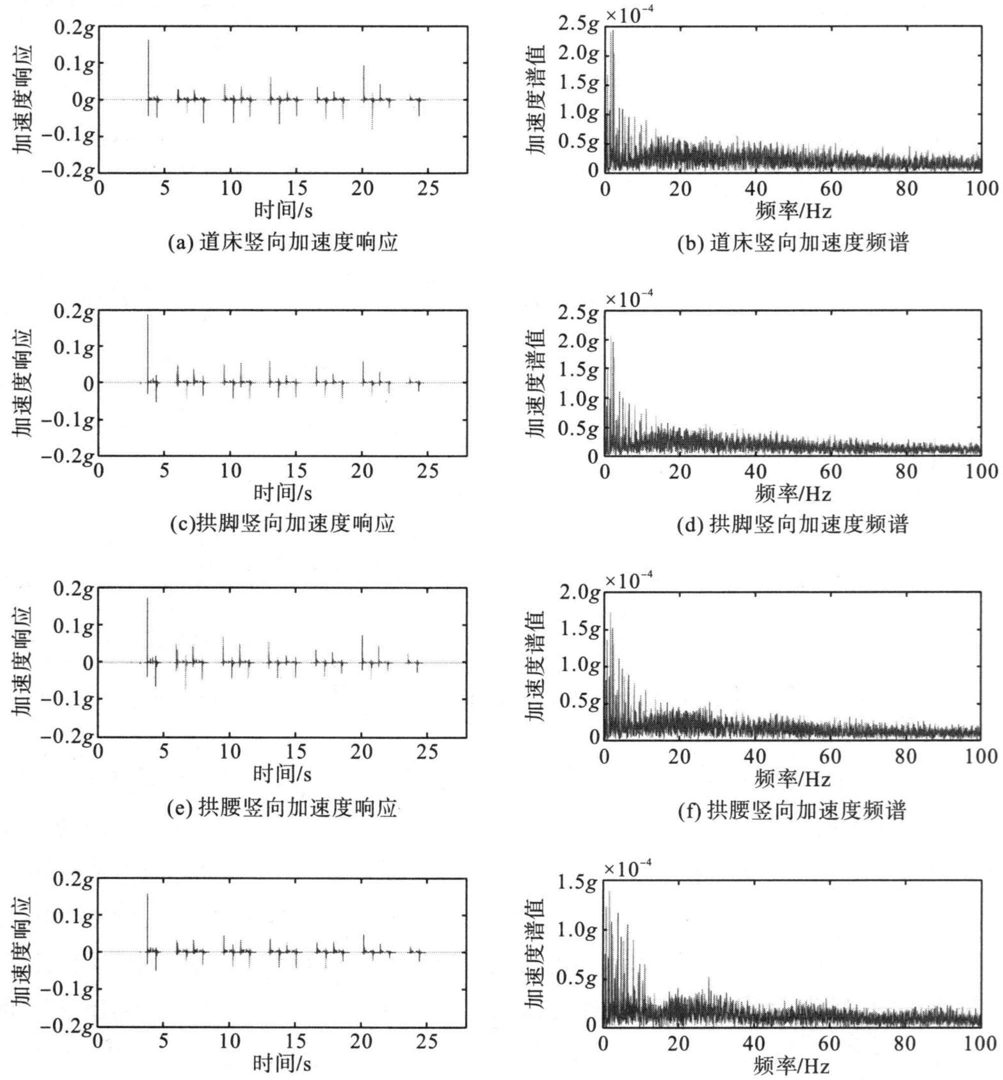

(a) 道床竖向加速度响应　(b) 道床竖向加速度频谱

(c)拱脚竖向加速度响应　(d) 拱脚竖向加速度频谱

(e) 拱腰竖向加速度响应　(f) 拱腰竖向加速度频谱

(g) 拱顶竖向加速度响应　(h) 拱顶竖向加速度频谱

图 5-16　车速为 20km/h、载客状态为 AW3 时隧道不同部位的竖向加速度响应曲线

频谱方面，道床加速度时程第一主频为2.29Hz，而拱脚、拱腰和拱顶第一主频均为1.71Hz。

类似地，可以得到车速为 40km/h、60km/h 条件下的盾构隧道加速度响应，见表 5-14。

表 5-14　不同车速及载客状态下隧道的加速度响应特征

车速 /($km \cdot h^{-1}$)	结构部位	加速度峰值/($cm \cdot s^2$)	频带分布类型	高频带主频/Hz	低频带主频 /Hz	第一主频/Hz
20	道床	11.74	单频带	—	0.86	0.86
	拱脚	9.85	单频带	—	0.86	0.86
	拱腰	11.14	单频带	—	0.86	0.86
	拱顶	9.44	单频带	—	0.86	0.86
40	道床	16.93	单频带	—	4.55	4.55
	拱脚	15.01	单频带	—	4.55	4.55
	拱腰	17.02	单频带	—	1.70	1.70
	拱顶	13.62	单频带	—	1.70	1.70
60	道床	26.94	双频带	29.10	6.86	6.86
	拱脚	22.03	双频带	29.00	6.86	6.86
	拱腰	24.55	双频带	29.10	2.57	2.57
	拱顶	18.09	双频带	29.00	2.57	2.57
80	道床	44.33	双频带	42.17	9.08	42.17
	拱脚	31.70	双频带	38.75	9.08	38.75
	拱腰	30.38	双频带	38.75	3.42	3.42
	拱顶	23.35	双频带	38.67	3.42	38.67

2. 结构沉降值

分别对不同工况下盾构隧道结构道床顶部的竖向位移响应进行监测，分析车速及载客状态对盾构隧道沉降值的影响，如图 5-17 所示。

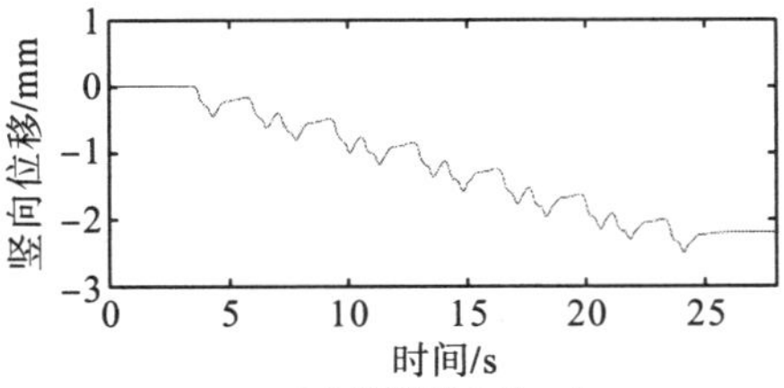

(a) 车速为20km/h

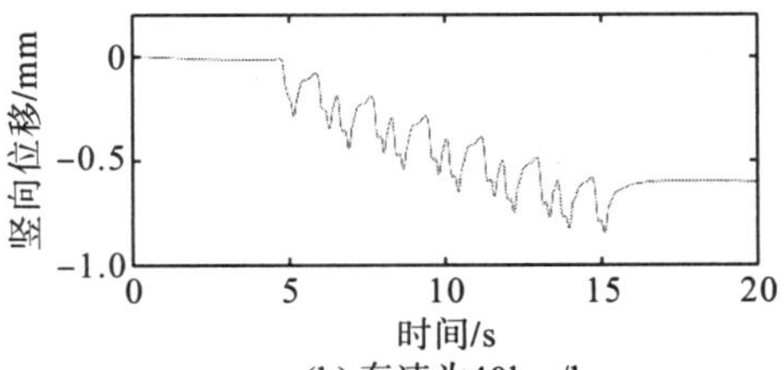

(b) 车速为40km/h

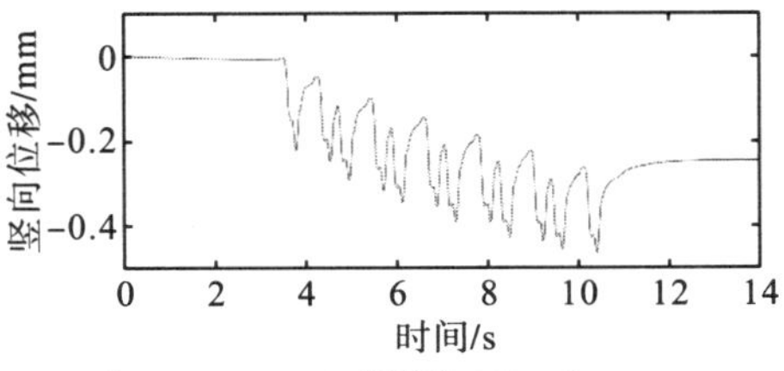

(c) 车速为60km/h

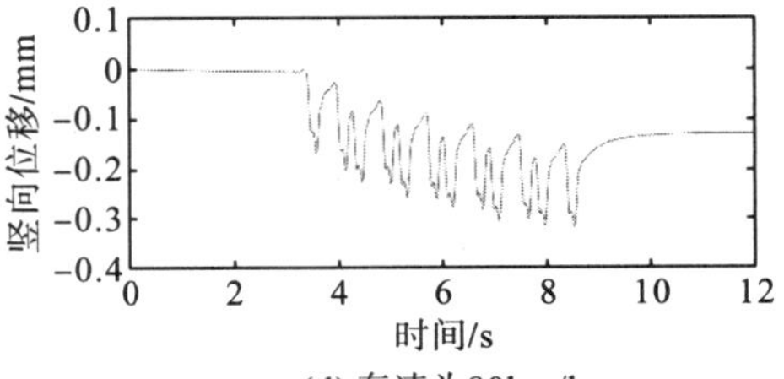

(d) 车速为80km/h

图 5-17　盾构隧道竖向沉降时程曲线

由图 5-17 可以看出，随着车速增大，盾构隧道道床在转向架到达时产生的瞬时沉降逐渐增大。将不同车速下道床沉降峰值和列车通过后的残余沉降值列于表 5-15 中。

表 5-15　不同车速下道床沉降峰值及残余沉降值

车速/(km·h^{-1})	沉降峰值/mm	残余沉降值/mm
20	−2.51	−2.21
40	−0.85	−0.61
60	−0.47	−0.25
80	−0.32	−0.13

由表 5-15 可以看出，对于列车通过监测断面而言，道床沉降峰值和残余沉降值均随着车速的增大而逐渐减小。这主要是由于车速较小时，列车通过监测断面需要的时间更长。

5.3.3　列车振动对粉土地层的影响

1. 加速度响应

由于各个监测点数据较多，因此仅列出车速为 80km/h 和车速为 20km/h 时仰拱外侧和拱顶外侧土体监测点的时程曲线图，如图 5-18 和图 5-19 所示。

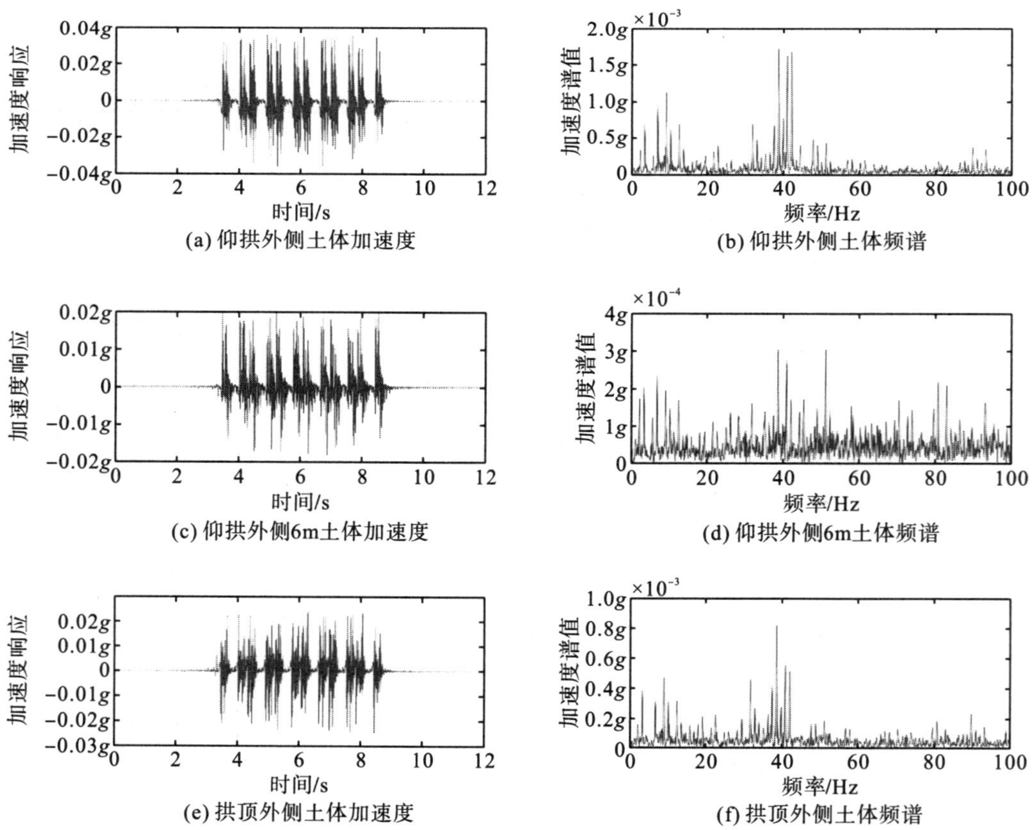

(a) 仰拱外侧土体加速度　(b) 仰拱外侧土体频谱

(c) 仰拱外侧6m土体加速度　(d) 仰拱外侧6m土体频谱

(e) 拱顶外侧土体加速度　(f) 拱顶外侧土体频谱

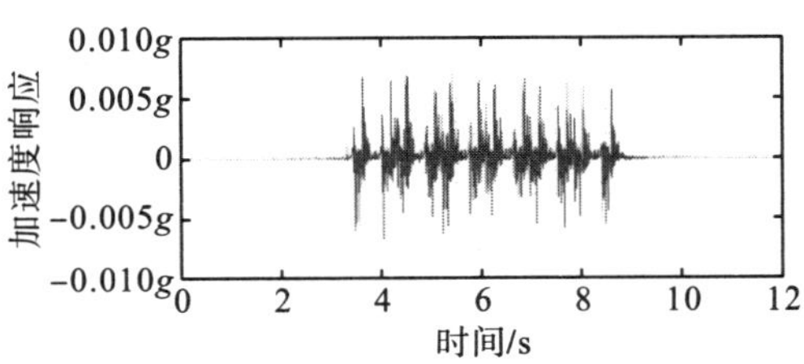

(g) 拱顶外侧6m土体加速度

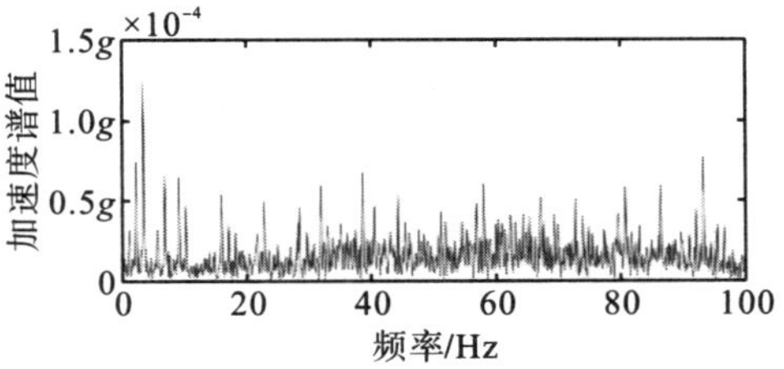

(h) 拱顶外侧6m土体频谱

图 5-18　车速为 80km/h 时仰拱、拱顶外侧土体加速度响应曲线

由图 5-18 可以看出，仰拱外侧土体加速度峰值为 35.13cm/s^2；仰拱外侧 6m 土体加速度峰值为 19.92cm/s^2。仰拱外侧土体和仰拱外侧 6m 土体主频均为 38.75Hz；仰拱外侧高频带内的能量随距离的衰减较低频带大。

拱顶外侧土体加速度峰值为 24.77cm/s^2；拱顶外侧 6m 土体加速度峰值为 7.17cm/s^2。拱顶外侧土体主频为 38.67Hz；拱顶外侧 6m 土体主频为 3.42Hz；拱顶外侧高频带内的能量衰减比仰拱外侧土体大。

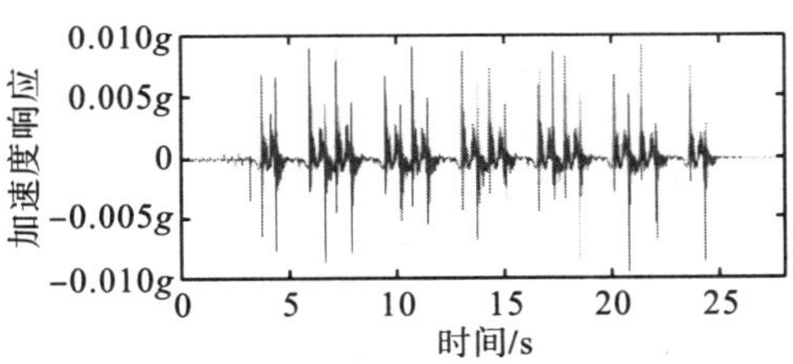

(a) 仰拱外侧土体加速度

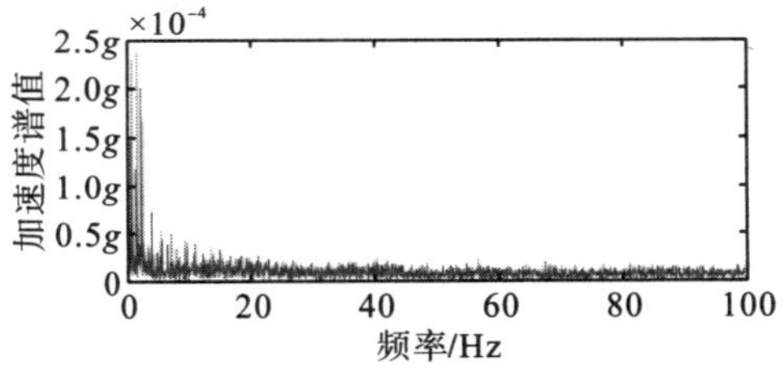

(b) 仰拱外侧土体频谱

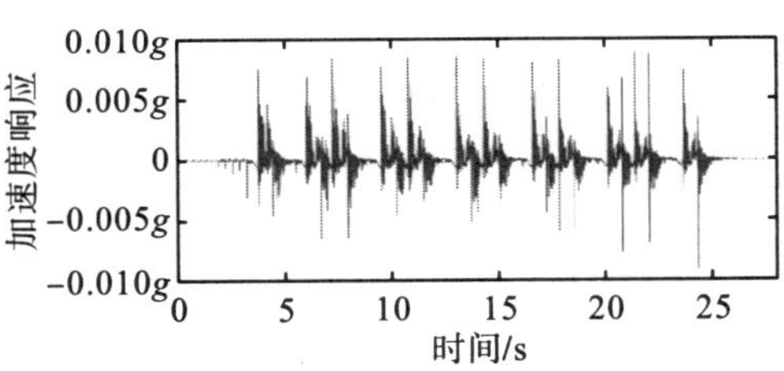

(c) 仰拱外侧6m土体加速度

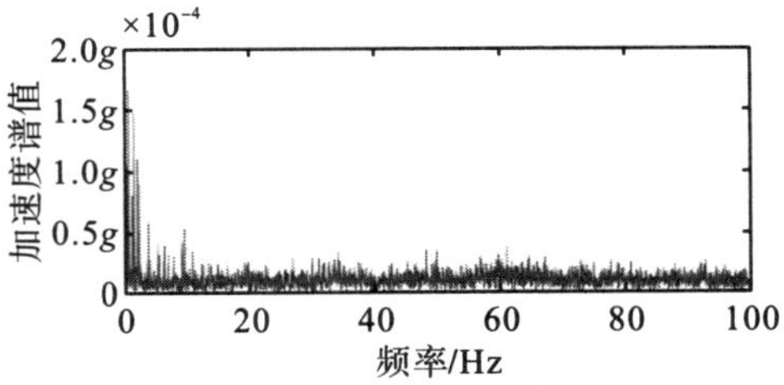

(d) 仰拱外侧6m土体频谱

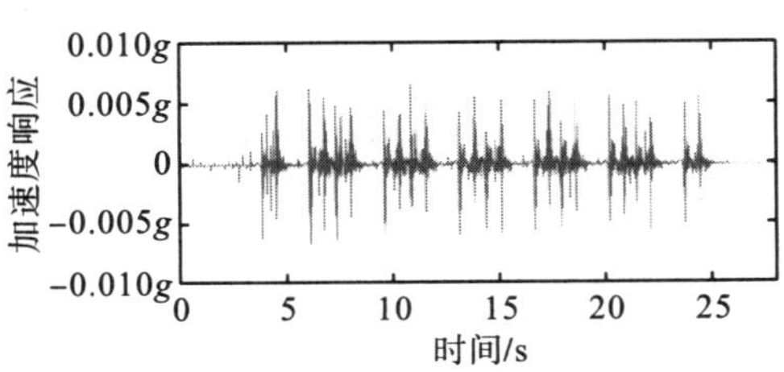

(e) 拱顶外侧土体加速度

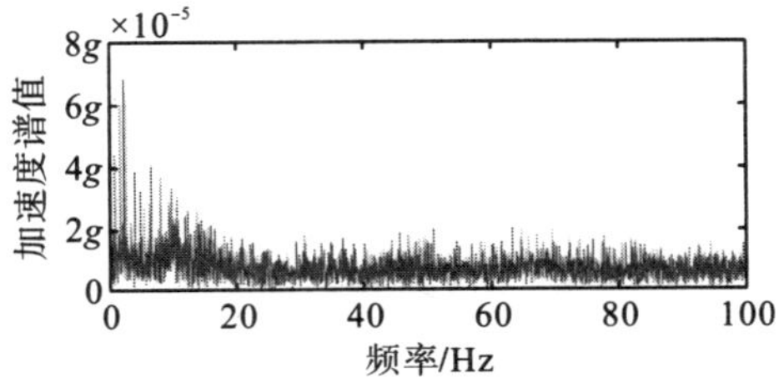

(f) 拱顶外侧土体频谱

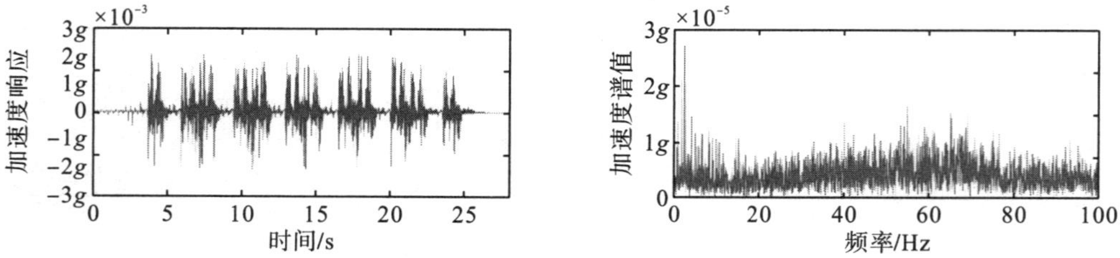

(g) 拱顶外侧6m土体加速度　(h) 拱顶外侧6m土体频谱

图 5-19　车速为 20km/h 时仰拱、拱顶外侧土体加速度响应曲线

由图 5-19 可以看出，当车速为 20km/h 时，土体加速度响应均以低频振动为主。

仰拱外侧土体加速度峰值为 9.46cm/s^2；仰拱外侧 6m 位置土体加速度峰值为 9.12cm/s^2。拱顶外侧土体加速度峰值为 6.60cm/s^2；拱顶外侧 6m 加速度峰值为 2.14cm/s^2；拱顶外侧土体加速度衰减明显大于仰拱外侧土体。

不同工况下粉土地层加速度响应特征统计见表 5-16。

表 5-16　粉土地层加速度响应特征

车速/(km·h^{-1})	土体位置	加速度峰值/(cm·s^{-2})	频带分布类型	高频带主频/Hz	低频带主频/Hz	第一主频/Hz
20	仰拱外侧	9.46	单频带	—	1.71	1.71
	仰拱外侧 6m	9.12	单频带	—	0.86	0.86
	拱腰外侧	7.12	单频带	—	0.86	0.86
	拱腰外侧 6m	6.29	单频带	—	0.86	0.86
	拱顶外侧	6.60	单频带	—	2.29	2.29
	拱顶外侧 6m	2.14	单频带	—	2.29	2.29
40	仰拱外侧	14.34	单频带	—	4.55	4.55
	仰拱外侧 6m	13.84	单频带	—	3.4	3.4
	拱腰外侧	10.79	单频带	—	1.7	1.7
	拱腰外侧 6m	9.11	单频带	—	1.7	1.7
	拱顶外侧	10.64	单频带	—	4.55	4.55
	拱顶外侧 6m	4.22	单频带	—	4.55	4.55
60	仰拱外侧	21.91	双频带	29.00	6.79	6.79
	仰拱外侧 6m	18.17	双频带	38.43	5.14	5.14
	拱腰外侧	13.89	双频带	29.00	2.57	29.00
	拱腰外侧 6m	7.74	单频带	—	2.57	2.57
	拱顶外侧	18.31	双频带	29.00	6.85	29.00
	拱顶外侧 6m	5.90	单频带	—	2.57	2.57
80	仰拱外侧	35.13	双频带	38.75	9.08	38.75
	仰拱外侧 6m	19.92	双频带	38.75	6.83	38.75

续表

车速 /(km·h^{-1})	土体位置	加速度峰值 /(cm·s^{-2})	频带分布类型	高频带主频/Hz	低频带主频/Hz	第一主频/Hz
80	拱腰外侧	17.92	双频带	38.67	3.42	38.67
	拱腰外侧 6m	10.21	双频带	38.75	3.42	3.42
	拱顶外侧	24.77	双频带	38.67	9.08	38.67
	拱顶外侧 6m	7.17	单频带	—	3.42	3.42

从表 5-16 可以看出，土体中同一位置加速度峰值随着车速的增大逐渐增大。对于仰拱外侧土体、拱腰外侧土体和拱顶外侧土体，相同距离内(6m)加速度峰值衰减比率差异较大。

如表 5-17 所示，当车速小于等于 60km/h 时，盾构隧道不同部位法向土体中加速度衰减速度呈现仰拱外侧＜拱腰外侧＜拱顶外侧；所有工况下，沿着拱顶外侧方向上衰减速度最快。对于不同车速条件，当车速较大时，加速度衰减明显较车速较小时大，主要是由于车速较大时车致振动幅值主要由高频成分增加所致，而高频成分在土体中衰减明显。

表 5-17　土体 6m 范围内加速度峰值衰减比率

车速/(km·h^{-1})	不同部位衰减比率 $r=(A_1-A_2)/A_1\times100\%$		
	仰拱外侧/%	拱腰外侧/%	拱顶外侧/%
20	3.59	11.66	67.58
40	3.49	15.57	60.34
60	17.07	44.28	67.78
80	43.30	43.02	71.05

从表 5-16 还可以看出，车速较大时动力响应中的高频成分增加，频谱呈现“双频带”特征；同时随着结构距离的增大，高频成分衰减明显。

2. 地层沉降

当载客状态为 AW3 时，不同车速下隧道不同部位的竖向沉降时程曲线如图 5-20～图 5-23 所示。

不同车速下拱顶外侧土体竖向沉降时程如图 5-20 所示。可以看出，隧道拱顶外侧土体竖向位移在列车经过过程中呈锯齿状增大，当列车轮对到达时，竖向位移增加较大；随着列车轮对通过，竖向位移出现反弹；每一轮对通过时位移时程出现一下突波形；对于每一辆列车，前后转向架产生的局部位移波峰深度基本一致。

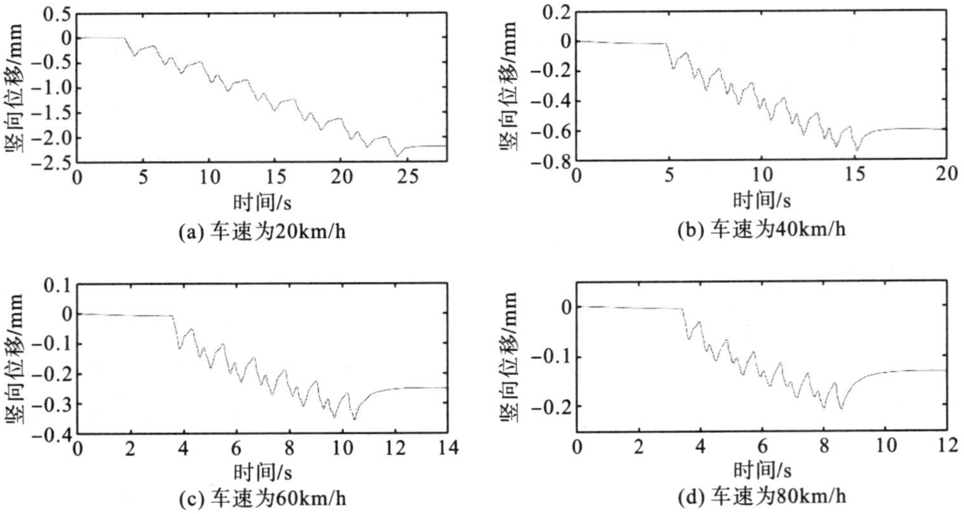

图 5-20　不同车速下拱顶外侧土体竖向沉降时程曲线

由图 5-20 还可以看出，当前转向架通过后位移反弹呈先快后慢的折线形反弹，而后转向架通过后只存在快速反弹段，这主要是由于前、后转向架之间的中距大于后转向架与下一辆编组车辆前转向架的中距造成的。

不同车速条件下，列车通过监测断面产生的最终沉降值及沉降峰值与车速呈负相关关系。当车速为 20km/h 时，最终沉降值为 2.2mm，峰值为 2.4mm；当车速为 40km/h 时，最终沉降值为 0.6mm，峰值为 0.75mm；当车速为 60km/h 时，最终沉降值为 0.25mm，峰值为 0.35mm；当车速为 80km/h 时，最终沉降值为 0.13mm，峰值为 0.21mm。同时，可以看出，随着车速的增大，时程曲线受轮对影响产生的局部波动逐渐增强。

为了分析拱顶外侧远端土体的沉降值受列车运行的影响情况，提取不同车速下拱顶外侧 6m 位置土体的竖向沉降时程曲线，如图 5-21 所示。

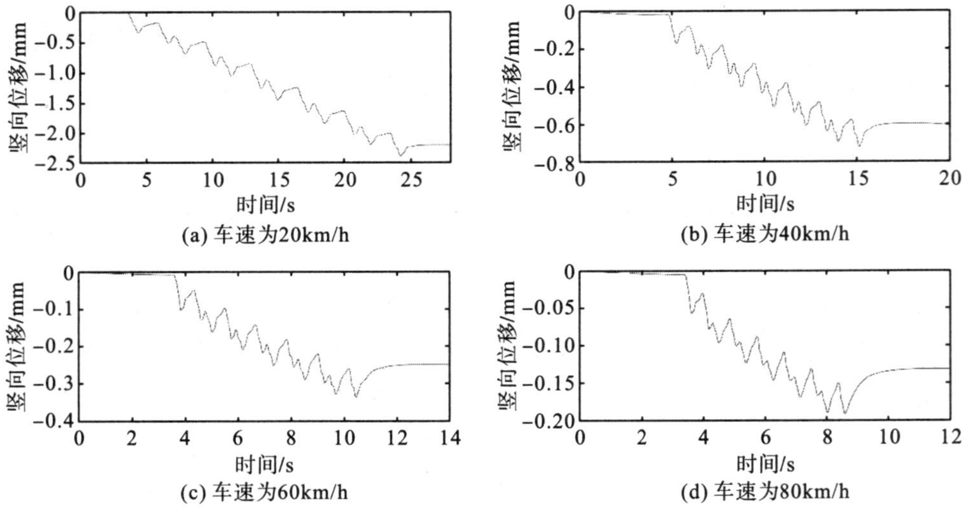

图 5-21　不同车速下拱顶外侧 6m 处土体竖向沉降时程曲线

从图 5-21 可以看出，拱顶外侧 6m 位置竖向沉降值分布规律与拱顶外侧土体(图 5-20)差异不大。在沉降值方面，当车速为 20km/h 时，最终沉降值为 2.2mm，峰值为 2.4mm；当车速为 40km/h 时，最终沉降值为 0.6mm，峰值为 0.75mm；当车速为 60km 时，最终沉降值为 0.24mm，峰值为 0.34mm；当车速为 80km/h 时，最终沉降值为 0.13mm，峰值为 0.19mm。

对比图 5-20 和图 5-21 可以知道，监测范围内土体沉降差异不大，由于盾构隧道埋深较浅，上覆土层竖向位移梯度较小，主要体现为上覆土体整体沉降。

图 5-22 为不同车速下仰拱外侧土体竖向沉降时程曲线。可以看出，仰拱外侧土体沉降在列车通过过程中波动更大，总体趋势上与拱顶外侧土体变化规律一致。随通过车辆辆数的增加，仰拱外侧土层竖向位移逐渐增大。

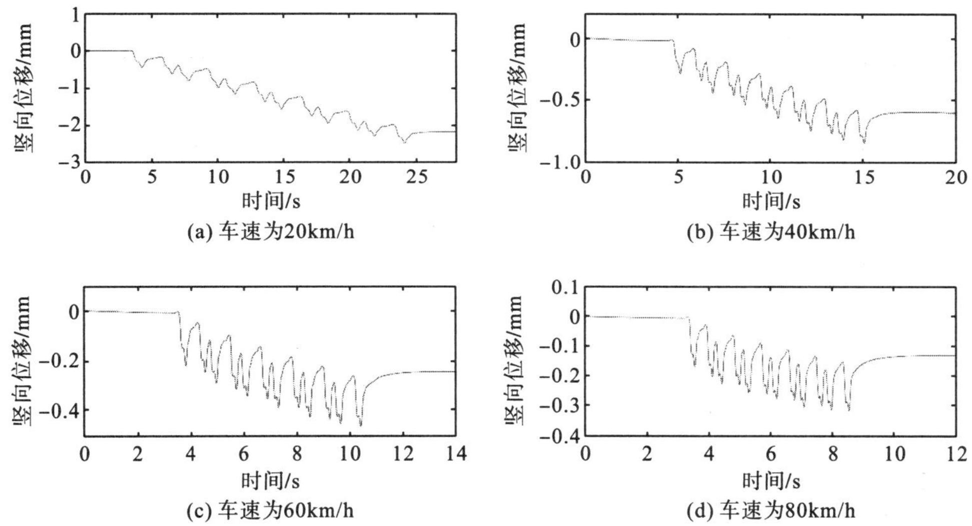

图 5-22　不同车速下仰拱外侧土体竖向沉降时程曲线

沉降值方面，当车速为 20km/h 时，最终沉降值为 2.2mm，峰值为 2.45mm；当车速为 40km/h 时，最终沉降值为 0.6mm，峰值为 0.85mm；当车速为 60km/h 时，最终沉降值为 0.25mm，峰值为 0.45mm；当车速为 80km/h 时，最终沉降值为 0.12mm，峰值为 0.32mm。

可以看出，列车通过监测断面后引起的拱顶外侧沉降终值和峰值与列车运行速度呈负相关关系；沉降时程在转向架通过时的局部波动幅值与列车运行速度呈正相关关系。

与拱顶外侧土体沉降分析类似，图 5-23 列出了不同车速下仰拱外侧 6m 处土体竖向沉降时程曲线。

由图 5-23 可以看出，当车速为 20km/h 时，竖向沉降终值为 2.2mm，峰值为 2.4mm；当车速为 40 km/h 时，竖向沉降终值为 0.6mm，峰值为 0.74mm；当车速为 60km/h 时，竖向沉降终值为 0.24mm，峰值为 0.34mm；当车速为 80km/h 时，竖向沉降终值为 0.12mm，峰值为 0.2mm。

对比图 5-22 和图 5-23 可以初步得出，仰拱外侧和仰拱外侧 6m 处的最终沉降值差异不大，但沉降峰值在仰拱外侧 6m 处大于仰拱外侧。

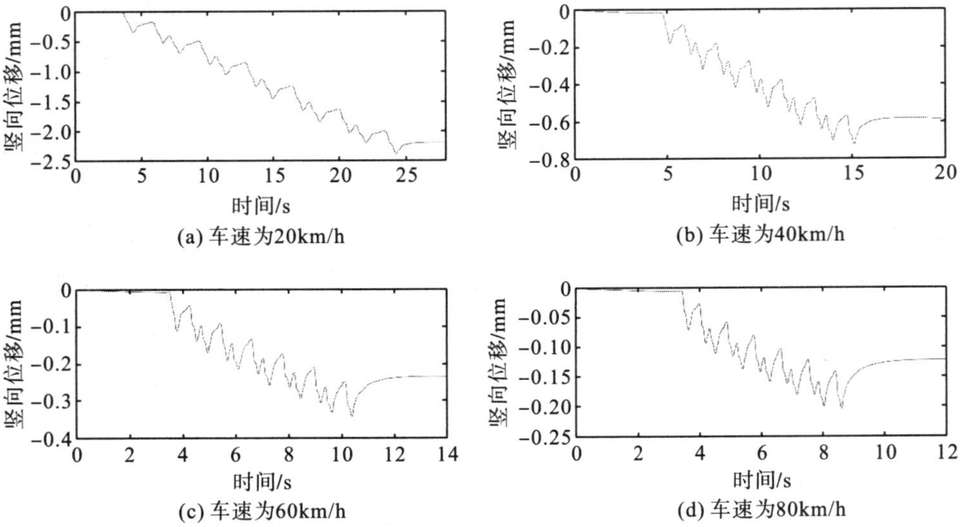

图 5-23　不同车速下仰拱外侧 6m 处土体竖向沉降时程曲线

3. 超静孔隙水压力

当载客状态为 AW3 时，不同车速下隧道拱顶上方超静孔隙水压力时程曲线如图 5-24 和图 5-25 所示。

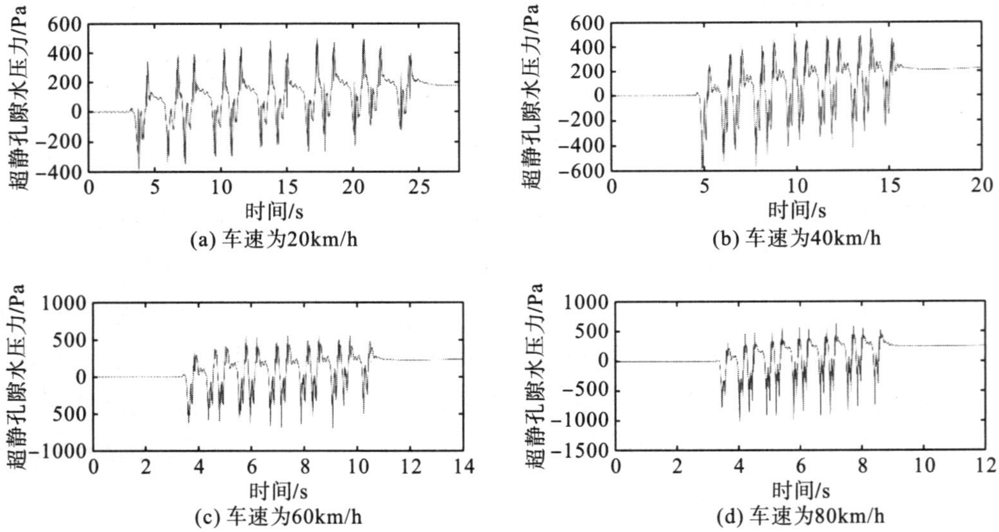

图 5-24　不同车速下拱顶外侧土体超静孔隙水压力时程曲线

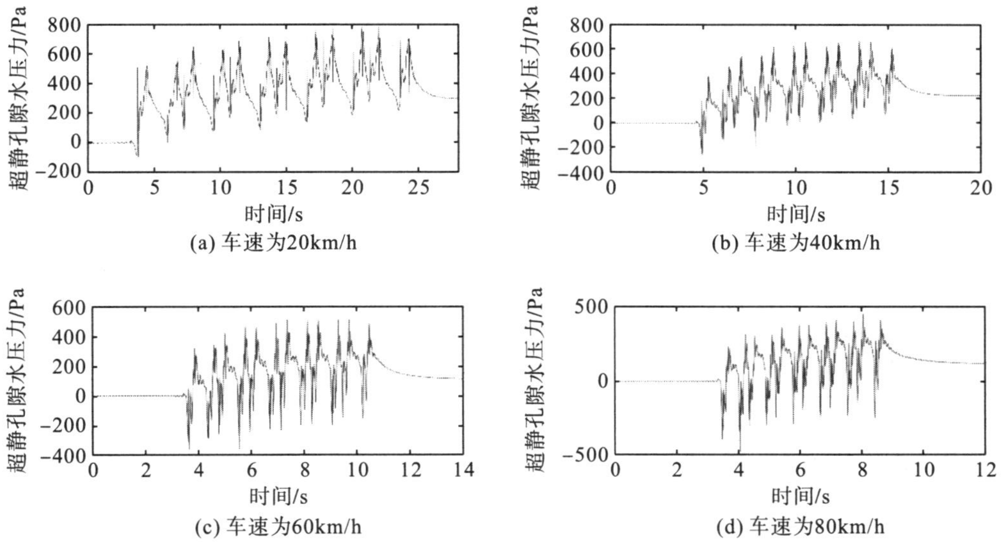

图 5-25　不同车速下拱顶外侧 6m 处土体超静孔隙水压力时程曲线

不同车速下拱顶外侧土体超静孔隙水压力时程曲线如图 5-24 所示。可以看出，拱顶外侧土体内侧超静孔隙水压力随着地铁列车通过逐渐振荡走高，其中当每辆列车转向架轮对到达监测断面时，拱顶外侧土体超静孔隙水压力减小，当轮对通过后超静孔隙水压力增大；不同车速下，列车通过后拱顶外侧土体内的超静孔隙水压力均有小幅增大。超静孔隙水压力量值方面，当车速为 20km/h 时，超静孔隙水压力最大值为 450Pa，最小值为-400Pa，残余值为 180Pa；当车速为 40km/h 时，超静孔隙水压力最大值为 550Pa，最小值为-600Pa，残余值为 220Pa；当车速为 60km/h 时，超静孔隙水压力最大值为 560Pa，最小值为-700Pa，残余值为 240Pa；当车速为 80km/h 时，超静孔隙水压力最大值为 650Pa，最小值为-1050Pa，残余值为 280Pa。通过分析可知，随着车速增大，拱顶外侧土体超静孔隙水压力最大值、最小值的绝对值和残余值均与车速呈正相关关系。

为了对比分析拱顶外侧远端超静孔隙水压力变化情况，对拱顶外侧 6m 处的超静孔隙水压力时程进行监测，如图 5-25 所示。可以看出，超静孔隙水压力随着地铁列车通过监测断面振荡走高。具体数值方面，车速为 20km/h 时，超静孔隙水压力最大值为 800Pa，最小值为-100Pa 左右，残余值为 300Pa；当车速为 40km/h 时，超静孔隙水压力最大值为 680Pa，最小值为-250Pa，残余值为 240Pa；当车速为 60km/h 时，超静孔隙水压力最大值为 520Pa，最小值为-350Pa，残余值为 130Pa；当车速为 80km/h 时，超静孔隙水压力最大值为 460Pa，最小值为-480Pa，残余值为 120Pa。对比可以发现，拱顶外侧 6m 处超静孔隙水压力最大值和残余值与车速呈负相关关系，而超空隙水压力最小值与车速呈正相关关系。

图 5-26 所示为不同车速下仰拱外侧土体超静孔隙水压力时程曲线。可以看出，仰拱外侧超静孔隙水压力时程峰值明显大于拱顶外侧。同时，其波形与列车荷载时程较为相似，并且随着通过监测断面列车车辆数的增加，超静孔隙水压力逐渐增大。

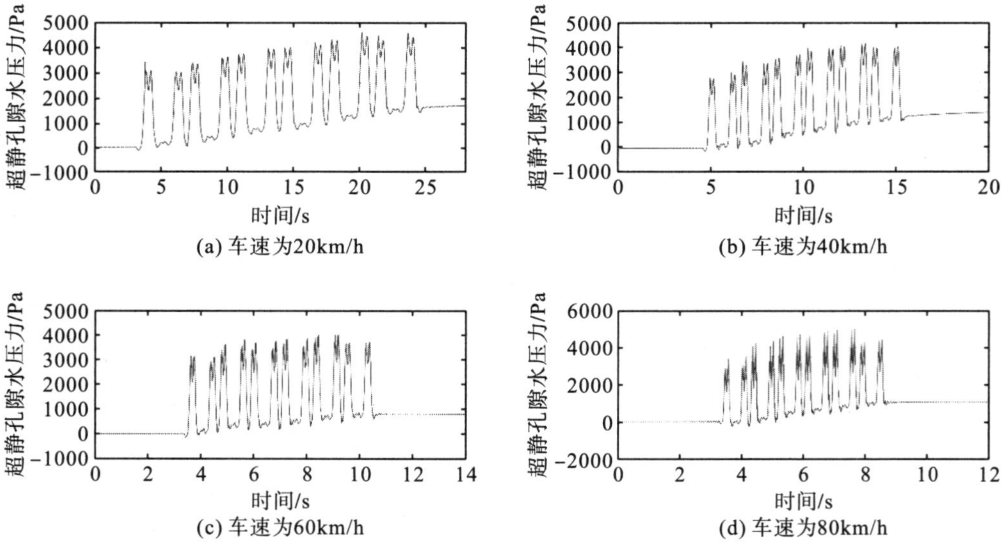

图 5-26　不同车速下仰拱外侧土体超静孔隙水压力时程曲线

当车速为 20km/h 时，超静孔隙水压力峰值为 4600Pa，残余值为 1700Pa；当车速为 40km/h 时，超静孔隙水压力峰值为 4200Pa，残余值为 1500Pa；当车速为 60km/h 时，超静孔隙水压力峰值为 4000Pa，残余值为 800Pa；当车速为 80km/h 时，超静孔隙水压力峰值为 5000Pa，残余值为 1000Pa。

对比可以发现，仰拱外侧土体中的超静孔隙水压力与车速并不存在简单的正相关和负相关关系，当车速为 20km/h、40km/h 和 60km/h 时，超静孔隙水压力峰值及残余值随着车速的增大而减小，当车速为 80km/h 时，超静孔隙水压力峰值和残余值均较车速为 60km/h 时的对应值大。对波形形态及对应车速下的列车荷载特性进行分析可知，仰拱外侧土体超静孔隙水压力主要受列车荷载变化控制。

当列车行车速度较快时，会显著激发轨道-隧道结构的振动，产生高频成分，增大列车荷载峰值，这也是导致车速为 80km/h 时仰拱外侧土体超静孔隙水压力峰值和残余值增大的原因。

为了分析仰拱外侧远端土体的超静孔隙水压力受列车运行的影响情况，提取不同车速下仰拱外侧 6m 处土体超静孔隙水压时程曲线，如图 5-27 所示。

当车速为 20km/h 时，超静孔隙水压力峰值为 2200Pa，残余值为 1200Pa；当车速为 40km/h 时，超静孔隙水压力峰值为 1600Pa，残余值为 600Pa；当车速为 60km/h 时，超静孔隙水压力峰值为 1600Pa，残余值为 500Pa；当车速为 80km/h 时，超静孔隙水压力峰值为 1700Pa，残余值为 600Pa。仰拱外侧 6m 处超静孔隙水压力峰值及残余值的变化规律与仰拱外侧土体基本一致。

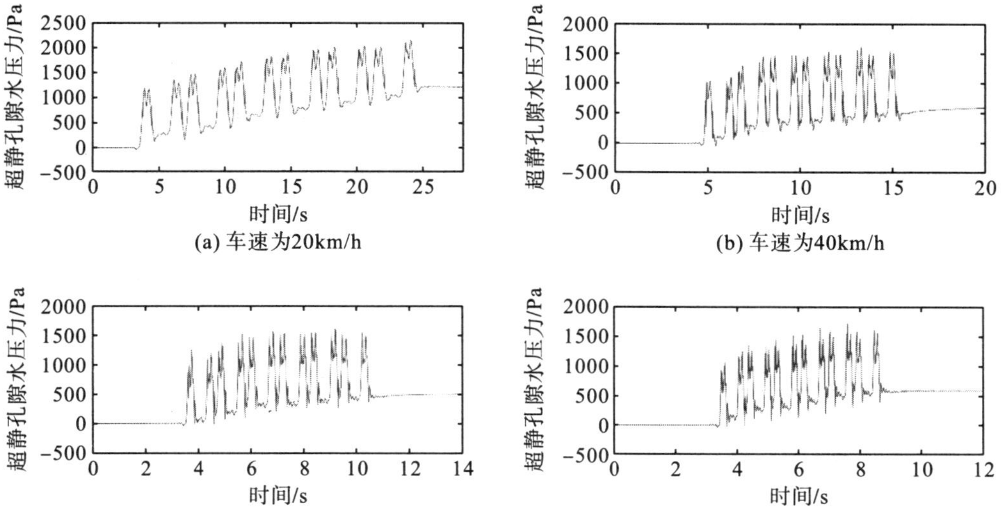

(a) 车速为20km/h　　(b) 车速为40km/h

(c) 车速为60km/h　　(d) 车速为80km/h

图 5-27　不同车速下仰拱外侧 6m 处土体超静孔隙水压力时程曲线

同时可以看出，仰拱外侧 6m 处土体超静孔隙水压力受列车通过的影响明显小于仰拱外侧土体。其中，仰拱外侧 6m 处和仰拱外侧土体中的超静孔隙水压力峰值之比在不同车速(20 km/h、40 km/h、60 km/h、80km/h)下分别为 0.48、0.38、0.40、0.34；超静孔隙水压力残余值之比在不同车速(20 km/h、40 km/h、60 km/h、80 km/h)下分别为 0.7、0.4、0.6、0.6。可以发现，超静孔隙水压力峰值之比小于超静孔隙水压力残余值之比，因此列车通过监测断面时仰拱外侧土体残余超静孔隙水压力在相同距离内降低更慢，说明列车通过对残余超静孔隙水压力的影响范围更广。

图 5-28 所示为不同车速下拱腰外侧土体超静孔隙水压力时程曲线。可以看出，拱腰位置超静孔隙水压力时程在地铁列车轮对到达监测断面时产生下凸波形。在列车车头到达之处，超静孔隙水压力峰值体现为使土体孔隙水压力减小；而随着列车车辆通过监测断面的数量增加，逐渐体现为使土体孔隙水压力增大。总体上，随着地铁列车通过监测断面，拱腰外侧土体超静空隙水压力逐渐增大。

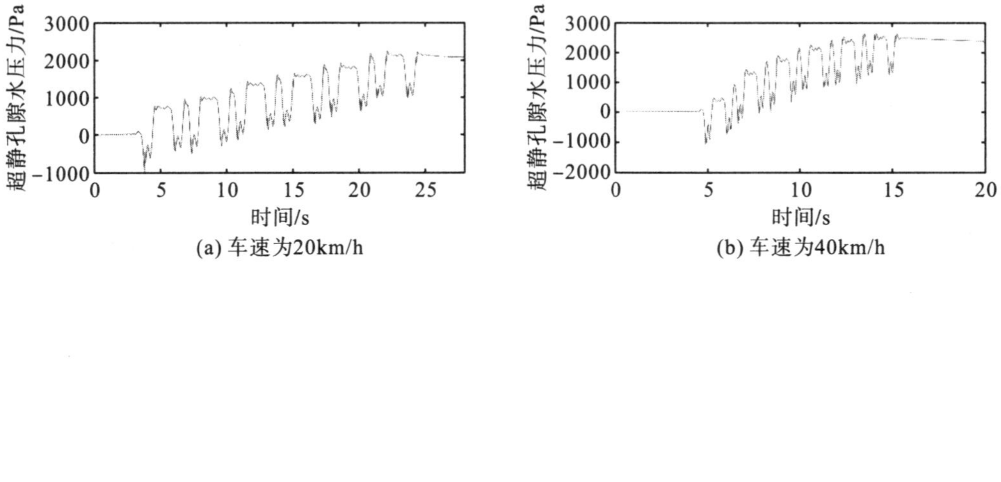

(a) 车速为20km/h　　(b) 车速为40km/h

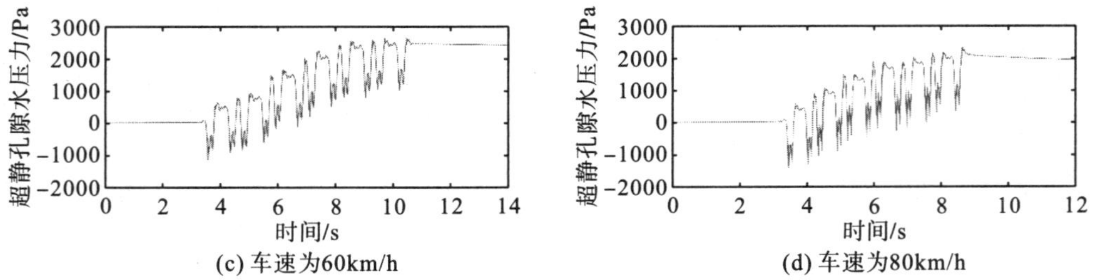

图 5-28　不同车速下拱腰外侧土体超静孔隙水压力时程曲线

超静孔隙水压力残余值方面，当车速为 20km/h 时，超静孔隙水压力残余值为 2100Pa；当车速为 40km/h 时，超静孔隙水压力残余值为 2400Pa；当车速为 60km/h 时，超静孔隙水压力残余值为 2400Pa；当车速为 80km/h 时，超静孔隙水压力残余值为 2000Pa。同时可以看出，车速越大，轮对经过时产生的超静孔隙水压力波动也越大。

为了对比分析拱腰外侧远端土体的超静孔隙水压力受列车通过的影响情况，对不同车速下拱腰外侧 6m 处土体超静孔隙水压力时程进行提取，如图 5-29 所示。可以看出，不同车速下拱腰外侧土体超静孔隙水压力随着通过监测断面的列车车辆数的增加逐渐振荡升高。当车速为 20km/h 时，超静孔隙水压力残余值为 425Pa；当车速为 40km/h 时，超静孔隙水压力残余值为 500Pa；当车速为 60km/h 时，超静孔隙水压力残余值为 510Pa；当车速为 80km/h 时，超静孔隙水压力残余值为 310Pa。拱腰外侧 6m 处土体与拱腰外侧土体超静孔隙水压力之比在不同车速(20 km/h、40 km/h、60 km/h、80km/h)下分别为 0.2、0.2、0.21、0.16。可以看出，在 6m 范围内，拱腰外侧超静孔隙水压力残余值下降超过 80%，反映出列车运行对拱腰外侧土体超静孔隙水压力的影响范围远小于仰拱。

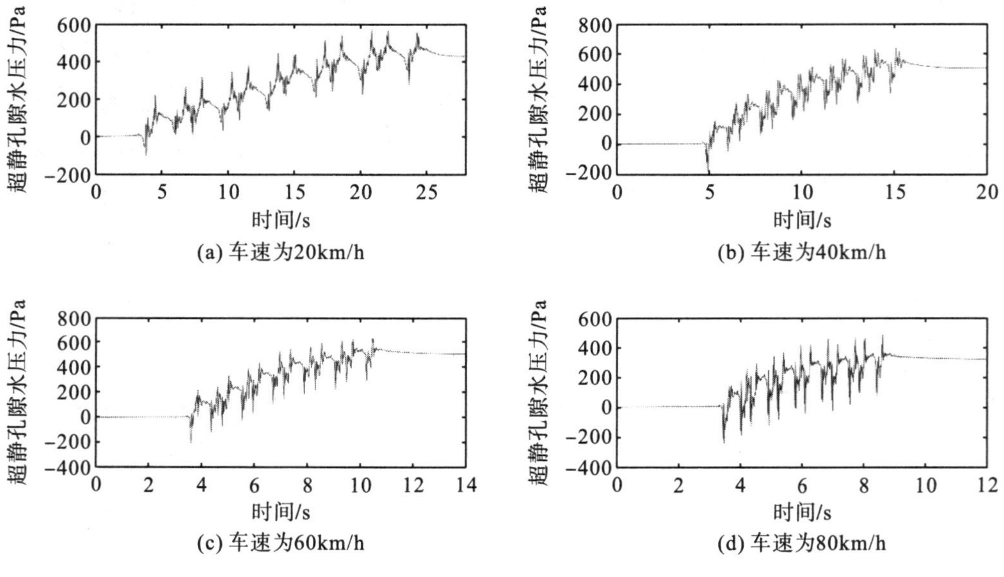

图 5-29　不同车速下拱腰外侧 6m 处土体超静孔隙水压力时程曲线

图 5-30 所示为车速为 20km/h 时土层超静孔隙水压力云图。可以看到，当列车末轮对通过监测断面时，土层超静孔隙水压力最大值为 4.6816kPa；超静孔隙水压力分布较大位置主要在盾构隧道底部土层内。单列列车通过监测断面后，土层超静空隙水压力最大值为 2.2929kPa；超静孔隙水压力最大值主要分布在盾构隧道底部和拱肩外侧。

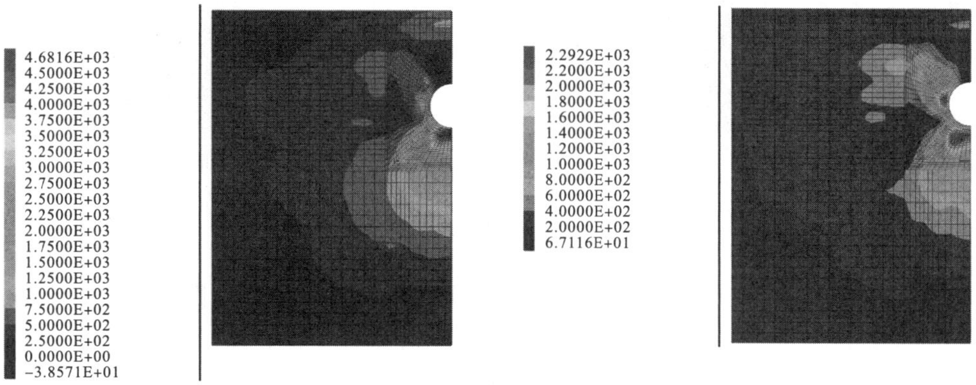

(a) 24s时刻　　　　(b) 28s时刻

图 5-30　车速为 20km/h 时土层超静孔隙水压力云图

图 5-31 所示为车速为 40km/h 时土层超静孔隙水压力云图。可以看出，当列车末轮对通过监测断面时，土层超静孔隙水压力最大值为 4.1656kPa；超静孔隙水压力分布较大位置主要在盾构隧道底部土层内。单列列车通过监测断面后，土层超静空隙水压力最大值为 2.5518kPa；超静孔隙水压力最大值主要分布在盾构隧道底部和拱肩外侧。

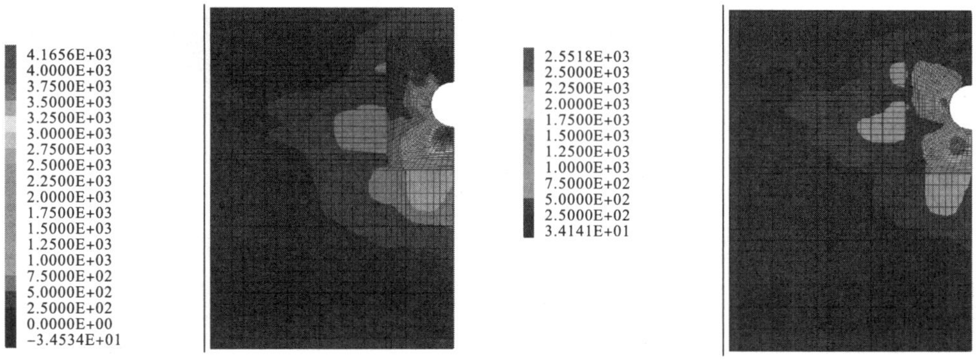

(a) 15s时刻　　　　(b) 20s时刻

图 5-31　车速为 40km/h 时土层超静孔隙水压力云图

图 5-32 所示为车速为 60km/h 时土层超静孔隙水压力云图。可以看出，列车末轮对通过监测断面时和列车完全通过时，超静孔隙水压力最不利位置均分布在拱肩附近，11s 时刻和 14s 时刻超静空隙水压力最大值分别为 2.7147kPa 和 2.5156kPa。

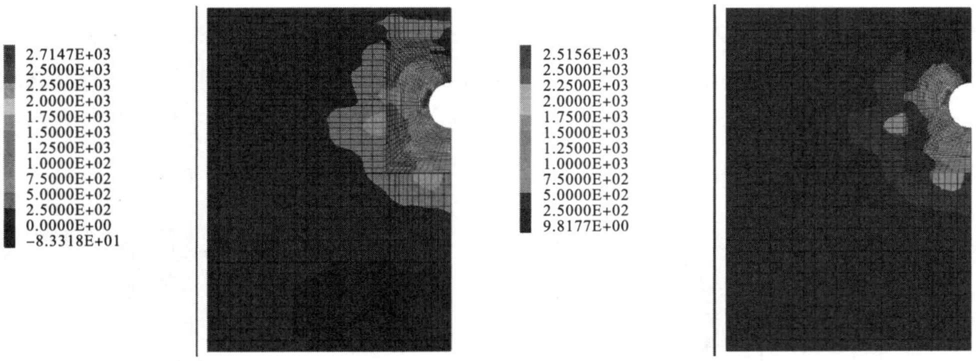

(a) 11s时刻　　(b) 14s时刻

图 5-32　车速为 60km/h 时土层超静孔隙水压力云图

从图 5-33 可以看出，车速为 80km/h 时土层超静孔隙水压力云图与车速为 60km/h 时类似，在末轮对通过时和列车完全通过监测断面时，超静孔隙水压力最不利位置均在拱肩位置，9s 时刻和 12s 时刻超静孔隙水压力最大值分别为 2.1557kPa 和 1.9801kPa。

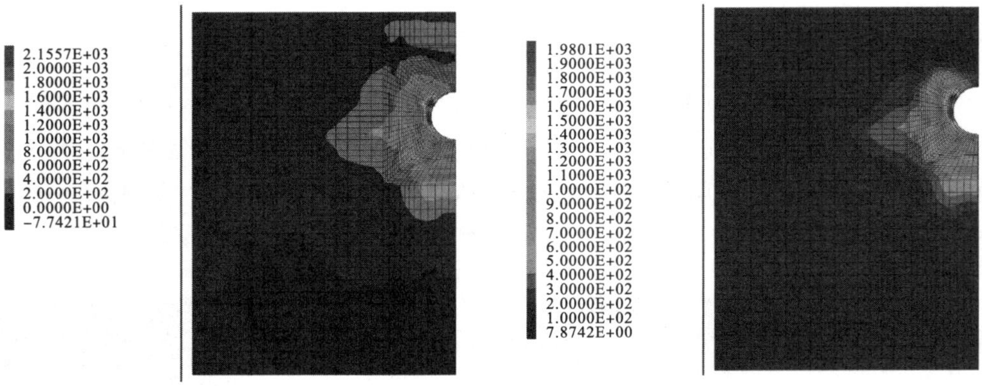

(a) 9s时刻　　(b) 12s时刻

图 5-33　车速为 80km/h 时土层超静孔隙水压力云图

从上述分析可知，当车速较低(20km/h、40km/h)时，列车轮对通过监测断面主要在隧道结构底部产生较大的超静孔隙水压力；而随着车速增大，在列车轮对通过监测断面时超静孔隙水压力最不利位置主要在拱肩及拱腰位置。计算表明，列车通过监测断面后，引起超静空隙水压力升高最大的位置位于盾构隧道拱肩外侧附近。

3. 超孔隙水压力比与液化

在数值计算中，常采用超孔隙水压力比来判断可液化土层的液化，超孔隙水压力比 r_u 的定义为

$$r_u = 1 - \frac{\sigma'_{\mathrm{m}}}{\sigma'_{\mathrm{m0}}} \tag{5-43}$$

式中，σ'_{m0} 和 σ'_{m} 分别为土层在静力平衡和动力计算过程中的平均有效应力：

$$\sigma'_{m0} = \frac{\sigma'_{10} + \sigma'_{20} + \sigma'_{30}}{3} \tag{5-44}$$

$$\sigma'_{m} = \frac{\sigma'_{1} + \sigma'_{2} + \sigma'_{3}}{3} \tag{5-45}$$

式中，σ'_{i0} 和 σ'_{i} 分别为土层在静力平衡和动力计算过程中的主应力。

通常认为，在动力作用下土体超孔隙水压力比接近 1 时，土体将发生液化。为了分析地铁列车在不同车速下粉土地层的液化风险，提取载客状态为 AW3 时，不同车速条件下土层中部分关键位置的超孔隙水压力比时程曲线，分别如图 5-34～图 5-37 所示。

由图 5-34 可以看出，不同车速下拱顶外侧土体超孔隙水压力比时程以正值为主，超孔隙水压力比各个峰值对应于地铁列车转向架到达监测断面时刻。

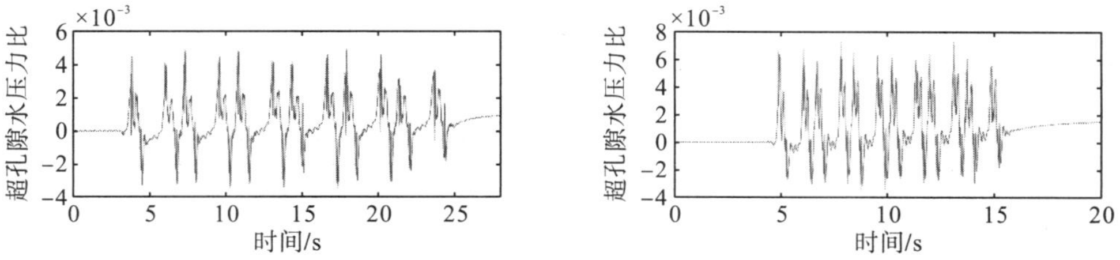

(a) 车速为20km/h　　(b) 车速为40km/h

(c) 车速为60km/h　　(d) 车速为80km/h

图 5-34　不同车速下拱顶外侧土体超孔隙水压力比时程曲线

当车速为 20km/h 时，超孔隙水压力比最大值为 5×10^{-3}；当车速为 40km/h 时，超孔隙水压力比最大值为 7.5×10^{-3}；当车速为 60km/h 时，超孔隙水压力比最大值为 11×10^{-3}；当车速为 80km/h 时，超孔隙水压力比最大值为 14×10^{-3}。可以看出，不同列车车速条件下超孔隙水压力比比较小，都在 10^{-3} 量级，可以判断土体在地铁列车振动荷载作用下难以液化。同时，随着车速的增大，拱顶外侧超孔隙水压力比逐渐增大。

为了对比拱顶外侧远端土体超孔隙水压力比的变化情况，对不同车速下拱顶外侧 6m 处土体超孔隙水压力比时程进行提取，如图 5-35 所示。可以看出，不同车速(20km/h、40km/h、60km/h、80km/h)下土体超孔隙水压力比峰值分别为 8×10^{-3}、8.5×10^{-3}、8.5×10^{-3}、9.5×10^{-3}。

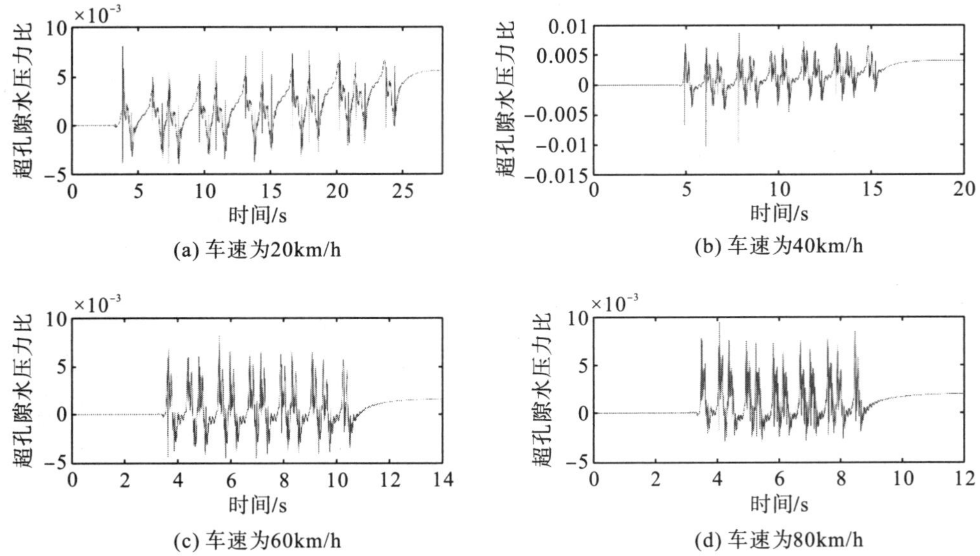

图 5-35　不同车速下拱顶外侧 6m 处土体超孔隙水压力比时程曲线

图 5-36 所示为仰拱外侧土体超孔隙水压力比时程曲线。可以看出，当列车轮对到达监测断面时，仰拱外侧土体超孔隙水压力比反而减小，出现这种现象的原因是列车荷载作用引起的土层有效应力增量大于振动荷载引起的孔隙水压力增量。超孔隙水压力比残余值方面，不同车速(20km/h、40km/h、60km/h 和 80km/h)下分别为 14×10^{-3}、11×10^{-3}、8×10^{-3}、9×10^{-3}。

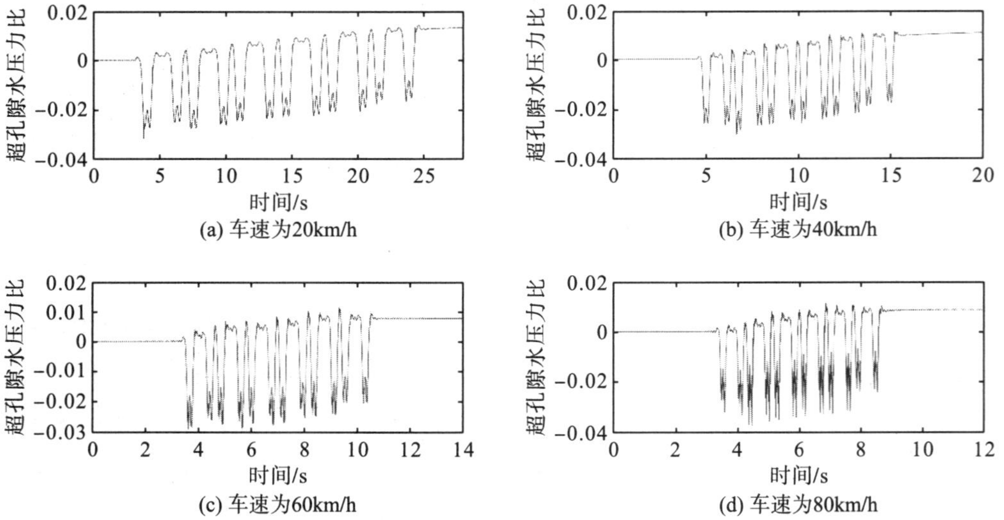

图 5-36　不同车速下仰拱外侧土体超孔隙水压力比时程曲线

不同车速下仰拱外侧 6m 处土体超孔隙水压力比时程曲线如图 5-37 所示。当车速为 20km/h 时，超孔隙水压力比残余值为 6.5×10^{-3}；当车速为 40km/h 时，超孔隙水压力比残余值为 3.5×10^{-3}；当车速为 60km/h 时，超孔隙水压力比残余值为 3.5×10^{-3}；当车速为 80km/h

时，超孔隙水压力比残余值为 3.4×10^{-3}。

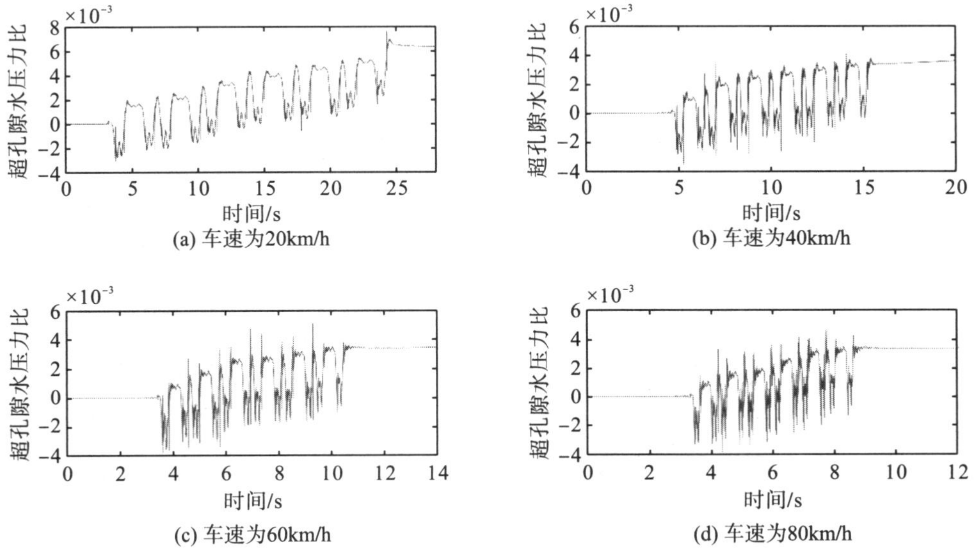

(a) 车速为20km/h　　(b) 车速为40km/h

(c) 车速为60km/h　　(d) 车速为80km/h

图 5-37　不同车速下仰拱外侧 6m 处土体超孔隙水压力比时程曲线

从上述分析可以看出，在地铁列车振动荷载作用下，土层的超孔隙水压力比非常小，几乎不可能发生液化。

为了分析列车经过过程中及经过后土体中超孔隙水压力比的分布情况，在数值模型中定义了动力分析过程中的超孔隙水压力比场变量。由超孔隙水压力比时程分析可以知道，列车经过过程中超孔隙水压力比最不利时刻往往是在列车最后一个轮对通过监测断面时，因此对不同车速下末轮对通过监测断面时及列车通过后土体的超孔隙水压力比云图进行提取分析，如图 5-38～图 5-41 所示。

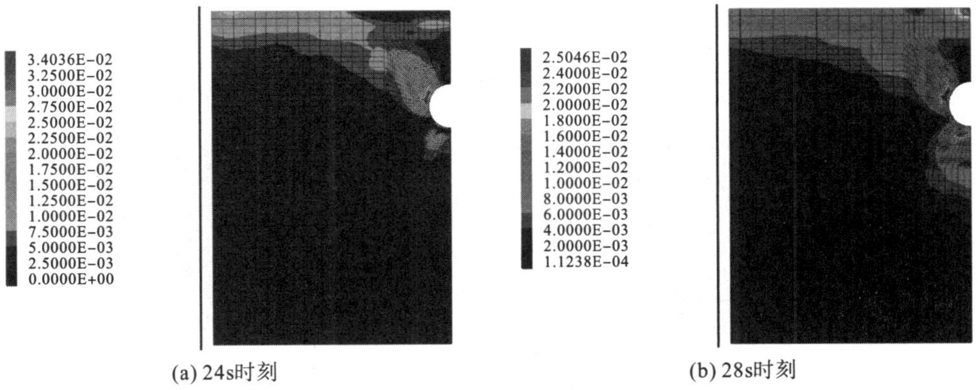

(a) 24s时刻　　(b) 28s时刻

图 5-38　车速为 20km/h 时土层超孔隙水压力比云图

由图 5-38 可以看出，车速为 20km/h 时，末轮对通过监测断面时超孔隙水压力比最大值为 0.034036；列车完全通过时超孔隙水压力比峰值为 0.025046。对比可以发现，最不利孔隙水压力比主要存在于拱肩外侧土体；虽然轮对通过监测断面时，隧道底部土体超静孔隙水压力比较大，但其超孔隙水压力比相对较小。

类似地，由图 5-39～图 5-41 可以看出，不同车速条件下列车通过监测断面时超孔隙水压力比最不利位置均在拱肩附近。由于超孔隙水压力比数值上比较小，因此可以认为地铁列车通过监测断面难以引起地层液化。

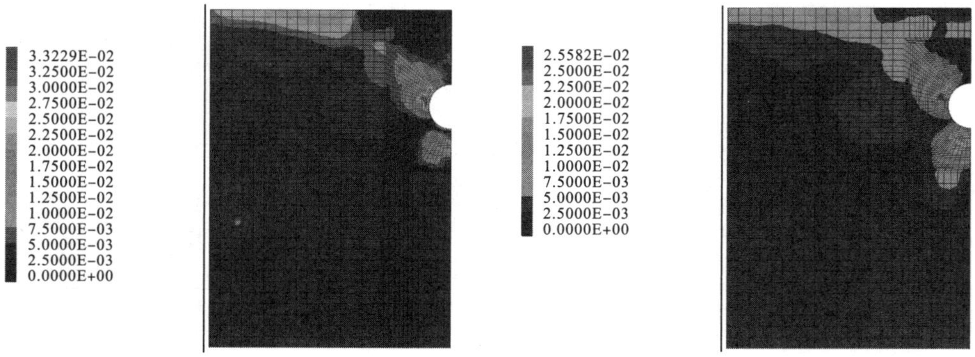

(a) 15s时刻　　(b) 20s时刻

图 5-39　车速为 40km/h 时土层超孔隙水压力比云图

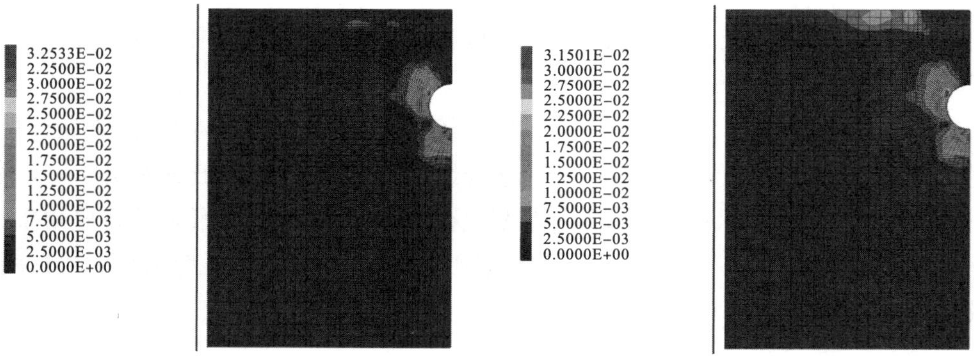

(a) 11s时刻　　(b) 14s时刻

图 5-40　车速为 60km/h 时土层超孔隙水压力比云图

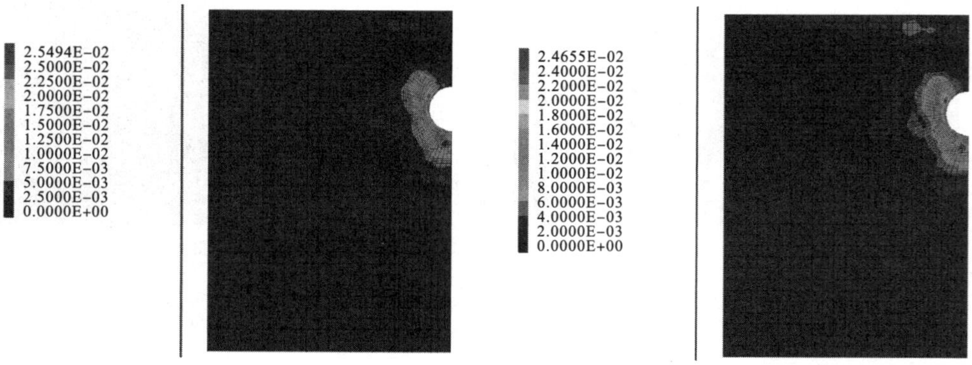

(a) 9s时刻　　(b)12s时刻

图 5-41　车速为 80km/h 时土层超孔隙水压力比云图

5.4　天津地铁典型可液化地层区间列车振动测试与分析

5.4.1　典型可液化地层区间概况

天津地铁 5 号线是天津市交通网络中一条于南北方向贯穿市区的轨道交通主干线，沿线两侧建筑物密集，居民楼、文教区等振动敏感点较多。本书根据天津市建委科技项目《天津地铁盾构隧道液化地层特征及处理技术研究》要求，对运营条件下列车振动荷载对液化土层和盾构隧道的影响进行研究。

1. 测试区间

现场试验对象为天津地铁 5 号线建昌道站—金钟河大街站区间盾构隧道。建昌道站—金钟河大街站盾构区间长度为 941.3m，隧道底板埋深为 15.80～23.39m，衬砌厚度为 350mm，外径为 6.2m，如图 5-42 所示。隧道洞身范围内围岩以粉土、粉砂为主，上覆粉质黏土、粉土和杂填土。

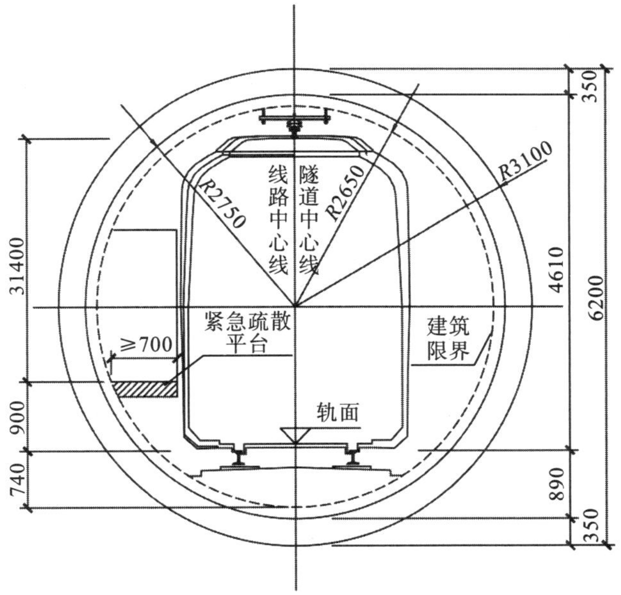

图 5-42　测试盾构隧道断面图(单位：mm)

2. 测试轨道参数

根据具体勘察资料《天津市地下铁道 5 号线工程岩土工程勘察报告》(建昌道站—金钟河大街站区间)，天津地区市内新线设计速度一般为 80km/h，轨道主要参数如下。

(1) 钢轨：正线采用 60kg/m、U75V 钢轨。

(2) 轨距：1435mm。

(3) 轨枕铺设数量：地下线正线按 1680 根(对)/km 铺设，配线按 1600 根(对)/km 铺设。

(4) 扣件类型：天津地区既有和新线项目均采用弹性分开式扣件，包括 DTⅥ2 型扣件、ZX-2 型扣件、TSD2 型扣件，扣件节点垂向静刚度为 20～40kN/mm。

(5) 道床类型：长枕埋入式整体道床及钢弹簧浮置板减震道床。

3. 试验列车

天津地铁 5 号线车辆是符合《地铁限界标准》(CJJ 96—2003) 中 B2 型车辆限界的 B2 型地铁车辆。车辆采用 VVVF 逆变器控制的交流异步电动机牵引传动系统，采用 DC1500V 受电弓受流供电方式。车上装有单元一体式空调，具有列车 ATO 自动驾驶功能。列车采用“四动二拖”固定编组，每列车由两辆带司机室拖车和中间的 4 辆动车组成，各车辆上部为客室，下部为设备悬挂空间。

考虑到天津地铁 5 号线近期及远期运营车辆编组形式，本次测试采用试验测试车辆为 6 辆车编组形式，列车编组情况如图 5-43 所示。

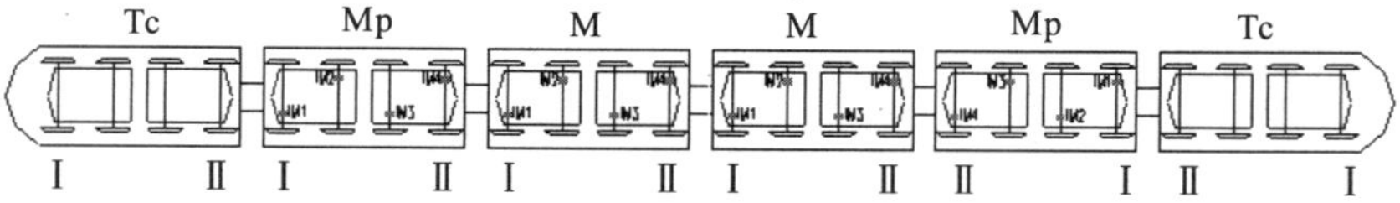

图 5-43　天津地铁 5 号线 6B 列车编组示意图

列车主要长度参数如下。

(1) Tc 车长度(车钩连接面之间的长度)：20340mm。

(2) M 车长度(车钩连接面之间的长度)：19520mm。

(3) 列车长度：118760mm。

(4) 整车首尾轴距：112400mm。

5.4.2　列车振动测试方案

1. 测试断面与测点布置

1) 测试断面

选取测试断面的过程中主要考虑线路的埋深、线形、隧道结构型式、地质条件、线路两侧大型管沟的情况、列车运行速度及轴重等因素。测点的布置应考虑离开线路的距离分布、建筑基础的影响、地面交通的贡献现状(包括大小和分布)等因素。

建昌道站—金钟河大街站区间里程：右 DK13+160.189～右 DK14+101.485。根据该区间隧道纵剖面图反映的地层分布情况，拟选取右 DK13+200、右 DK13+400 及右 DK13+500 断面展开地铁列车振动现场测试，如图 5-44 所示。该断面盾构隧道穿越地层序号为⑧$_2$(全新统河床—河漫滩相沉积粉土)，上覆地层序号为⑥$_2$ 和④$_2$(黏质粉土)，且该里程有现有地质钻孔资料，便于后续分析。

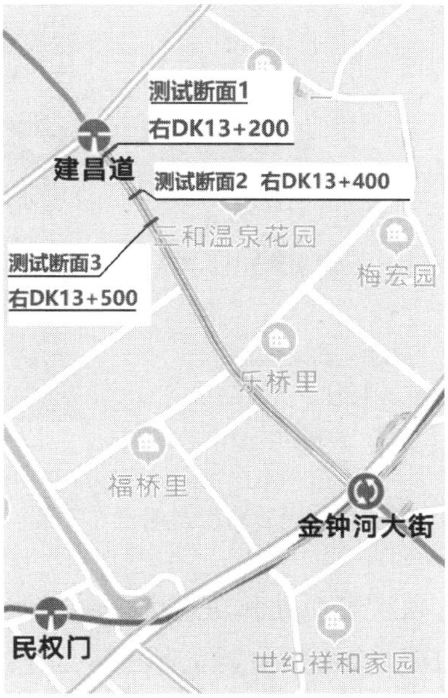

图 5-44 测试断面位置

如图 5-45 所示，此次测试选择了建昌道地铁站附近的 3 个断面进行了振动测试，每个断面包括轨枕、轨道板、隧道壁拱脚和拱腰处 4 个测点，每个测点均测试垂向振动加速度。

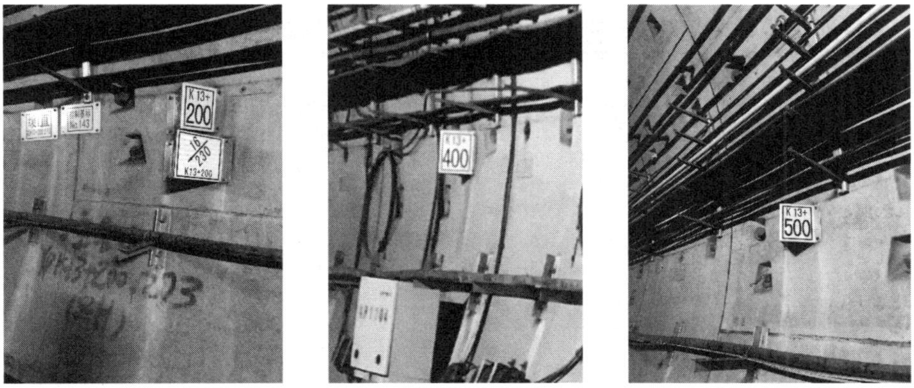

(a)测试断面1位置 (b)测试断面2位置 (c)测试断面3位置

图 5-45 测试断面位置示意图

2) 测点布置

振动测点分别布置在 3 个监测断面处，每个断面设置 4 个测点，如图 5-46 所示。其中，测点 1(A1)用于测试线路中央轨道板表面的竖向加速度，测点 2(A2)用于测试线路外侧钢轨下方轨枕的竖向加速度，测点 3(A3)和测点 4(A4)分别用于测试隧道壁拱脚及拱腰的竖向加速度。

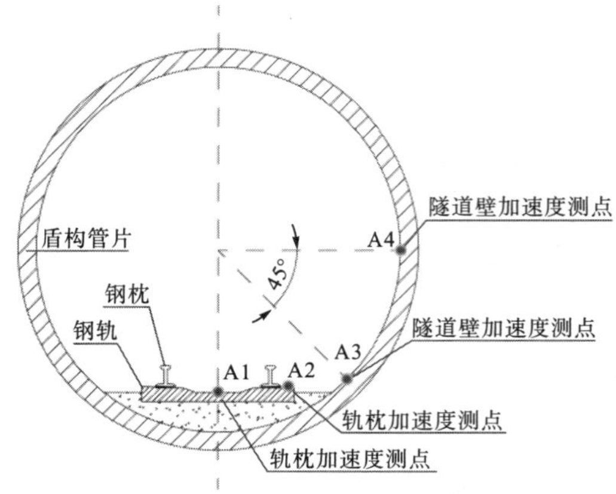

(a)横断面

(b)轨道测点

图 5-46　隧道断面及测点布置图

本次测试主要对钢轨下方轨枕表面处和轨道板中心点处、隧道壁拱脚和拱腰处的竖向振动加速度进行测量。轨下道床结构测点主要布置在断面处轨道板中心点和轨枕外端钢轨下方处的上表面。隧道壁测点设置在拱脚及拱腰处，其中拱脚处在距离隧道底板填充层0.2m 高的隧道壁上，其与盾构隧道圆心的连线与水平线的夹角为 45°，拱腰处为过隧道圆心的水平线与隧道壁的交点处，如图 5-46(a)所示。

测试项目及断面测点位置见表 5-18。

表 5-18　测试项目及断面测点位置

序号	测试项目	测点位置
1	建昌道站—金钟河大街站区间右 DK13+200 盾构隧道振动测试(当天整个运营时间段)	钢轨下方处轨枕表面、轨道板中心点、隧道壁拱脚及拱腰处
2	建昌道站—金钟河大街站区间右 DK13+400 盾构隧道振动测试(当天整个运营时间段)	钢轨下方处轨枕表面、轨道板中心点、隧道壁拱脚及拱腰处
3	建昌道站—金钟河大街站区间右 DK13+500 盾构隧道振动测试(当天整个运营时间段)	钢轨下方处轨枕表面、轨道板中心点、隧道壁拱脚及拱腰处

2. 列车振动采集设备

1)加速度传感器

根据被测体的振动加速度和振动频率范围，选取合适的振动加速度传感器。本试验选取压电式加速度传感器，其技术参数见表 5-19。

表 5-19　压电式加速度传感器技术参数

测点位置	加速度传感器	技术参数
轨枕、轨道板		型号：TST120A500 型单向压电加速度计(IEPE) 灵敏度：500mV/g 量程：10g 频响范围：0.2～2500Hz 质量：90g 工作温度：-40～+120℃
隧道壁		型号：LC0115 型单向压电加速度计(IEPE) 灵敏度：5000mV/g 量程：1g 频响范围：0.1～1500Hz 质量：135g 工作温度：-40～+120℃

2) 采集系统

本次地铁测试采用北京东方振动和噪声技术研究所生产的 INV3062T 型采集仪和 DASP-V11 数据采集与分析软件。

采集仪技术参数见表 5-20。

表 5-20　采集仪技术参数

仪器型号及名称	采集仪	仪器说明
INV3062T 型 信号采集仪		4 通道/24 位 AD/每通道独立 AD/并行无时差/每通道 51.2kHz 采样率/高动态范围/电压 AC、DC/ICP 输入模式/程控可选 1、10、100 倍程控放大/程控滤波/网络接口/内嵌操作及存储设备，可连续大容量采集数据/支持在线和离线采样

DASP-V11 数据采集与分析软件见表 5-21。

表 5-21　DASP-V11 数据采集与分析软件

软件型号	软件类型	软件说明
DASP-V11 工程版	工程版平台软件	信号示波采样、基本信号分析(含一只软件狗)

试验测试开始前，传感器与采集仪均经过标定。试验数据采集仪为东方振动和噪声技术研究所制造的 INV3062T 型 24 位智能采集仪，采样参数见表 5-22。轨道板及轨枕振动

使用 TST120A500 型压电加速度计测量，隧道壁振动采用 LC0115 型压电加速度计测量。

表 5-22　采集仪采样参数表

采样参数	参数设置
采样频率/kHz	10.24
采样滞后秒数/s	10
采样触发比例/%	0.2
最小触发量	0.02g
采样时长/s	60

动态采集设备进行测试数据的显示和存储。试验在列车营运条件下，设置数据采集仪采样模式为离线采样-自动触发模式，确保可在当日对列车经过测试断面时的激振结构响应进行有效采集。

3. 列车振动测试工况

1) 列车时速

本试验中列车在所研究盾构区间内运行时速由天津轨道集团公司提供，数据范围从列车启动至列车完全停止，列车单次区间行驶时长约为 90s。图 5-47 所示为试验列车正常运行状态下某日某时段在目标区间内运行速度与位移的实测值。地铁列车采用 ATO 自动驾驶系统，可以精确控制列车的速度、加速度，保证每趟列车在区间内具有相同的行驶过程。

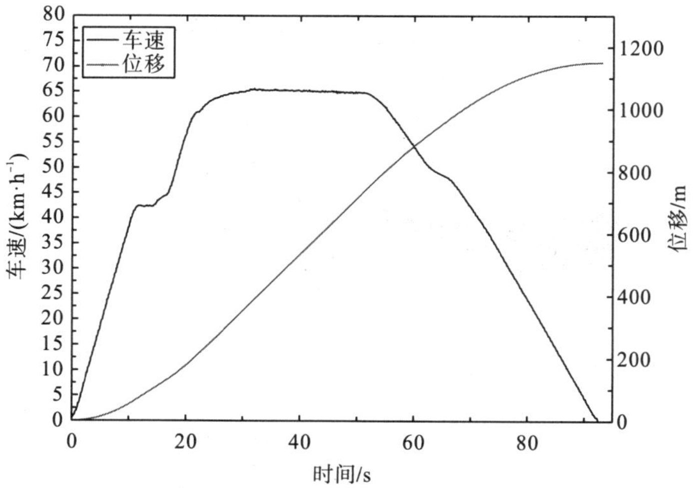

图 5-47　列车车速和位移时程曲线

由列车车速时程曲线可以看出，列车在区间内正常运行状态下一共经历了 5 个行驶过程：匀加速—匀速—匀加速—匀速—匀减速。本试验 3 个测试断面分别距离列车区间起始里程 50m、150m 和 350m，由列车车速与位移的关系可得到通过测试断面 1、测试断面 2 和测试断面 3 的列车瞬时速度为 37.9km/h、50.2km/h 和 68.3km/h。其中，列车在通过测试断面 1、测试断面 2 时分别处在两个不同的加速过程中，在通过测试断面 3 时列车为匀速状态。

2) 载客状态

列车在本次现场试验过程中的实际运营状态为载客状态，通过天津轨道交通集团运营公司清分中心管理的 AFC 系统自动监测进出站客流量，得到在测试时间内典型运行时段的目标区间断面客流情况，其中工作日及休息日代表性区间客流情况见表 5-23。

表 5-23　建昌道站—金钟河大街站区间测试断面客流情况

试验时间	时间段	上行断面客流数据/人
某工作日	5:40—6:00	0
	7:10—7:30	989
	7:55—8:15	1364
	17:20—17:40	626
某休息日	5:40—6:00	0
	7:10—7:30	359
	11:50—12:10	306
	17:50—18:10	388
	22:50—23:10	42

3) 道床形式

本试验测试区段共涉及两种不同道床类型，分别为盾构区间中部一般地段采用钢筋混凝土长轨枕式整体道床及特殊减震地段采用钢弹簧浮置板减震道床。本试验中，测试断面 1 为钢弹簧浮置板减震道床，测试断面 2、测试断面 3 为长轨枕式整体道床。试验现场道床形式如图 5-48 所示。

(a)长轨枕式整体道床　　　　(b)钢弹簧浮置板道床

图 5-48　试验现场道床形式

4. 列车振动测试

1) 测试方法

按照测点布置方案，将压电式加速度传感器粘贴于被测体上。数据采集仪采样模式为离线采样-自动触发模式，确保可在当日对列车经过测试断面时的激振结构响应进行有效采集。具体触发参数及系统设置如图 5-49 与表 5-24 所示。其中，采样滞后秒数是在采集系统接收到第一次有效触发激励后为记录触发前微小参数响应而往前回溯的时间，以保证记录下列车激励条件下所测量的全过程响应。

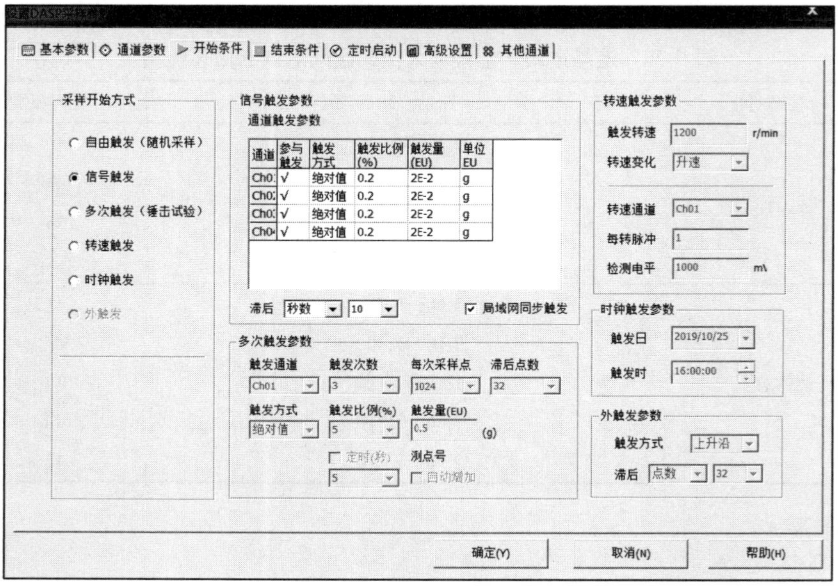

图 5-49　采样参数设置

表 5-24　关键采样参数表

采样参数	参数设置
采样频率/kHz	10.24k
采样滞后秒数/s	10
采样触发比例/%	0.2
触发量	0.02*g*
采样时长/s	60

2) 测试工作记录与测试现场情况

测量工作时间为 2019 年 5 月 31 日～6 月 3 日，在每天列车运营时段内由采集系统自动离线采样并将数据保存于内置存储器中。工作期间测量情况见表 5-25。

表 5-25 测量记录情况表

编号	测量日期	测量位置	测量车次	首次/末次记录时间	备注
1	2019.5.31	右 DK13+500	152	05:52:28/23:01:19	星期五
2	2019.6.1	右 DK13+200	133	05:52:25/23:00:56	星期六
3	2019.6.1	右 DK13+500	133	05:52:39/23:01:09	星期六
4	2019.6.2	右 DK13+400	133	05:51:39/23:01:06	星期日
5	2019.6.2	右 DK13+500	133	05:51:44/23:01:10	星期日

测试工作包含进场前各项准备、选定测试断面方位、确定测试断面测点、现场调试并安装测试仪器和传感器、收集采集数据和回收测试设备等。现场测试测点布置情况如图 5-50～图 5-53 所示。

图 5-50 轨枕中点加速度测试(测点 1)

图 5-51 轨枕外侧加速度测试(测点 2)

图 5-52 隧道壁加速度测试(测点 3)

图 5-53 隧道壁加速度测试(测点 4)

为了与设计参数对照并掌握现场实际测点及测试断面的尺寸、位置，对断面结构的几何特征进行测量，具体测量结果见表 5-26。

表 5-26　测试现场道床及隧道结构实测参数　（单位：cm）

实测参数	测量值
轨枕间距	62.5
钢轨轨距	152.0
道床整体浇筑层厚	16.5
短轨枕纵向宽度	26.5
钢轨至轨枕外侧测点的距离	24.8
钢轨至轨枕中点的距离	65.0
道床表面至测点 3 的竖向距离	18.0

测试现场情况如图 5-54 和图 5-55 所示。

图 5-54　测试区间段概貌

图 5-55　测试仪器及数据线固定

5.4.3　列车振动测试结果与分析

试验过程中每天通过各测试断面的列车有 100 余组，每趟列车荷载结构响应的测试时间为 60s，一共采集到有效列车激振 684 次，包含 4 个测点所测量的 2736 条加速度记录。

1. 加速度时程记录

为直观地分析盾构隧道结构在列车动载条件下的竖向振动响应特性，图 5-56 给出了试验列车在匀速行驶段通过测试断面 3 时，地铁轨道结构及隧道衬砌的竖向加速度时程曲线，图中记录对应的列车运行速度约为 68km/h，载客量约为 1000 人。可以看出，在列车匀速行驶工况下，时程曲线具有 7 个波峰，其中首尾波峰峰值较小，中部 5 个波峰峰值大致相同，与列车编组和轮对轴重分布方式是一致的。同时可以看出，测点越靠近轮轨激振的振源结构，所记录的加速度曲线波峰越明显。幅值方面，钢轨下方轨枕处测点 2 记录到 4 个测点中的最大值为 0.56g，其余依次为轨道板测点 1、隧道壁拱脚测点 3 和隧道壁拱腰测点 4，分别为 0.39g、0.13g 和 0.10g。

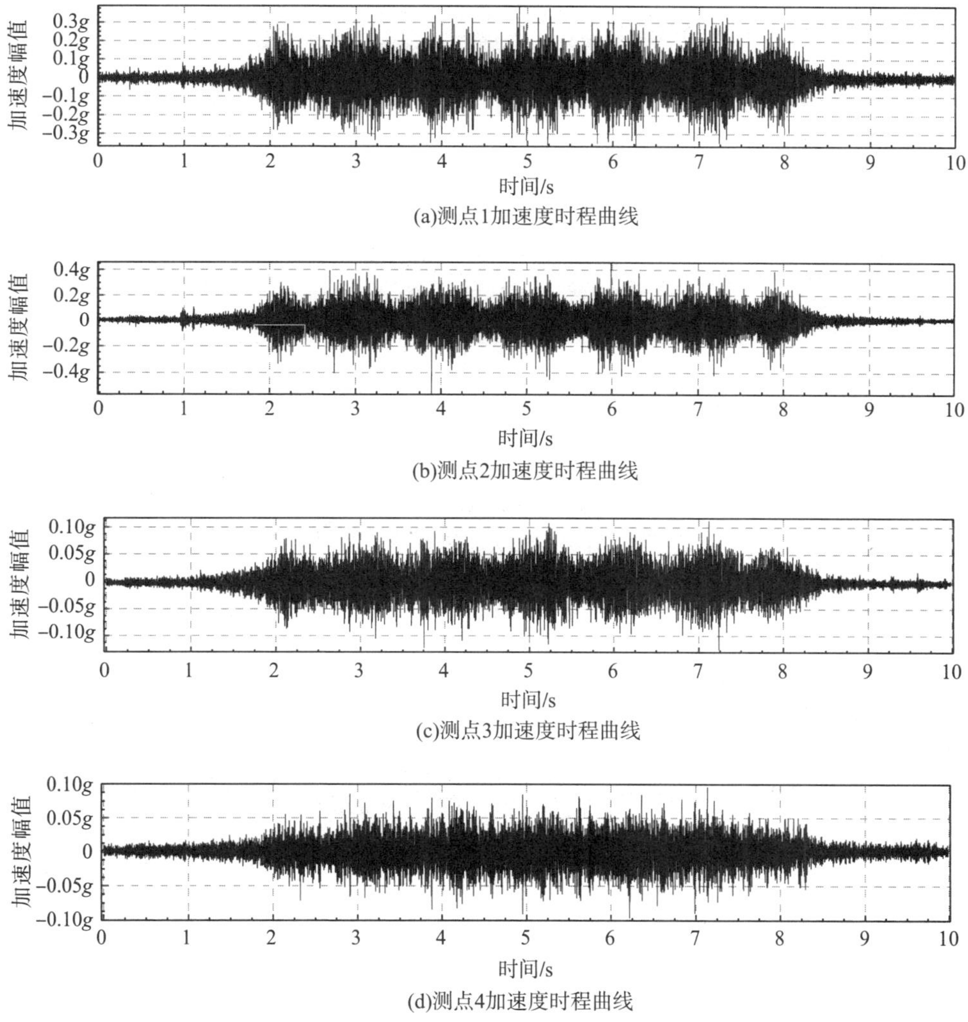

(a)测点1加速度时程曲线

(b)测点2加速度时程曲线

(c)测点3加速度时程曲线

(d)测点4加速度时程曲线

图 5-56　列车匀速行驶状态下各测点的加速度时程曲线

在试验过程中，记录了列车以低速行驶状态经过测试断面 1 时的加速度，对应的列车到达断面时的速度约为 12.7km/h，列车加速度为 1.3m/s^2，载客量约为 360 人。图 5-57 给出了该工况下的测点加速度记录。可以看出，在匀加速过程中，每个由列车轮对冲击荷载所引起的波峰峰值逐渐增大，且相对于列车高速行驶状态，低速状态下激振响应持时较长。对比该工况下 4 个测点的幅值，发现两个隧道结构测点加速度响应远小于轨道结构测点响应，其中测点 1、测点 2 的时程记录峰值分别为 0.47g、0.78g，而测点 3、测点 4 的时程记录峰值分别为 0.027g、0.024g，其原因在于测试断面 1 所在区段为车站与盾构区间过渡段，采用钢弹簧浮置板减震道床，试验数据验证了该减震道床对减弱列车动载对隧道结构及周围环境的振动影响起到显著作用。

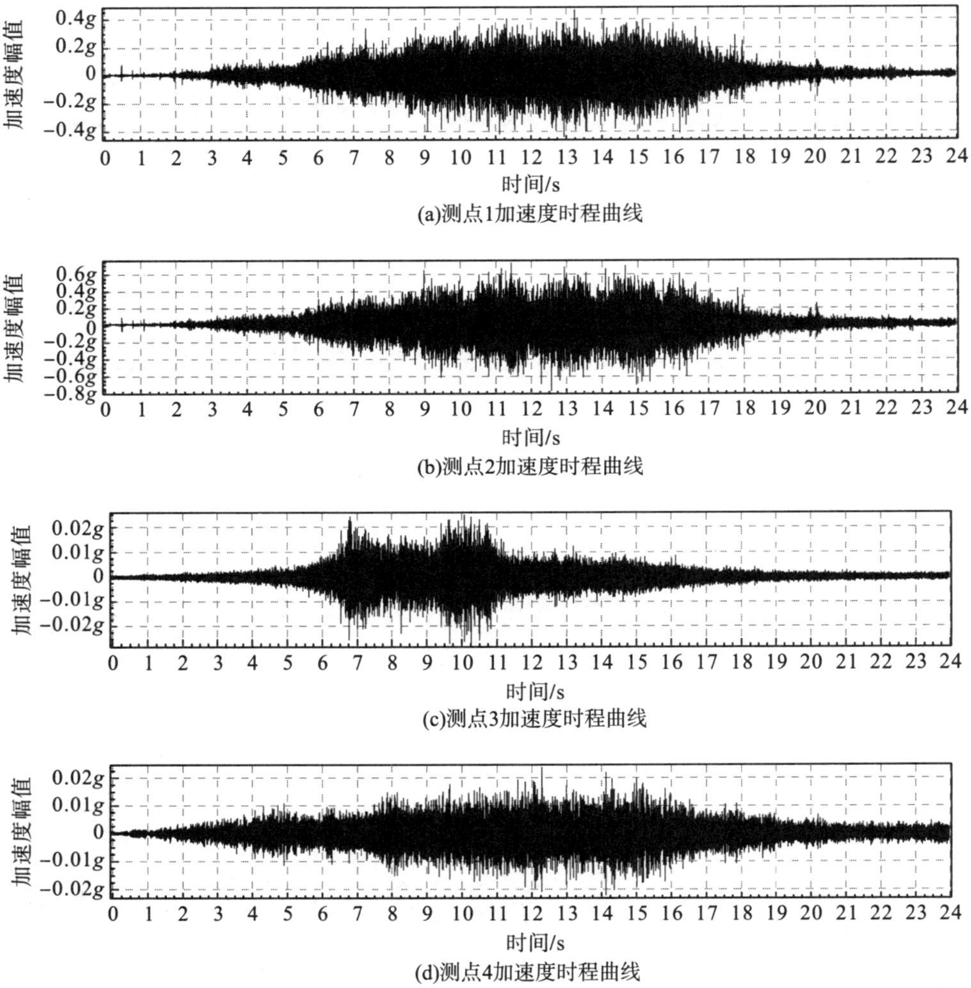

图 5-57　列车加速行驶状态下各测点的加速度时程曲线

2. 加速度振动响应频谱特性

在列车荷载下，对轮轨及周围结构产生影响的因素包括列车速度、轮轨接触面状态、轨道不平顺性及沿线轨道和道床的刚度变化等。研究表明，轮轨竖向荷载集中在 3 个频率范围内。

(1) 低频范围：0.5～5Hz，由车体对悬吊部分的相对运动产生。

(2) 中频范围：30～60Hz，由于簧下轮对质量对钢轨的回弹作用产生。

(3) 高频范围：200～400Hz，由于钢轨在运动时受到轮轨接触面的抵抗而产生。

图 5-58 所示为通过测试断面 3 的具有相同试验工况的 20 组列车测试记录的傅里叶加速度频谱均值。具体工况如下：列车匀速行驶，车速约为 68.3km/h，载客量约为 1000 人。

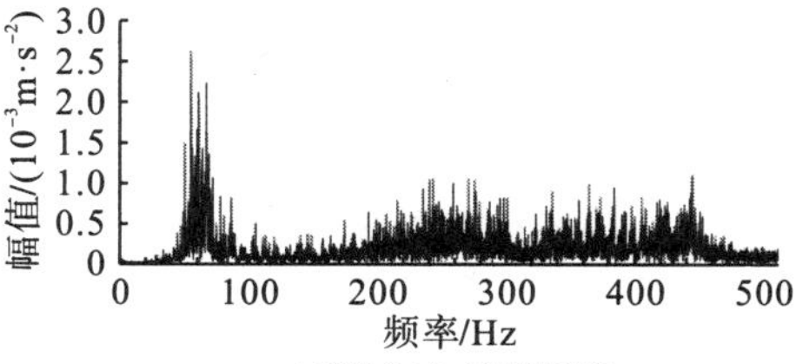

(a)测点1加速度频谱

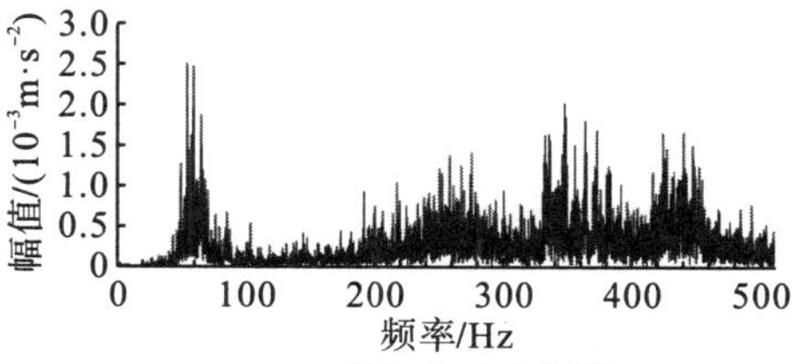

(b) 测点2加速度频谱

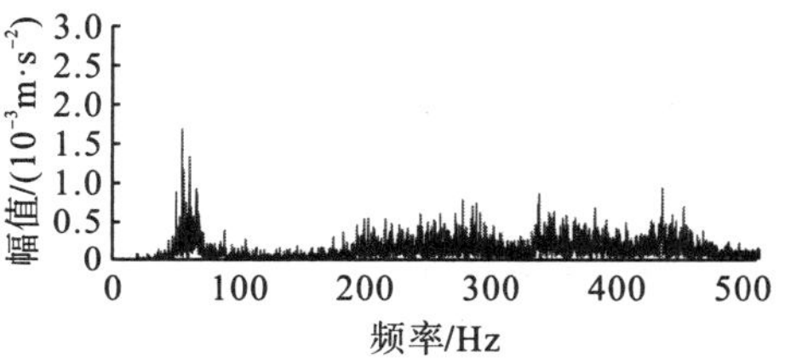

(c) 测点3加速度频谱

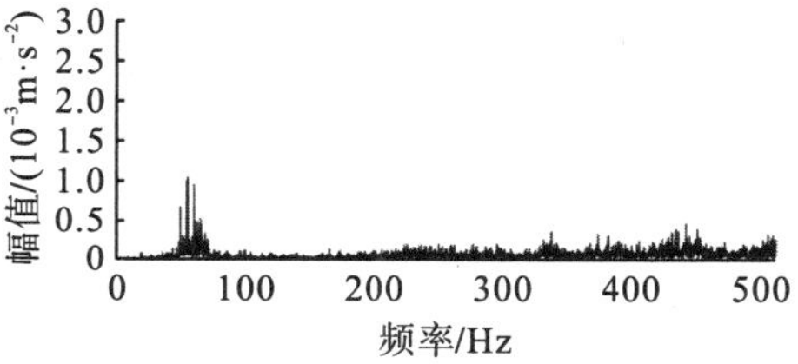

(d) 测点4加速度频谱

图 5-58　列车匀速行驶状态下各测点的傅里叶加速度频谱

由图 5-58 可以看出，各测点垂向振动加速度主要特征频段体现在中、高频范围，分别为 40～70Hz 和 200～450Hz，测点 2 得到的钢轨下轨枕垂向振动响应因受到直接的轮轨接触作用而在高频带 350～450Hz 内更为显著。隧道壁的响应谱值大幅小于轨道结构，且与列车行驶中线的空间距离呈负相关关系。这些试验结果与前人的研究结论相符。

3. 列车速度影响

为探究列车速度对轨道结构及盾构隧道垂向振动响应的影响，选取相似载客条件下以不同速度通过测试断面时的行车加速度实测记录均峰值，分别对一般整体道床区段和特殊减震区段进行分析，如图 5-59 所示。

由图 5-59 可知，当列车以不同速度穿越隧道断面时，所引起的隧道内轨道结构与衬砌竖向加速度总体呈现随车速的增大而增大的趋势；竖向振动加速度沿衬砌拱圈有拱脚幅值大于拱腰的特征；轨道结构垂向振动峰值对列车行车速度更为敏感，对于减震段和一般段测试断面，列车行车速度增大均会引起轨道板及轨下轨枕响应的大幅增大；相比于轨道结构，隧道衬砌垂向振动峰值随行车车速增大而增大的趋势较小，在 50～70km/h 以内的中低速地铁列车运行条件下，不同车速对隧道衬砌竖向振动响应影响不大。关于道床类型不同对盾构隧道垂向振动造成的不同响应方面，减震段内隧道结构振动响应均峰值低于轨道结构均峰值的 1/10；减震段隧道衬砌竖向振动均峰值约为一般段隧道衬砌的 1/3，可知减震道床对隧道衬砌竖向加速度的幅值有非常明显的减小作用。但注意到即使在列车低速行驶状态下，特殊减震段内轨道结构的垂向振动均峰值仍显著高于一般段内轨道结构，说明钢弹簧浮置板减震道床虽然可以有效降低因列车运营而造成的对车站、盾构隧道及周围环境的振动影响，但对减震区段内钢轨及轨下结构的可靠性及稳定性都提出了更高的要求。

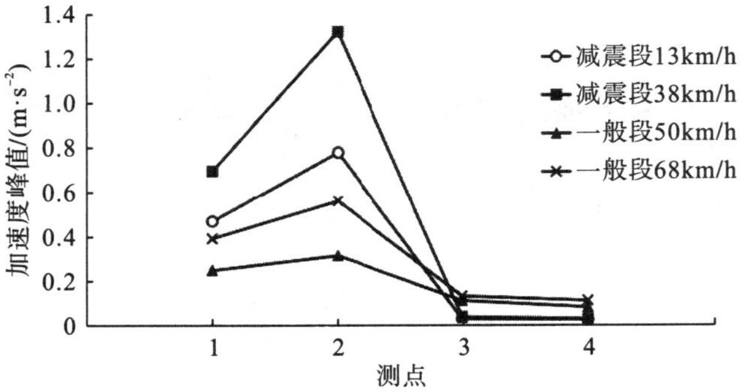

图 5-59　不同速度下各监测点加速度峰值图

4. 载客状态影响

为研究列车载客情况对轨道结构及盾构隧道垂向振动响应的影响，选取列车在工作日不同时段匀速通过测试断面 3 的行车加速度实测记录均峰值，将列车从空载至工作日高峰载客量分为 5 组典型载客工况，见表 5-27。按客流情况选取对应载客量的共 52 组加速度记录，以每组实测加速度的均峰值进行分析。

表 5-27　试验载客工况

载客量/人	拖车车重/($t\cdot 辆^{-1}$)	动车车重/($t\cdot 辆^{-1}$)
0	32	35
300(座席载客量)	35	38
600	38	41
1000	42	45
1400(定员载客量)	46	49

由图 5-60 可知，当列车以额定最高速度 68km/h 匀速通过测试断面时，所引起的轨道结构及隧道衬砌竖向加速度表现出随载客量增加而增大的趋势，但总体来看对振动响应的影响比较有限，不同载客工况下的结构动力响应幅值差别较小；列车载客量对轨道结构产生的振动响应影响大于对隧道衬砌所产生的影响。

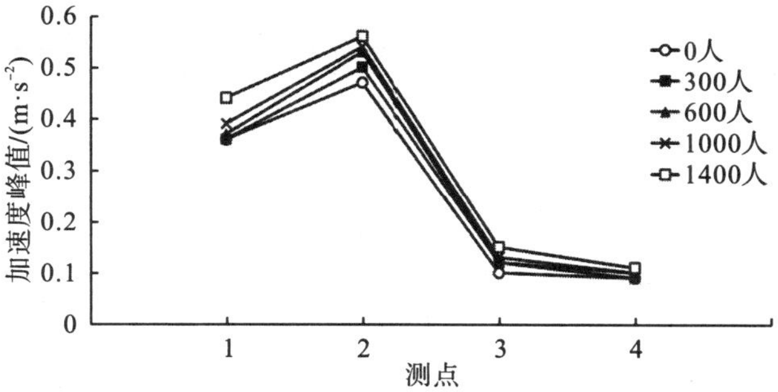

图 5-60　不同载客工况下的加速度峰值图

5. 时域数据的峰值对比

从时域上对加速度峰值进行统计分析，是了解各结构部件振动强度的最为直接和简便的方法。统计早、中、晚高峰时段列车测试数据见表 5-28。

表 5-28　建昌道站—金钟河大街站区间振动加速度测试数据统计　　（单位：$m\cdot s^{-2}$）

地段(指标量)		量值
轨枕中点垂向加速度	最大值	4.9876
	平均值	3.5576
	最大可能值	5.80756
轨枕外侧垂向加速度	最大值	6.5612
	平均值	5.29
	最大可能值	7.44145
隧道壁拱脚垂向加速度	最大值	1.466
	平均值	1.18
	最大可能值	1.648
隧道壁拱腰垂向加速度	最大值	1.098
	平均值	0.91
	最大可能值	1.474

注：最大值是测试数据中峰值最大的值，平均值是测试数据中峰值的算术平均值，最大可能值为平均值加 3 倍标准差。

6. 振动加速度级和铅垂向 Z 振级

根据《城市区域环境振动标准》（GB 10070—1988），城市各类区域铅垂向 Z 振级标准值见表 5-29。

表 5-29　城市各类区域铅垂向 Z 振级标准值　（单位：dB）

适用地带范围	昼间	夜间
特殊住宅区	65	65
居民、文教区	70	67
混合区、商业中心区	75	72
工业集中区	75	72
交通干线道路两侧	75	72
铁路干线两侧	80	80

1) 振动加速度级 VAL

加速度与基准加速度之比的以 10 为底的对数乘以 20，记为 VAL，单位为 dB。

$$VAL = 20\lg\frac{a}{a_0} \tag{5-46}$$

式中，a 为振动加速度有效值(m/s^2)；a_0 为基准加速度(10^{-6}m/s^2)。

2) 铅垂向 Z 振级 VL_z

按照《机械振动与冲击　人体处于全身振动的评价 · 第 1 部分：一般要求》(ISO 2631-1—1997)规定的全身振动 Z 计权因子修正后得到的铅垂向振动加速度级，记为 VL_z，单位为 dB，频率范围取 1～80Hz。

3) 最大 Z 振级 VL_{zmax}

根据《城市区域环境振动标准》(GB 10071—1988)中规定的时间计权常数 1s，列车经过时段的时程结果按 1s 的时间长度分成几段，对每一段时程进行 1/3 倍频程分析，取每次列车经过时段的 VL_z 的最大值作为该次列车通过时的 VL_{zmax} 值。本报告中取 20 列车的 VL_{zmax} 值的算术平均值。

峰值对比主要分析振动的最大响应，为了反映整个列车通过时段各部件的振动能量和人体感觉程度，采用振动加速度级和 Z 振级进行对比。统计右 DK13+500 断面早、中、晚高峰时段列车的振动测试数据，见表 5-30。

表 5-30　建昌道站—金钟河大街站区间右 DK13+500 断面振动加速度级和 Z 振级(1～80Hz)

参数	轨枕测点 1	轨枕测点 2	隧道壁测点 3	隧道壁测点 4
振动加速度级 VAL/dB	102.769	121.437	99.097	88.441
Z 振级 VL_z/dB	68.435 68.288	85.124 83.770	63.563 63.493	55.648 55.611
最大 Z 振级 VL_{zmax}/dB	70.720 80.732	86.400 98.516	65.290 69.927	61.190 65.329

5.4.4　小结

根据天津地铁 5 号线现场测试分析，研究结果揭示了地铁列车振动荷载在区间轨道结构和隧道衬砌中表现出一定的动力反应规律。其主要结论有以下几个方面。

(1) 列车运营引起的盾构区间竖向加速度响应主要分布在 40～70Hz 和 200～450Hz 两个频率范围内。各测点加速度时程曲线具有多个波峰形态，与列车轮对分布形式一致。

(2) 每个测试断面的 4 个测点中，在列车经过时，位于钢轨下方的测点 2 将会产生最大的加速度峰值，平均值为 0.529g；位于隧道壁上拱腰处的测点 4 所响应的加速度峰值均值最小为 0.091g；测点 1 和测点 3 的加速度峰值平均值分别为 0.356g 和 0.118g。

(3) 试验结果表明地铁列车以不同速度通过隧道断面时，引起的轨道结构及隧道衬砌振动加速度响应幅值均随列车车速的增大而增大；竖向加速度幅值由拱脚至拱腰具有下降趋势；相比于隧道衬砌，轨枕及轨道板处竖向振动响应幅值对列车速度的影响更为敏感，随列车速度变化引起的幅值变化更为显著。

(4) 道床类型对盾构区间内轨道结构及隧道衬砌竖向振动均有十分明显的影响，弹簧浮置板减震道床能有效减弱由列车动载引发的隧道衬砌加速度响应，但使轨枕及轨道板处的竖向振动大幅增强，这对特殊减震段轨道结构的可靠性提出了更高要求。

(5) 盾构区间轨道结构及隧道衬砌振动响应幅值与列车载客量呈正相关关系，相比于列车速度因素，载客量变化对垂向加速度峰值影响较小；载客量变化对轨道结构所产生的影响较隧道衬砌更敏感。

(6) 测试断面右 DK13+500 从轨枕外侧到轨枕中心，隧道壁测点 3 到隧道壁测点 4 振动加速度级 VAL 的递减率分别为 15.4%、3.6%和 10.8%，Z 振级 VL_z 的递减率分别为 19.6%、7.1%和 12.5%，最大 Z 振级 VL_{zmax} 的递减率分别为 18.1%、7.7%和 6.3%。

5.5　列车振动荷载饱和粉土地层盾构隧道动力响应模型试验

5.5.1　列车振动盾构隧道模型试验方案

1. 模型箱设计

地铁列车振动荷载作用下的粉土地层动力响应问题属于内源动力荷载问题，在进行模型箱设计时需要重点考虑模型箱边界的振动吸收问题。本次试验采用模型箱内部有效尺寸为 2.5m(长)×1.2m(宽)×2m(高)。模型箱整体由钢板焊接而成，在模型箱侧面开孔用于安装盾构隧道模型。模型箱设计示意图如图 5-61 所示，实际试验中模型箱如图 5-62 所示。

图 5-61　模型箱设计示意图

图 5-62　模型箱实拍图

为了减少模型箱的边界效应，在模型箱边界位置粘贴一层吸振材料，如图 5-63 所示。

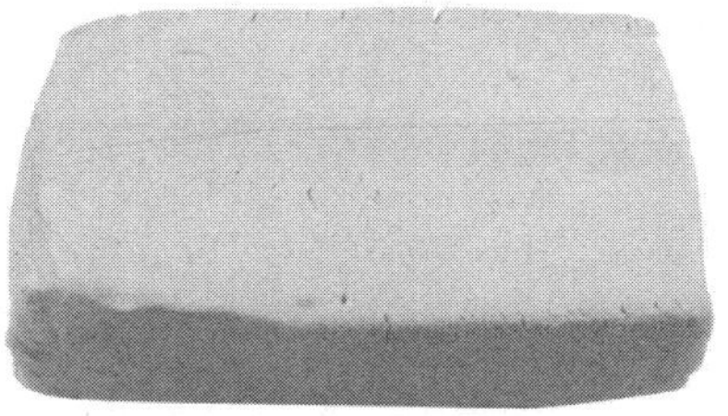

图 5-63　模型箱边界吸振材料

由于试验中需要在模型箱中充水，因此需在边界处设置一层防水材料，如图 5-64 和图 5-65 所示。试验所采用的防水材料为 PVC 防水袋，其特点是弹性好、物性佳、各种机械强度都较高，具有高张力、高拉力、强韧和耐老化的特性，且属于环保材料。

图 5-64　模型箱防水袋

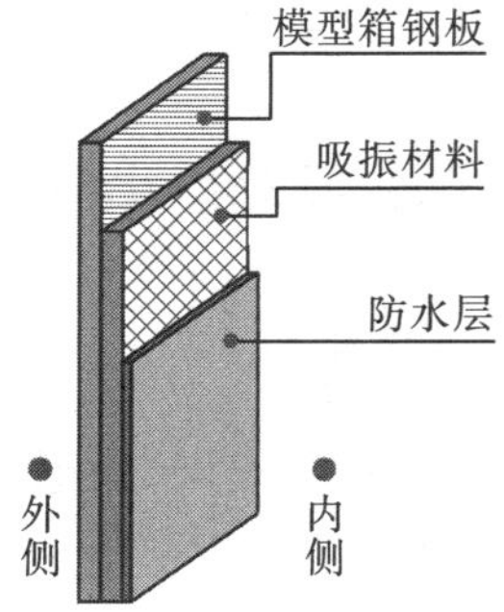

图 5-65　边界材料层位关系

2. 模型土制备

试验模型土采用天津地铁原状饱和粉土，试验前先将土体风干再人工加水制备模型土，如图 5-66 所示。

图 5-66　筛分后的模型土

模型土制备好后，在润湿状态下进行模型箱填筑，保证模型土足够致密。

图 5-67 和图 5-68 分别为模型土填筑过程中和模型土填筑完成后。模型土填筑完成后需要在模型箱内注水，以对饱和粉土进行模拟。注水过程中让模型土充分沉降。同时需要注意，隧道结构与模型箱之间需要预留足够的变形缝隙。

图 5-67　模型土填筑

图 5-68　模型土填筑完成

3. 衬砌模型

在地震荷载作用动力学模型试验中，常用石膏作为衬砌相似材料。基于地震荷载作用下隧道衬砌结构存在破坏的可能，采用石膏这种脆性材料能够很好地表征衬砌结构在动力荷载作用下的破坏形态。但是，对于列车荷载作用下的动力响应问题，通常难以使隧道结构发生强度失效；同时为了便于防水处理，试验中仅考虑弹性相似，不考虑强度相似。因此本次试验采用具有 1GPa 左右弹性模量的环氧树脂管段作为盾构隧道衬砌模型，如图 5-69 所示。盾构隧道模型外表面应该与土体有足够的摩擦力，试验中采用砂纸将其外表面打磨粗糙。

管片纵向采用 703 防水硅胶进行连接(图 5-70)，经过测试，该连接方式具有足够的连接强度和防水性能，同时又能够模拟衬砌纵向连接的刚度降低效应。

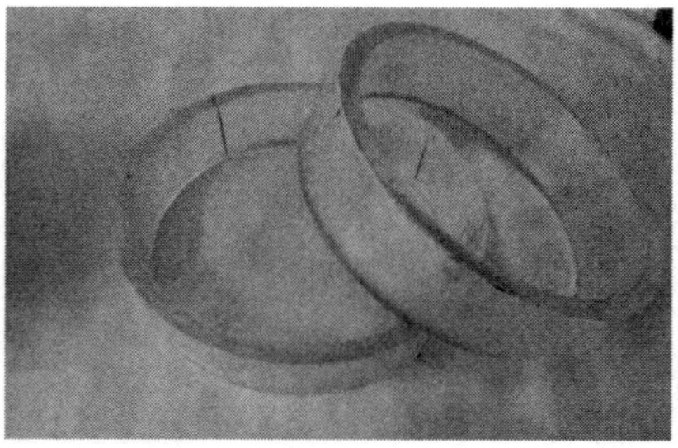

图 5-69　盾构衬砌模型

图 5-70　管片纵向连接

4. 相似关系

根据 Bockingham 定理推导出隧道结构的相似比关系，选用的基本物理量分别为长度、密度和弹性模量。基础相似比取值见表 5-31。

表 5-31　盾构隧道结构基础相似比

项目	长度/m	密度/$(kg\cdot m^{-3})$	弹性模量/GPa
模型	0.3	1900	3
原型	6	2500	34.5
相似比	0.05	0.76	0.09

根据基础相似比可以得到模型实验中的导出相似比，见表 5-32。

表 5-32　模型试验导出相似比

物理量	符号	相似比
时间	t	0.12
应力	σ	0.09
应变	ε	1.00
加速度	a	3.62
频率	f	8.51
黏度	μ	0.01
渗透系数	k	0.43
孔隙水压力	p	0.09
力	F	0.000217

目前，严格考虑土体的模型相似是十分困难的。本书模型土采用原状粉土开展研究。其中，土体埋深按隧道轴线标高位置的土层应力相似进行考虑。当实际工程中隧道埋深为 10m 时，如果埋深按几何相似比进行确定时，模型隧道覆土深度为

$$h_m^g = h_p r_l = h_p \frac{l_m}{l_p} = 10 \times 0.05 = 0.5(m) \tag{5-47}$$

式中：h_m^g 表示按几何相似考虑的模型覆土深度；h_p 为原型覆土深度；l_m 为模型几何尺寸；l_p 为原型几何尺寸。

如果按隧道覆土应力进行相似，则：

$$h_m^\sigma = \rho_p g h_p r_\sigma \frac{1}{\rho_m g} = h_p \frac{r_\sigma}{r_\rho} = 10 \times \frac{0.09}{0.76} = 1.18(m) \tag{5-48}$$

式中：h_m^σ 表示按覆土应力相似考虑的模型覆土深度；ρ_p 为原型土密度；ρ_m 为模型土密度；g 为重力加速度；r_σ 为应力相似比（$r_\sigma = \sigma_m / \sigma_p$）；$r_\rho$ 为密度相似比（$r_\rho = \rho_m / \rho_p$）。

本实验中，考虑到液化问题受土体的有效应力影响较大，因此土体采用原状土，并将覆土深度按应力相似进行确定。

$$r_h = \frac{h_m}{h_p} = \frac{r_\sigma}{r_\rho} \tag{5-49}$$

式中：r_h 表示覆土深度相似比。

5. 激振方案与数据采集

荷载激励首先通过信号发生器产生电平信号，再通过功率放大器进行电路放大，最后输入激振器进行激振产生激振荷载。本次试验选用江苏联能电子及技术有限公司生产的 JZK-5 型模态激振器(50N)（图 5-71），功率放大器采用江苏联能电子及技术有限公司提供的 YE5871A 型功率放大器(图 5-72)，信号发生器采用普源精电科技股份有限公司(RIGOL)提供的 DG811 型函数/任意波形发生器(图 5-73)，同时支持函数发生器、任意波形发生器、噪声发生器、脉冲发生器、码型发生器、谐波发生器、模拟/数字调制器、频率计等功能。

图 5-71　JZK-5 型模态激振器

图 5-72　YE5871A 型功率放大器

图 5-73　函数/任意波形发生器

试验中，将激振器布置在隧道结构底部，并事先在盾构隧道结构和土层内布设加速度传感器对模型动力响应进行测试。加速度传感器布设方案如图 5-74 所示。

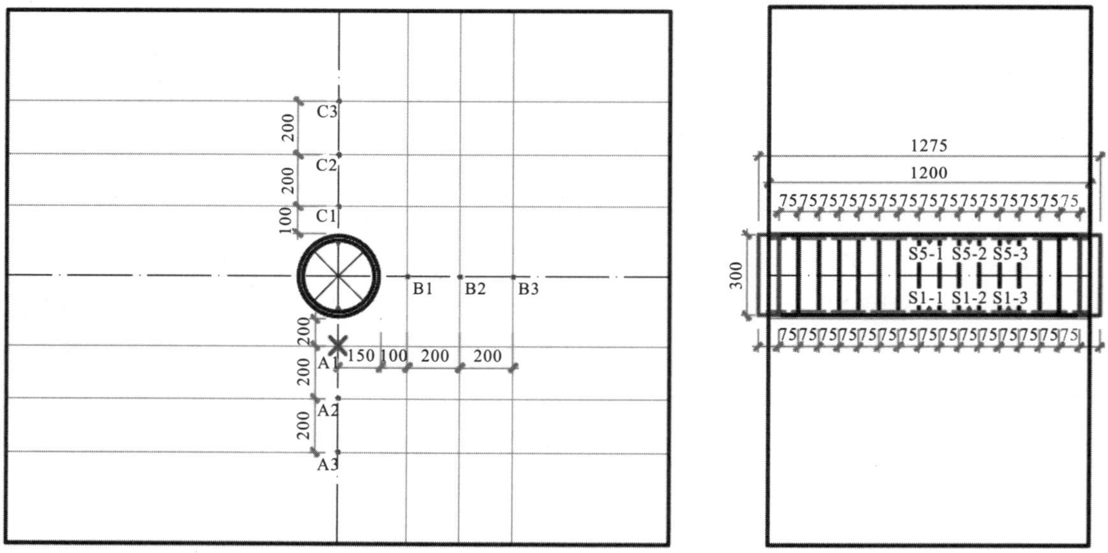

(a) 土体加速度传感器　　(b) 结构加速度传感器

图 5-74　模型试验传感器布置示意图(单位：mm)

注：A1、A2、A3 为仰供外侧测点；B1、B2、B3 为拱腰外侧测点；C1、C2、C3 为拱顶外侧土体测点。

由于加速度计体积等效密度较土体大，在动力作用过程中难以与土体发生追随运动，会极大地影响测试结果的准确性。因此采用环氧树脂板制作加速度计安装盒，用于等效加速度计密度；同时采用防水硅胶进行密封，起到防水作用，避免加速度计进水受损，如图 5-75 和图 5-76 所示。

图 5-75　加速度计密度等效

图 5-76　试验用加速度计

5.5.2　列车荷载作用下天津饱和粉土地层盾构隧道模型动力响应

将不同车速条件下理论计算得到的地铁列车振动扣件力时程作为输入荷载，研究隧道结构及粉土地层在列车振动荷载作用下的动力响应。动力荷载输入需要将原始力时程信号转化为归一化电平信号；同时，由于模型试验需要考虑相似比的影响，因此还需要对力时程进行时间压缩。不同车速条件下地铁列车荷载激振输入信号如图 5-77 所示。

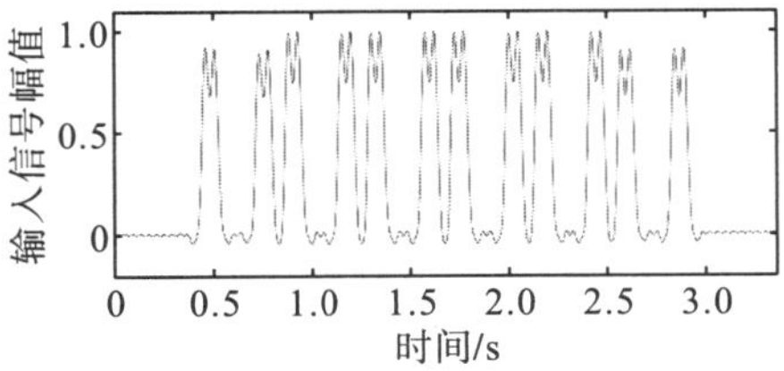

(a) 车速为20km/h

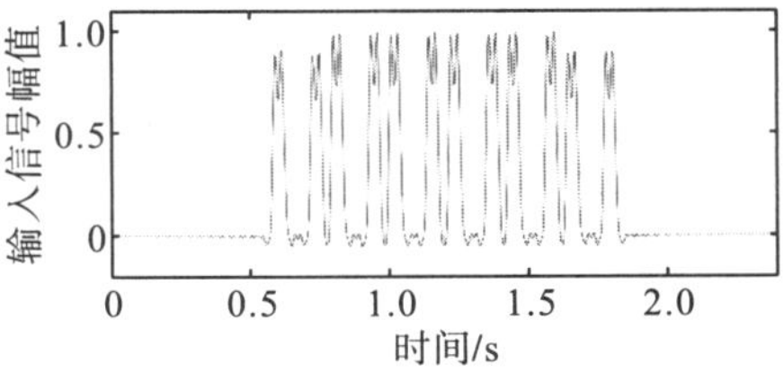

(b) 车速为40km/h

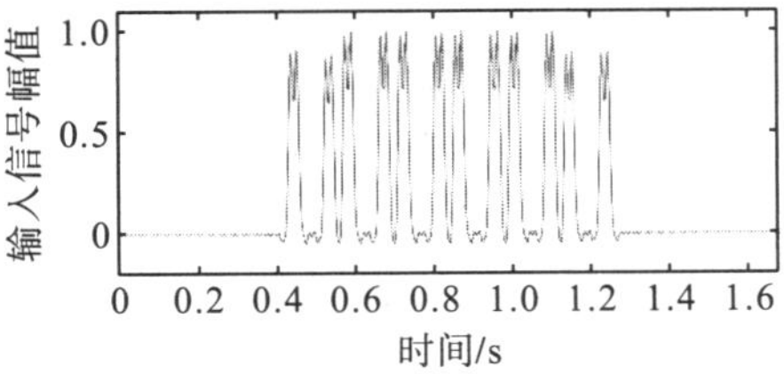

(c) 车速为60km/h

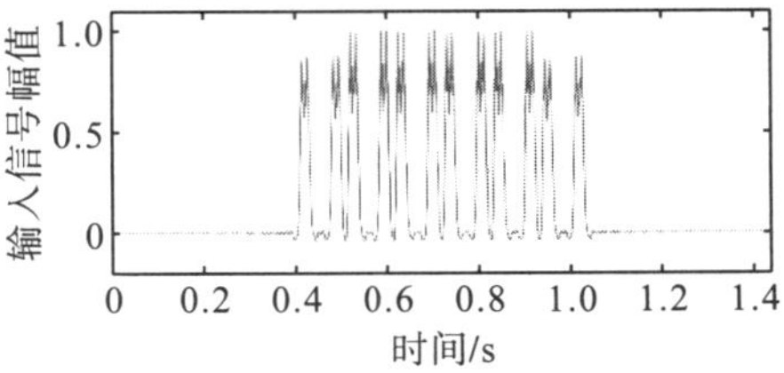

(d) 车速为80km/h

图 5-77　列车激振荷载模拟信号

1. 隧道结构动力响应

模型试验中，隧道结构上共设置 6 个加速度响应监测点，如图 5-78 所示。其中，S1-1～S1-3 为仰拱监测点；S5-1～S5-3 为拱顶监测点；纵向各个监测点分别间隔一环管片。

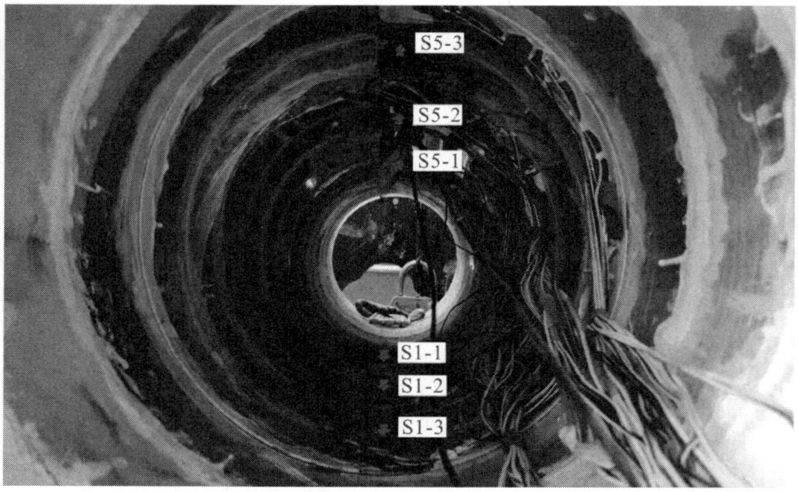

图 5-78　隧道结构监测点

不同车速条件下，S1-1 监测点的竖向振动加速度响应时程曲线如图 5-79 所示。

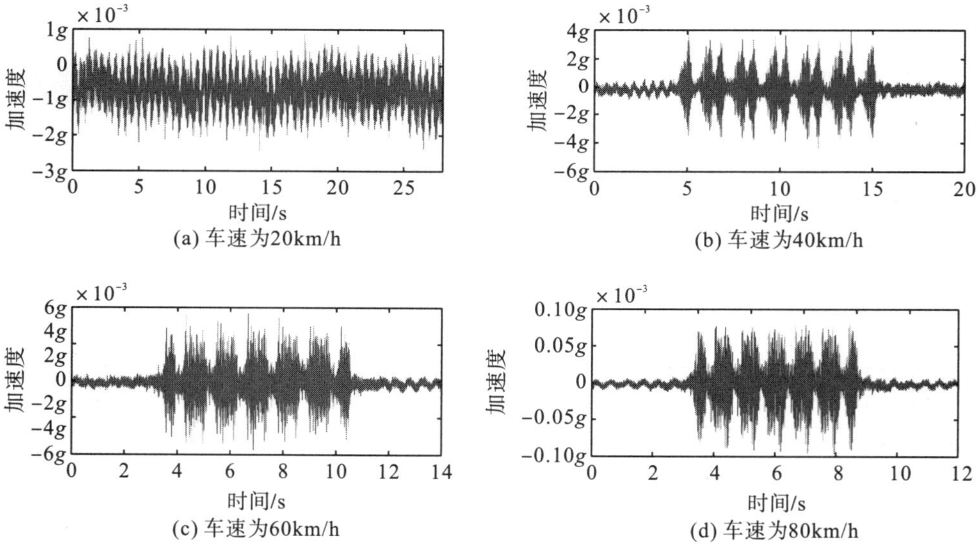

图 5-79　不同车速条件下 S1-1 监测点的竖向振动加速度响应时程曲线

从图 5-79 可以看出，随着车速增大，盾构隧道仰拱加速度响应逐渐增大。其中，当车速为 20km/h 时，加速度响应时程反应受列车荷载作用的冲击振动现象不明显，可能是由于该工况下荷载频率较低，同时该加速度计灵敏度存在缺陷导致的。

不同车速条件下，S5-1 监测点的竖向振动加速度响应时程曲线如图 5-80 所示。

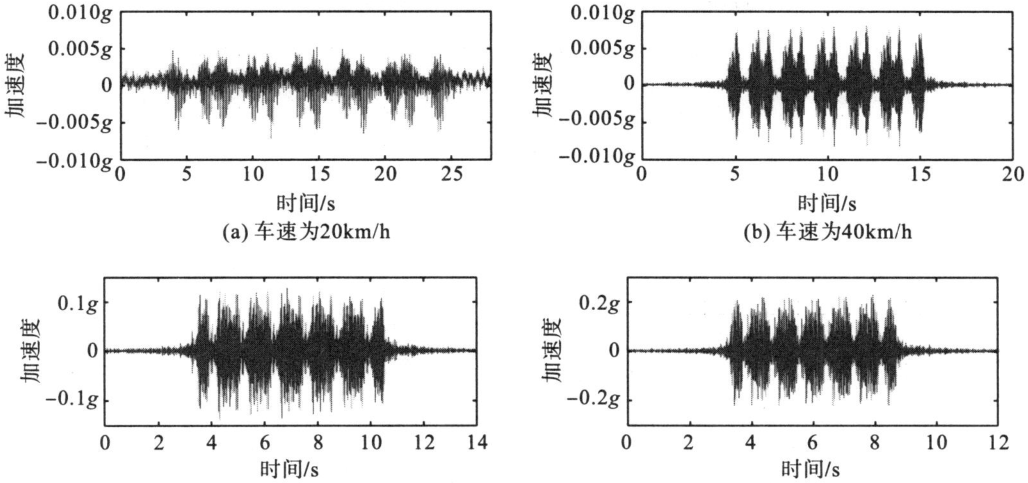

(a) 车速为20km/h　(b) 车速为40km/h　(c) 车速为60km/h　(d) 车速为80km/h

图 5-80　不同车速条件下 S5-1 监测点的竖向振动加速度响应时程曲线

从图 5-80 可以看出，随着车速增大，盾构隧道拱顶加速度峰值逐渐增大。

不同监测点加速度峰值见表 5-33。

表 5-33　盾构隧道结构测点加速度峰值统计

车速/(km·h^{-1})	最大加速度/(cm·s^{-2})					
	S1-1	S1-2	S1-3	S5-1	S5-2	S5-3
20	1.06	0.61	0.50	3.12	0.91	0.89
40	1.93	1.31	0.61	36.68	4.70	1.12
60	2.50	1.51	0.66	61.31	6.42	1.30
80	4.20	2.69	1.24	99.57	9.93	2.59

从表 5-33 可以看出，沿隧道轴向，仰拱和拱顶加速度峰值均逐渐减小；随着车速增大，加速度峰值逐渐增大；在同一监测断面，拱顶加速度峰值大于仰拱加速度峰值。

2. 土体动力响应

经过对测试数据的分析，发现当车速为 20km/h 时，土体动力响应过于微弱，没有测出有效信号。因此，仅分析当车速为 40～80km/h 时的土体动力响应。

1) 仰拱外侧测点

仰拱外侧测点 A2 加速度响应时程曲线如图 5-81 所示。可以看出，随着车速增大，加速度峰值逐渐增大。当车速为 40km/h 时，加速度峰值为 3.28cm/s^2；当车速为 60km/h 时，加速度峰值为 5.30cm/s^2；当车速为 80km/h 时，加速度峰值为 9.03cm/s^2。

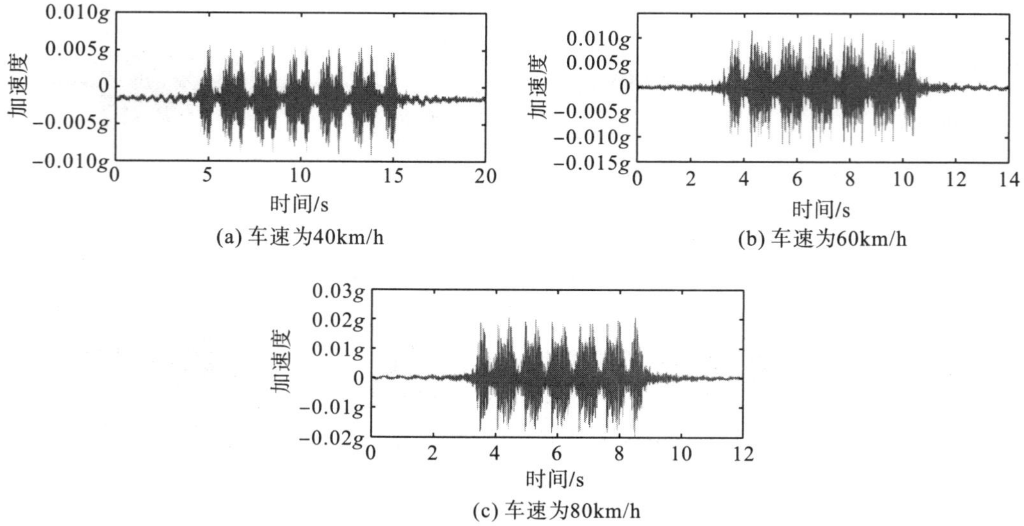

图 5-81　仰拱外侧土体测点 A2 加速度响应时程曲线

仰拱外侧测点 A3 加速度响应时程曲线如图 5-82 所示。可以看出，随着车速增大，加速度峰值逐渐增大。当车速为 40km/h 时，加速度峰值为 1.51cm/s^2；当车速为 60km/h 时，加速度峰值为 1.72cm/s^2；当车速为 80km/h 时，加速度峰值为 3.48cm/s^2。同测点 2 对比，在不同车速(40km/h、60km/h、80km/h)下测点 A3 的加速度峰值分别为测点 A2 的 0.46、0.32、0.39 倍。

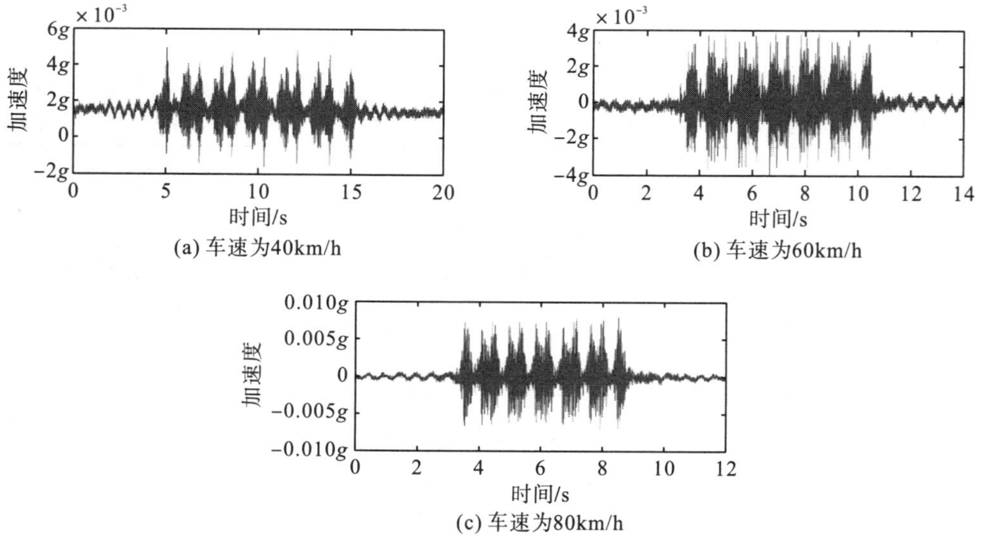

图 5-82　仰拱外侧土体测点 A3 的加速度响应时程曲线

2) 拱腰外侧测点

拱腰外侧土体测点 B1 和测点 B3 的加速度响应时程曲线如图 5-83 和图 5-84 所示。

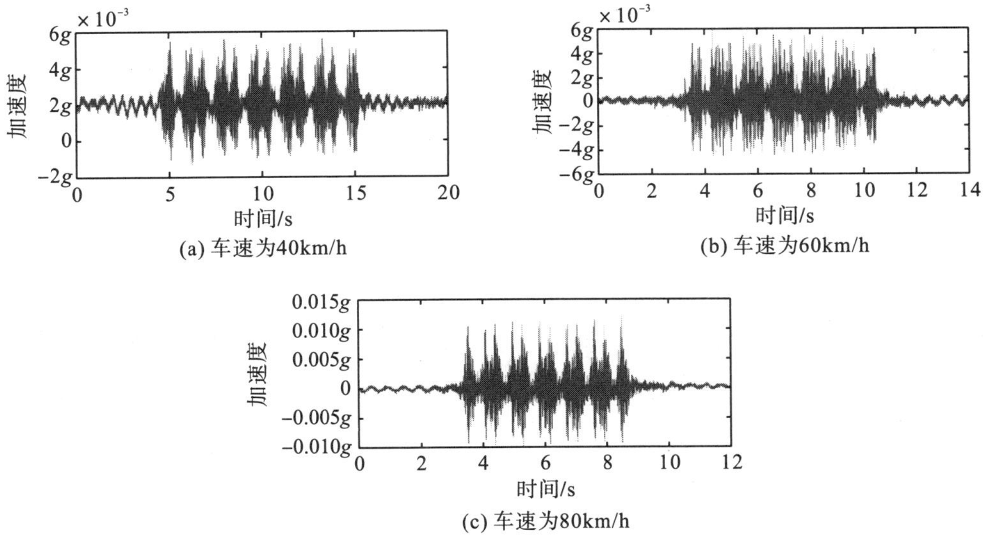

(a) 车速为40km/h　(b) 车速为60km/h

(c) 车速为80km/h

图 5-83　拱腰外侧土体测点 B1 的加速度响应时程曲线

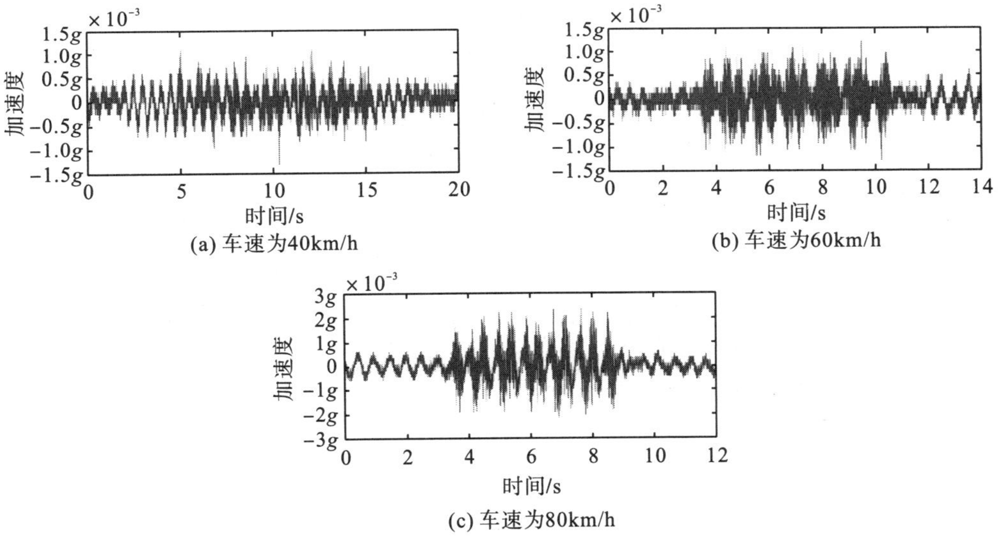

(a) 车速为40km/h　(b) 车速为60km/h

(c) 车速为80km/h

图 5-84　拱腰外侧土体测点 B3 的加速度响应时程曲线

从图 5-83 可以看出，当车速为 40km/h 时，测点 B1 的加速度峰值为 1.58cm/s^2；当车速为 60km/h 时，测点 B1 的加速度峰值为 2.57cm/s^2；当车速为 80km/h 时，测点 B1 的加速度峰值为 5.26cm/s^2。车速越大，加速度峰值越大。

从图 5-84 可以看出，测点 B3 距离隧道结构较远，相当于原型隧道 10m，加速度波形较为杂乱，列车轮对到达时间难以分辨。当车速为 40km/h 时，测点 B3 的加速度峰值为 0.58cm/s^2；当车速为 60km/h 时，测点 B3 的加速度峰值为 0.57cm/s^2；当车速为 80km/h 时，测点 B3 的加速度峰值为 1.03cm/s^2。车速越大，加速度峰值越大。同测点 B1 的结果进行对比可以发现，不同车速（40km/h、60km/h、80km/h）下测点 B3 的加速度峰值分别为测点

B1 的 0.36、0.23、0.20 倍。

3. 拱顶外侧土体测点

对于拱顶外侧土体测点，分别列出测点 C1 和测点 C3 的加速度响应时程曲线，如图 5-85 和图 5-86 所示。

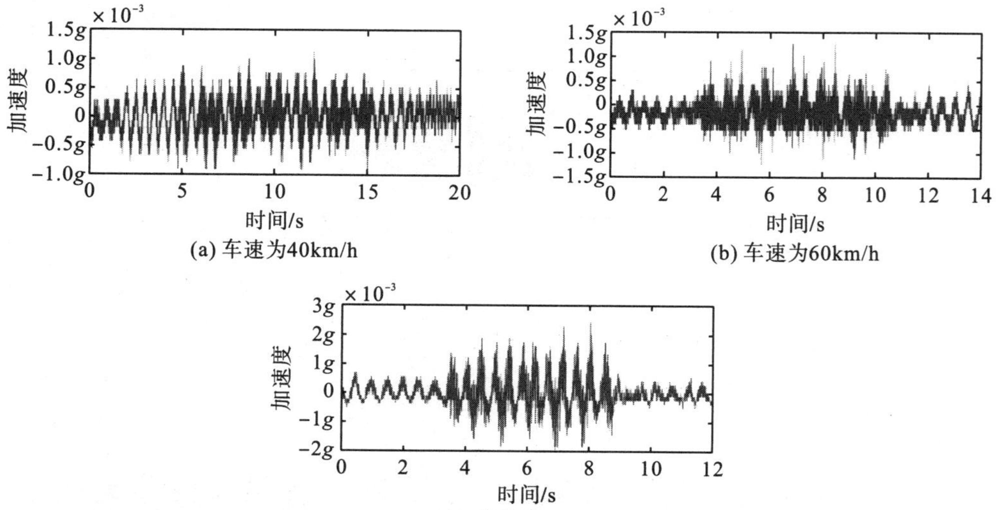

(a) 车速为40km/h　(b) 车速为60km/h　(c) 车速为80km/h

图 5-85　拱顶外侧土体测点 C1 的加速度响应时程曲线

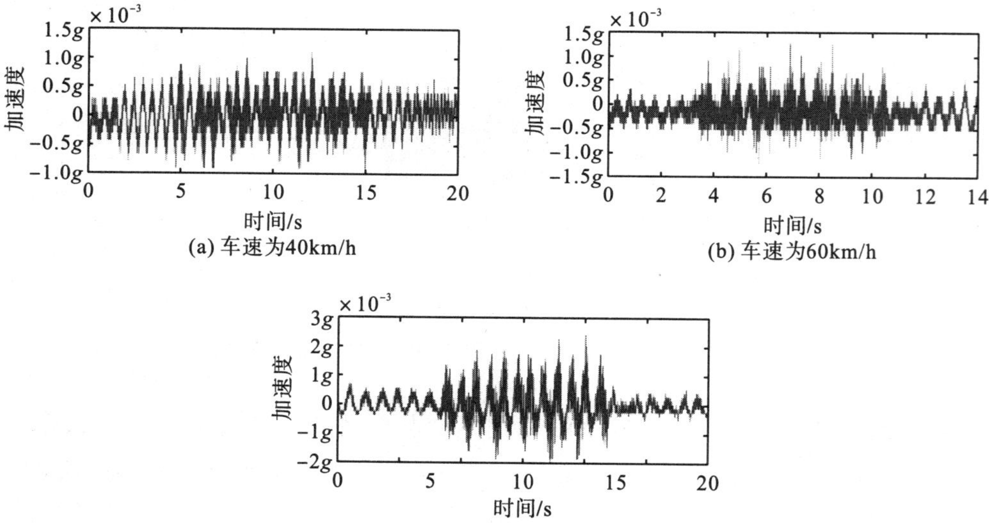

(a) 车速为40km/h　(b) 车速为60km/h　(c) 车速为80km/h

图 5-86　拱顶外侧土体测点 C3 的加速度响应时程曲线

从图 5-85 可以看出，当车速为 40km/h 时，测点 C1 的加速度峰值为 0.48cm/s^2；当车速为 60km/h 时，测点 C1 的加速度峰值为 0.63 cm/s^2；当车速为 80km/h 时，测点 C1 的加速度峰值为 1.07cm/s^2。车速越大，加速度峰值越大。

从图 5-86 可以看出，当车速为 40km/h 时，测点 C3 的加速度峰值为 0.38cm/s^2；当车速为 60km/h 时，测点 C3 的加速度峰值为 0.43 cm/s^2；当车速为 80km/h 时，测点 C3 的加速度峰值为 1.00cm/s^2。车速越大，加速度峰值越大。同测点 C1 进行对比可以发现，测点 C3 与测点 C1 在不同车速(40km/h、60km/h、80km/h)下的峰值之比分别为 0.79、0.68 和 0.93。可以发现，随着距离增大，拱顶加速度峰值减小幅度明显小于拱腰外侧土体和仰拱外侧土体。

至此，可以分别对各个测点在不同车速条件下的土体加速度峰值进行统计，见表 5-34。

表 5-34　土体加速度峰值统计

车速/(km·h^{-1})	加速度峰值/(cm·s^{-2})							
	A2	A3	B1	B2	B3	C1	C2	C3
40	3.28	1.51	1.58	0.60	0.57	0.48	0.54	0.38
60	5.30	1.72	2.57	0.98	0.58	0.63	0.62	0.43
80	9.03	3.48	5.26	1.68	1.03	1.07	1.27	1.00

5.6　本 章 小 结

本章建立了地铁列车振动垂向耦合动力学模型，研究了天津地铁列车动力荷载特征，分析了轨道不平顺及载客状态对列车荷载特性的影响，同时进一步研究了列车运行对盾构隧道及粉土地层动力特性的影响。主要结论如下。

(1) 地铁轨道不平顺功率谱特征对轨道扣件力峰值特性有较大影响。在地铁列车行车条件下，影响垂向轨道扣件力峰值的主要因素体现为轨道不平顺功率谱上的短波不平顺性特征。轨道不平顺功率谱对垂向扣件力时程频谱特性的影响在其低频段不明显，各轨道谱输入条件下扣件力时程的低频特性基本一致。而当列车行车速度达到某一限值时，能够激发出短波不平顺性使扣件力时程产生高频成分，从而使扣件力峰值显著增大。不同列车运行速度下，导致轨道垂向扣件力显著增大的界限短波不平顺性波长不同。车速越大，该界限波长越长。

(2) 不同载客状态下列车荷载峰值随车速的变化关系基本一致，随着车速增大，荷载峰值均先慢后快增大，其中当载客状态为 AW3 时，列车荷载峰值最大。

(3) 列车振动荷载作用下，当车速较低时，盾构隧道结构各个部位的加速度响应主频主要在低频带内；随着车速增大，结构高频振动逐渐被激发，动力反应能量分布从以低频带为主逐渐变为以高频带为主。

(4) 盾构隧道外侧不同方向土体中加速度减小速度呈现仰拱外侧＜拱腰外侧＜拱顶外侧的趋势，加速度响应沿着拱顶外侧(指向地表)方向上减小速度最快。同时由于车速较大时加速度响应以高频成分为主，因此其响应减小较车速较小时快。

(5) 车速较小时，列车轮对通过监测断面在隧道结构底部产生较大的超静孔隙水压力，为超静孔隙水压力最不利位置；车速较大时，在列车轮对通过监测断面时超静孔隙水压力最不利位置在结构拱肩附近。列车通过时或通过后引起的粉土地层超孔隙水压力比变化最不利位置均在结构拱肩附近，其值相对较小，难以引起地层液化。

第 6 章　地震作用下粉土地层盾构隧道动力响应

随着土层液化特性的明晰，目前砂土液化地下结构抗震研究广泛采用了定量数值分析和模型试验等手段，数值模拟试验基本不受模型尺度及模型边界条件处理的制约，可以较好地实现地下结构大型非自由场液化试验。液化场与地下结构相互作用动力分析涉及诸多问题，本章主要采用数值模拟方法进行基于天津地区粉土液化地基盾构隧道实例的地震动力响应研究。

6.1　盾构隧道计算模型

6.1.1　计算模型建立

本次计算以天津地铁 7 号线圆形盾构隧道为对象建立模型，隧道半径为 3.3m，盾构厚度为 0.35m，盾构隧道横向间距为 8m。根据圣维南原理，隧道开挖计算模型的边界为开挖洞径的 5～10 倍。考虑到两个盾构隧道的相互影响，模型 x 方向取 80m，z 方向取 40m，整个模型延隧道轴向(y 方向)20m，如图 6-1 所示。

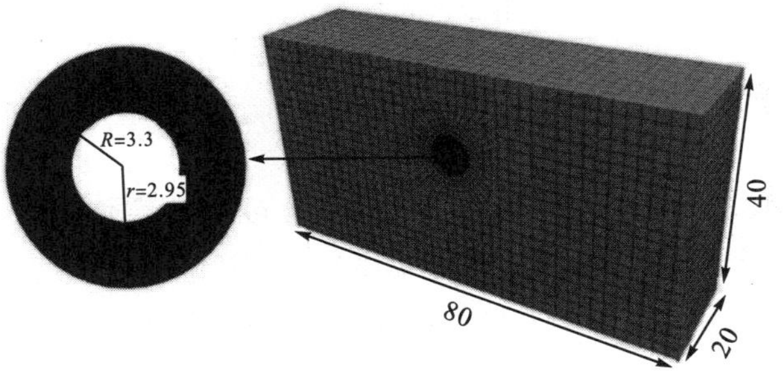

图 6-1　计算模型尺寸(单位：m)

为便于研究，地下水位取地表面(模型顶面)，动力计算中底部设置为黏性边界，以避免波在边界面处的反射，四周设置为自由边界，地表设置为自由面，局部阻尼取 0.314，整个动力计算过程开启大变形模式，以模拟液化后的流动模式，模型如图 6-2 所示。

整个计算监测断面取中间断面 y=10m 处，隧道结构监测左侧隧道，监测点的具体布置如图 6-3 所示。

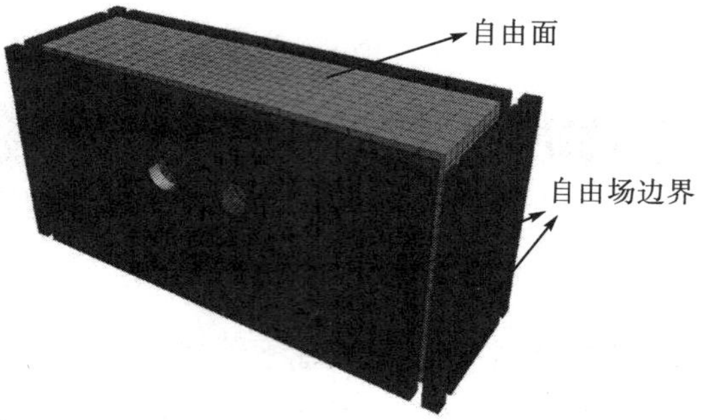

图 6-2　动力计算边界

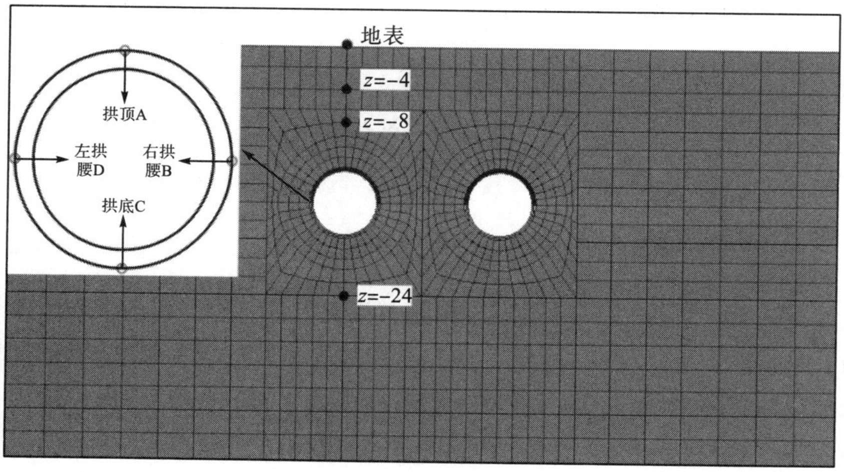

图 6-3　监测点位置布设图(单位：m)

6.1.2　地层参数及本构模型

静力计算中将隧道围岩视为均质、单一且各向同性的连续介质，采用摩尔-库仑弹塑性本构模型来描述。通过 FLAC^{3D} 中的空模型来实现围岩的开挖。采用摩尔-库仑模型计算时，需要输入以下围岩力学参数：体积模量(K)、剪切模量(G)、密度(ρ)、黏聚力(c)、摩擦角(φ)。

其中，体积模量 K 和剪切模量 G 两个参数不便于通过实验直接得到，一般的做法是利用弹性模量 E 和泊松比 v 计算得出，如式(6-1)和式(6-2)所示：

$$K = \frac{E}{3(1-2v)} \tag{6-1}$$

$$G = \frac{E}{2(1+v)} \tag{6-2}$$

由 4.3.2 节中提出，通过动力与渗流的耦合分析能够模拟可液化土在动力作用下的液化分析，FLAC^{3D} 通过采用 Finn 模型来描述孔隙水压力积累的效应。由于摩尔-库仑模型是动孔隙水压力模型的基础，因此 Martin-Finn-Seed 孔压模型和 Byrne 应变模型参数包含摩尔-库仑模型的所有参数及用于计算孔隙水压力增量的参数。由于 Byrne 模型的常数 N_1 一般都包含在工程地质报告中，十分方便，因此本书采用 Byrne 模型模拟孔隙水压力在动力作用下的累积。

因此在静力计算时，盾构隧道采用弹性本构模型，地层采用摩尔-库仑模型，流体采用各向同性渗流模型。动力计算时液化土(粉土)采用 Finn 模型模拟孔隙水压力的增长模式，非液化土采用摩尔-库仑模型，具体计算参数见表 6-1 和表 6-2。

表 6-1　围岩、衬砌物理力学参数

项目	密度/(kg·m^{-3})	弹性模量/MPa	泊松比	内摩擦角/(°)	黏聚力/MPa	标贯击数
黏土	1600	60	0.24	25	11.6	—
粉土	1900	40	0.41	35	7.3	7.3
衬砌	2500	33.5×10^3	0.20	—	—	—

表 6-2　粉土动力计算参数表

本构模型	渗透系数/(cm·s^{-1})	孔隙率	Finn 模型常数 C_1	Finn 模型常数 C_2	Finn 模型常数 C_3	Finn 模型常数 C_4
Finn 模型	1.0×10^{-2}	0.44	0.8	0.79	0.45	0.73

6.1.3　输入地震波

计算模型输入地震波选择天津波。原始地震波加速度持续时长为 19.19s，加速度峰值发生在 7.64s 时刻，为 0.149g，地震波加速度时程及其傅里叶谱如图 6-4 和图 6-5 所示。对原始天津波进行基线校正和滤波后，选取地震动幅值最大的 5～13s 时间作为地震动力输入。按照最新的天津设防烈度(8 度)，地面水平加速度为 0.3g，因此，为保证充足的安全富裕，对地震波乘以 0.3 的折减系数，模型底部输入加速度峰值为 0.3g 的应力波。

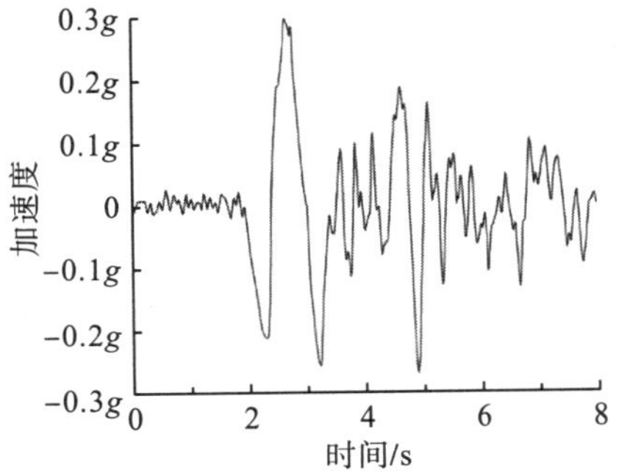

图 6-4　输入天津波加速度时程曲线

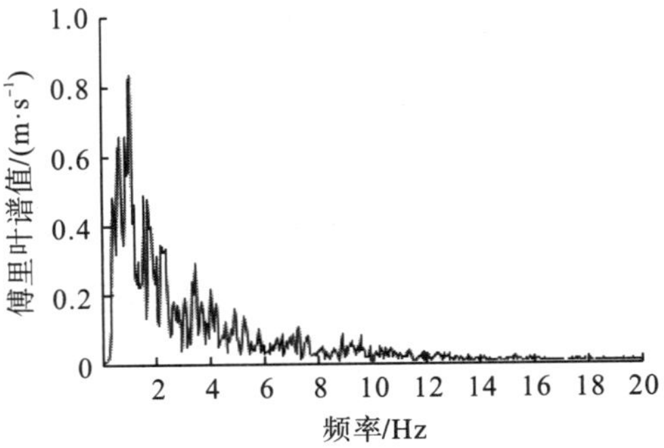

图 6-5　输入天津波傅里叶谱

6.1.4 数值试验孔隙水压力模型及液化准则

根据液化理论，饱和砂土发生液化是从固态转变为液态，当不考虑液体的黏滞力时，颗粒骨架结构趋于紧密，由于砂土的渗透性不良，孔隙水压力急剧上升，当达到总应力值时，有效正应力下降到0，颗粒悬浮在水中，完全丧失强度和承载能力，其抗剪强度为0。把这个液化的定义和特征表示为动荷载作用过程中广义剪应力 q 和有效应力 p 的变化时，则有

$$q=\frac{1}{2}\sqrt{\left(\sigma_1'-\sigma_2'\right)^2+\left(\sigma_2'-\sigma_3'\right)^2+\left(\sigma_1'-\sigma_3'\right)^2} \tag{6-3}$$

$$p=\frac{1}{3}\left(\sigma_1'+\sigma_2'+\sigma_3'\right) \tag{6-4}$$

即

$$\sigma_1'=\sigma_2'=\sigma_3'=0 \tag{6-5}$$

式中，$\sigma_i'(i=1,2,3)$ 为液化时的 3 个有效主应力。

式(6-3)～式(6-5)表明，当有效应力均为零时，饱和砂土发生液化。

根据有效应力原理，式(6-5)还可以改写为

$$\sigma_1=\sigma_2=\sigma_3=u \tag{6-6}$$

式中，$\sigma_i(i=1,2,3)$ 为液化时的 3 个总主应力；u 为液化时的孔隙水压力。

式(6-6)表明，当作用在土单元 3 个方向的总主应力相等(处于均压状态)且等于该时刻的孔隙水压力时，饱和砂土发生液化。

在数值计算中由于计算精度的影响，常用超孔隙水压力比(PPR)的概念来描述液化。PPR 的值等于超孔隙水压力与初始有效应力之比。

当液化发生时，超孔隙水压力比等式的值为 1.0，即数值计算时，饱和砂土的液化界限为超孔隙水压力比等于 1.0。长期以来，很多学者认为产生宏观液化现象时砂土层的超孔隙水压力均等于有效覆盖压力，即超孔隙水压力比等于 1.0。但近年来的研究表明，当超孔隙水压力比小于 1.0，为 0.6～0.7 时，饱和土层就开始对地面运动、地裂、滑移、路基下沉等产生影响，就可能出现液化现象。有学者通过室内试验和对各种宏观液化现象中的超孔隙水压力进行分析发现，对于粉土，超孔隙水压力比为 0.65 是很有意义的临界值，当超孔隙水压力比大于 0.65 以后饱和砂土层将产生地基失效和隔震作用，并非一定要满足超孔隙水压力比等于 1.0 才会产生宏观液化现象。

为验证孔隙水压力增长模型的规律，建立数值模型分析不同加速度峰值(PGA)下粉土地层的孔隙水压力增长和土体竖向位移变化规律。

计算模型尺寸为 60m×30m×20m。土体在静力计算中采用摩尔-库仑模型，在动力计算中采用 Finn 模型。土体计算模型如图 6-6 所示；土体物理参数见表 6-1。

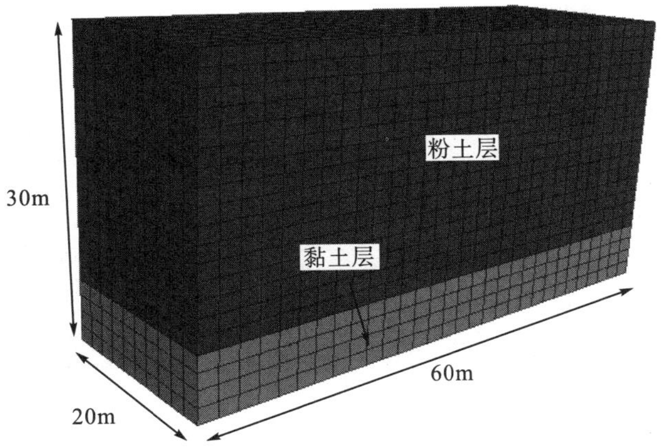

图 6-6　计算模型单元图

计算开始后，首先进行初始地应力平衡及渗流平衡，然后进行动力计算。动力计算时，模型边界四周及底部采用自由场边界，选用的临界阻尼为 0.417。通过基线校正和过滤处理，选取能量变化最为剧烈的 5～13s 时段的地震波。本次地震波通过将加速度波转化为应力波从模型底部输入，根据实际条件，最终输入的应力波乘以 0.3 的折减系数，即输入的地震波加速度峰值为 0.3*g*。输入的地震波如图 6-4 所示。

图 6-7 和图 6-8 所示分别为动力计算结束后，土体超孔隙水压力比随埋深的变化规律及不同加速度峰值下土体在埋深 3m 处的超孔隙水压力比时程图。

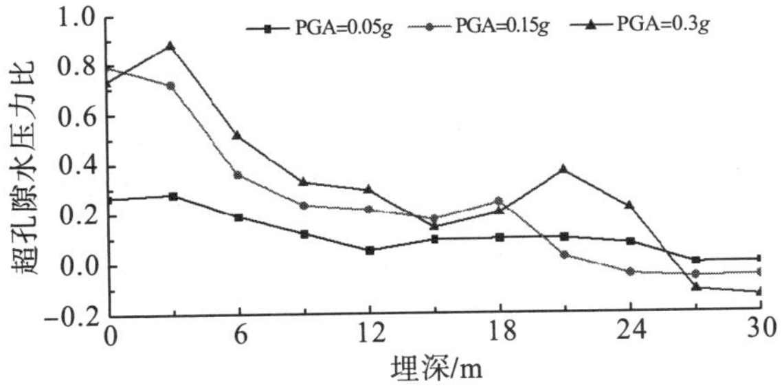

图 6-7　土体超孔隙水压力比随埋深的变化规律

从图 6-7 可以看出，随着埋深的增加，土体的超孔隙水压力比呈现下降的趋势。当 PGA=0.3*g* 时，地表处的超孔隙水压力比为 0.72，土体最大超孔隙水压力比（0.9）出现在埋深 3m 处；当 PGA=0.15*g* 时，最大超孔隙水压力比出现在地表处，为 0.8；当 PGA=0.05*g* 时，最大超孔隙水压力比仅为 0.28，远远小于其他两种工况。

同时，可以明显看出天津粉土地层中，无论在何种强度的地震动条件下，地表埋深 20m 处的土体超孔隙水压力比均未达到开始产生液化的临界判定条件，与目前勘察设计中的结论相符。而且在现场实际工况中，地表处上覆一定厚度的杂填土和黏性土，对整体土层的抗液化能力有一定的提高作用，所以在本次研究计算分析中，对于埋深超过 20m 的土层，不考虑其发生液化的可能。

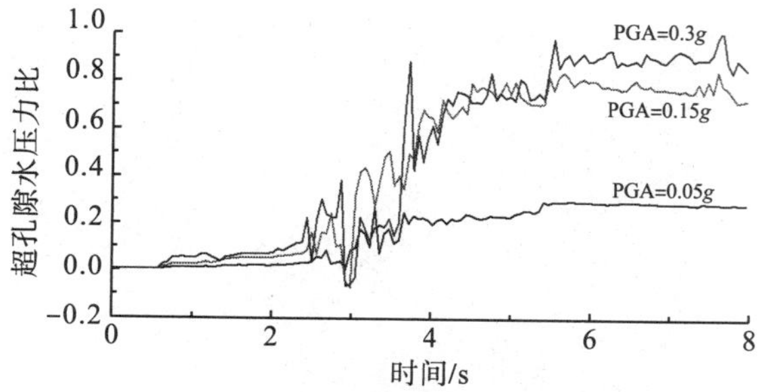

图 6-8　不同加速度峰值下土体埋深 3m 处的超孔隙水压力比时程图

从图 6-8 可以看出，当 PGA=0.05g 时，土体超孔隙水压力比远远小于另外两种工况；且当 PGA=0.15g 和 PGA=0.3g 时，土体的超孔隙水压力比较为接近，在计算时最大超孔隙水压力比分别达到 0.8 及 1.0。说明 PGA＝0.15g 时土体可能已经产生了液化现象，继续增大加速度峰值，土体仍处于液化状态，超孔隙水压力比增加不再明显。

图 6-9～图 6-11 所示分别为 PGA=0.05g、0.15g 及 0.3g 时，动力计算结束后土体的竖向位移云图。可以看出，随着加速度峰值的增大，土体竖向位移增大，但是在土体中部，竖向位移接近 0，土体的底部呈现隆起、顶部呈现下降的现象。

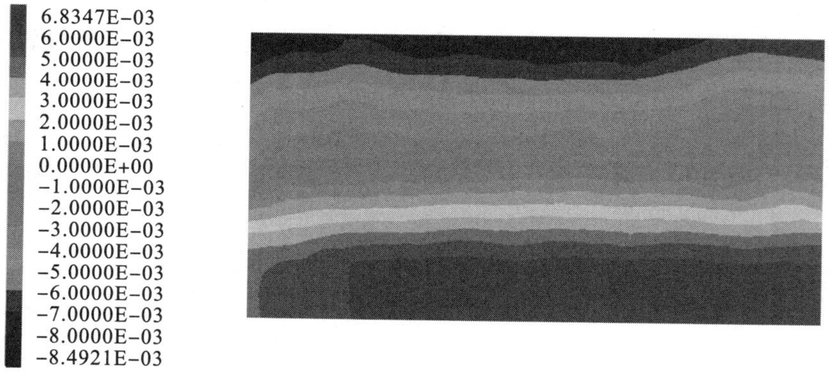

图 6-9　PGA=0.05g 时，土体竖向位移云图(单位：m)

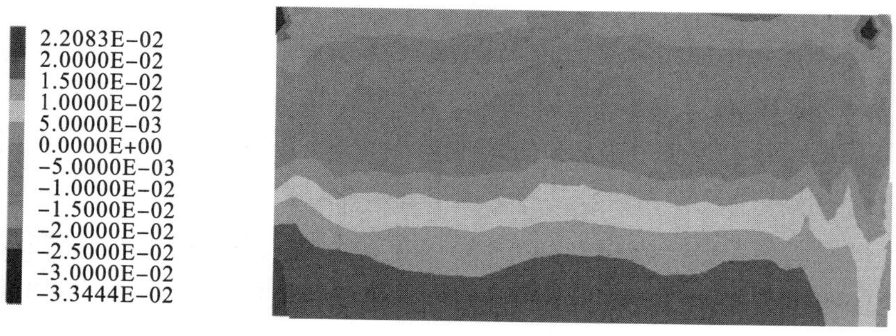

图 6-10　PGA=0.15g 时，土体竖向位移云图(单位：m)

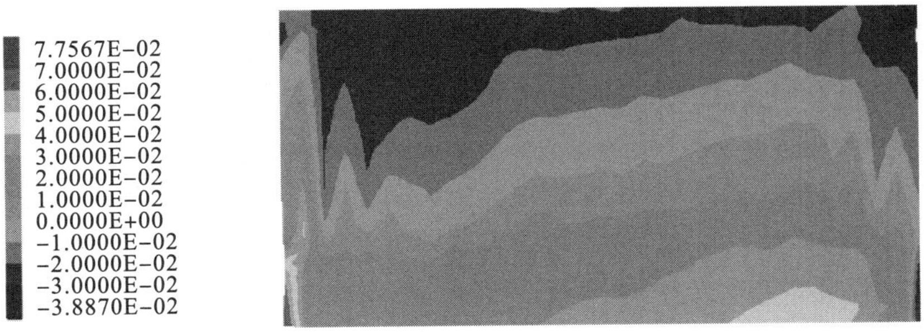

图 6-11　PGA=0.3g 时，土体竖向位移云图(单位：m)

图 6-12 和图 6-13 所示分别为动力计算结束后，土体的竖向位移随埋深的变化规律及不同加速度峰值下埋深 3m 处的土体竖向位移时程曲线。

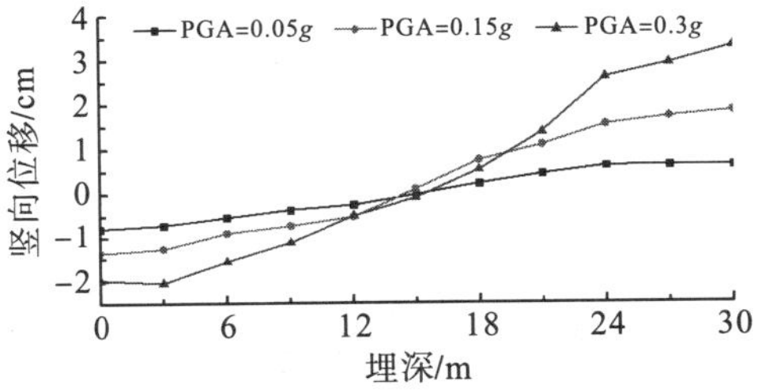

图 6-12　土体竖向位移随埋深的变化规律

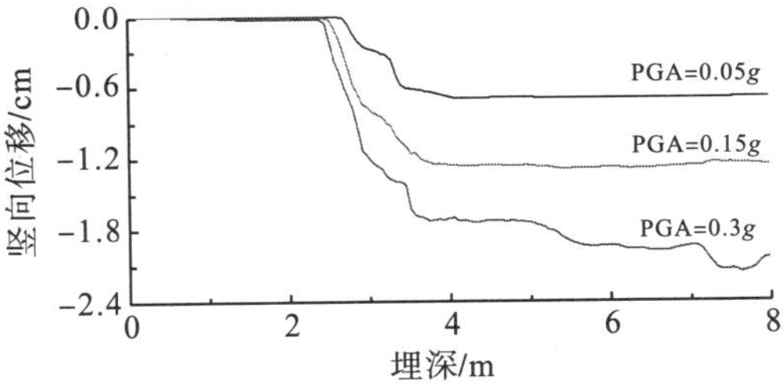

图 6-13　不同加速度峰值下埋深 3m 处的土体竖向位移时程曲线

从图 6-12 和图 6-13 可以看出，随着加速度峰值的增大，土体竖向位移增大；在 3 种加速度峰值下，土体中部(埋深 15m 处)的竖向位移基本接近为 0，往上土体发生沉降位移，往下土体发生隆起位移，且距埋深 15m 处越远，土体位移就越大。

6.2　单双洞隧道形式对粉土地层隧道结构动力响应的影响

6.2.1　计算工况

本次计算以天津地铁 5 号线圆形盾构隧道为对象建立模型，隧道半径为 3.3m，盾构厚度为 0.35m，盾构隧道横向间距为 8m。根据圣维南原理，隧道开挖计算模型的边界为开挖洞径的 5～10 倍。考虑到两个盾构隧道的相互影响，模型 x 方向取 80m，z 方向取 40m，整个模型延隧道轴向(y 方向)20m，隧道埋深均为 10m。具体工况及网格如图 6-14 所示。为方便研究，地下水位取地表面，动力计算中土层底部设置为黏性边界，以避免波在边界面处的反射，四周设置为自由边界，地表设置为自由面，整个动力计算过程开启大变形模式，以模拟液化后的流动模式。

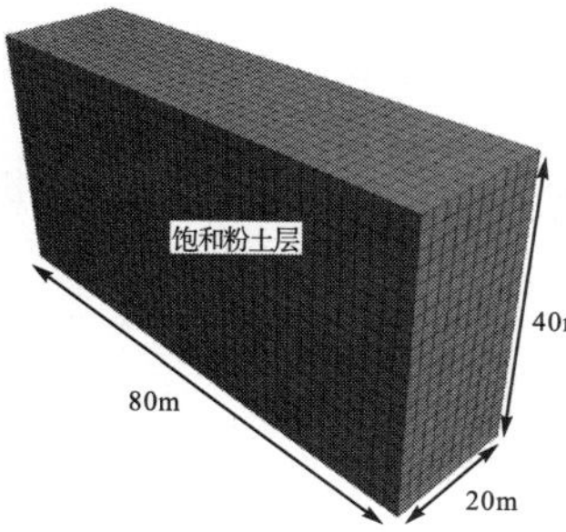

(a) 工况一：地层模型

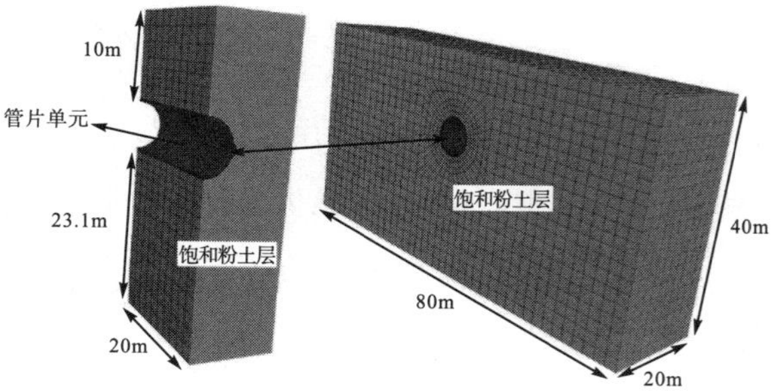

(b) 工况二：单洞隧道模型

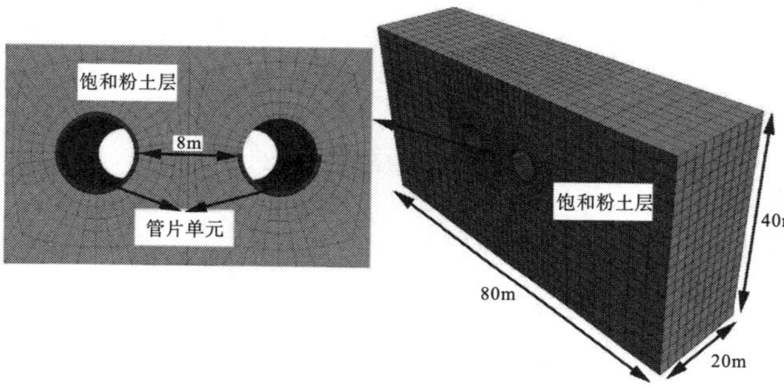

(c) 工况三：双洞隧道结构模型

图 6-14　计算工况及模型图

6.2.2　结果分析

1. 地层竖向位移分析

在地震作用后，取中间断面 y=10m 为监测断面，竖向位移最大值及分布位置见表 6-3，各个工况下地层竖向位移分布云图如图 6-15 所示。

表 6-3　竖向位移最大值及分布位置

工况	向上位移最大值/cm	分布位置	向下位移最大值/cm	分布位置
工况一	4.39	断面左上	−8.78	断面底部
工况二	4.30	断面左上	−6.89	断面底部
工况三	3.87	断面左上	−6.88	断面底部

(a)工况一（无隧道）

(b)工况二（单洞隧道）

(c)工况三（双洞隧道）

图 6-15　地层竖向位移云图(单位：m)

由图 6-15 和表 6-3 可以看出，整个断面竖向位移云图的分布规律与最大值的分布位置相同，上层土体竖向位移向下，表现为地表的沉降，中间、底部的土体位移向上，表现为土体的向上隆起。对比发现，没有隧道结构时竖向位移极值均为最大，3 种工况的土体分别在深度为 22m、5m、0m 时发生向上隆起，可见由于隧道结构在地震中的上浮，中间土体的隆起幅度明显减小，而地表的沉降也减小。在地震过程中，地表附近的土体位移往往会引起地面结构的破坏，因此监测 3 种工况下地表及地下 4m 处的竖向位移变化，如图 6-16 所示。

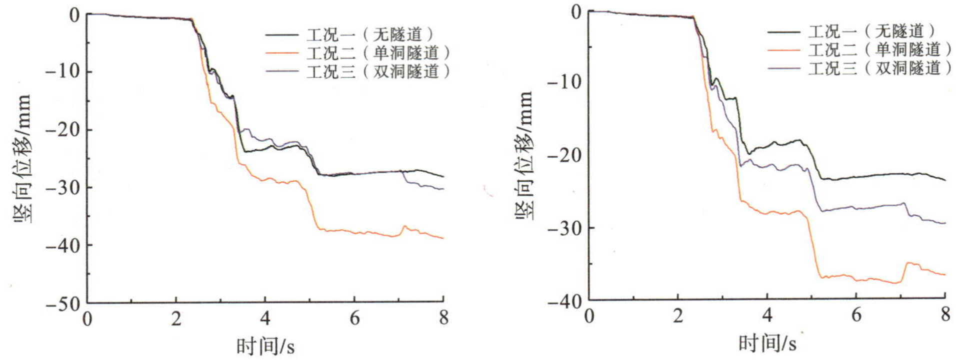

(a) 地表处　　(b) z=−4m

图 6-16　各个工况下粉土层竖向位移时程曲线

可以发现，地表监测点在前 2s 时，由于地震作用不大，竖向位移变化不明显，从第 3s 开始，竖向位移急剧增大，此时工况二的位移值最大，为 28.8mm。在 4～5s 时，位移值较稳定，在第 6s 开始的时候，工况二的位移值增大到 37.4mm，并稳定到地震波结束。

在地震过程中，工况二的竖向位移较工况一明显增大，但工况三的竖向位移与工况一的地层结构竖向位移接近。其原因可能是隧道结构上浮会造成土体的局部隆起，使工况三下地面的沉降反而比工况二下小。

2. 孔隙水压力分析

3 种工况在地震作用后的孔隙水压力分布如图 6-17 所示。

(a)工况一（无隧道）

(b)工况二（单洞隧道）

(c)工况三（双洞隧道）

图 6-17　孔隙水压力分布云图(单位：Pa)

由图 6-17 可以看出，孔隙水压力在地震后明显增大，最大孔隙水压力出现在模型底部位置，3 种工况的最大孔隙水压力值分别为 0.52122MPa、0.50744MPa、0.50886MPa。工况二和工况三中，隧道结构上部一定范围内孔隙水压力较同一深度有所降低，并且双洞隧道结构的影响范围更大，说明隧道结构的修建改变了孔隙水压力的分布，使隧道上方超孔隙水压力有所减小。

地下 4m、8m、20m 处孔隙水压力变化时程曲线如图 6-18 所示。

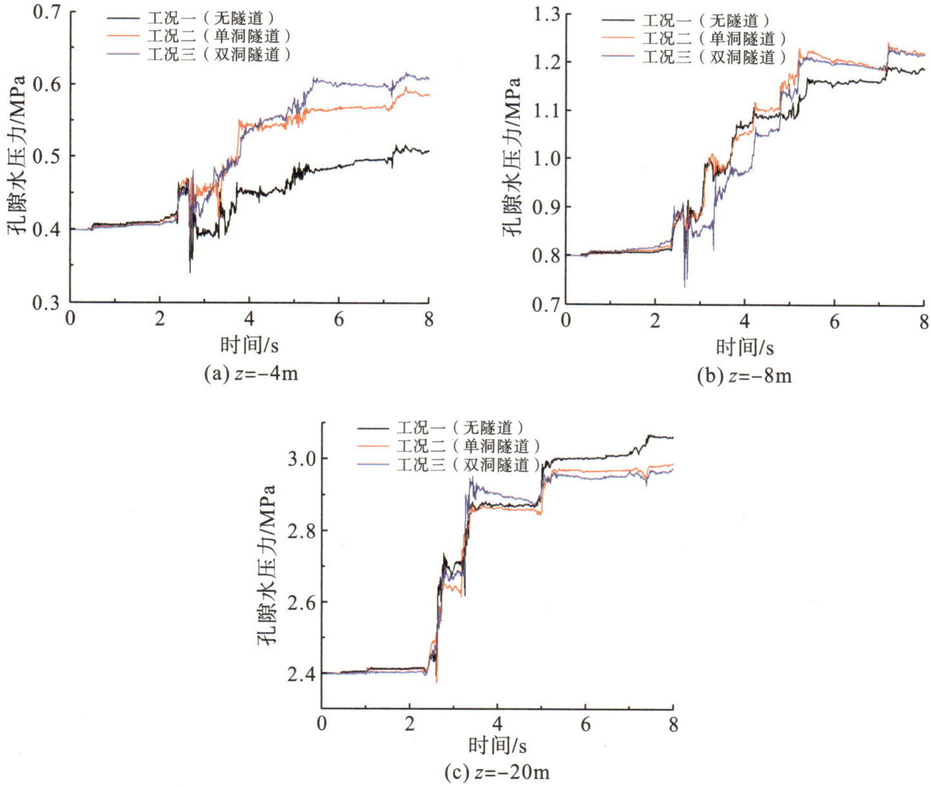

(a) z=−4m　　(b) z=−8m

(c) z=−20m

图 6-18　孔隙水压力变化时程曲线

由图 6-18 可以看出，随着深度的减小，孔隙水压力变化越来越复杂。在 z=−4m 处，孔隙水压力在前 2s 缓慢增大，在第 3s 开始时，地震加速度迅速增大，而孔隙水压力却在急剧减小，并且最小值低于初始孔隙水压力值，其原因是在地震作用初期，粉土的结构发生破坏，颗粒之间发生分离，土骨架间孔隙增大，孔隙水得到释放，导致孔隙水压力减小，随着加载的持续，孔隙水压力又逐渐增大。3 种工况的最终孔隙水压力值分别为 0.509MPa、0.568MPa 和 0.610MPa，单洞隧道模型和双洞隧道模型较地层模型分别增大了 11.59%和 19.84%。在 z=−8m 处和 z=−20m 处，孔隙水压力的增大表现出明显的阶梯型，深度为 8m 处最终孔隙水压力工况二和工况三略大于工况一，而在 20m 深度时地层模型的孔隙水压力比隧道结构模型大，但实际的超孔隙水压力比已经很小，不考虑其液化可能。砂土液化现象往往发生在较浅的地层，所以隧道结构的修建会导致上层粉土更容易发生液化。

3. 粉土液化分析

砂土液化的本质是孔隙水压力逐渐增大，有效应力逐渐减小，当有效应力为 0 时，土体之间接触应力为 0，土体颗粒呈悬浮状，表现为液态流动。

埋深 4m 和 8m 处土体的超孔隙水压力比时程曲线如图 6-19 所示。在埋深 4m 处，超孔隙水压力比在前 2s 变化不大，在第 3s 时迅速增大，3 种工况超孔隙水压力比分别增大到 0.611、0.938、0.926，工况二和工况三的超孔隙水压力比大于 0.65，粉土发生液化。工况一在第 4s 时超孔隙水压力比大于 0.65，土体也开始发生液化。在第 8s 结束时，工况三的超孔隙水压力比最大，说明双隧道结构的上层粉土最容易发生液化。

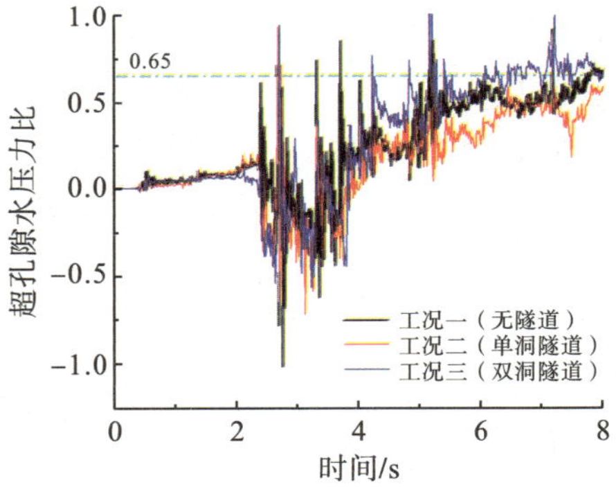

(a) z=−4m

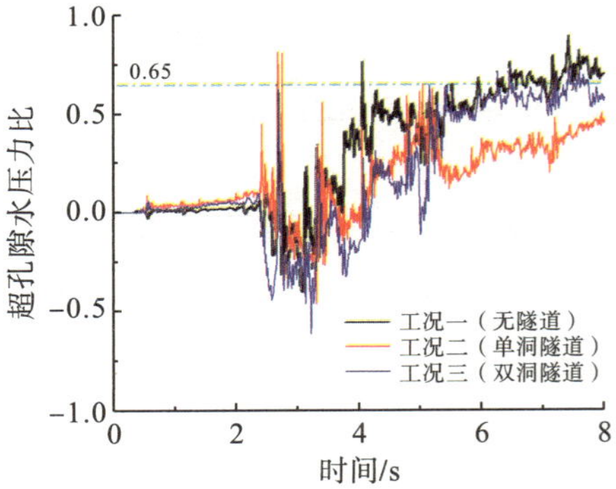

(b) z=−8m

图 6-19　超孔隙水压力比时程变化曲线

在埋深 8m 处，第 3s 时，工况一和工况三最大超孔隙水压力比为 0.809 和 0.651，均发生液化。从第 5s 开始，工况一的超孔隙水压力比最小，地震结束时，工况三的超孔隙水压力比最大。

在第 6s 结束时，监测断面的超孔隙水压力比云图如图 6-20 所示。超孔隙水压力比最大值及分布位置见表 6-4。

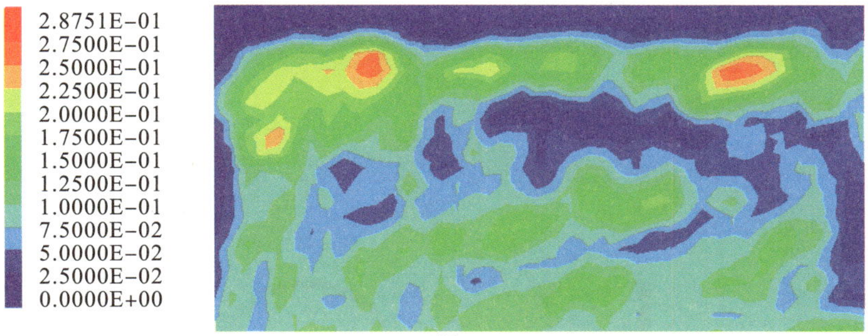

(a)工况一

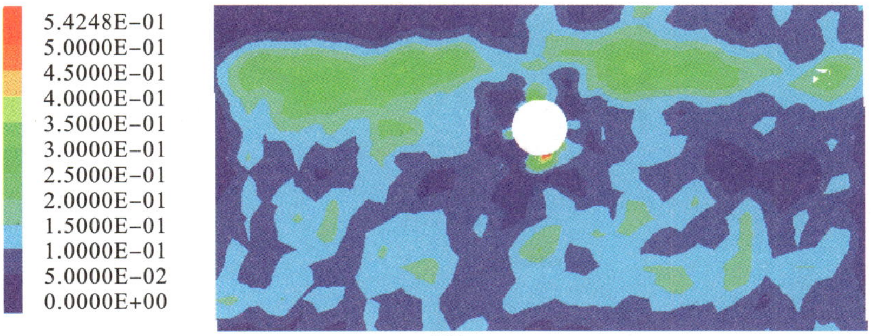

(b)工况二

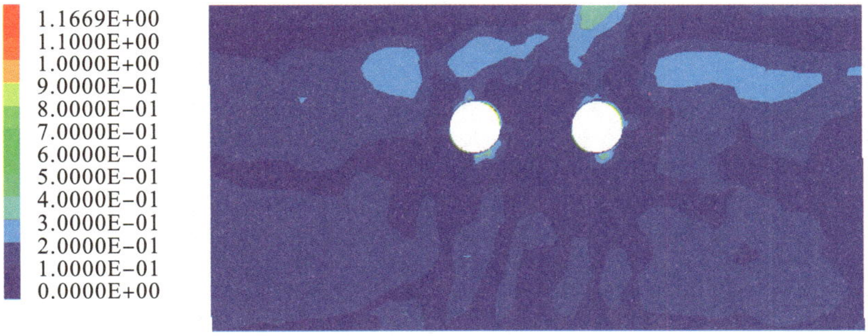

(c)工况三

图 6-20　超孔隙水压力比云图

表 6-4　超孔隙水压力比最大值及分布位置

工况	超孔隙水压力比最大值	分布位置
工况一	0.29	埋深 8m 处
工况二	0.54	隧道拱底
工况三	1.17	隧道拱肩

由图 6-20 和表 6-4 可以看出，没有隧道结构时，土层容易在埋深 4～12m 处发生液化，其中最大值分布在地下 8m 处。当存在隧道结构时，超孔隙水压力比最大值分布在隧道的周围，而双洞隧道结构的最大超孔隙水压力比为 1.17，粉土已经发生了液化，比单洞隧道的最大超孔隙水压力比大 0.63，原因是位于隧道周围的粉土，在地震作用下，孔隙水排出

受到结构阻碍，孔隙水累积更快，更容易发生液化。

4. 隧道位移分析

工况二和工况三的盾构隧道管片竖向位移如图 6-21 所示。管片竖向位移最大值、最小值及分布位置见表 6-5。

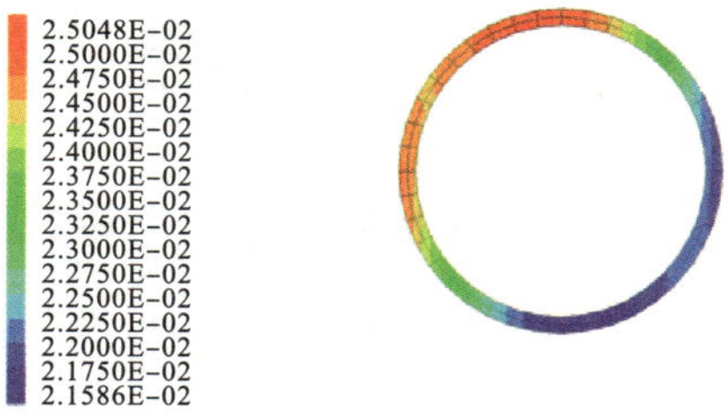

(a) 工况二（单洞隧道）

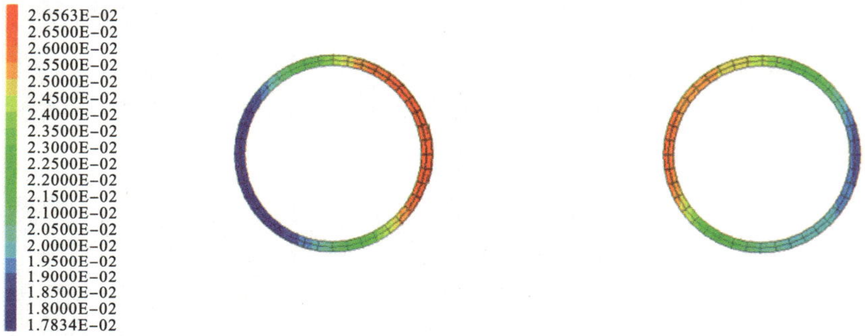

(b) 工况三（双洞隧道）

图 6-21　隧道管片竖向位移云图(单位：m)

表 6-5　管片竖向位移最大值、最小值及分布位置

工况	最大位移/mm	最大位移分布位置	最小位移/mm	最小位移分布位置
工况二	25.05	拱顶	21.59	拱底
工况三	26.56	右拱腰	17.83	左拱腰

两种工况的隧道管片竖向位移都是正值，说明隧道结构在地震中发生了较大的上浮。工况二管片的最大竖向位移发生在拱顶处，为 25.05mm，最小竖向位移发生在拱底处，为 21.59mm。隧道左拱腰管片的竖向位移为 24mm，右拱腰管片的竖向位移为 21mm，说明左、右拱腰管片已经不在一个水平线上，左拱腰管片位置高于右拱腰，整个隧道管片发生顺时针旋转。

工况三的最大、最小竖向位移均发生在左侧隧道，最大值为 26.56mm，出现在隧道的右拱腰附近，最小值为 17.83mm，出现在隧道的左拱腰附近，左洞隧道发生逆时针旋转，右洞隧道发生顺时针旋转。监测隧道位移变化情况，如图 6-22 所示。

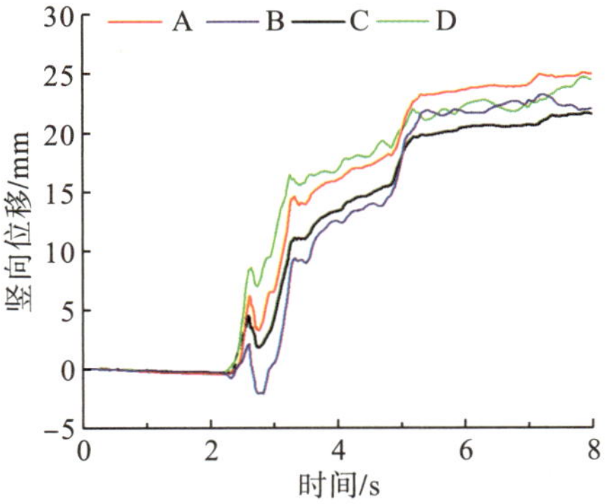

(a) 工况二（单洞隧道）

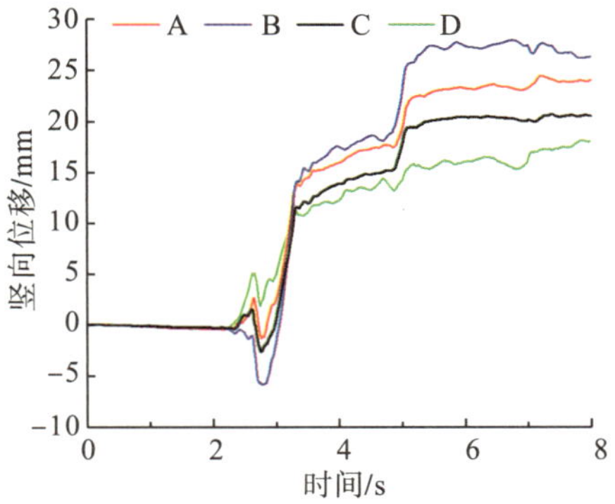

(b) 工况三（双洞隧道-左洞）

图 6-22　隧道竖向位移变化曲线

由图 6-22 可以看出，工况三的竖向位移变化更为复杂，在地震作用前 3s，由于地震能量较弱及土体挤密效果的影响，左侧隧道向下发生沉降，右拱腰的沉降值最大，为−5.8mm，此时左拱腰的竖向位移为 2.47mm，整个隧道发生顺时针旋转。随着加载的持续，右拱腰处的竖向位移向上增大。在第 4s 时，B 点的位移大于其他监测点，此时隧道发生逆时针旋转，从第 6s 开始，各监测点的竖向位移值开始稳定，加载结束时，A、B、C、D 4 点的竖向位移值分别为 23.9mm、26.3mm、20.5mm、18.0mm，B 点的上浮量比 D 点大 8.3mm。工况二中监测点最终的竖向位移值为 25mm、22mm、21.7mm、24.6mm，拱顶的上浮量最大。

5. 小结

隧道结构会加剧土体在地震中的隆起效果，并且隧道上层的土体孔隙水压力比没有隧道时增加 10%以上，隧道底部会出现局部有效应力减小，土体更加容易发生液化。在粉土地层中，盾构隧道结构不同位置会发生不均匀的竖向位移，特别是在液化发生后，衬砌结构在横断面上有发生轻微旋转的倾向。

6.3　隧道埋深对粉土地层及隧道结构动力响应的影响

6.3.1　计算工况

隧道埋深直接影响上部土体的液化，而土体液化会影响隧道的结构受力，使结构发生不同程度的破坏，因此需要研究埋深对盾构隧道结构的影响。设计模型计算工况见表 6-6。隧道的横向间距为 4m，其余参数见 6.2.1。计算模型如图 6-23 所示。

表 6-6　不同隧道埋深计算工况

工况	工况一	工况二	工况三	工况四
隧道埋深 H/m	6	9	12	15

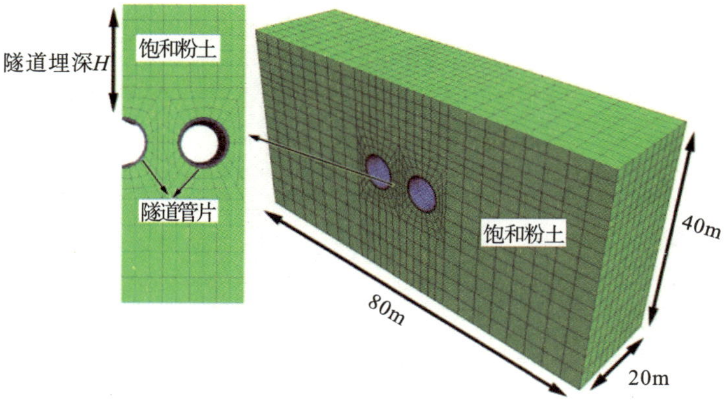

图 6-23　计算模型图

6.3.2　结果分析

1. 地层竖向位移分析

各工况下地层的竖向位移云图如图 6-24 所示。地层竖向位移最大值及分布位置见表 6-7。

(a)工况一(6m)

(b)工况二(9m)

(c)工况三(12m)

(d)工况四(15m)

图 6-24　各工况下地层竖向位移云图(单位：m)

表 6-7　地层竖向位移最大值及分布位置

工况	向上最大位移/cm	分布位置	向下最大位移/cm	分布位置
工况一	4.47	断面底部	-6.83	断面左上
工况二	4.33	断面底部	-5.78	断面左上
工况三	4.45	断面底部	-6.15	断面左上
工况四	4.65	断面底部	-6.03	断面左上

由图 6-24 可以看出，整个模型中间向上隆起，两边向下沉降，模型的左侧部分沉降明显，而且隧道埋深越浅，隆起现象越明显。由表 6-7 可以看出，左上部分土体沉降的最大值发生在工况一，为 68.3mm，而底部隆起的最大值发生在工况四，为 46.5mm，各工况下土体的沉降最大值均大于隆起的最大值。

隧道埋深为 6m 和 9m 时，隧道上方的地表面出现了隆起，其中埋深 6m 时最大隆起值为 16.5mm，而其余工况下地表均发生沉降，说明隧道埋深越浅，地层的隆起越明显，会造成地面结构的破坏。隧道底部和顶部的粉土在地震中发生较大向上的竖向位移，这种影响随着隧道埋深的增大而减弱，其在工况一中最大值达到 41.1mm。

从图 6-25 可以看出，在地表竖向位移时程曲线中，在前 2s 时，4 种工况地表竖向位移同步变化，在第 3s 时，工况一和工况二的位移逐渐向上增大，达到一个峰值 8.78mm，工况三和工况四的位移逐渐向下，在第 4s 结束时，工况一和工况二的地表位移趋于稳定，工况三和工况四在第 5s 结束时位移趋于稳定。

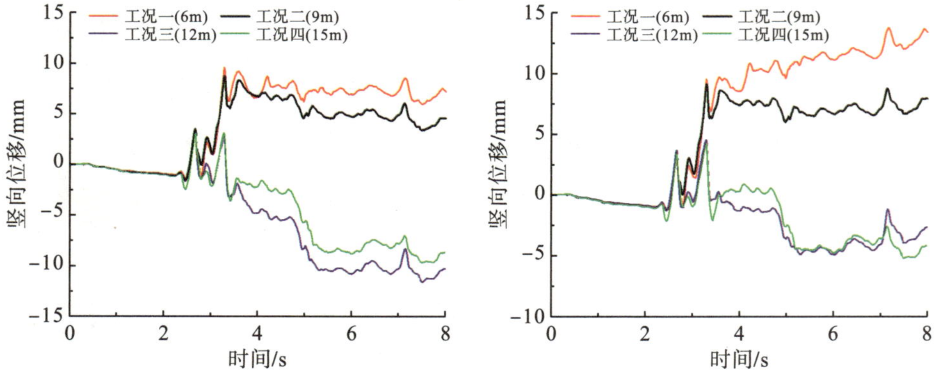

(a) 地表处　　(b) z=−4m

图 6-25　粉土层竖向位移时程曲线

在加载结束时，工况一和工况二的地表面都发生了隆起，工况三和工况四地面向下沉降，并且工况一的地面隆起最大，其值为 7.61mm。在地下 4m 处，4 种工况的竖向位移比地面有所增大，但是工况一增大最明显，达到 13.4mm。

工况三和工况四的竖向位移变化相差不大，说明当埋深大于 12m 时，隧道的埋深已经不是地层隆起的主要影响因素，而埋深在 6～12m 之间时，粉土地层的位移变化受埋深影响很大。

2. 超孔隙水压力分析

4 种工况的超孔隙水压力分布云图如图 6-26 所示。

(a)工况一(6m)

(b)工况二(9m)

(c)工况三(12m)

(d)工况四(15m)

图 6-26　超孔隙水压力分布云图(单位：Pa)

由图 6-26 可以看出，超孔隙水压力随着深度的增加而增大，但增大的幅度小于初始孔隙水压力随深度的增大，因此下层的粉土很难发生液化。

工况四的超孔隙水压力最大，为 0.12985MPa，分布在断面左下位置，超孔隙水压力的最小值为−0.21922kPa，分布在断面右上位置，超孔隙水压力的最小值为负值，其原因是地表面附近的土体在地震中发生结构破坏，孔隙增大，在地震中累积的孔隙水压力小于结构破坏造成的孔隙水压力损失，表现为超孔隙水压力为负值。

两隧道之间的超孔隙水压力比同一深度的小，因此，隧道之间的围岩更不容易发生液化。相比之下，同一深度，工况四的超孔隙水压力值最大，土层更容易发生液化，所以，隧道埋深越大，上层的土体越容易发生液化，原因是上层土体越厚，孔隙水压力上升的累积效果越明显，超孔隙水压力越大。

由图 6-27 可以看出，在地下 2m 处，在前 2s 时，超孔隙水压力为 0，在第 3s 时，超孔隙水压力先增大后减小，最小值发生在工况一，为−3.6kPa。在第 5～8s 时，超孔隙水压力持续增大，最终 4 种工况的超孔隙水压力分别为 7.23、9.08、13.2、13.0 kPa，工况三和工况四的变化时程相同。

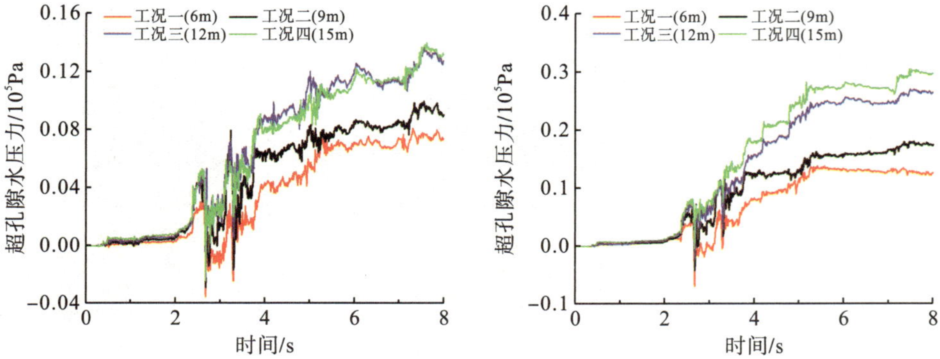

(a) z=−2m　　(b) z=−4m

图 6-27　超孔隙水压力变化时程曲线

地下 2m 和 4m 处易液化土层的超孔隙水压力随着隧道埋深的增大而增大，说明隧道埋深越大，隧道上方的浅层土体越容易发生液化。在地下 4m 处，工况一的稳定超孔隙水压力为 7.37kPa，工况四的稳定超孔隙水压力为 13.2kPa，相比工况一增加 5.83kPa，增幅为 79%，可见隧道埋深大虽然可以减小地下结构对地面建筑的影响，但也会使上层粉土更容易液化，增大地表结构物因表层土发生液化震害而发生破坏及失稳的可能性。

在第 6s 结束时，监测断面的超孔隙水压力比云图如图 6-28 所示。超孔隙水压力比最大值及分布位置见表 6-8。

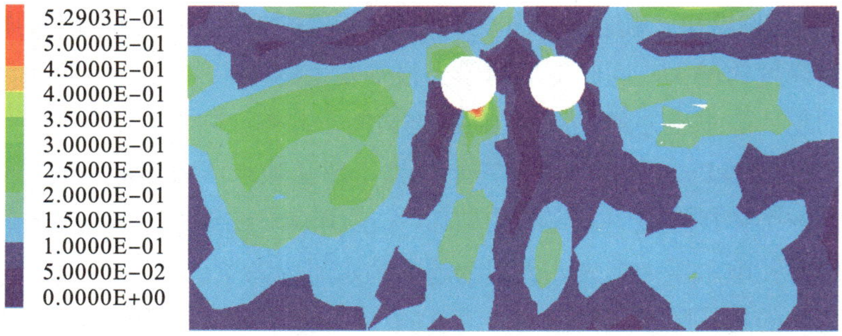

(a) 工况一

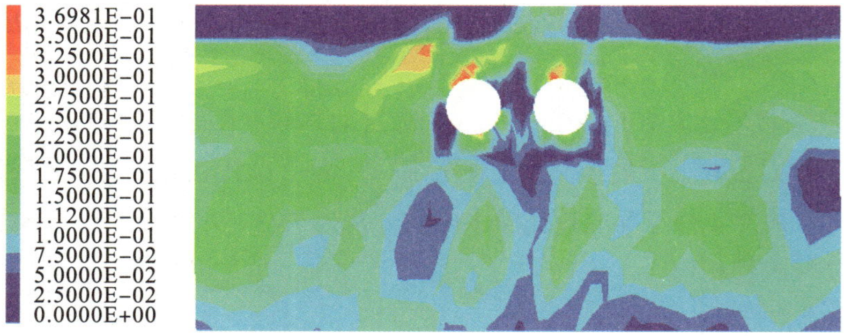

(b) 工况二

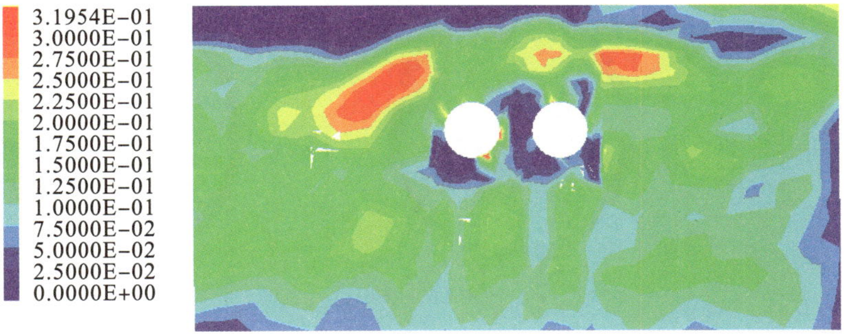

(c) 工况三

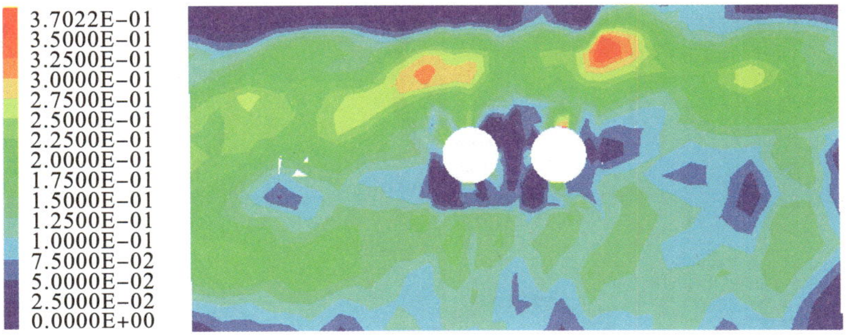

(d) 工况四

图 6-28　超孔隙水压力比云图

表 6-8　超孔隙水压力比最大值及分布位置

工况	超孔隙水压力比最大值	分布位置
工况一	0.53	左侧隧道拱底
工况二	0.37	左侧隧道拱顶
工况三	0.32	埋深 8m 处
工况四	0.37	埋深 6m 处

由图 6-28 和表 6-8 可以看出，工况一的超孔隙水压力比最大，为 0.53，位于左侧隧道的拱底处。随着隧道埋深的增大，超孔隙水压力比最大值逐渐从隧道周围的粉土转向上部地层粉土，粉土液化主要发生在地下 2～10m 处，当隧道埋深较小时，隧道位于土层液化区，隧道结构的影响使隧道周围的粉土孔隙水压力增大更多，而当隧道埋深增大时，隧道周围粉土孔隙水压力虽然有所增大，但不足以发生液化，因此表现为超孔隙水压力比最大值转移到上层粉土。

3. 隧道位移分析

各工况下左侧隧道竖向位移云图如图 6-29 所示。左侧隧道竖向位移最大值及分布位置见表 6-9。

(a)工况一(6m)

(b)工况二(9m)

(c)工况三(12m)

(d)工况四(15m)

图 6-29　左侧隧道竖向位移云图(单位：m)

表 6-9　左侧隧道竖向位移最大值及分布位置

工况	最大位移/cm	分布位置	最小位移/cm	分布位置
工况一	4.08	左侧隧道左拱腰	2.00	左侧隧道右拱腰
工况二	3.90	左侧隧道左拱腰	2.35	左侧隧道右拱腰
工况三	2.97	左侧隧道左拱腰	1.55	左侧隧道右拱腰
工况四	3.13	左侧隧道左拱腰	1.64	左侧隧道右拱腰

由图 6-29 和表 6-9 可知，在地震时，左侧隧道左拱腰位移最大，右拱腰位移最小，左侧隧道发生顺时针旋转。

工况一左拱腰的竖向位移值最大，为 40.8mm，工况三的左拱腰竖向位移为 29.7mm，可以发现，随着隧道埋深的增大，隧道竖向位移减小，其原因是在较深处，围岩对隧道位移的限制更大，并且当对隧道在浅地层时，粉土的液化流动效果会使隧道的位移增大。

4. 隧道衬砌应力分析

第一强度理论和第三强度理论表明，衬砌材料的破坏可能是受拉破坏和剪切破坏，因此，本书从隧道结构受拉和受剪状态出发，分析隧道衬砌最大主应力、最小主应力及最大剪应力的变化情况。

各工况下衬砌应力的分布情况如图 6-30 和图 6-31 所示。衬砌最大、最小主应力及分布位置见表 6-10。

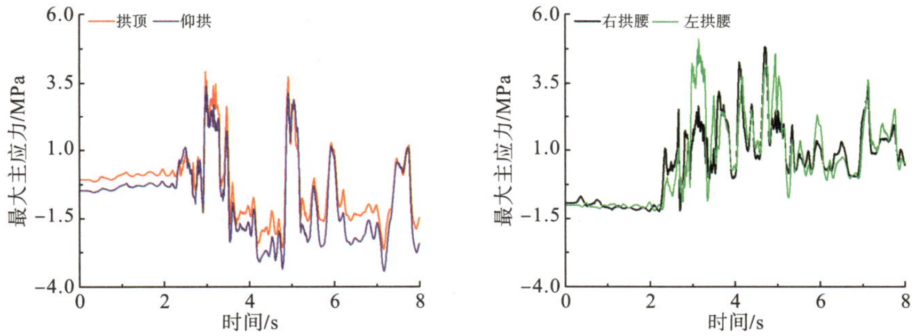

(a)工况一(6m)

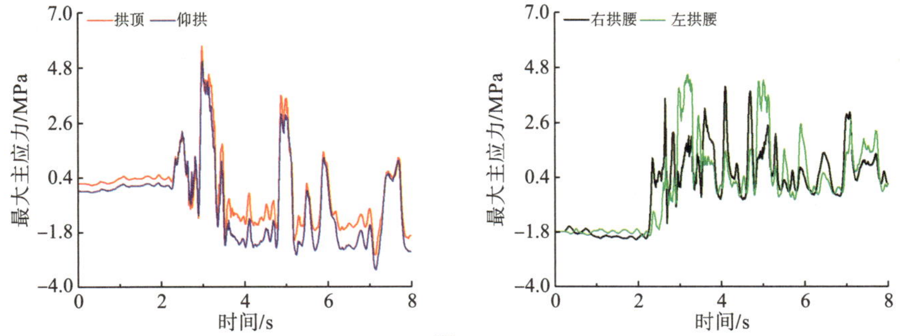

(b)工况二(9m)

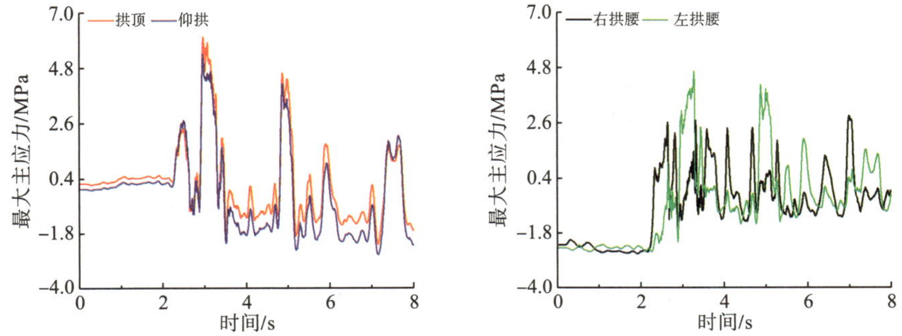

(c)工况三(12m)

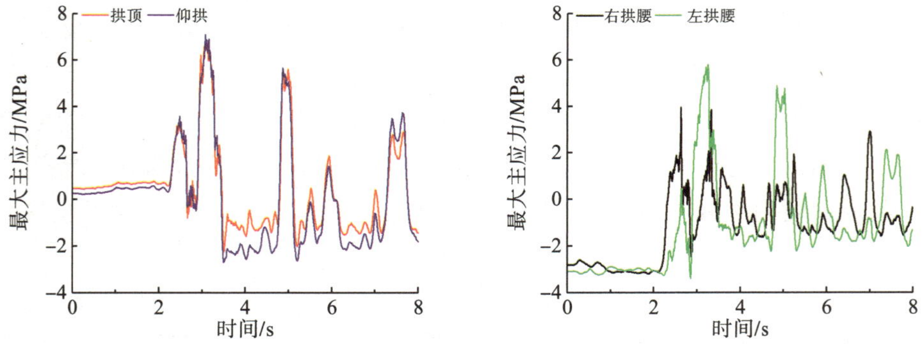

(d)工况四(15m)

图 6-30　衬砌最大主应力时程曲线

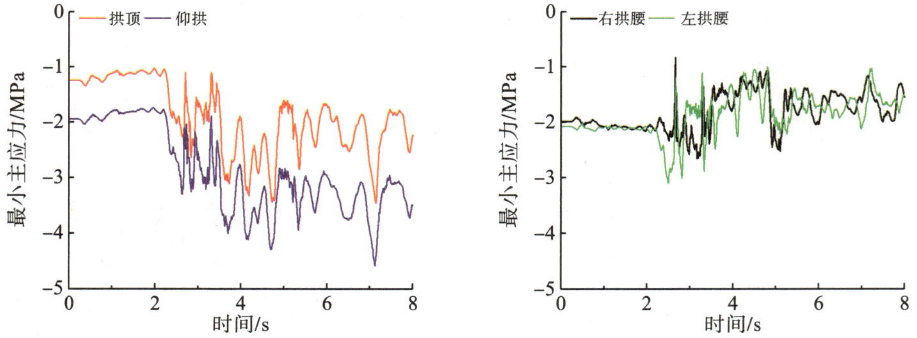

(a)工况一(6m)

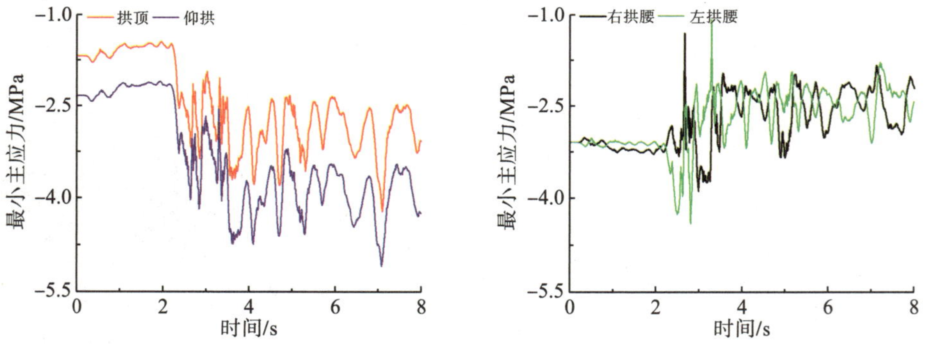

(b)工况二(9m)

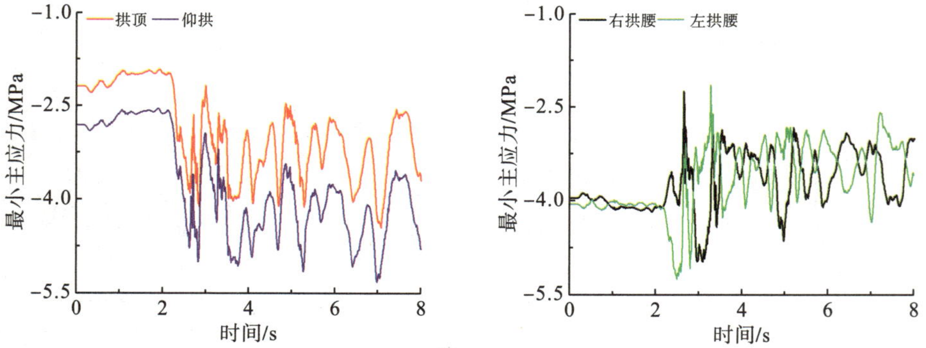

(c)工况三(12m)

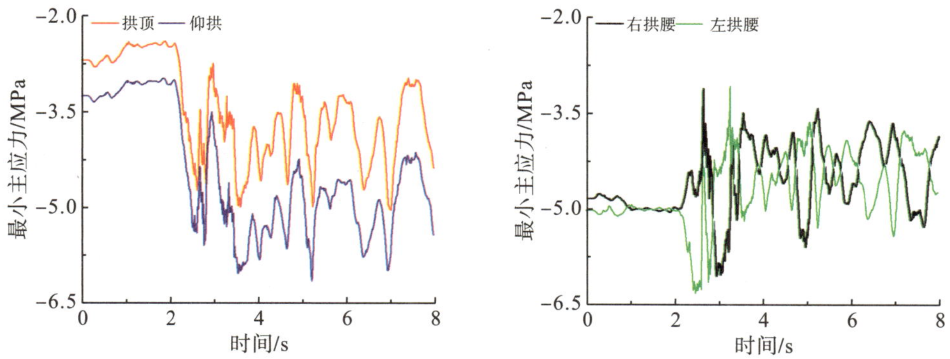

(d)工况四(15m)

图 6-31 衬砌最小主应力时程曲线

表 6-10 衬砌最大、最小主应力及分布位置

工况	最大主应力/MPa	分布位置	最小主应力/MPa	分布位置
工况一	0.51	左拱腰	−4.59	仰拱
工况二	0.57	拱顶	−5.01	仰拱
工况三	0.61	拱顶	−5.33	仰拱
工况四	0.71	右拱腰	−6.33	左拱腰

图 6-30 和图 6-31 为不同埋深时隧道结构监测点主应力变化时程曲线。在 0～2s 时段，主应力变化较小；在 2～6s 时段，主应力随时间变化明显，且呈现出应力的峰值。

由表 6-10 可以看出，隧道埋深的增大，隧道结构最大主应力和最小主应力峰值均增大。其中，埋深 6m 处主应力峰值最小，最大主应力和最小主应力分别为 0.51MPa、−4.59MPa，埋深 15m 处主应力峰值最大，分别为 0.71MPa、−6.33MPa，最大主应力和最小主应力增加了 39%和 38%。从分布位置看，最大主应力峰值出现在拱顶和左、右拱腰，最小主应力的峰值出现在仰拱和左拱腰。

各工况下衬砌最大剪应力时程曲线如图 6-32 所示。衬砌最大剪应力及分布位置见表 6-11。

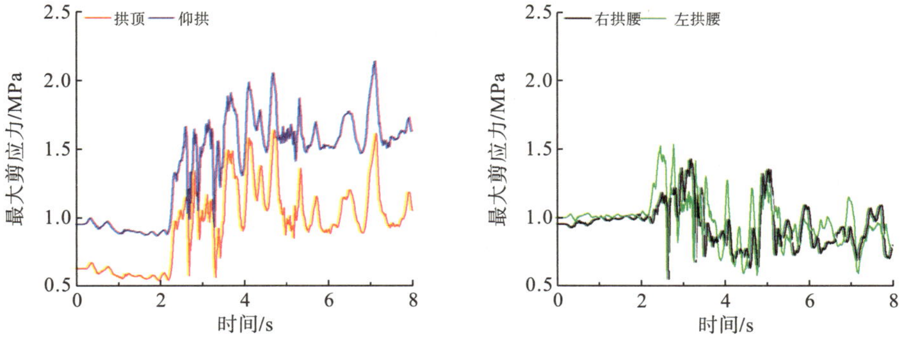

(a)工况一(6m)

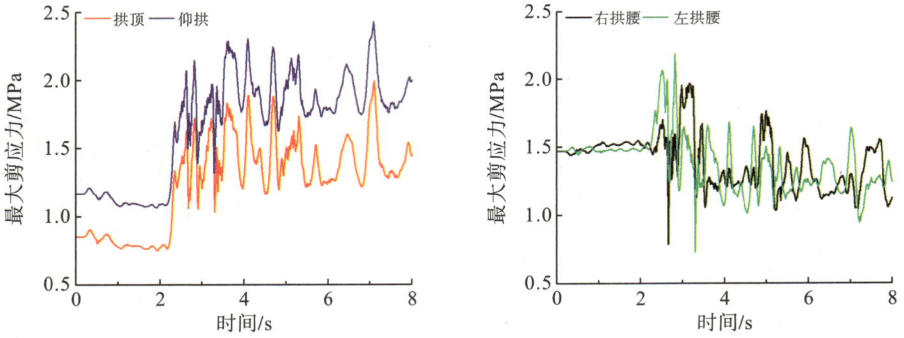

(b)工况二(9m)

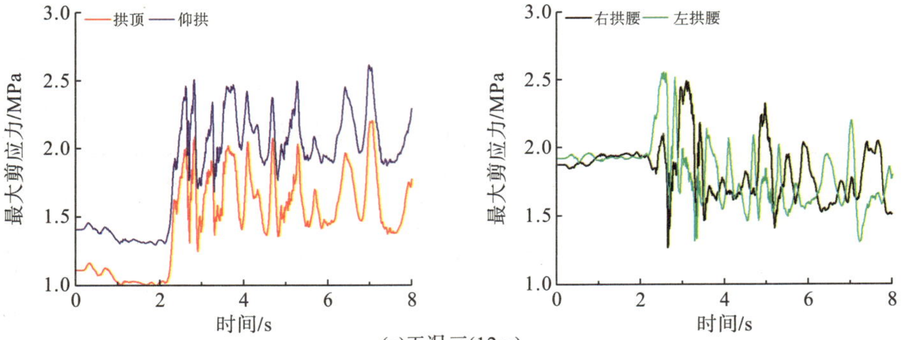

(c)工况三(12m)

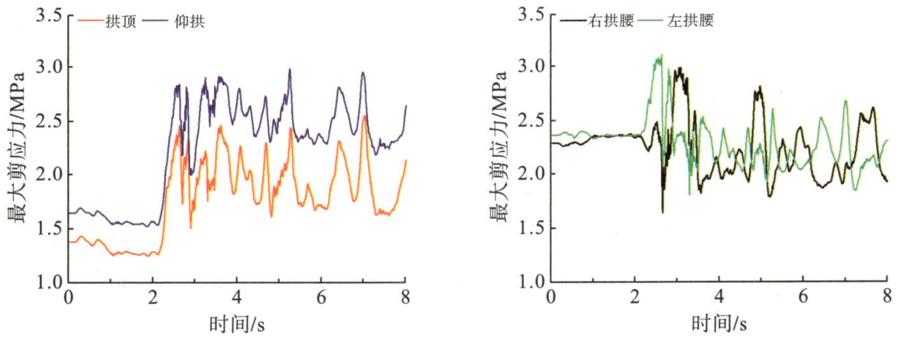

(d)工况四(15m)

图 6-32　衬砌最大剪应力时程曲线

表 6-11　衬砌最大剪应力及分布位置

工况	最大剪应力/MPa	分布位置
工况一	2.14	仰拱
工况二	2.42	仰拱
工况三	2.61	仰拱
工况四	3.11	左拱腰

由图 6-32 和表 6-11 可知，衬砌结构最大剪应力在第 2s 时刻结束时迅速增大，并达到峰值，在随后的时段波动变化。其中，仰拱处最大剪应力增大明显，并且在 2～6s 波动变

化时段仰拱处最大剪应力值大于其他监测位置。隧道埋深的增大，隧道结构最大剪应力峰值也增大，最大剪应力的峰值出现在仰拱和左拱腰处，隧道埋深为 6m 时，最大剪应力峰值为 2.14MPa，埋深为 15m 时，最大剪应力峰值为 3.11MPa，相比增加了 45%。所以对剪应力，仰拱是最不利的受力位置。

综上所述，盾构隧道的埋深越小，土体在地震时中间向上隆起，两边向下沉降的现象越明显。而对于上层的土体，隧道埋深越小，隧道结构周围的孔隙水压力比越大，隧道周围粉土更倾向于产生过大的位移，进而可能裹挟某些盾构节段使之随动，对隧道结构整体纵向强度及稳定性产生不利影响。

对于隧道结构内力而言，埋深的增大会使隧道所处位置的地应力增大，相应地，衬砌的最大主应力和最小主应力都大幅增大。但同时围岩对隧道的约束作用也随之增强，使衬砌在地震中竖向位移减小，由于在饱和粉土环境中，隧道结构在地震作用下受自身内力及加速度影响的程度要远小于因周围土层发生液化产生位移而造成的破坏。

增大埋深可有效减少隧道结构因土体液化而造成的不利影响，在模拟工况中，最不利工况为最小的顶部埋深 H=6m。

6.4　粉土地层位置变化对隧道结构的动力响应影响

6.4.1　计算工况

天津地区的土体分布非常复杂，容易发生液化的土层与隧道相互交错。当饱和粉土层位于隧道上方时，土体液化会影响结构的受力，而位于隧道下方的土体虽然不会液化，但是孔隙水压力的累积也会造成隧道上浮。因此，为研究隧道与粉土层相对位置对结构的影响，设计计算工况见表 6-12。隧道埋深取 12m，横向间距为 4m。模型如图 6-33 所示。

表 6-12　隧道与粉土层相对位置计算工况

工况	工况一	工况二	工况三	工况四
隧道与粉土层的相对位置	粉土层位于隧道上方	粉土层位于隧道上半部	隧道穿越粉土夹层	粉土层位于隧道下半部

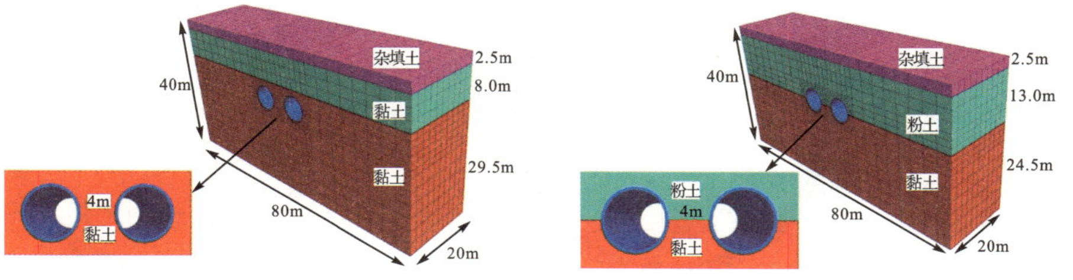

(a)工况一　　(b)工况二

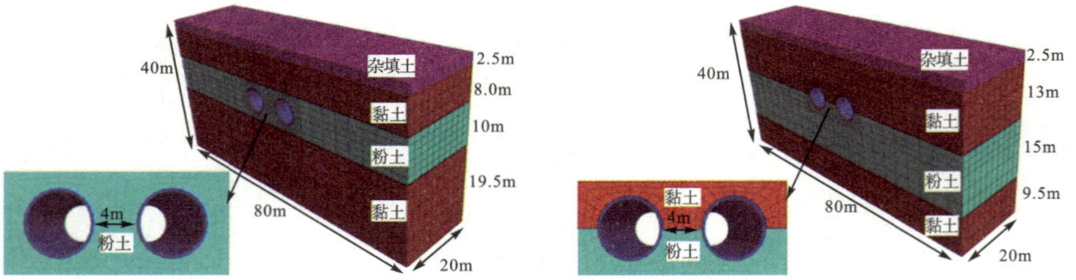

(c)工况三　　(d)工况四

图 6-33　计算工况及模型图

另外，对于盾构结构完全处于非液化土层中并且上覆土层均为不可液化土层，仅考虑在隧道结构下方存在部分可液化粉土薄层的情况，由于受到深埋大于 20m 便不考虑液化和上覆相当厚度的非液化土层等因素的共同影响，该设计工况下土层液化和上方的结构变形受地震作用影响相当小，故不将其纳入对比分析，在实际设计中建议考虑不对其进行抗液化处理。

6.4.2　结果分析

1. 隧道结构竖向位移分析

各工况下衬砌竖向位移云图如图 6-34 所示。衬砌竖向最大、最小位移及分布位置见表 6-13。

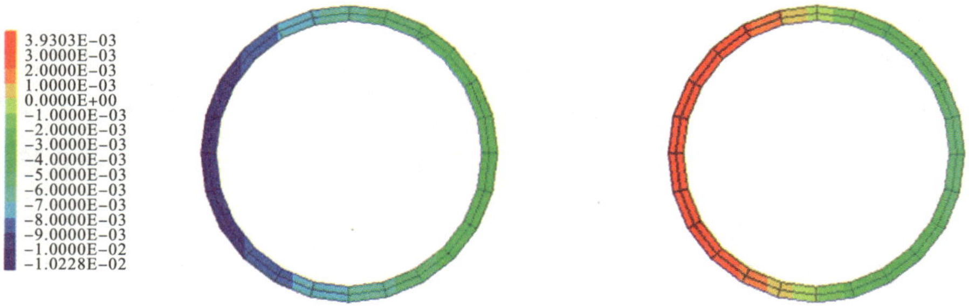

(a)工况一

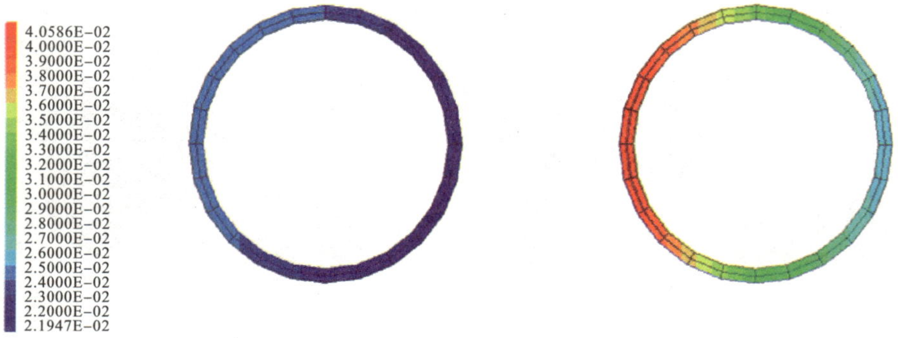

(b)工况二

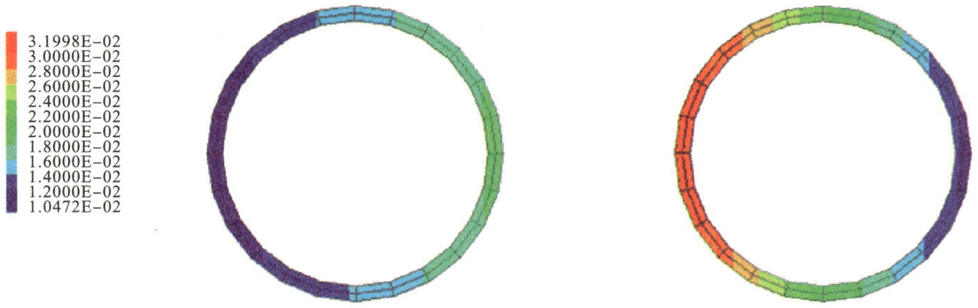

(c)工况三

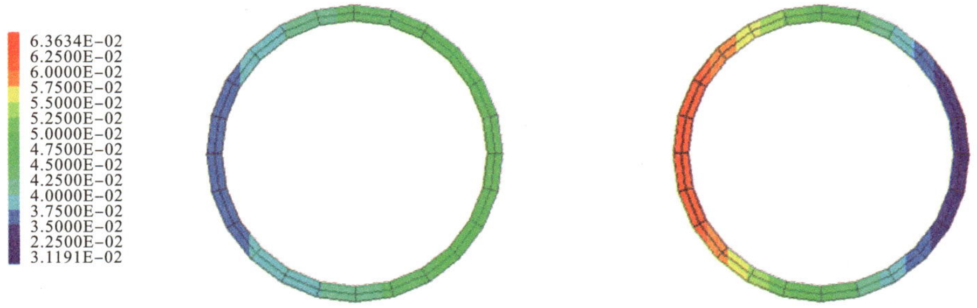

(d)工况四

图 6-34　衬砌竖向位移云图(单位：m)

表 6-13　衬砌竖向最大、最小位移及分布位置

工况	最大位移/cm	分布位置	最小位移/cm	分布位置
工况一	0.39	右侧隧道左拱腰	−1.02	左侧隧道左拱腰
工况二	4.06	右侧隧道左拱腰	2.19	左侧隧道右拱腰
工况三	3.20	右侧隧道左拱腰	1.05	左侧隧道左拱腰
工况四	6.36	右侧隧道左拱腰	3.12	右侧隧道右拱腰

由图 6-34 和表 6-13 可以看出，盾构隧道结构的竖向位移最大值出现在右侧隧道左拱腰处。工况四向上的竖向位移值最大，为 6.36cm，工况一向上的竖向位移最小，为 0.39cm。

工况一隧道结构没有出现显著上浮，其余工况隧道结构上浮明显，工况二隧道竖向位移最大值为 4.06cm。工况四的隧道上浮量大于工况三，说明上覆液化粉土不会明显引起隧道结构上浮，隧道结构的上浮主要是由下覆粉土引起的。而对比工况二和工况三两种情况，可以明显得知在隧道结构上方存在一定厚度的非液化土层时，可显著减小隧道结构在受周围可液化土层影响时孔隙水压力增大对隧道结构产生的向上抬升作用。所以盾构隧道在可液化粉土中的液化变形响应程度，主要由结构下方可液化土层和结构上覆非可液化土层分布情况两个关键因素共同决定。

在符合实际的各类工况中，下覆一定厚度液化粉土地层的工况(工况四)中隧道结构的上浮量最大。

隧道结构在地震中竖向位移时程曲线如图 6-35 所示。可以看出，在第 3s 时，地震加速度增大，饱和粉土在地震作用下变得致密，孔隙水压力由于粉土结构破坏发生孔隙水压力下降现象，隧道结构的竖向位移表现出减小，此时工况一的隧道竖向位移值为各种工况中最小，为-2.6mm，随着孔隙水压力的持续增大，粉土开始对盾构隧道产生抬升作用，隧道结构的竖向位移增大。

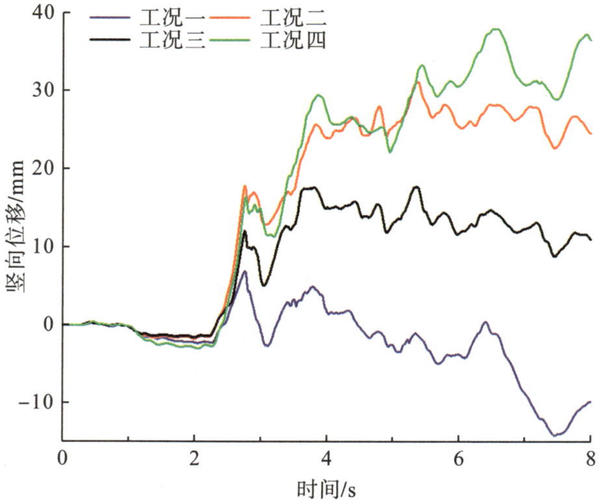

图 6-35 盾构隧道结构竖向位移时程曲线(仰拱)

工况三的竖向位移在第 4s 结束时达到稳定，并有减小的趋势，工况二的竖向位移在第 5s 结束时达到稳定，而工况一的竖向位移在地震波结束时还在增大，这是由孔隙水压力增长与消散引起的。粉土层厚度越大，孔隙水压力消散越慢。

2. 隧道衬砌应力分析

隧道衬砌最大、最小主应力时程曲线如图 6-36 和图 6-37 所示。隧道衬砌最大、最小主应力及分布位置见表 6-14。

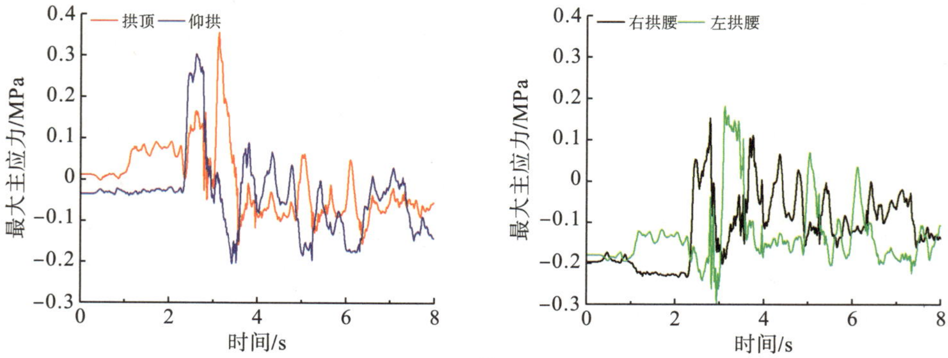

(a)工况一

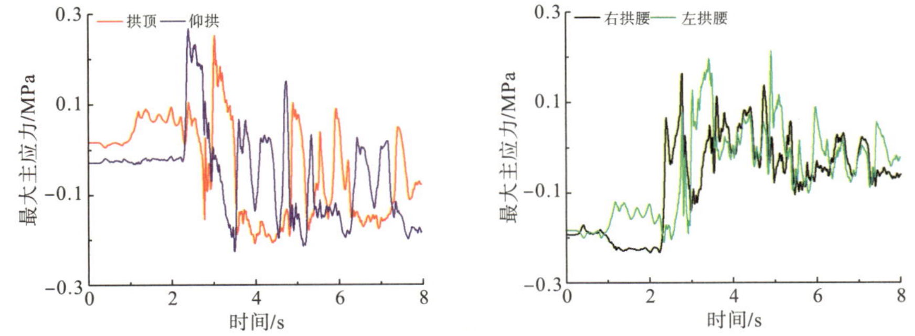

(b)工况二

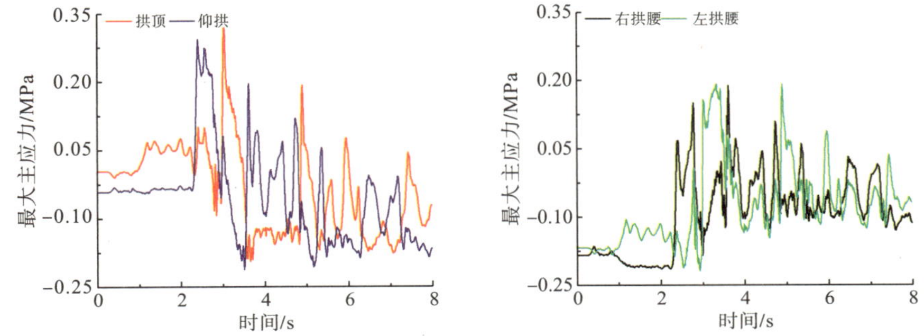

(c)工况三

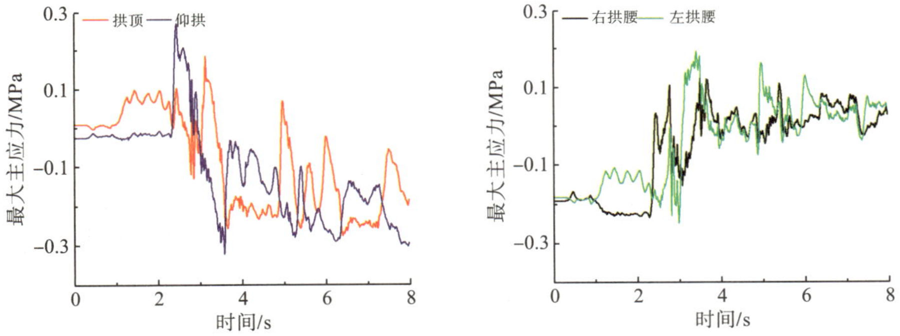

(d)工况四

图 6-36　隧道衬砌最大主应力时程曲线

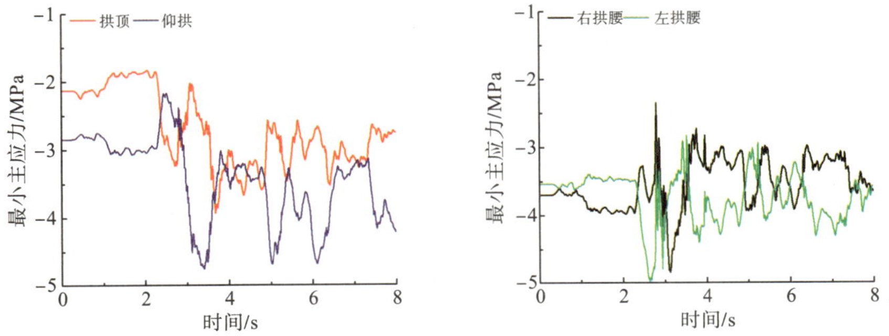

(a)工况一

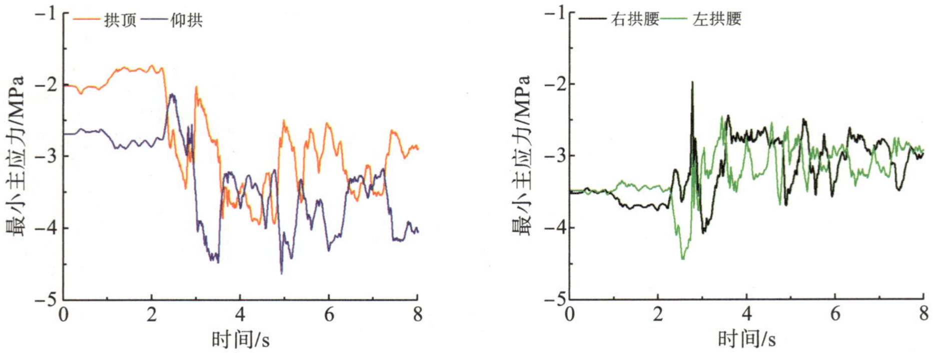

(b)工况二

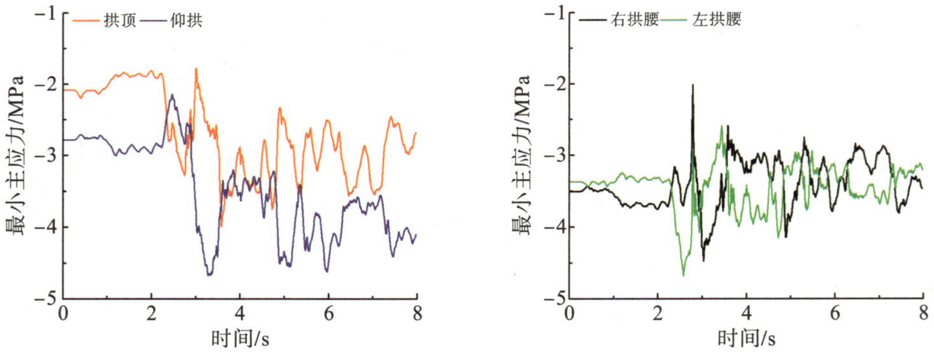

(c)工况三

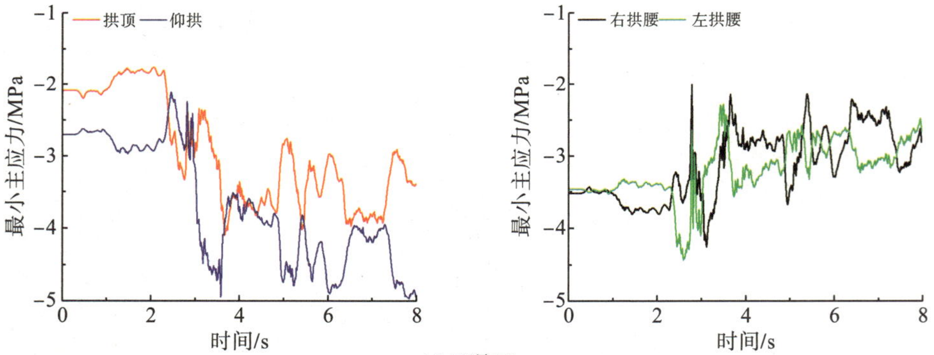

(d)工况四

图 6-37　隧道衬砌最小主应力时程曲线

表 6-14　隧道衬砌最大、最小主应力及分布位置

工况	最大主应力/MPa	分布位置	最小主应力/MPa	分布位置
工况一	0.35	拱顶	−5.00	仰拱
工况二	0.27	仰拱	−4.63	仰拱
工况三	0.32	拱顶	−4.68	仰拱
工况四	0.27	仰拱	−4.96	左拱腰

由图 6-36 和图 6-37 可知，隧道拱顶和仰拱最大主应力变化明显，在地震波加载的过程中，隧道仰拱在第 3s 前先达到应力的峰值，拱顶主应力的峰值在第 3s 后出现，拱顶滞后于仰拱。

工况一各监测点主应力在到达峰值后逐渐稳定，而工况四主应力在加载结束时还在波动变化，说明粉土液化地层在液化后表现出流动性，对隧道结构的约束变弱，隧道结构受到的内力小，稳定变慢。由表 6-14 可以看出，最大主应力和最小主应力的极值都出现在工况一(隧道上层粉土)，工况一的竖向位移最小，对于最小主应力，隧道仰拱是最不利的受力位置；对最大主应力来说，隧道的仰拱或拱顶是最不利的受力位置。

隧道衬砌最大剪应力时程曲线如图 6-38 所示。隧道衬砌最大剪应力及分布位置见表 6-15。

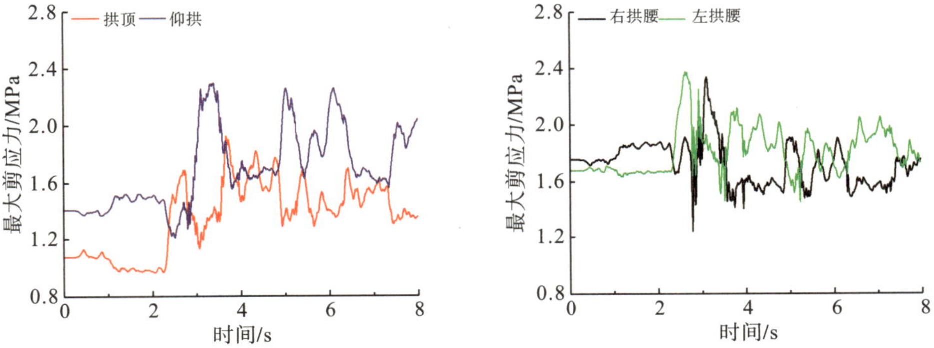

(a)工况一

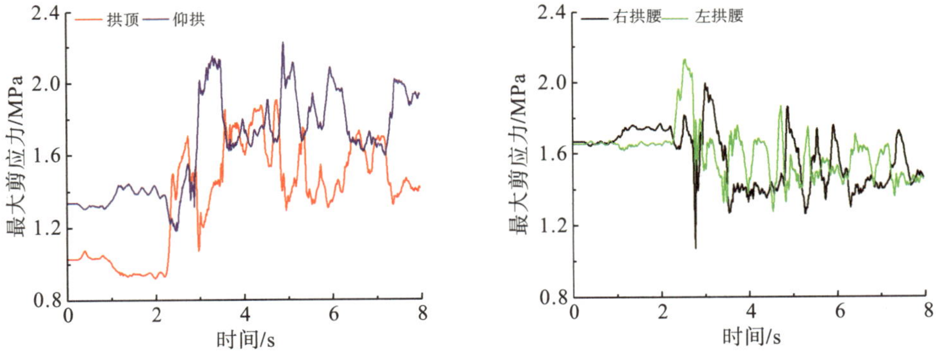

(b)工况二

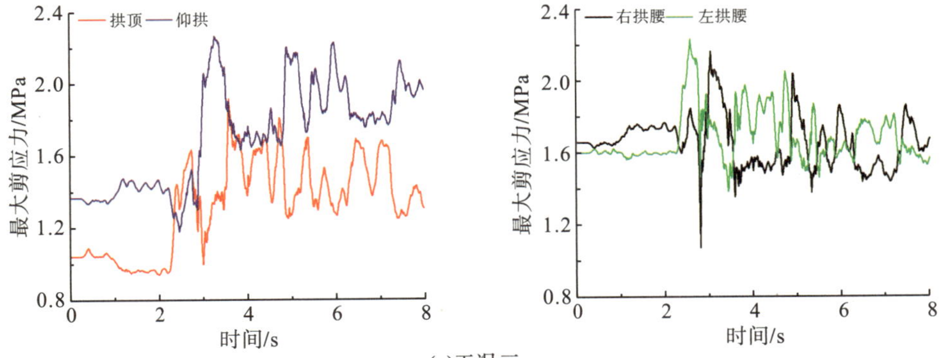

(c)工况三

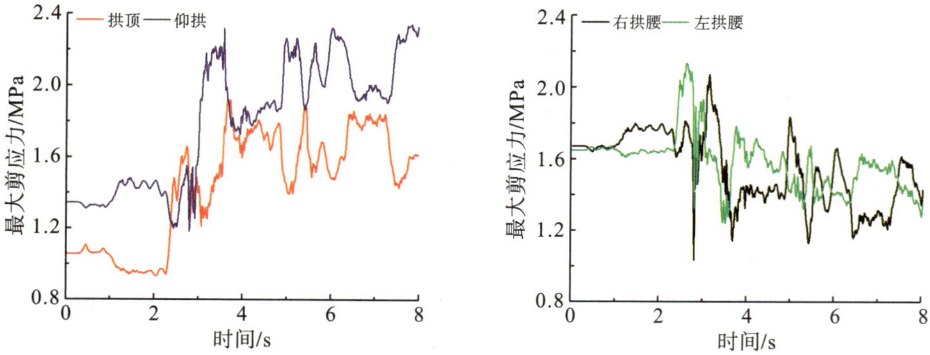

(d)工况四

图 6-38　隧道衬砌最大剪应力时程曲线

表 6-15　隧道衬砌最大剪应力及分布位置

工况	最大剪应力/MPa	分布位置
工况一	2.37	左拱腰
工况二	2.22	仰拱
工况三	2.27	仰拱
工况四	2.33	仰拱

由图 6-38 可知，最大剪应力在第 2.2s 开始迅速增长，左拱腰处最大剪应力首先达到峰值。工况四(隧道结构下半断面穿越粉土地层)仰拱的最大剪应力在达到峰值后一直大于其余位置，工况一至工况三中，左拱腰和仰拱在曲线变化时最大剪应力值最大。

表 6-15 表明，工况一的最大剪应力值最大，为 2.37MPa。在粉土地层中，隧道左供腰是受剪力最大的位置。

3. 结果分析

由前面的分析可知，在考虑实际液化地层在上覆非液化杂填土及与不可液化的黏土地层形成夹层的情况下，盾构隧道下半断面穿越具有一定厚度可液化粉土的工况为液化最不利工况(工况四)，其次是隧道上半断面穿越没有足够上覆非液化土层的粉土地层工况(工况二)。

值得注意是，隧道全断面穿越可液化粉土夹层工况(工况三)，虽然上覆非液化土层对周围粉土地层和结构的液化变形响应有明显的减轻作用，但在高烈度地震动作用下的上浮位移变形仍旧达到 2cm 左右，仍然建议对该工况进行抗液化处理。

对于隧道结构断面以外上覆液化粉土薄层的情况(工况一)，值得注意的是，该工况在地震过程中的变形量为所有考虑情况中最小，接近 0 且过程较为稳定，但在地震过程后期至结束时会产生一定的向下位移，但考虑结构整体处于非液化土层中并受其约束，按地下结构在地震中一般保持与地层同步，振动幅值及惯性力作用可忽略不计，具备较好抗震能力的原则，该工况不易对盾构隧道区间整体结构造成严重影响，可在规范准许范围内考虑不对其进行抗液化处理。

6.5　隧道横向间距对天津粉土地层及隧道结构动力响应的影响

6.5.1　计算工况

当两盾构隧道的横向间距比较近时，中间围岩受力与变形受两边隧道的影响，在地震中容易遭到破坏，而横向距离较近时，隧道结构的受力也会受到影响，因此，有必要研究隧道横向间距对隧道结构地震响应的影响。计算工况见表 6-16。计算模型如图 6-39 所示。隧道的埋深为 12m，其余参数见 6.2.1。

表 6-16　盾构隧道横向间距计算工况

工况	工况一	工况二	工况三	工况四
横向间距 B/m	4	6（D）	9（1.5D）	12（2.0D）

注：D 为盾构的洞径。

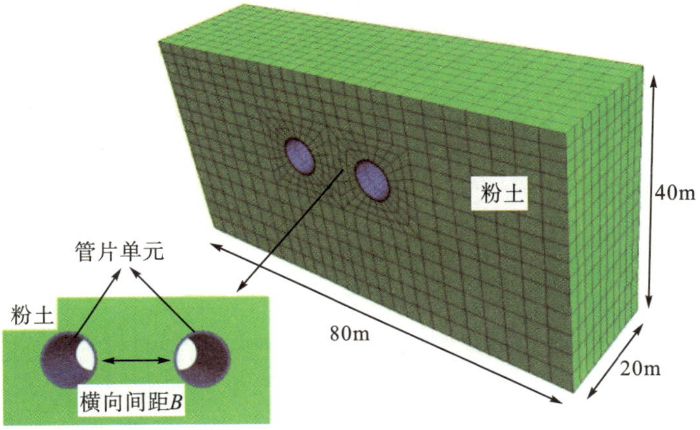

图 6-39　计算模型图

6.5.2　结果分析

1. 地层竖向位移分析

在计算结束后，各工况下地层竖向位移分布云图如图 6-40 所示。地层竖向位移最大值及分布位置见表 6-17。

(a)工况一(4m)

(b)工况二(6m)

(c)工况三(9m)

(d)工况四(12m)

图 6-40　各工况下地层竖向位移分布云图(单位：m)

由图 6-40 可以看出，随着隧道横向间距的增加，地表中间处的竖向沉降位移逐渐增大，表明两隧道之间的相互影响减弱。

表 6-17　地层竖向位移最大值及分布位置

工况	向上最大位移/cm	分布位置	向下最大位移/cm	分布位置
工况一	4.82	断面底部	−6.61	断面左上
工况二	4.54	断面底部	−6.39	断面左上
工况三	4.27	断面底部	−6.36	断面左上
工况四	4.66	断面底部	−6.21	断面左上

由表 6-17 可知，工况一到工况三，地层的竖向位移值均减小，工况四时地层向上和向下的竖向位移均增大，说明在隧道横向间距小于 1.5D 时，横向间距对地层的竖向位移影响大，当横向间距大于 1.5D 时，横向间距对竖向位移的影响不大，两隧道之间的相互影响减弱。

2. 超孔隙水压力分析

同一位置不同工况下超孔隙水压力时程曲线如图 6-41 所示。

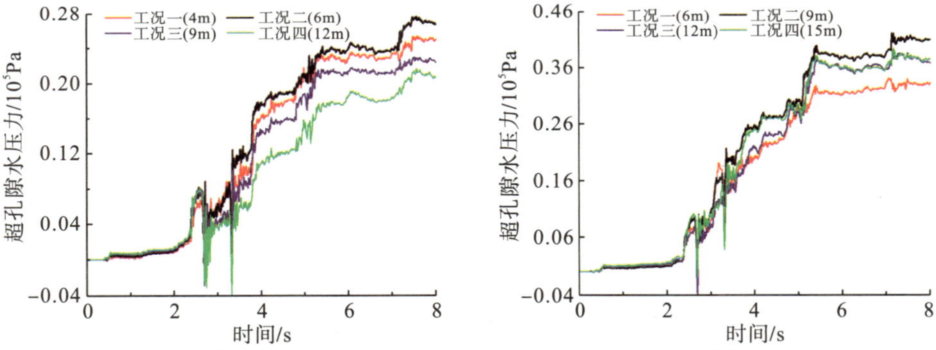

(a) z=−4m　(b) z=−8m

图 6-41　超孔隙水压力时程曲线

由图 6-41 可以看出，z=−4 时，4 种工况在加载前 2s 时同步变化，在第 3～4s 时，由于地震作用的加强，孔隙水压力大幅度增大，在同一时刻，工况四的超孔隙水压力最小，工况二的超孔隙水压力最大。在随后的 5～8s，工况二的超孔隙水压力一直最大。

在地下 4m 和 8m 处，工况二的超孔隙水压力稳定值均最大，土层更容易发生液化，工况三和工况四的超孔隙水压力变化相同。因此，当横向间距为 1 倍洞径时，粉土最容易发生液化，当横向间距大于 1.5 倍洞径时，横向间距对粉土液化的影响减弱。

在第 6s 结束时，各工况下监测断面的超孔隙水压力比云图如图 6-42 所示。超孔隙水压力比最大值及分布位置见表 6-18。

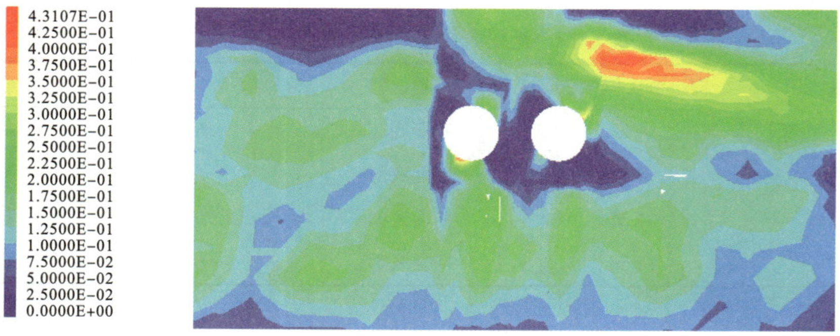

(a)工况一

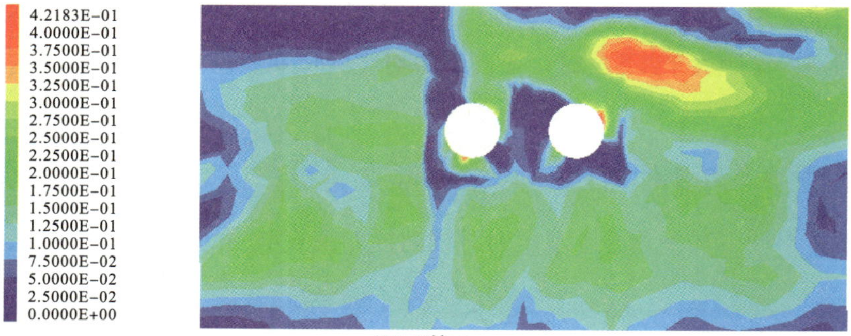

(b)工况二

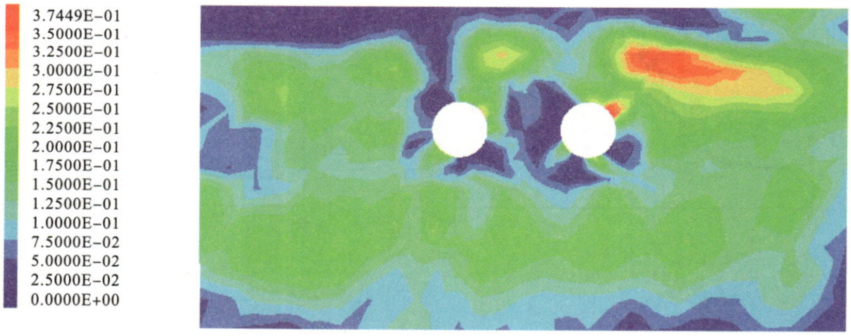

(c)工况三

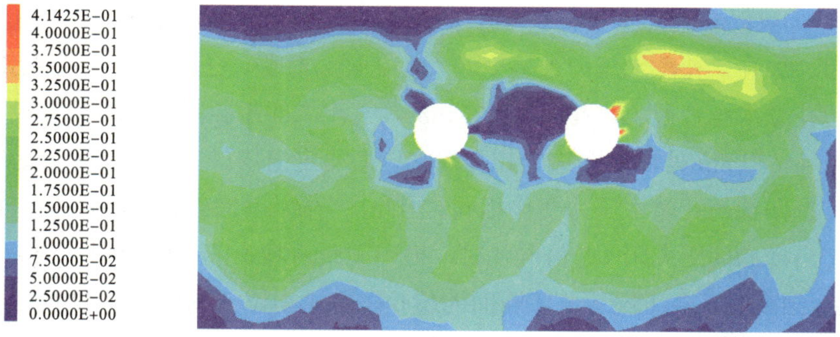

(d)工况四

图 6-42　超孔隙水压力比云图

表 6-18　超孔隙水压力比最大值及分布位置

工况	超孔隙水压力比最大值	分布位置
工况一	0.43	埋深 6m 处
工况二	0.42	埋深 6m 处
工况三	0.37	右洞隧道拱肩
工况四	0.42	右洞隧道拱肩

由图 6-42 可以看出，4 种工况下超孔隙水压力比云图分布相同，断面右侧埋深 6m 处的超孔隙水压力比较大，而最大超孔隙水压力比的分布位置随着横向间距的增加逐渐转向右洞隧道的拱肩处，说明超孔隙水压力比的最大值对隧道横向间距不敏感，而隧道之间的土体超孔隙水压力比为负值，即在这一瞬时，隧道之间的土体孔隙水压力减小。

3. 隧道竖向位移分析

隧道竖向位移云图如图 6-43 所示。隧道最大、最小竖向位移及分布位置见表 6-19。

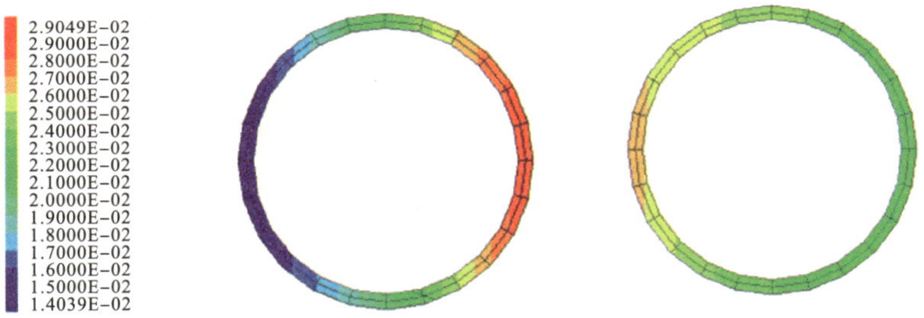

(a)工况一(4m)

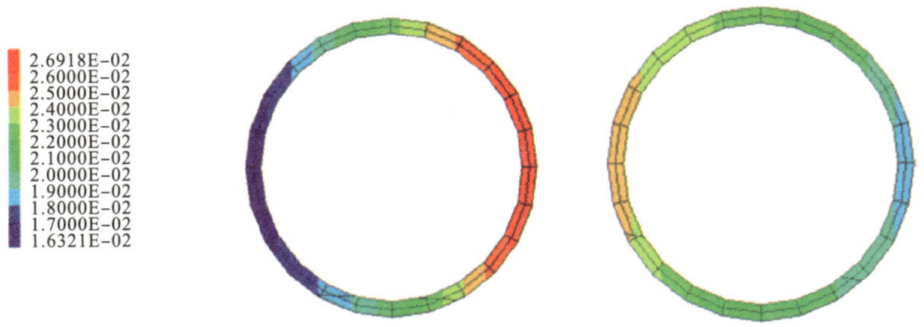

(b)工况二(6m)

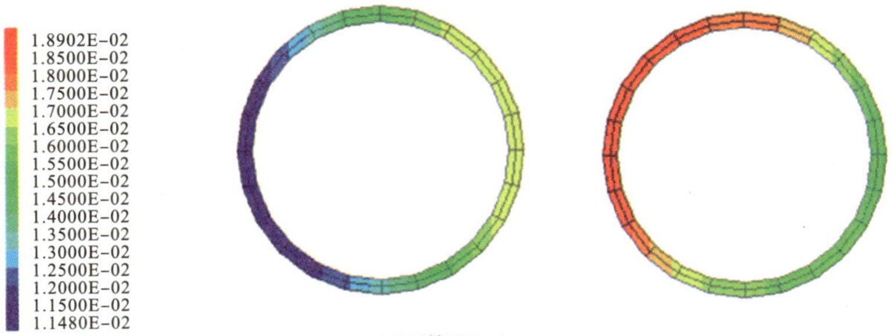

(c)工况三(9m)

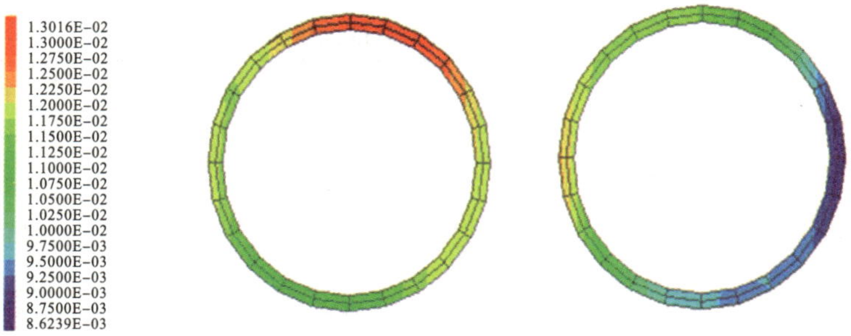

(d)工况四(12m)

图 6-43　隧道竖向位移云图

表 6-19　隧道最大、最小竖向位移及分布位置

工况	最大位移/cm	分布位置	最小位移/cm	分布位置
工况一	2.90	左洞右拱腰	1.40	左洞左拱腰
工况二	2.69	左洞右拱腰	1.63	左洞左拱腰
工况三	1.89	右洞左拱腰	1.15	左洞左拱腰
工况四	1.30	左洞拱顶	0.86	右洞右拱腰

由图 6-43 可以看出，工况一的竖向位移值最大，为 2.90cm，随着隧道横向间距的增加，竖向位移减小，说明当隧道的横向间距大于 1 倍洞径时，隧道的上浮量明显减少。

由表 6-19 可以看出，当隧道的横向间距小于 1 倍洞径时，最大的竖向位移发生在左洞右拱腰处，而工况三和工况四的最大位移分别发生在右洞左拱腰处和左洞拱顶处。因此，横向间距会很大程度上影响隧道的上浮。

4.隧道衬砌应力分析

隧道衬砌最大、最小应力时程曲线如图 6-44 和图 6-45 所示。隧道衬砌最大、最小主应力及分布位置见表 6-20。

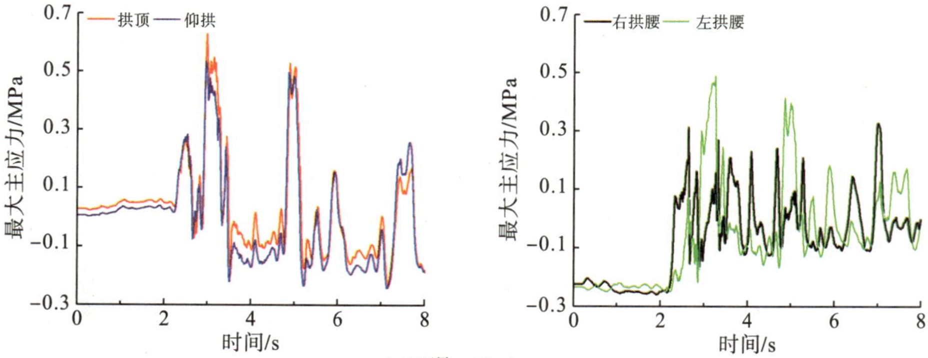

(a)工况一(4m)

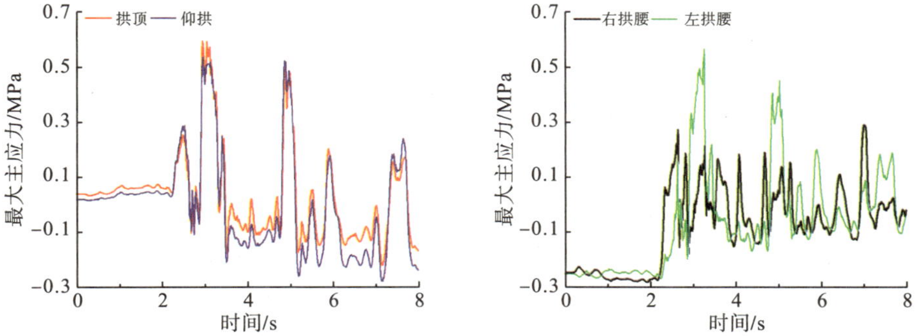

(b)工况二(6m)

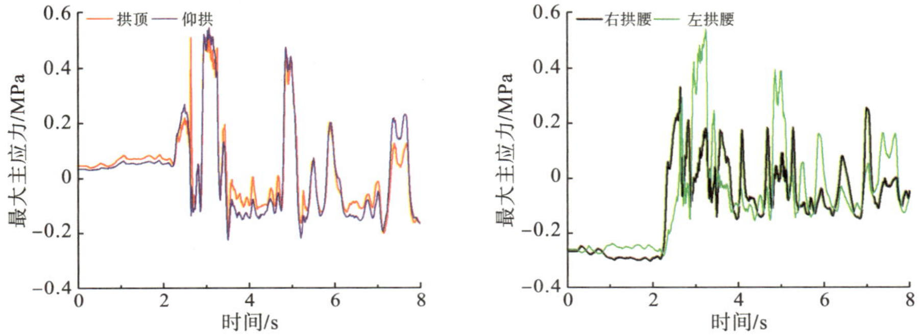

(c)工况三(9m)

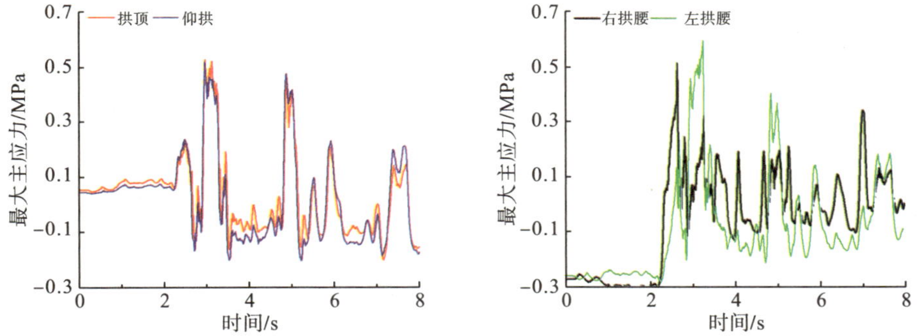

(d)工况四(12m)

图 6-44　隧道衬砌最大主应力时程曲线

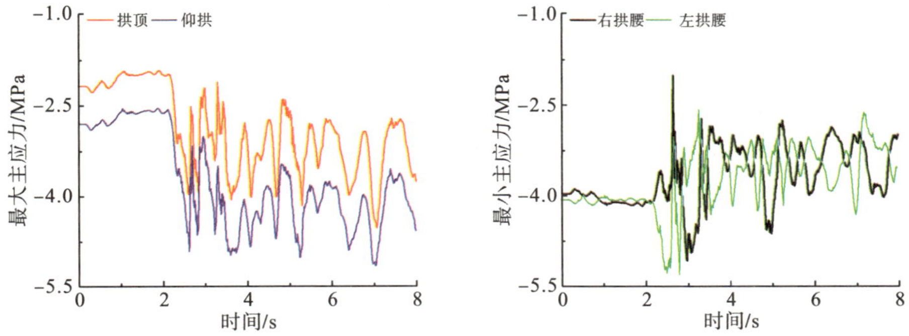

(a)工况一(4m)

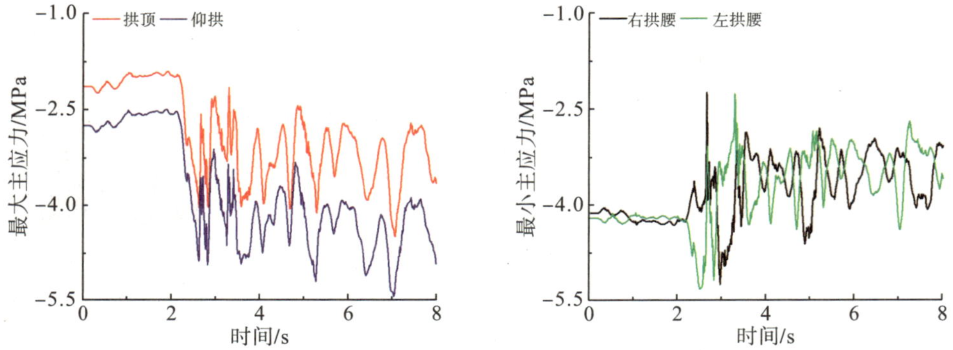

(b)工况二(6m)

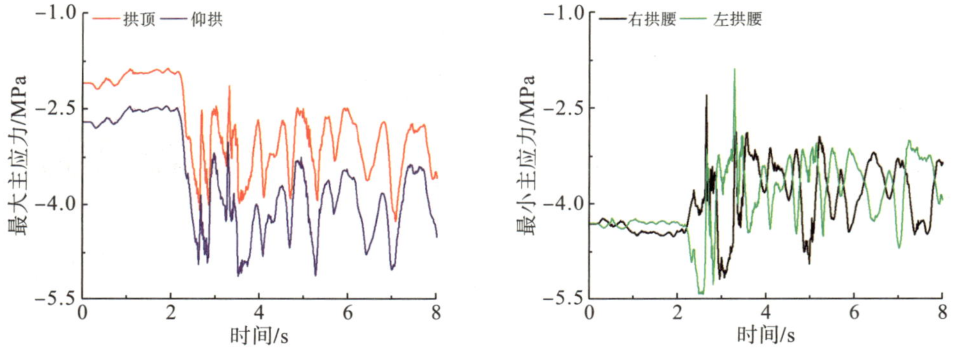

(c)工况三(9m)

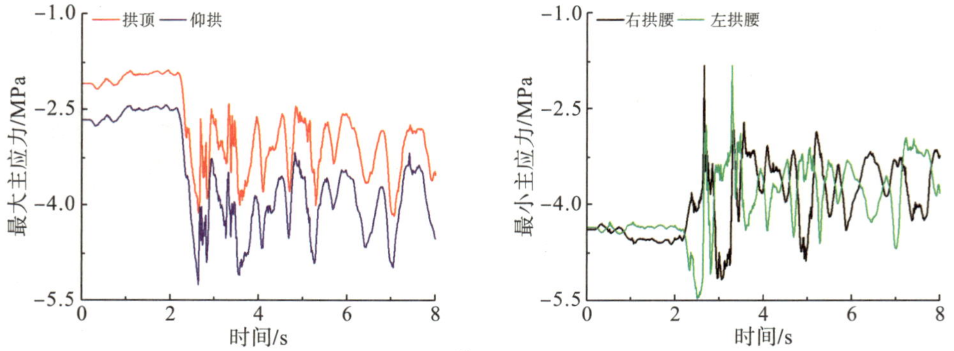

(d)工况四(12m)

图 6-45　隧道衬砌最小主应力时程曲线

表 6-20　隧道衬砌最大、最小主应力及分布位置

工况	最大主应力/MPa	分布位置	最小主应力/MPa	分布位置
工况一	0.63	拱顶	−5.31	左拱腰
工况二	0.59	拱顶	−5.46	仰拱
工况三	0.54	仰拱	−5.43	左拱腰
工况四	0.59	左拱腰	−5.48	左拱腰

由图 6-44 和图 6-45 可以看出，最大主应力变化时程曲线有 3 个明显的峰值，分别在 3s、5s、7s，其中第 3s 时的峰值最大，拱顶和仰拱的时程曲线相同，拱顶略大于仰拱。工况一的最大主应力峰值最大，为 0.63MPa，工况三的最大主应力峰值为 0.54MPa。

由表 6-20 可以看出，对最小主应力，工况四最小主应力值最大，为−5.48MPa，工况一最小主应力值最小，为−5.31MPa。可见，隧道横向间距变化对隧道结构主应力值影响不大，原因是隧道粉土结构对隧道的约束作用较弱。仰拱和左拱腰是隧道结构主应力最不利的受力位置。

隧道衬砌最大剪应力时程曲线如图 6-46 所示。隧道衬砌最大剪应力及分布位置见表 6-21。

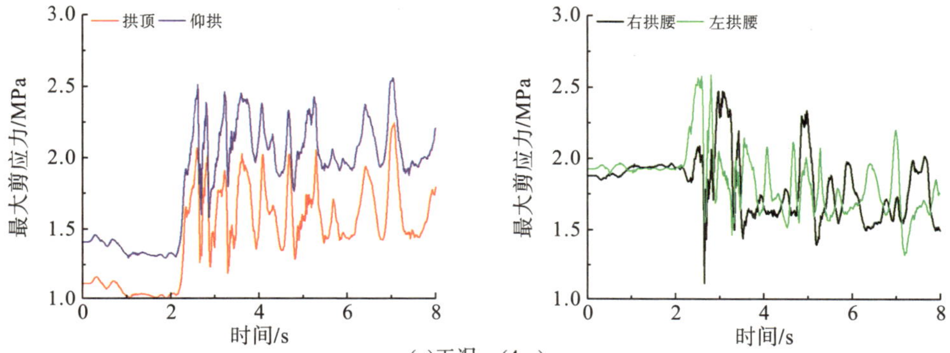

(a)工况一(4m)

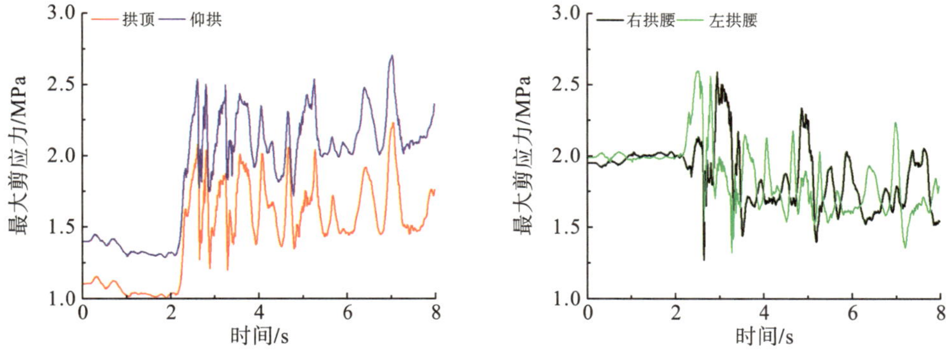

(b)工况二(6m)

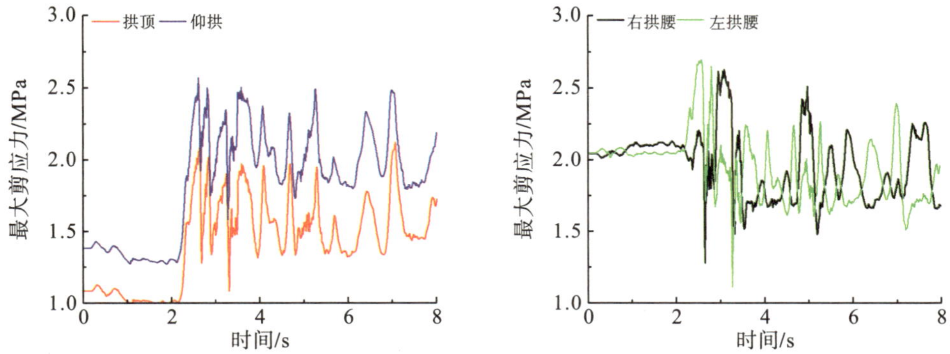

(c)工况三(9m)

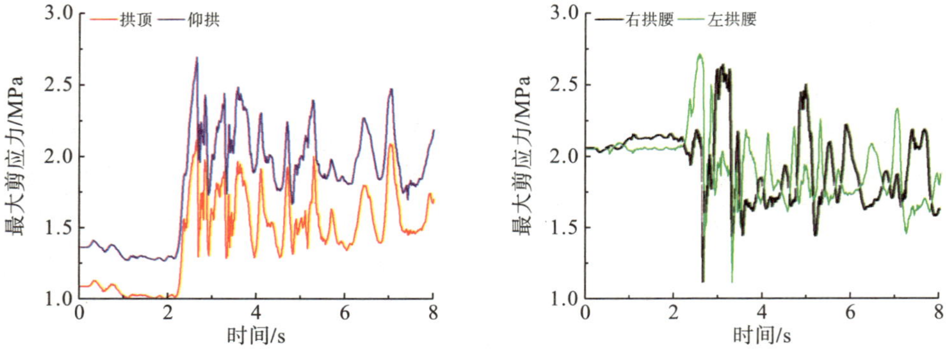

(d)工况四(12m)

图 6-46　隧道衬砌最大剪应力时程曲线

表 6-21　隧道衬砌最大剪应力及分布位置

工况	最大剪应力/MPa	分布位置
工况一	2.58	左拱腰
工况二	2.70	仰拱
工况三	2.67	左拱腰
工况四	2.71	左拱腰

由图 6-46 可知，在第 2s 最大剪应力达到峰值时，左拱腰处峰值最大，为最危险的位置，隧道仰拱最大剪切应力始终大于拱顶剪切应力。可以看出，在横向间距增加时，隧道最大剪应力峰值增大，工况一为 2.58MPa，工况四为 2.71MPa，增幅为 5%，说明隧道横向间距增加对隧道结构受剪切应力影响不大。

隧道间的横向间距越小，隧道在地震中的上浮量越大，而下部的土层隆起值也更大，相应地，隧道结构的受力减小。当横向间距为 1 倍洞径时，对结构位移的影响最大，并且上部土层容易液化，当隧道的横向间距大于 1.5 倍洞径时，隧道间的相互影响减弱。

6.6　隧道竖向间距对粉土地层隧道结构动力响应的影响

6.6.1　计算工况

在地铁建设的过程中，由于线路的需要，往往会存在两条线路的盾构隧道位于不同埋深的情况，它们在地震作用下会相互影响，因此，设计计算工况如图 6-47 和表 6-22 所示。保持右侧隧道埋深 6m 不变，改变左侧隧道的埋深，隧道横向间距取 4m，其余参数见 6.2.1。

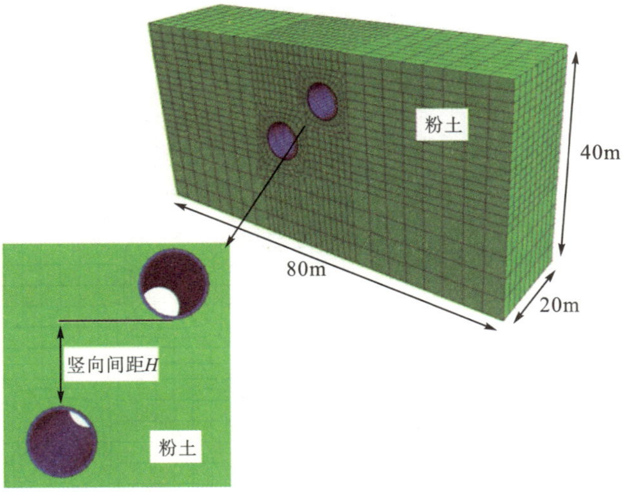

图 6-47　计算模型图

表 6-22　盾构隧道竖向间距计算工况

工况	工况一	工况二	工况三	工况四
竖向间距 *H*/m	3（0.5*D*）	6（*D*）	9（1.5*D*）	12（2.0*D*）

计算监测断面为中间断面 y=10，具体监测点位置如图 6-48 所示。

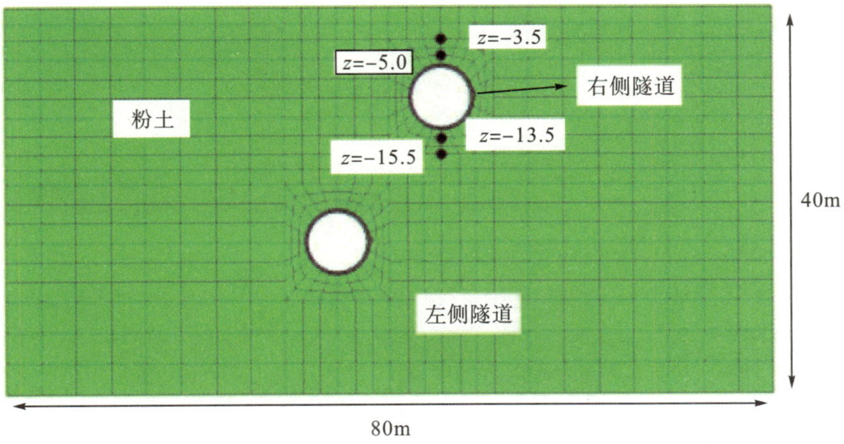

图 6-48　监测点位置布设图

6.6.2　结果分析

1. 地层竖向位移分析

4 种工况下地层竖向位移云图如图 6-49 所示。地层竖向位移最大值及分布位置见表 6-23。

(a)工况一(3m)

(b)工况二(6m)

(c)工况三(9m)

(d)工况四(12m)

图 6-49　地层竖向位移云图

表 6-23　地层竖向位移最大值及分布位置

工况	向上最大位移/cm	分布位置	向下最大位移/cm	分布位置
工况一	4.65	右洞隧道左拱腰	−6.64	断面左上
工况二	4.67	右洞隧道拱肩	−6.35	断面左上
工况三	4.70	右洞隧道拱顶	−6.04	断面左上
工况四	5.12	右洞隧道左拱腰	−5.62	断面左上

由图 6-49 和表 6-23 可以看出，地层向上竖向最大位移发生在埋深较浅的右侧隧道附近，左侧隧道附近土体随着竖向间距的增加，竖向位移逐渐减小，其原因是右侧隧道的埋深浅，在粉土地层中上浮更严重，使附近的土体向上抬升。工况一、工况二和工况三向上最大竖向位移相差不大，而工况四向上竖向位移值为 5.12cm，比工况三增加 0.42cm，说明当隧道的竖向间距大于 2 倍洞径时，隧道间的相互影响明显减弱。

2. 超孔隙水压力分析

监测右侧隧道附近土层超孔隙水压力，得到不同深度下的孔隙水压力分布曲线，如图 6-50 所示。超孔隙水压力值见表 6-24。

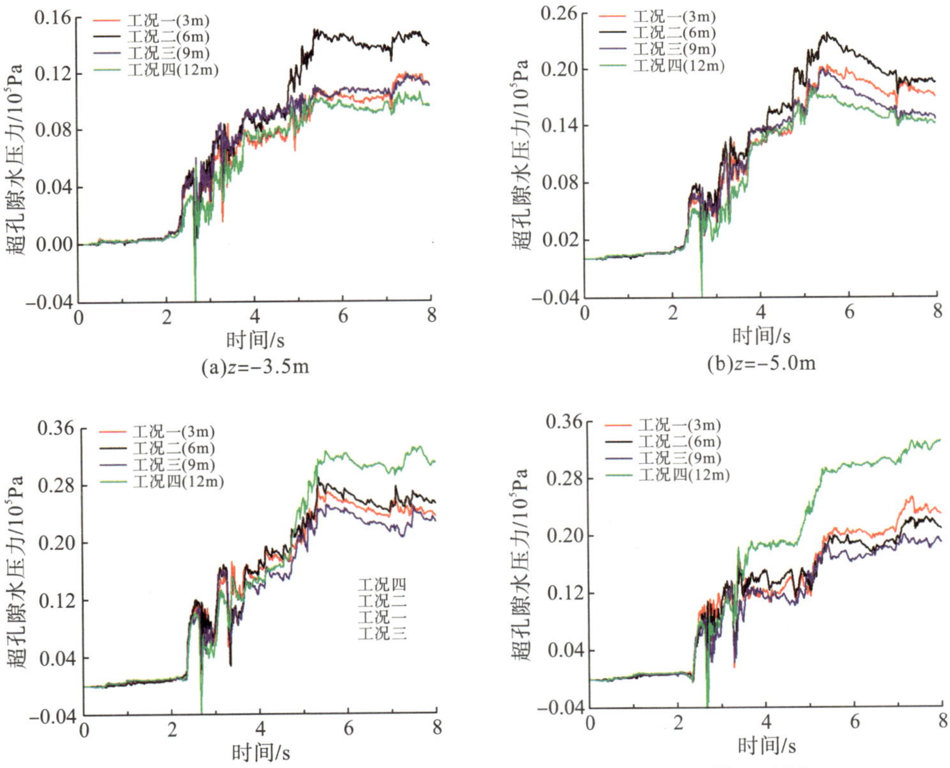

(a)z=−3.5m　(b)z=−5.0m　(c)z=−13.5m　(d)z=−15.5m

图 6-50　超孔隙水压力时程曲线

表 6-24　超孔隙水压力值

工况	监测位置			
	z=−3.5m	z=−5.0m	z=−13.5m	z=−15.5m
工况一	11.1	17.5	24.1	23.5
工况二	14.1	18.8	25.3	21.4
工况三	11.0	15.1	23.4	19.5
工况四	9.57	14.3	31.1	33.1

由图 6-50 和表 6-24 可以看出，随着粉土深度的增加，工况一、工况二和工况三超孔隙水压力先增大后减小，工况四的超孔隙水压力一直增大。

对 z=−5m 处，4 种工况在前 2s 时同步变化，在第 3s 时，工况四超孔隙水压力急剧减小，在 2.67s 时，达到峰值−4.32kPa。在 3～5s 时，超孔隙水压力持续增大，工况二的超孔隙水压力大于其他工况，在第 6s 时，各工况超孔隙水压力达到峰值，工况二最大，为 23.4kPa，随后孔隙水压力开始消散，超孔隙水压力开始减小。

可以发现，在隧道上部较浅的地层，工况二的超孔隙水压力最大，工况四的超孔隙水压力最小，说明竖向间距在 1 倍洞径时对上部土层液化的影响最大。而在 13.5m 和 15.5m 地层处，工况四的超孔隙水压力最大，其余 3 种工况相差不大。因此，隧道竖向间距对上层较浅粉土液化的影响大，对下层粉土液化的影响不明显，并且竖向间距为 1 倍洞径时，浅层的粉土容易发生液化。

在第 6s 时，各工况下监测断面的超孔隙水压力比云图如图 6-51 所示。超孔隙水压力比最大值及分布位置见表 6-25。

(a)工况一

(b)工况二

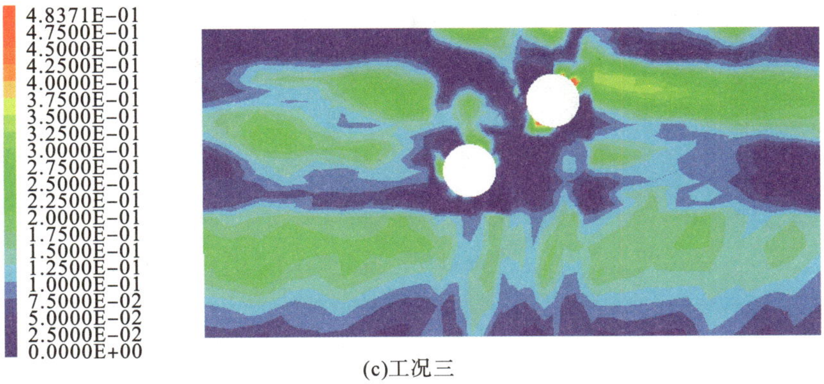

(c)工况三

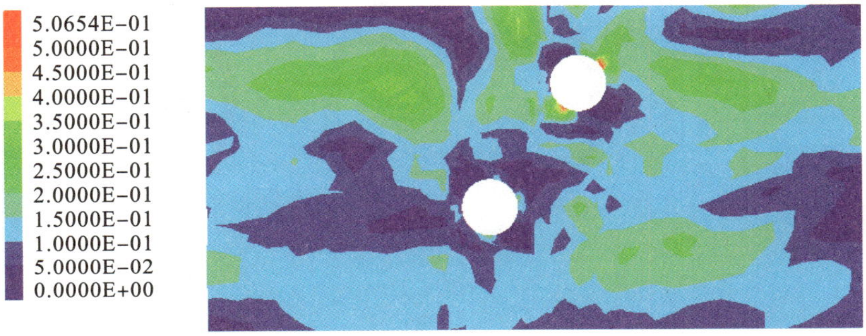

(d)工况四

图 6-51　超孔隙水压力比云图

表 6-25　超孔隙水压力比最大值及分布位置

工况	超孔隙水压力比最大值	分布位置
工况一	0.51	右侧隧道拱肩
工况二	0.57	右侧隧道拱肩
工况三	0.48	右侧隧道拱肩
工况四	0.51	右侧隧道拱肩

可以发现，在隧道的竖向间距为 1 倍洞径时，超孔隙水压力比最大值最大，为 0.57。由图 6-25 可以看出，各工况下的超孔隙水压力比最大值均分布在右侧隧道拱肩处，这是由于右侧隧道的埋深更浅。

3. 隧道竖向位移分析

4 种工况下隧道竖向位移云图如图 6-52 所示。隧道最大、最小竖向位移及分布位置见表 6-26。

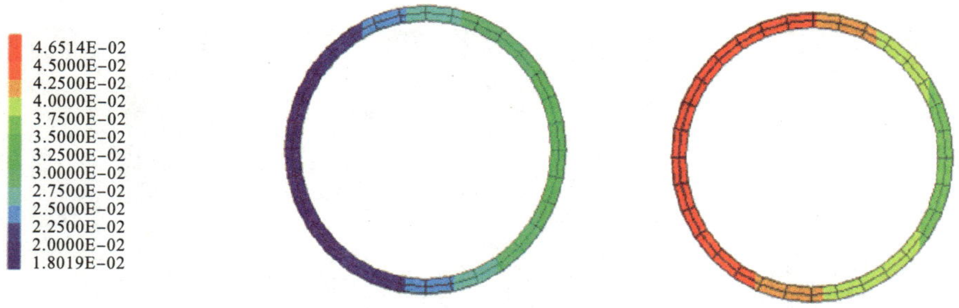

(a)工况一(3m)

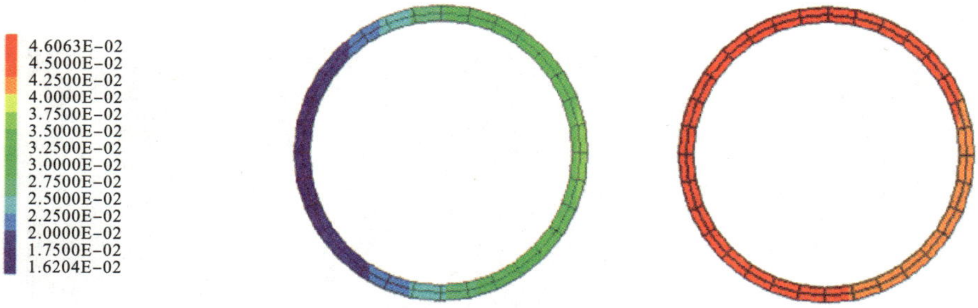

(b)工况二(6m)

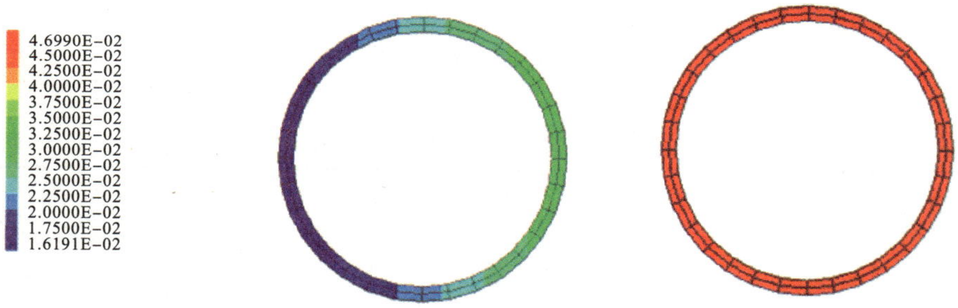

(c)工况三(9m)

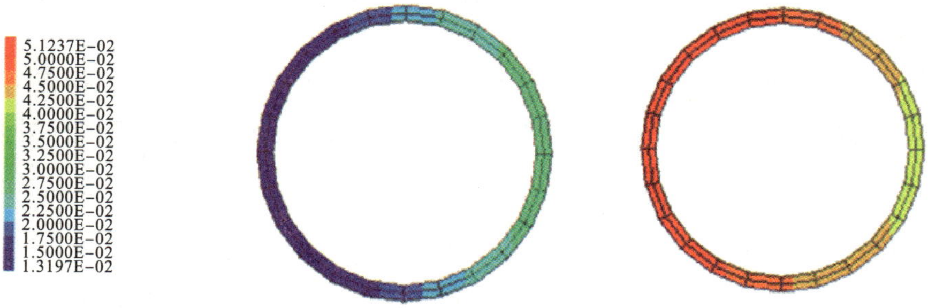

(d)工况四(12m)

图 6-52　隧道竖向位移云图(单位：m)

表 6-26 隧道最大、最小竖向位移及分布位置

工况	最大位移/cm	分布位置	最小位移/cm	分布位置
工况一	4.65	右洞左拱腰	1.80	左侧隧道左拱腰
工况二	4.61	右洞左拱腰	1.62	左侧隧道左拱腰
工况三	4.70	右洞左拱腰	1.62	左侧隧道左拱腰
工况四	5.12	右洞左拱腰	1.32	左侧隧道左拱腰

由图 6-52 可知，盾构隧道的最大竖向位移发生在较浅埋深的右侧隧道，最小位移发生在左侧隧道拱腰处。除工况四以外，其余 3 种工况的最大竖向位移值相差不大，但随着竖向间距的增加，右侧隧道的竖向位移逐渐从左拱腰向整个隧道扩展，到 1.5 倍隧道洞径时整个隧道的竖向位移都接近最大值，而在 2.0 倍隧道洞径时，右侧隧道的竖向位移最大值变大，但左拱腰处明显大于右拱腰处。

4. 隧道衬砌应力分析

4 种工况下隧道衬砌最大、最小主应力时程曲线如图 6-53 和图 6-54 所示。隧道衬砌最大、最小主应力及分布位置见表 6-27。

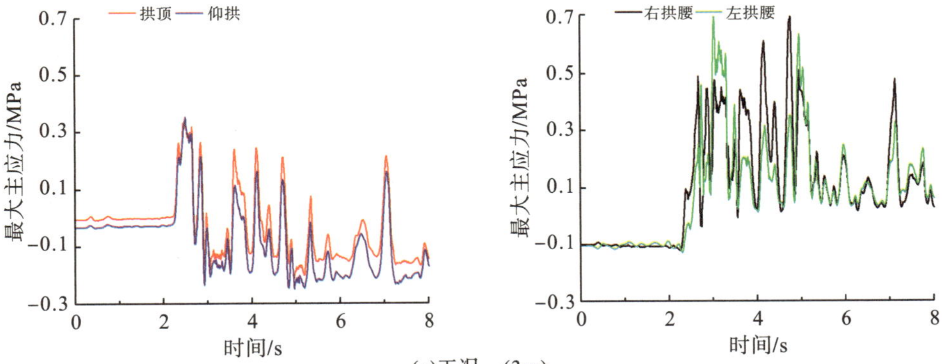

(a)工况一(3m)

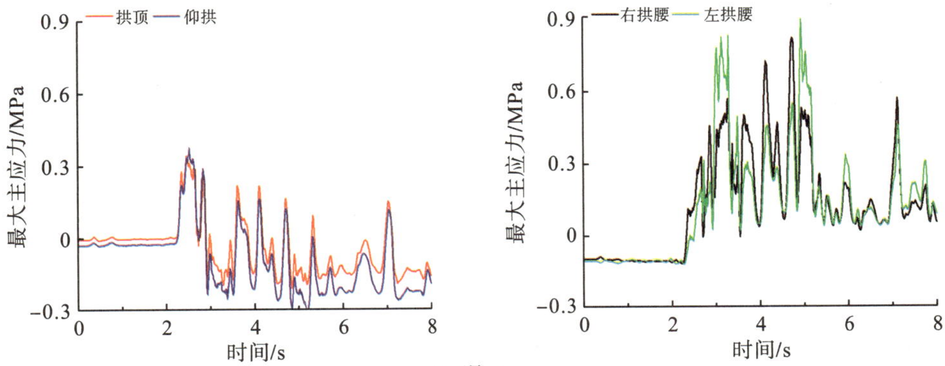

(b)工况二(6m)

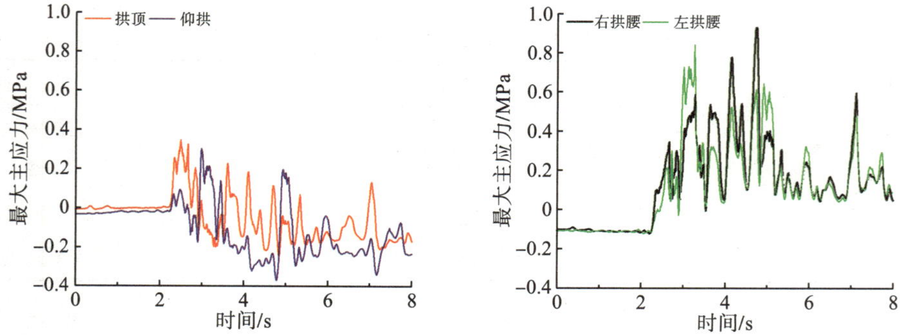

(c)工况三(9m)

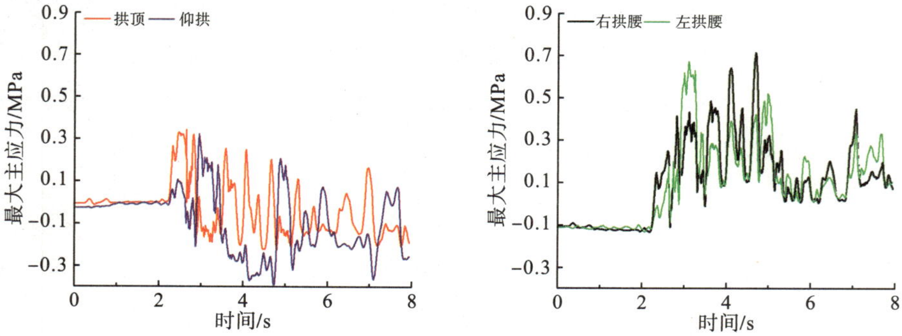

(d)工况四(12m)

图 6-53　隧道衬砌最大主应力时程曲线

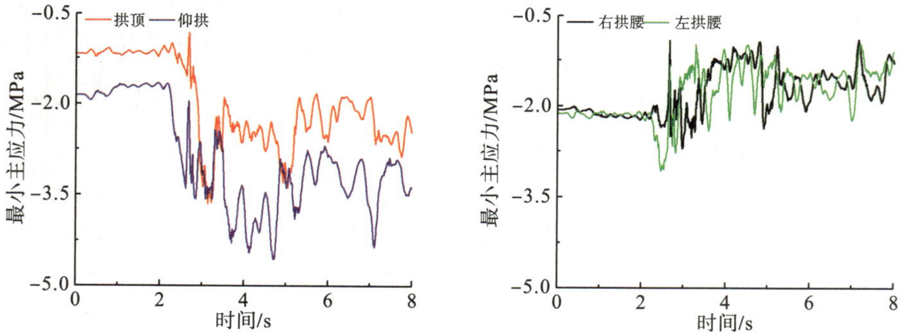

(a)工况一(3m)

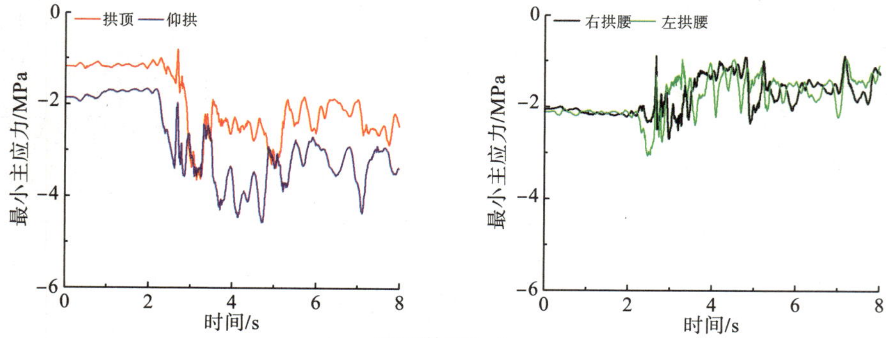

(b)工况二(6m)

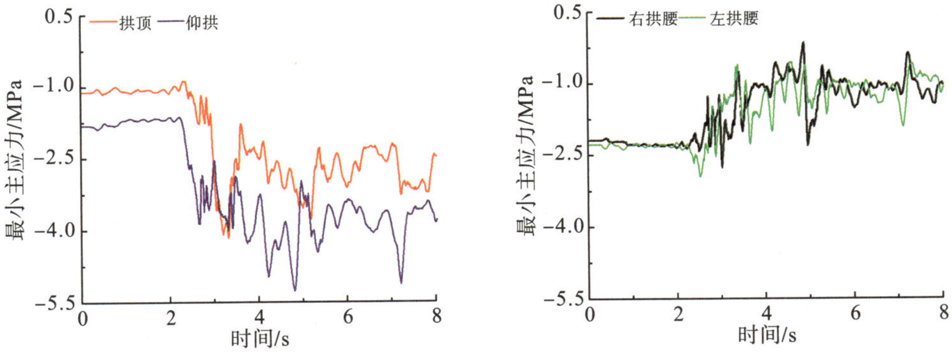

(c)工况三(9m)

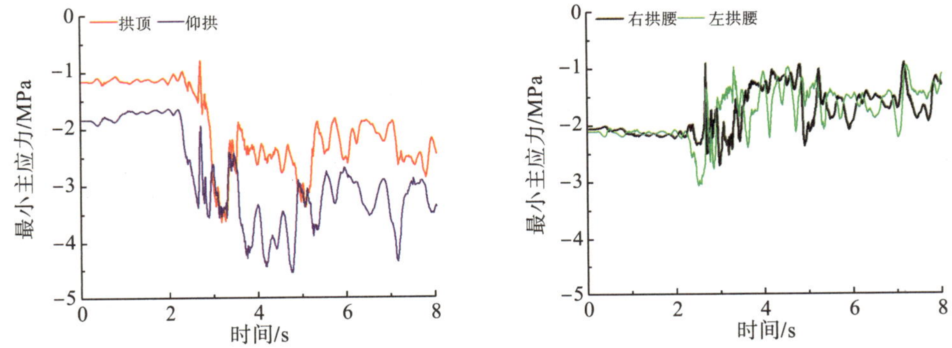

(d)工况四(12m)

图 6-54　隧道衬砌最小主应力时程曲线

表 6-27　隧道衬砌最大、最小主应力及分布位置

工况	最大主应力/MPa	分布位置	最小主应力/MPa	分布位置
工况一	0.71	左拱腰	−4.79	仰拱
工况二	0.94	左拱腰	−5.64	仰拱
工况三	0.94	右拱腰	−5.29	仰拱
工况四	0.72	右拱腰	−4.56	仰拱

由图 6-53 可知，地震荷载加载到 3s 时，左、右拱腰处最大主应力明显增大，拱顶和仰拱处最大主应力先增大后减小。图 6-54 表明，拱顶和仰拱的最小主应力增大，并且仰拱处最小主应力大于其他监测点位置。

由表 6-27 可知，竖向间距增加时，最大主应力和最小主应力的峰值先增大后减小，最大主应力的峰值分布在隧道拱腰处，最小主应力的峰值分布在仰拱处，其中工况二的主应力值最大，最大、最小主应力分别为 0.94MPa、−5.64MPa。

隧道衬砌最大剪应力时程曲线如图 6-55 所示。隧道衬砌最大剪应力及分布位置见表 6-28。

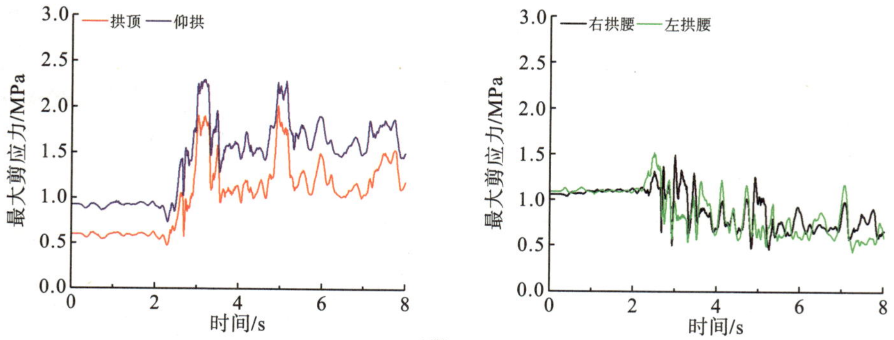

(a)工况一(3m)

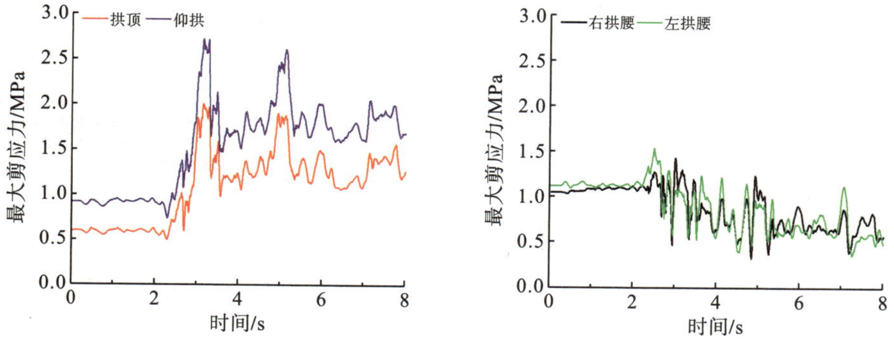

(b)工况二(6m)

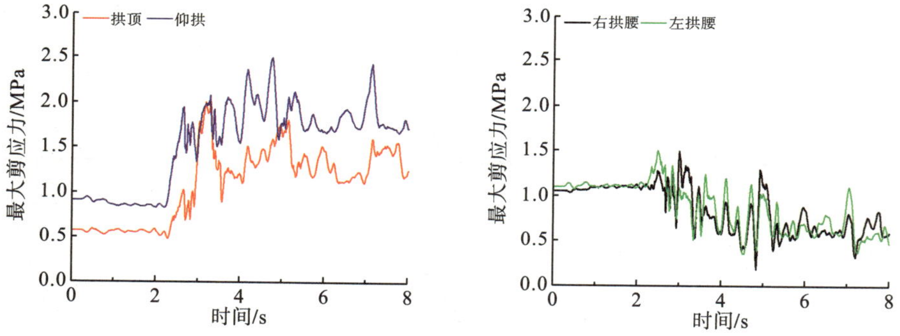

(c)工况三(9m)

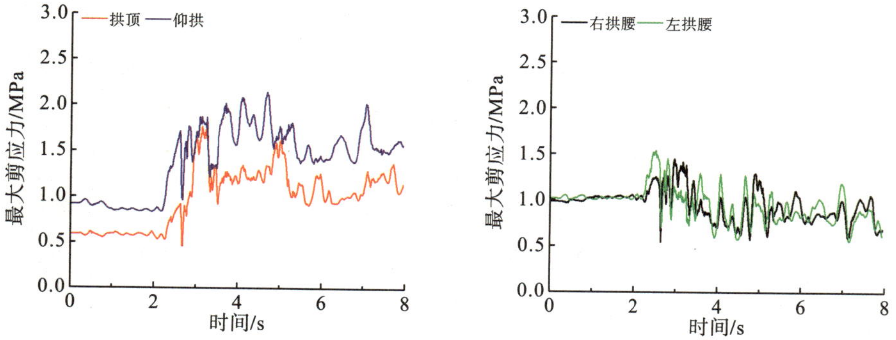

(d)工况四(12m)

图 6-55 隧道衬砌最大剪应力时程曲线

表 6-28　隧道衬砌最大剪应力及分布位置

工况	最大剪应力/MPa	分布位置
工况一	2.29	仰拱
工况二	2.71	仰拱
工况三	2.48	仰拱
工况四	2.13	仰拱

由图 6-55 可知，最大剪应力时程曲线出现多个峰值，仰拱处的最大剪应力值大于拱顶，拱腰处的最大剪应力值相对较小，最大剪应力的最大值出现在第 3s 和第 5s 时刻。最大剪应力值表现出与主应力相同的变化规律，随着隧道竖向间距的增加，最大剪应力的峰值先增大后减小，工况二(6m)的最大剪应力值最大，从分布位置看，最大剪应力最不利的受力位置为隧道的仰拱。

综上所述，隧道间的竖向间距主要影响地层及衬砌的竖向位移分布，这种影响在 1 倍洞径时最明显，当竖向间距达到 2 倍洞径时，隧道间的相互影响不再明显。

6.7　本 章 小 结

本章主要采用数值模拟方法进行基于天津地区粉土液化地基盾构隧道实例的地震动力响应研究，得到如下结论。

(1)地震过程中，粉土的位移表现为中部土体向上隆起，两侧土向下沉降，隧道结构的修建会加剧土体在地震中的隆起，并且隧道上层两侧的土体孔隙水压力比没有隧道时增加 10%以上，隧道底部会出现局部有效应力减小，导致土体更加容易发生液化。在粉土地层中，隧道结构不同位置会发生不均匀的竖向位移，使结构发生一定的旋转。

(2)对于上层的粉土，隧道埋深越深，土体孔隙水压力的累积越明显，在隧道埋深分别为 6m 和 15m 时，同一点的超孔隙水压力相差了 1 倍。对于隧道结构而言，埋深的增大会增加围岩对隧道的约束作用，使衬砌在地震中上浮位移减小，隧道周围土体的向上位移减小，衬砌的最大主应力和最小主应力都大幅增大，对结构的受力更加不利，其中仰拱是受力的最不利位置。

(3)粉土的相对位置会影响盾构的竖向位移，特别是当隧道的上层存在可液化的饱和粉土时，隧道的竖向位移显著增大，而隧道结构的受力变化较小。

(4)隧道之间的横向间距越小，隧道在地震中的上浮量越大，下部土层的隆起值也更大，相应地，隧道结构的受力明显减小。当横向间距为 1 倍洞径时，对结构位移的影响最大，并且上部土层容易液化，当隧道的横向间距大于 1.5 倍洞径时，隧道间的相互影响不明显。

(5)隧道的竖向间距主要影响地层及衬砌的竖向位移分布，这种影响在 1 倍洞径时最明显。隧道竖向间距越大，上层隧道的上浮越明显，隧道竖向间距大于 1.5 倍洞径时，竖向间距已经不是粉土液化和竖向位移、隧道位移和应力变化的主要影响因素。

第 7 章　强震作用下粉土地层盾构隧道抗液化技术

7.1　可液化地基常见整治技术

以往整治液化地基，主要采用换填法、强夯法、挤密法、排水固结法、加筋法、桩基法及注浆法等，这些措施主要是通过减少孔隙水压力的累积或者提高土体的强度来减缓液化破坏损失。

(1) 换填法。换填法主要是通过一些回填材料填充或者替换地基中易液化土层或者软弱土层，提高地基承载力和抗剪能力，其中常用的填充材料一般为碎石、砂土和灰土等。此种方法施工工艺简单且成熟，但是只用于 5m 范围内的软弱地基，若换填厚度过大，则施工烦琐且工程造价过高。

(2) 强夯法。强夯法主要是通过夯击排出土体中的气体，导致孔隙水压力消散，土体有效应力增加，提高地基承载力。图 7-1 所示为是采用强夯法完成的土体加固措施。此种方法减少了其他材料的投入，但是在施工时，对周围建筑物影响较大，且由于需要大量动能，造价相对也较高。在山区或者建筑物较多区域，施工难度较大，成本高。

图 7-1　强夯法加固土体

(3) 挤密法。挤密法是采用挤密作用加固土体，同时回填砂石等形成复合地基，提高了土层的承载能力和抗液化能力。此种方法施工简单，施工周期较短。但是该方法需要严格控制置换率，对沉降有要求的地基，该方法难以保证沉降要求。

(4) 排水固结法。如图 7-2 所示，此方法是通过排水、排气及堆载等手段加快土体固结，提高土体地基强度和抗剪能力。工程中排水桩的排水路径如图 7-3 所示。该方法施工容易，成本较低。但是施工时间较长，工序要求较为严格，此外，还无法解决土体地基的次固结沉降问题。

图 7-2　工程中的排水固结法

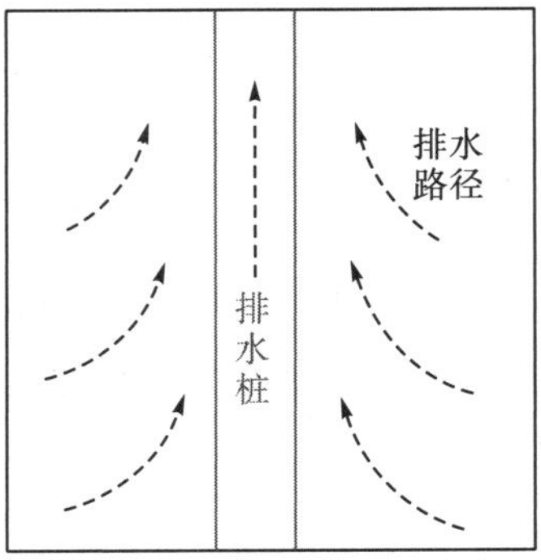

图 7-3　排水桩基排水路径示意图

(5) 加筋法。此方法是通过将土工织物或者聚合物等镶嵌在土体之间，来提高地基的承载力和抗剪能力。但是该种方法处理深层软弱土体存在困难，同时拉筋材料在土体中的耐久性问题也无法解决。

(6) 桩基法。桩基法是将钢筋混凝土预制桩通过锤击或者重压等方式，插入土层之中，通过土体与桩基之间的摩擦力提高地基承载力，桩基的挤密效果如图 7-4 所示。工程中桩基布置如图 7-5 所示。此种方法效果明显，同时可以减少地基沉降及承担水平和上拔荷载。但是桩基法造价及施工工艺要求均较高。

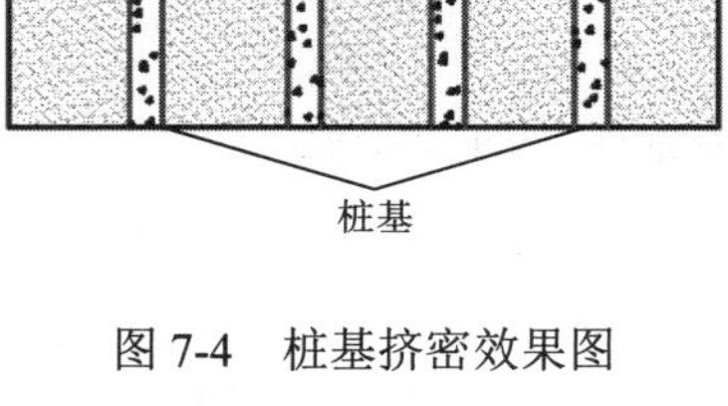

图 7-4　桩基挤密效果图

图 7-5　工程中的桩基布置

(7) 注浆法。注浆法是将混凝土等具有胶凝性质的材料通过地下水注入特定部位，通过土体的胶结提高土体的强度。目前工程上主要有水泥注浆法和化学注浆法。水泥浆强度较高，工艺成熟，在工程上使用较多，但对于细小孔隙的填充存在不足。化学注浆法虽然能填充较小孔隙，但大多化学物质存在毒性，对周围环境影响较大。目前，水玻璃、环氧树脂等胶凝材料的使用大幅增加，但是两种材料的耐久性及反应时间长的问题不易解决。图 7-6 所示为隧道衬砌洞周的注浆示意图(计算理论模型)。

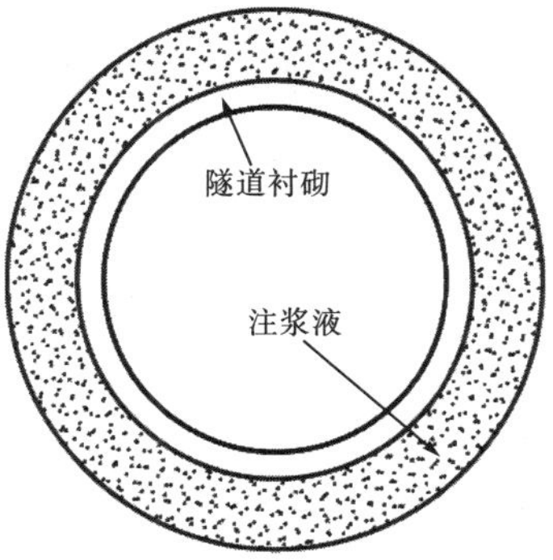

图 7-6　注浆示意图(理论模型)

(8) 其他方法。由于传统加固液化地基的措施各自都有局限性，近些年来，很多学者提出了新型加固措施，如降饱和度、微生物加固地基等方法，不仅环保，而且效果较好，耐久性也较高。

上述整治液化地基的方法是工程中常用的手段，其中排水固结法及注浆法由于其限制条件较少，适用条件广泛，相比于其他措施在工程上应用更为广泛。除此之外，近些年降饱和度法被众多学者应用于抗液化加固措施中，但目前更多见于室内试验中。

7.2　强震作用下天津粉土地层盾构隧道抗液化设计方法

第 6 章通过数值模拟的手段对饱和粉土地层盾构隧道模型进行了动力液化响应研究，通过研究地震作用下粉土的超孔隙水压力比、超静孔隙水压力、隧道结构变形及震后土体变形等指标，认识到高烈度地震动作用下饱和粉土发生了严重的液化现象，隧道结构产生了较大的变形，所以需要采取措施对液化地基进行加固，保证隧道结构的安全稳定。本章拟采用注浆法、液化排水桩法及降饱和度法对地基进行加固，研究不同方法的加固效果，提出有效加固措施，并选取不同加固措施的最优参数。

7.2.1　盾构隧道抗液化处理原则

1. 设计时应考虑的液化处理原则

一般情况下，对还未施工或在建设中的设计线路，从设计和施工两个方面有以下处理建议。

设计方面，宜采用：

(1) 调整线路纵断面，区间结构尽量避开液化土层；

(2) 采用洞内、外液化地层加固；

(3) 加强管片配筋、采用高级别的高强度螺栓链接管片等区间结构加强措施；

(4) 可在管片混凝土内添加聚丙乙烯网状纤维等，增加混凝土的韧性和耐久性；

(5) 每环管片应预留适当的注浆或注气孔，根据液化地层的分布情况及后期运营期间的隧道变形情况进行二次深孔注浆或注气处理。

施工方面，应该注意以下几点：

(1) 针对性优化盾构推进技术，如在可液化土层范围内减小盾构掘进速度、采用渣土改良技术、加强盾构防水控制、严格控制盾构推进轴线避免超挖、改良盾尾密封系统等；

(2) 采用同步抗液化处理措施；

(3) 选择风险较小的区间先进行试推进并优化调整盾构推进及注浆、注气或设置排水桩的各项参数；

(4) 施工前必须编制有针对性的应急预案，应急物资及设备必须落实到位。

2. 不同液化等级粉土中盾构隧道及地基处理原则

为探究轻微、中等及严重液化等级的天津粉土处理原则，就典型工况，分别对不同液化等级的土体进行计算模型的建立，保证其余建模参数不变，以液化土层的超孔隙水压力比和隧道结构的位移为判定指标，确定相应的处理原则。在 PGA=0.3g 的天津波作用下，孔隙水压力比计算结果如图 7-7 所示。

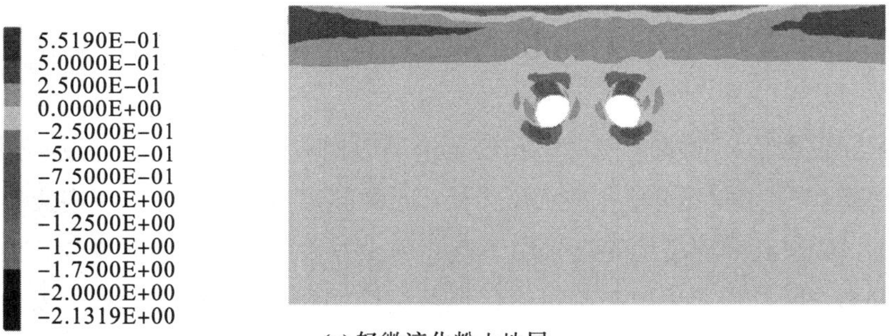

(a) 轻微液化粉土地层

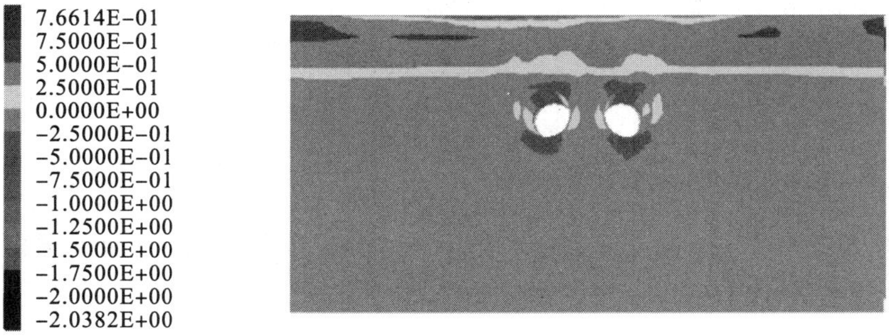

(b) 中等液化粉土地层

(c) 严重液化粉土地层

图 7-7　PGA=0.3g 的天津波作用下不同液化等级粉土的孔隙水压力比

隧道结构位移的计算结果如图 7-8 所示。

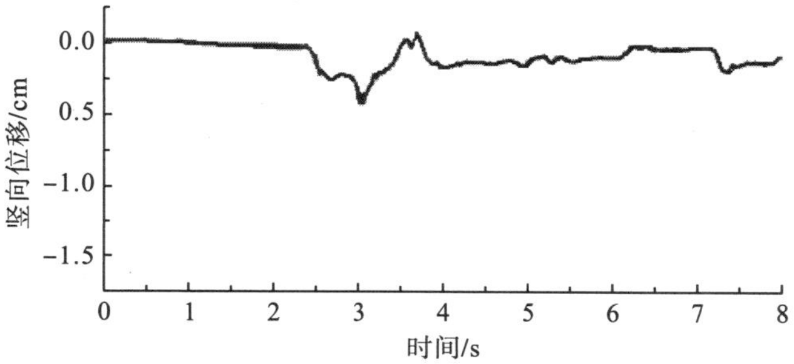

(a) 轻微液化粉土地层

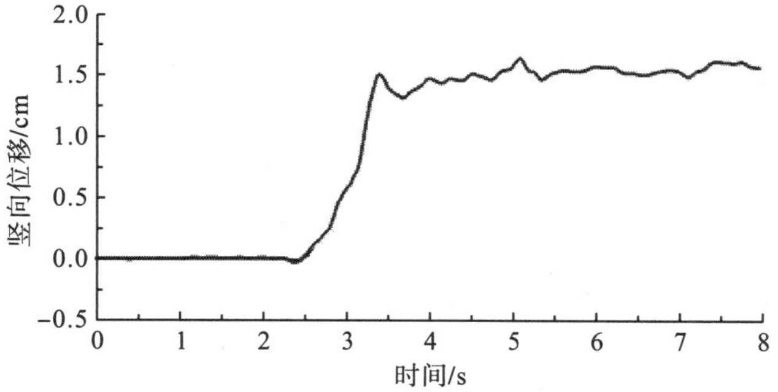

(b) 中等液化粉土地层

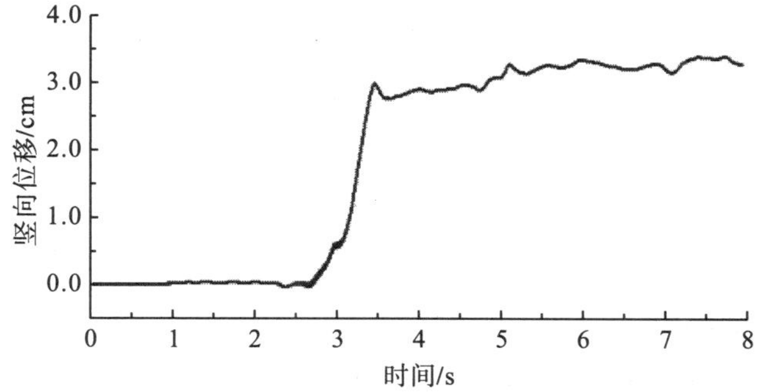

(c) 严重液化粉土地层

图 7-8　PGA=0.3g 的天津波作用下不同液化等级粉土隧道顶部的竖向位移

本书以 0.65 的超孔隙水压力比作为粉土液化的判别标准，结合盾构隧道在可液化地层中的位移情况，对于轻微液化等级的粉土地层，由于对隧道结构震害影响很小，所以在考虑抗液化措施时可不做处理。而对于中等及严重液化土层，在强震作用下由于孔隙水压力比及位移均达到液化标准，会严重影响地铁线路的正常使用及隧道结构的安全稳定，所以必须对该类土体进行抗液化处理。

3. 盾构隧道与液化土层所处不同位置情况的处理原则

结合 5.4 节中的研究内容，粉土的相对位置会影响地层与盾构的竖向位移，并影响可液化土层中孔隙水压力比的分布，特别是当隧道的下部存在或穿越可液化的饱和粉土时，隧道的竖向位移显著增大，隧道结构的最大主应力也显著增大，所以当粉土层在盾构结构整体下方或盾构隧道仰拱与结构下半部分穿越可液化粉土层时，建议对中等及严重液化粉土地层开展抗液化处理。

对于可液化粉土地层位于盾构隧道下方且结构未穿越其中的情况，由于粉土埋深较大及上覆非液化土层具有足够厚度等原因，结合计算结果，认为该情况下可液化土层中超孔隙水压力比的最大值不会达到液化判定数值。虽然在隧道的底部存在粉土超孔隙水压力比增大的现象，但土体未发生液化，因此隧道底部以下的粉土地层根据实际情况在符合设计要求的情况下可不考虑施加抗液化措施。

7.2.2　地震动作用下盾构隧道结构抗液化设计思路及措施

1. 盾构隧道抗液化设计思路

盾构隧道区间属柔性结构，其有别于地铁车站，更易受地震液化的影响。但因区间较长，在液化土层分布广、厚度大的情况下，应首先在线位选择时就考虑地震液化因素，尽量从整体上避开液化土层分布区域；当确实无法从平面上避开时，也应综合考虑车站埋深、技术难度及工程造价等因素，尽量加大区间线路埋深，从纵断面上避开液化土层。当从以上两个方面均无法回避时，则必须采取必要的抗液化处理措施。

由于盾构隧道区间施工工法的特殊性，考虑到地面交通、地下市政管线及地面施工场地条件等因素，实施长距离的截断墙隔断液化土层，或者大范围地采用地面方式加固液化土层难度均较大，且工程造价十分昂贵，施工周期较长，一般情况下均不宜作为盾构区间隧道抗液化措施。结合盾构工法的施工工艺特点，可考虑结合盾构同步注浆、二次注浆及深孔注浆，采取洞内加固方式较为合理。同时，若不考虑地铁线路下穿地表建筑物或在远郊等场地施工条件较好的区域，可以考虑采用沿线布置液化排水桩形成复合地基的方法处理，该种方法设备简单，操作方便，且对于抗液化的加固效果最为显著。另外，本书结合目前研究领域内最新的抗液化理论提出了类似于洞内注浆加固的直接注氮气降饱和度抗液化方法。

2. 地震作用下盾构隧道结构抗液化措施

随着国内各大城市地下空间的不断开发和利用，大断面、浅埋地下结构越来越多，以往震害情况表明地铁结构容易遭受地震作用的破坏，地震中饱和砂土地层的液化是造成地铁结构破坏的重要原因之一。参考国内外有关隧道及地下结构的震害研究成果，本书确定了 3 种最适用于天津地铁工况的抗液化措施。

1) 注浆加固法

盾构与车站衔接处受地震液化影响最为明显，宜结合盾构始发、接收区段进行加固。根据液化土层的分布，可考虑从地面采用水泥土搅拌桩及高压旋喷桩对液化土层做全断面加固处理。

盾构始发、接收区段以外与液化土层交叉及距盾构顶 1.0m 范围有液化土层分布区段可结合洞内同步注浆及二次注浆，并根据液化土层分布情况进行加固，加固半径不宜小于结构外 1.5m，并应根据地质纵断面确定竖向加固范围。盾构管片预留注浆孔按横向每环管片不少于 16 个(即封顶块 1 个，邻近块及标准块各 3 个)，注浆材料可采用 P.O 42.5 级普通硅酸盐水泥。在正常情况下采用单液浆，必要时可在加固厚度外圈加水玻璃，注浆采取压力和注浆量双控。预留注浆孔及环向加固断面示意图如图 7-9 所示。

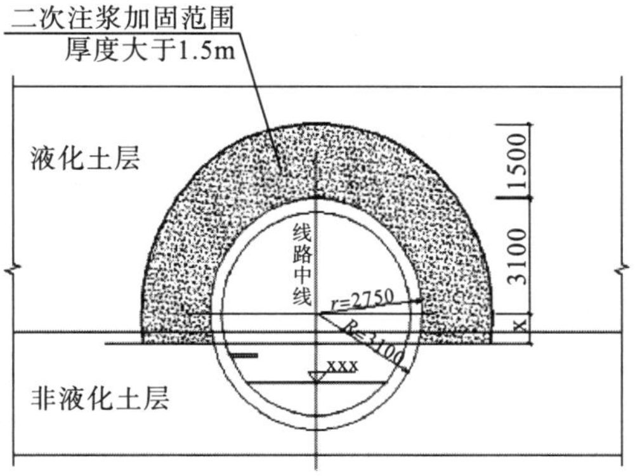

(a)液化土注浆加固断面图

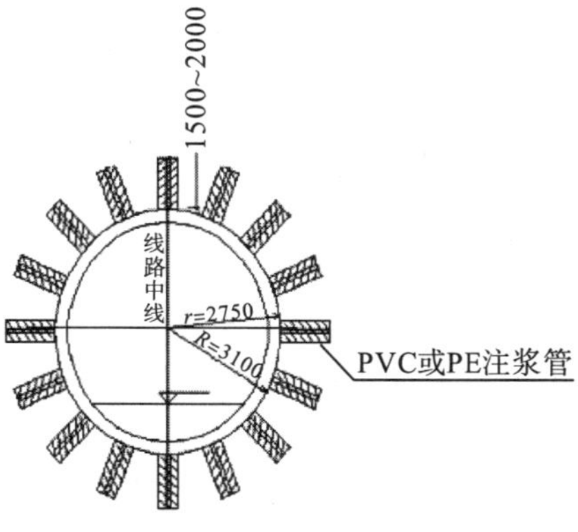

(b)管片背后二次注浆图

图 7-9　盾构区间洞内加固示意图(单位：mm)

2) 排水桩(碎石桩)法

排水桩法或碎石(砂)桩法是采用施工设备在地基中成孔，再把碎石或砂挤压入孔，从而形成复合地基。该方法对于可液化砂土及粉土的加固效果显著，而且施工设备简单，操作方便，工程应用广泛。近几十年来，国内外学者从理论和工程实践等方面对排水桩处理可液化土开展了大量的研究。研究表明，排水桩复合地基的加固机理主要体现在挤密及减震两个方面的共同作用。

其中，挤密作用是在施工过程中，采用振动法或锤击法向砂土或粉土中下沉桩管时，桩管对桩周土体产生水平挤压，将孔中等体积的土体挤向四周，使桩周土体的孔隙率降低，趋于密实。

排水桩复合地基具有良好的排水通道，能缩短排水路径，较快排出土层中的孔隙水，增强土体抗剪强度，提高抗液化能力。

而且由于排水桩的桩体刚度大于桩间土，桩体在分担上部荷载的同时，还可以承担振动剪切应力，即在地震作用下，剪切应力更多地集中于排水桩桩身，桩间土所承受的剪应力相应地减小，不利于孔隙水压力的产生，从而使桩间土的抗液化能力得以增强。

3）降饱和度法

抗液化领域内的最新研究发现，含有气泡的土体在三轴试验中表现出抗剪强度增大的效果。降饱和度技术是指通过一定方法降低可液化砂层的饱和度，当可液化砂层受到震动荷载时，土体中的气体可以有效减缓超孔隙水压力的升高，达到提高土层抗液化能力的目的。降饱和度法不仅可用于加固新建地基，还可以对既有建筑物或构造物下的液化地基进行加固，且对沉降变形和施工扰动控制要求较高的液化地基也可进行加固，其方法简单、成本低廉，是一种很有前景的液化地基处理新技术。

7.3　饱和粉土层隧道抗液化处置技术比选

7.3.1　粉土地层盾构隧道注浆加固法抗液化技术研究

1. 计算工况与注浆参数

采用注浆法加固液化地基，实际上是通过浆液胶结场地液化土，改良场地土的各项土性参数，从而增强土体的抗液化能力。土体发生液化时，孔隙水压力增大，振动产生的孔隙水不能及时排出，导致土体产生流动破坏。因此对于注浆法加固场地粉土的研究主要集中在注浆形式、岩石与浆液的渗透系数比及注浆圈厚度 3 个方面。注浆的基本物理参数见表 7-1。注浆圈特性计算参数见表 7-2。注浆圈在模型中的位置如图 7-10 所示。

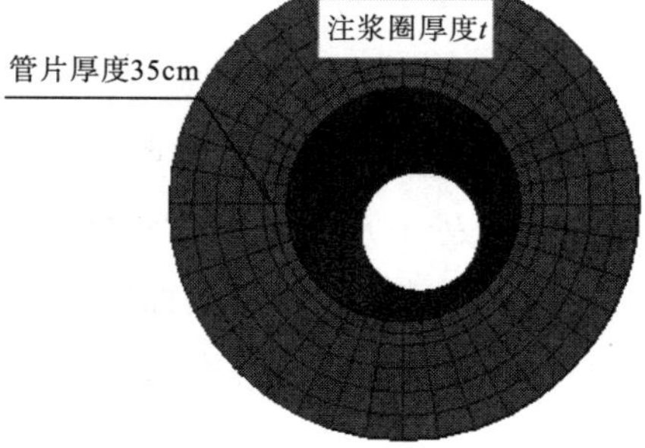

图 7-10　注浆圈位置示意图

表 7-1　注浆物理参数表

类型	弹性模量/GPa	密度/(kg·m^{-3})	黏聚力/MPa	泊松比	摩擦角/(°)
浆液	8	2500	1.2	0.2	35

表 7-2　注浆法加固地基动力特性计算方案

序号	模型类型	注浆液刚度/GPa	岩浆渗透系数比 n	注浆圈厚度 t/m
0	空白模型	8	50	0
1	标准模型	8	50	3
2	岩浆渗透系数比影响	8	25	3
3		8	75	3
4	注浆圈厚度影响	8	50	5
5		8	50	2

注：岩浆渗透系数比 n 表示围岩和注浆圈渗透系数之比。

2. 计算结果分析

1) 注浆形式对抗液化效果的影响

本次计算是为了探究注浆形式对地基的加固效果，对比了无措施、全环注浆及半环注浆 3 种工况，注浆圈厚度 t=3m，岩浆渗透系数比 n=50，注浆液的弹性模量为 8GPa。以 z=6m 处的数据为代表，来分析 3 种工况下的抗液化能力。注浆圈厚度为 3m 的全环注浆法下的超孔隙水压力比云图如图 7-11 所示。3 种工况下的土体超孔隙水压力比、超静孔隙水压力时程曲线如图 7-12 和图 7-13 所示。

图 7-11　全环注浆法下的超孔隙水压力比云图

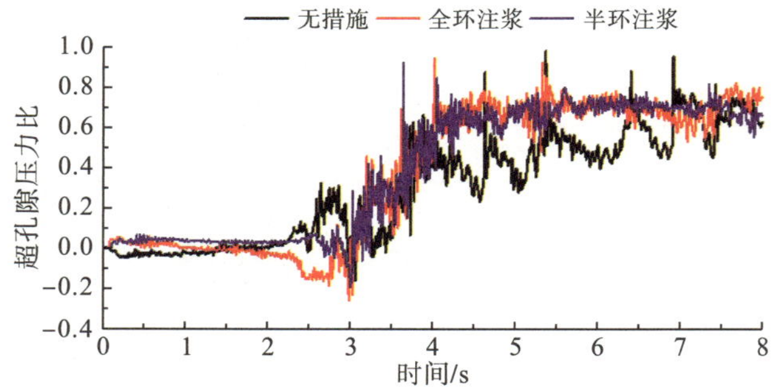

图 7-12　不同工况下土体的超孔隙水压力比时程曲线(z=6m)

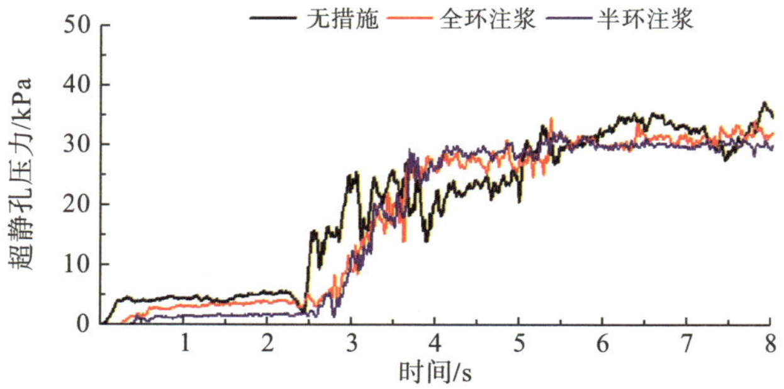

图 7-13　不同工况下土体的超静孔隙水压力时程曲线(z=6m)

从图 7-12 和图 7-13 可以看出，采用注浆法加固地基后，埋深 6m 处的土体，相比于无措施条件下，半环注浆和全环注浆的超孔隙水压力比均从 0.65 之上降低到 0.65 之下。此外，超静孔隙水压力也相应降低，其中全环注浆条件下，低幅度最大，从 38kPa 降低至 20kPa，减少了 47.4%，半环注浆下，超静孔隙水压力减少至 25kPa，减少了 34.2%。说明注浆法对土体超静孔隙水压力的降低效果较为明显。

图 7-14～图 7-16 所示分别为在无措施、全环注浆和半环注浆在埋深 z=6m 处的土体隆起位移及隧道结构位移时程曲线。由于隧道上侧和下侧位移变化规律基本保持一致，所以下文不再对隧道下侧位移进行讨论。

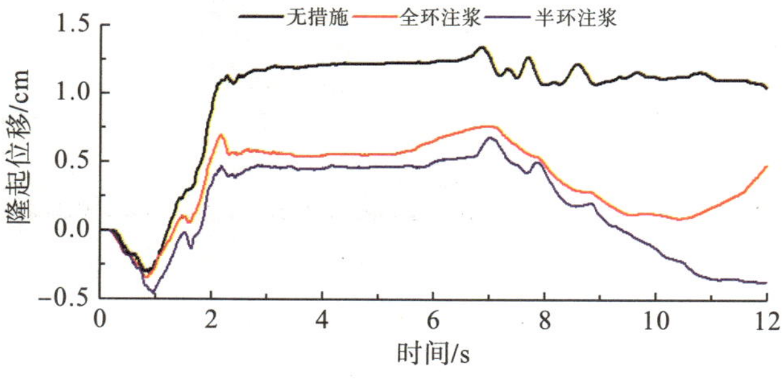

图 7-14　不同工况下土体隆起位移时程曲线(z=6m)

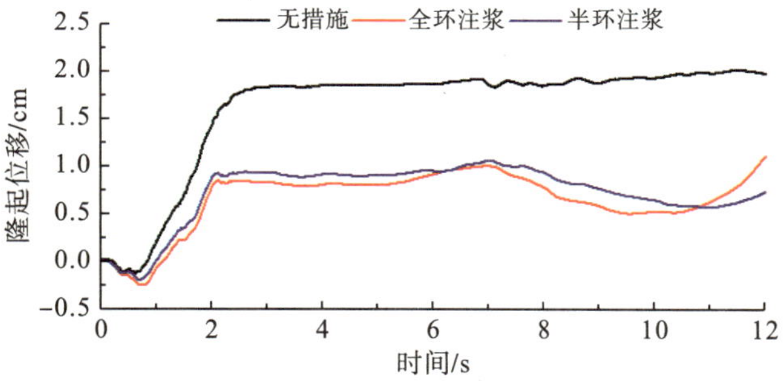

图 7-15　不同工况下隧道结构隆起位移时程曲线

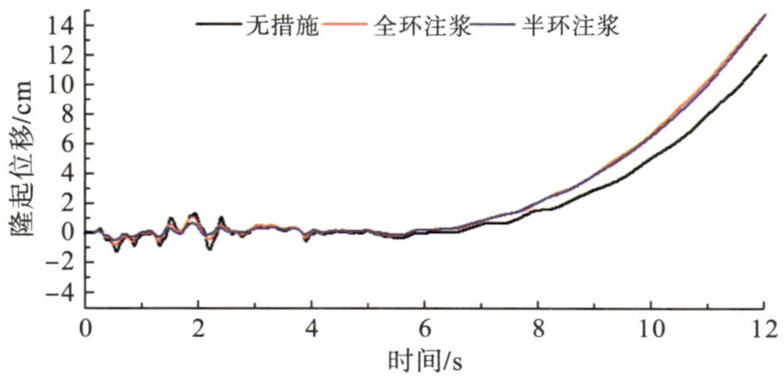

图 7-16　不同工况下隧道结构左、右两侧相对位移时程曲线

从图 7-14 和图 7-15 可以看出，采用注浆加固方式之后，土体和隧道在竖向上的位移均大幅减小，其中全环注浆和半环注浆的土体和隧道隆起位移接近，土体最大隆起位移减小约 55.6%，而隧道上侧隆起位移减小约 60%，说明采用注浆措施，对于控制土体和隧道隆起效果明显。此外，在第 8s 时，土体和隧道位移开始减小，可见，注浆法的使用还加快了土体的固结。从图 7-16 可以看出，采用注浆法后，隧道左、右两侧相对位移与无措施相比基本接近，达到 14cm，说明注浆法对于土体横向位移的控制作用不大。

注浆加固体与区间结构整体在液化地层中的竖向位移变形如图 7-17 和图 7-18 所示。

图 7-17　液化地层中注浆加固体及隧道结构的竖向位移图(全环注浆)

图 7-18　液化地层中注浆加固体及隧道结构的竖向位移图(半环注浆)

由图 7-17 和图 7-18 可知，隧道结构仰拱处在两种注浆形式加固下基本不产生竖向的液化变形，但隧道结构两侧发生了数值相反的对称位移变形，位移值为 5.0cm，因此在地震作用下，盾构结构发生了轻微的旋转。

2) 注浆圈厚度对抗液化强度的影响

为了探究注浆圈厚度对地基的加固效果，在本次计算中，注浆圈的厚度为分别为 2m、3m 以及 5m，岩浆渗透系数比 n=50，注浆液的弹性模量为 8GPa。以 z=6m 处的数据为代表，分析不同注浆圈厚度下土体的超孔隙水压力比、超静孔隙水压力，如图 7-19 和图 7-20 所示。

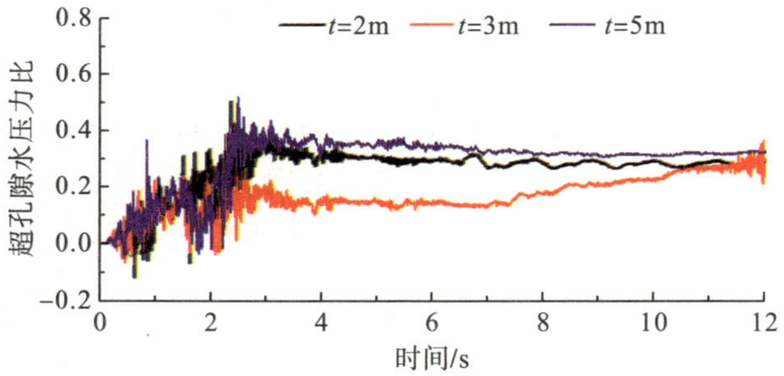

图 7-19　不同注浆圈厚度下土体的超孔隙水压力比时程曲线(n=50)

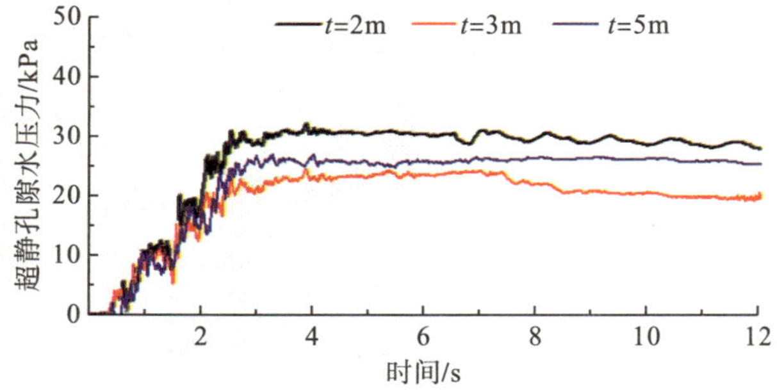

图 7-20　不同注浆圈厚度下土体的超静孔隙水压力时程曲线(n=50)

从图 7-19 和图 7-20 可以看出，采用注浆法加固地基后，埋深 6m 处，不同注浆圈厚度下土体的超孔隙水压力比均从 0.65 之上降低到 0.65 之下，其中 t=3m 时超孔隙水压力比最小，仅为 0.35。此外，超静孔隙水压力也相应降低，在 t=3m 处，超静孔隙水压力增加最小，比 t=2m 的超静孔隙水压力减小了 10kPa，比 t=5m 时减小 24%。说明注浆圈厚度 t=3m 对于减小土体超静孔隙水压力的效果要好于 t=2m 和 t=5m 时。

图 7-21～图 7-23 所示分别为是不同注浆圈厚度工况下，埋深 6m 处的土体隆起位移及隧道结构隆起位移时程曲线。从图 7-21 和图 7-22 可以看出，注浆圈厚度不同，在地震波输入的前 8s 内，对于土体和隧道在竖向上的位移影响不大，但是在 8～12s 内，注浆圈厚度 t=3m 工况下的土体位移发生大幅沉降，相比于其他厚度，最终土体沉降了约 75%。可见，厚度 t=3m 时的注浆工况使用还加快了土体的固结。从图 7-23 可以看出，不同注浆圈厚度工况下，隧道左、右两侧隆起位移差与无措施相比基本接近，达到 14cm，同样符合之前得出的结论：注浆法对于土体横向位移的加固作用不大。

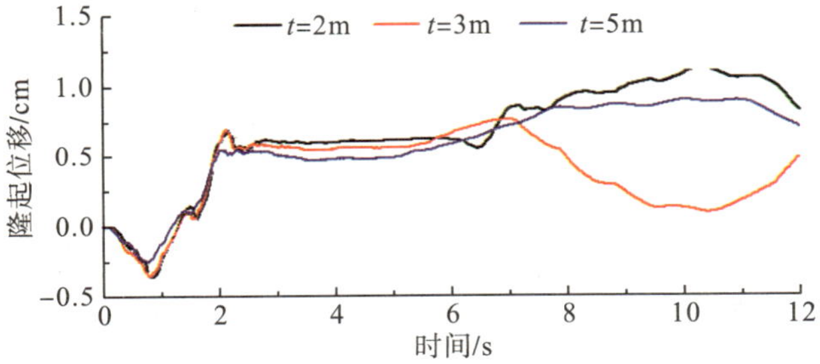

图 7-21　不同注浆圈厚度下土体的隆起位移时程曲线(n=50)

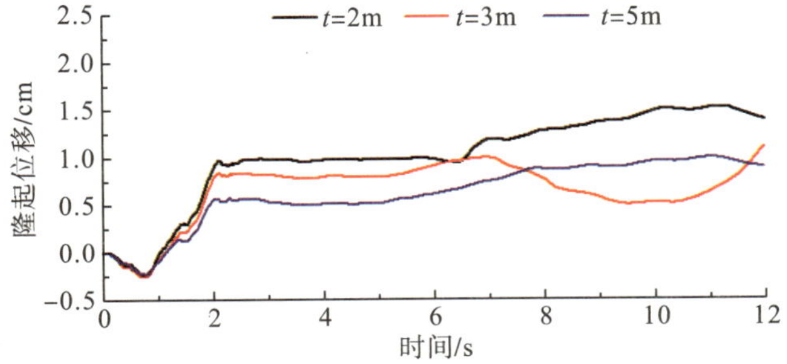

图 7-22　不同注浆圈厚度下隧道结构的隆起位移时程曲线(n=50)

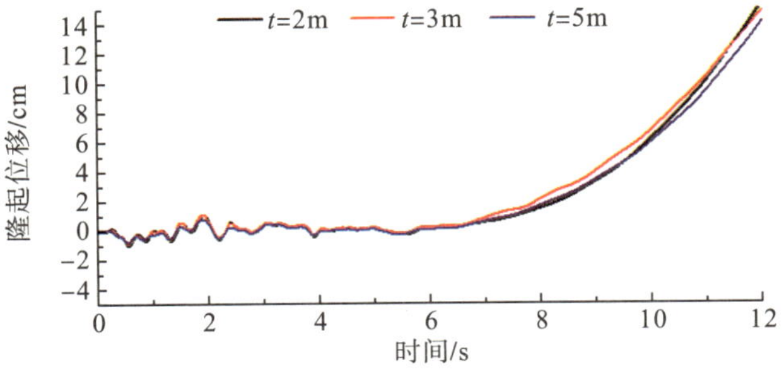

图 7-23　不同注浆圈厚度下隧道结构左、右两侧相对位移时程曲线(n=50)

各工况下注浆加固体及隧道结构整体在液化地层中的竖向位移如图 7-24～图 7-26 所示。

图 7-24　液化地层中注浆加固体及隧道结构的竖向位移图(t=2m)

图 7-25　液化地层中注浆加固体及隧道结构的竖向位移图(t=3m)

图 7-26　液化地层中注浆加固体及隧道结构的竖向位移图(t=5m)

隧道结构仰拱处在两种注浆形式加固下基本不产生竖向的液化变形，但隧道结构两侧发生了 5～10cm 的符号相反的对称位移变形，可知在地震作用下，盾构结构发生了一定程度的轻微旋转，且注浆圈厚度越大，隧道结构的旋转趋势越大。

3) 岩浆渗透系数对抗液化效果的影响

在本次计算中，为了探究岩浆渗透系数对隧道结构的加固作用，采用注浆圈厚度 t=3m，注浆液的弹性模量为 8GPa，对岩浆渗透系数比 n=25、50 及 75 三种工况进行研究。以 z=6m 处的数据为代表，分析不同岩浆渗透系数比下土体的超孔隙水压力比、超静孔隙水压力，如图 7-27 和图 7-28 所示。

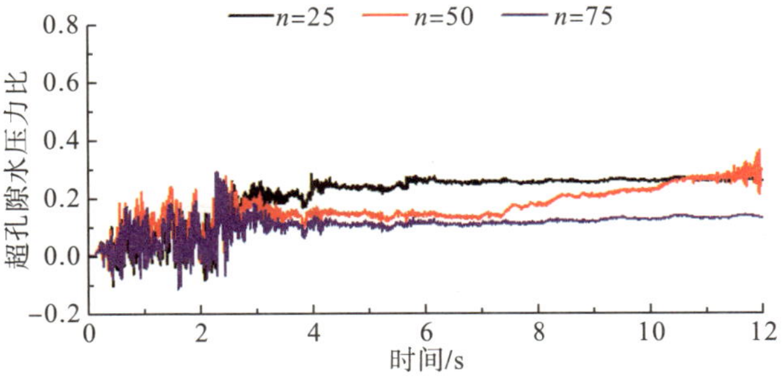

图 7-27　不同渗透系数下土体的超孔隙水压力比时程曲线(t=3m)

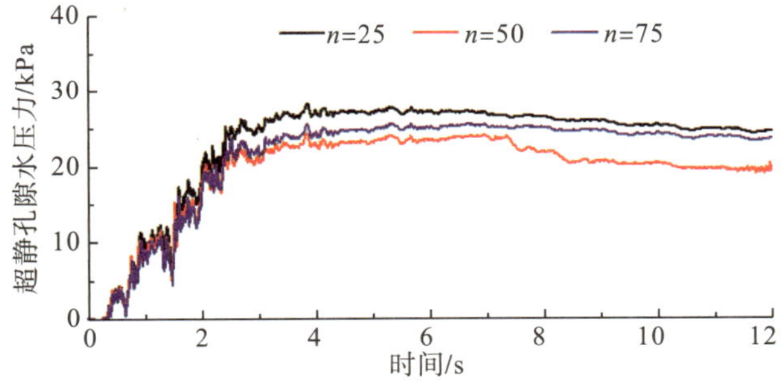

图 7-28　不同渗透系数下土体的超静孔隙水压力时程曲线(t=3m)

从图 7-27 和图 7-28 可以看出，采用注浆法加固地基后，埋深 6m 处，不同注浆圈厚度下土体的超孔隙水压力比均从 0.65 之上降低到 0.65 之下。此外，超静孔隙水压力也相应降低，在 n=50 的工况下，超静孔隙水压力增加最小，比 n=25 的超静孔隙水压力减小了 26.1%，比 n=75 时的超静孔隙水压力减小了 21.5%。说明 n=50 的工况对于减小土体超静孔隙水压力的效果要好于 n=25 和 n=75 时。

图 7-29 和图 7-30 所示分别为在不同注浆圈厚度工况下，埋深 6m 处的土体隆起位移及隧道结构隆起位移时程曲线。可以看出，岩浆渗透系数不同，在地震波输入的前 8s 内，对于土体和隧道在竖向上的位移影响不大，且隆起位移均维持在 0.8cm 左右，但是在 8～10s 内，岩浆渗透系数 n=50 的工况下土体位移发生沉降，相比于其他工况，n=50 的工况还加快了土体的固结。综合考虑超孔隙水压力比、超静孔隙水压力及位移变化规律，建议采用岩浆渗透系数 n=50 的浆液进行地基加固。

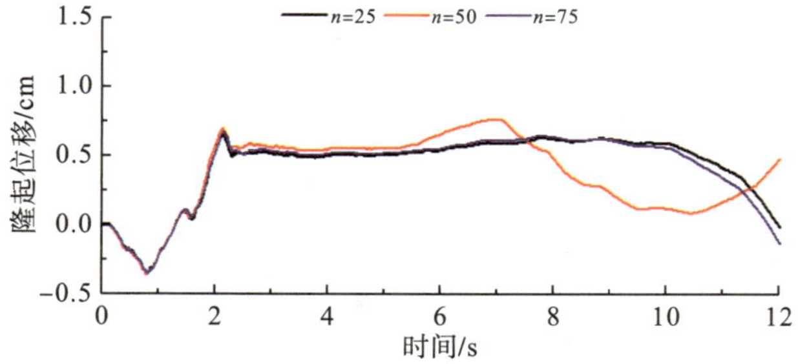

图 7-29　不同渗透系数下土体的隆起位移时程曲线

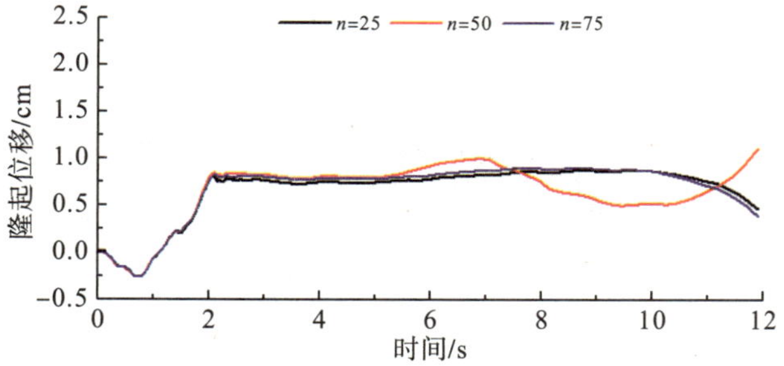

图 7-30　不同渗透系数下隧道结构的隆起位移时程曲线

各工况下注浆加固体及隧道结构整体在液化地层中的竖向位移如图 7-31～图 7-33 所示。

图 7-31　液化地层中注浆加固体及隧道结构的竖向位移图(n=25)

隧道结构仰拱处在两种注浆形式加固下基本不产生竖向的液化变形，但隧道结构两侧发生了 7.5～10cm 的符号相反的对称位移变形，可知在地震作用下，盾构结构发生了一定程度的轻微旋转，表明岩浆渗透系数的差异对加固体及结构位移影响并不显著。

图 7-32　液化地层中注浆加固体及隧道结构的竖向位移图(n=50)

图 7-33　液化地层中注浆加固体及隧道结构的竖向位移图(n=75)

3. 工程实际注浆形式的等效计算方法

依据设计单位提供的国内已有的盾构隧道穿越可液化地层处理方案，目前常见的注浆加固方案主要是针对中等及以上的液化地层，考虑当盾构断面处于液化土体中时，对盾构隧道全断面或者下半断面进行注浆加固。注浆浆液多采用高等级硅酸盐水泥、硫铝酸盐水泥或水泥-水玻璃双液浆，浆液扩散半径在液化地层中按经验取 0.5～0.8m。

天津可液化粉土地层中实际盾构区间深孔注浆，具体操作方式为从管片注浆孔向外侧打孔，安设小导管，对小导管进行后退式注浆，或采用袖阀管，注浆扩散半径为 0.5m 左右，为对应模型中半、全断面注浆加固圈模型，下面给出一种加固圈厚度等效计算方法。如图 7-34 所示，盾构隧道半径 R 为 3.1m，注浆导管从管片注浆孔外侧打孔，深度为 L(若按工程实际设计方案，注浆处理范围需保持在隧道结构周围 3m 外，则此处需 L>3m)，浆液扩散半径 r 大致为 0.5m，假设全断面注浆区段管片均布 N 个注浆孔(图 7-34 为某实际工况，N=16)，该模型可计算等效注浆加固圈厚度为 h，按式(7-1)计算。

$$h = L\cos\frac{\pi}{N} - \left(R + L - \frac{r}{\tan\frac{\pi}{N}}\right)\sin\frac{\pi}{N}\tan\left(\frac{\pi}{4} - \frac{\pi}{N}\right) - \left(R - \frac{r}{\tan\frac{\pi}{N}}\right)\sin\frac{\pi}{N}\tan\left(\frac{\pi}{4} + \frac{\pi}{N}\right) \tag{7-1}$$

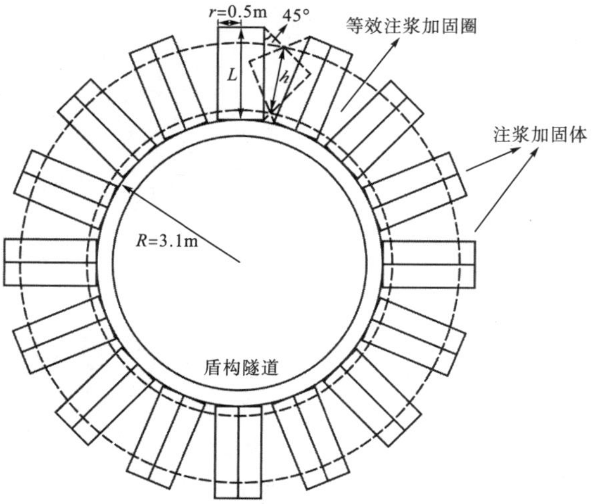

图 7-34　注浆加固圈等效模型

7.3.2　粉土地层盾构隧道排水桩法抗液化技术研究

1. 计算工况及参数选择

陈育民团队、张建民团队等对排水桩或碎石桩加固可液化场地研究较多，但往往仅集中研究一种加固方法的作用。本书基于前人经验，对液化排水桩的诸多影响因素进行数值模拟分析，从而确定液化排水桩的最优参数。

在前人研究的基础上，本节确定了排水桩桩径、桩深及桩渗透系数最优参数，液化排水桩的动力特性计算方案见表 7-3。

表 7-3　液化排水桩加固地基动力特性计算方案

模型类型	桩长/m	桩径/m	桩间距/m	渗透系数/(cm·s^{-1})
标准模型	15	0.6	2.0	1.0×10^{-2}
桩长影响	12	0.6	2.0	1.0×10^{-2}
	9	0.6	2.0	1.0×10^{-2}
桩径影响	15	0.8	2.0	1.0×10^{-2}
	15	0.4	2.0	1.0×10^{-2}
桩间距影响	15	0.6	1.6	1.0×10^{-2}
	15	0.6	2.4	1.0×10^{-2}
渗透系数影响	15	0.6	2.0	5.0×10^{-2}
	15	0.6	2.0	25.0×10^{-2}

注：桩距表示桩基与隧道衬砌的距离，后文出现的桩距亦是如此。

排水桩在模型中的位置如图 7-35 所示；排水桩计算参数见表 7-4；最终建模如图 7-36 示。

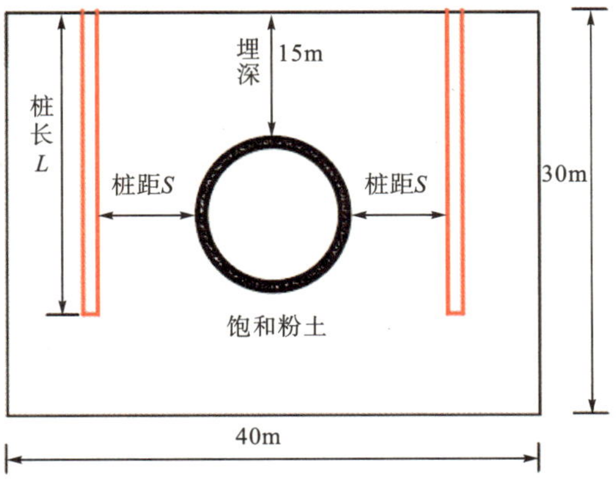

图 7-35　排水桩布置示意图

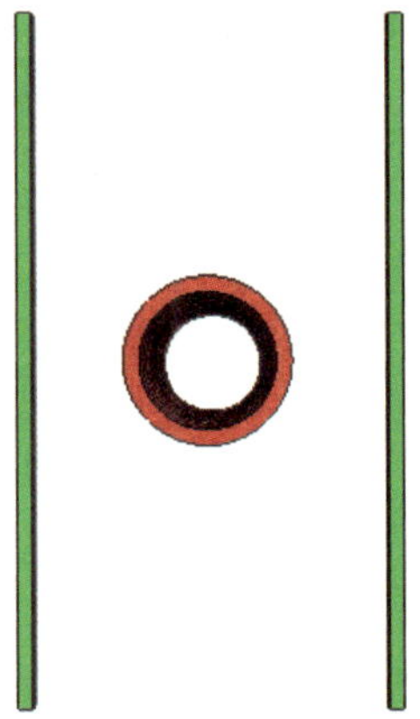

图 7-36　模型建立示意图

表 7-4　排水桩计算参数表

类型	体积模量/GPa	剪切刚度/GPa	密度(kg·m^{-3})	泊松比
排水桩	16.7	7.69	2400	0.2

2. 计算结果与分析

1) 标准模型的抗液化效果

在本次计算中，标准模型中的桩径为 0.6m，桩间距为 4.0m，排水桩的渗透系数为 1.0×10^{-2} m/s。以 z=6m 处的数据为代表，分析土体的超孔隙水压力比、超静孔隙水压力变化规律，如图 7-37 和图 7-38 所示。

从图 7-37 和图 7-38 可以看出，加入液化排水桩后，埋深 6m 处土体的超孔隙水压力比从 0.65 之上降低到 0.65 之下，超静孔隙水压力峰值从 43MPa 降低到 29MPa，降低了 32.6%，说明排水桩对超静孔隙水压力的降低效果较为明显。

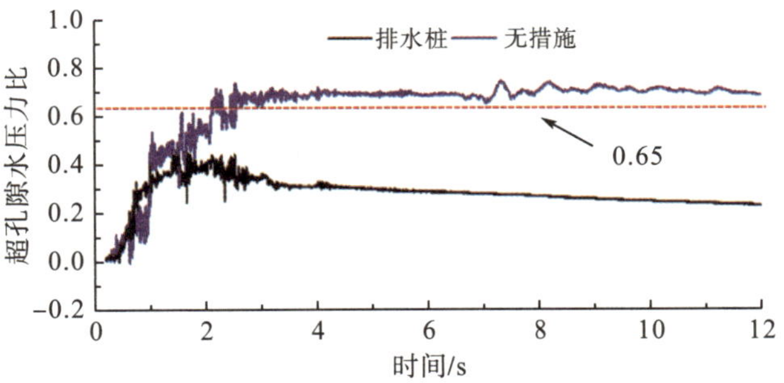

图 7-37　无措施和排水桩条件下超孔隙水压力比时程曲线

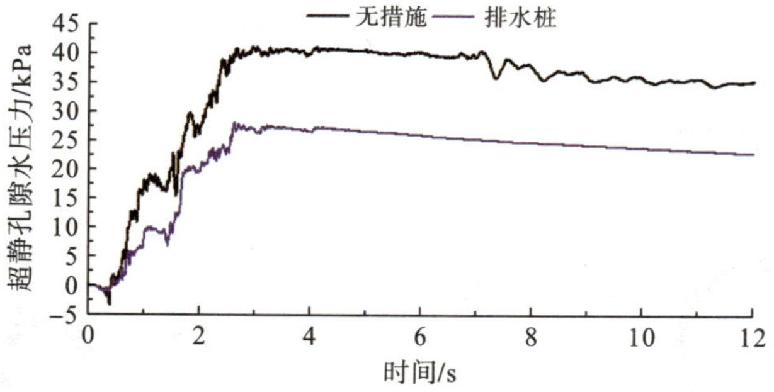

图 7-38　无措施和排水桩条件下超静孔隙水压力时程曲线

图 7-39 和图 7-40 所示分别为在无措施和排水桩条件下埋深 6m 处及隧道结构的位移时程曲线，由于隧道上侧和下侧位移变化规律基本保持一致，所以下文不再对隧道下侧位移进行讨论。

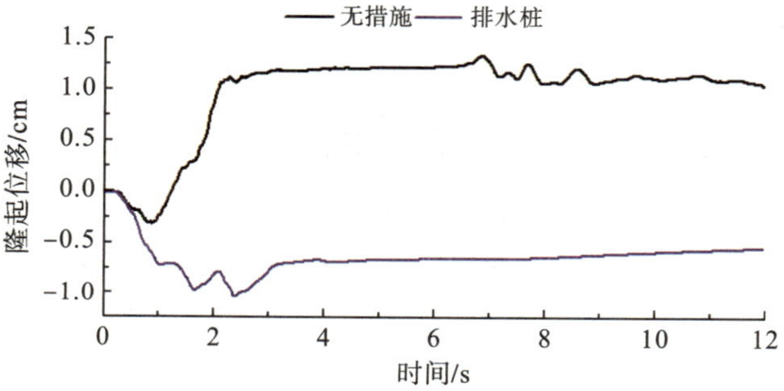

图 7-39　无措施和排水桩条件下土体的位移时程曲线

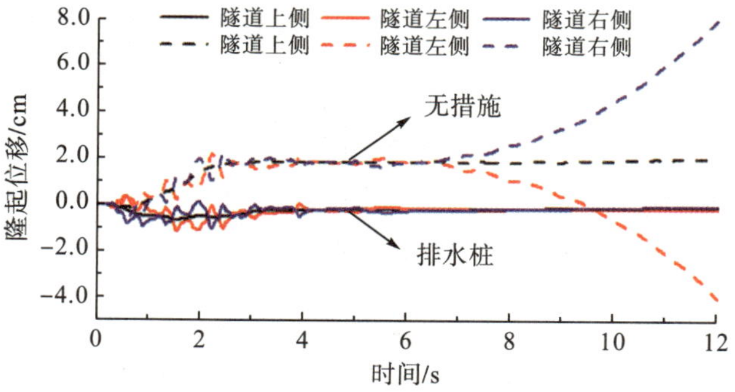

图 7-40　无措施和排水桩条件下隧道结构的位移时程曲线

从图 7-39 和图 7-40 可以看出，无措施条件下，土体向上隆起，产生了较大位移，最大位移接近 1.5cm，而经过排水桩加固后，土体产生幅度较小的沉降，这是因为在地震作用下，土体产生的孔隙水经过排水桩排出土体，导致土体产生沉降。对于隧道结构而言，相比于无措施下，采用排水桩加固地基的隧道结构沉降位移大幅减小，在前 8s 内无措施隧道结构上升了 2cm，排水桩加固下的隧道结构位移保持在 0.5cm 左右；在 8～12s 内，无措施条件下隧道产生左下右上的旋转，最大位移差达到 12cm，而对于排水桩加固措施，隧道结构基本保持不变，说明排水桩对土体的加固效果明显。

2) 桩间距对抗液化效果的影响

为了探究桩间距对地基加固效果的影响，本次计算选择桩间距分别为 1m、2m、3m 及 4m 4 种工况进行研究。4 种工况下的桩径均为 0.6m，排水桩的渗透系数均为1.0×10^{-2} m/s。以 z=6m 处的数据为代表，分析不同桩间距下土体的超孔隙水压力比、超静孔隙水压力变化规律，如图 7-41 和图 7-42 所示。

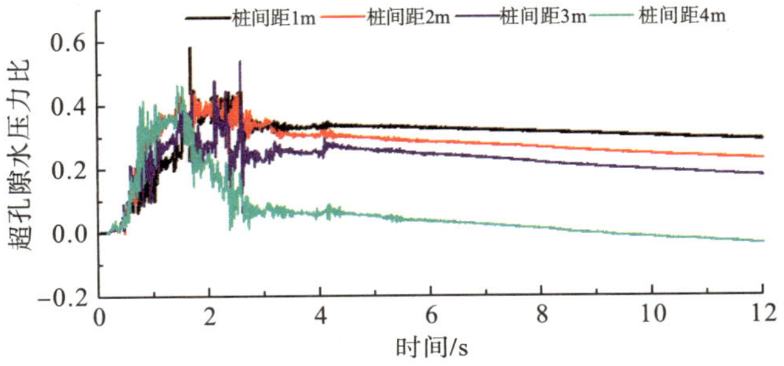

图 7-41　不同桩间距下土体的超孔隙水压力比时程曲线

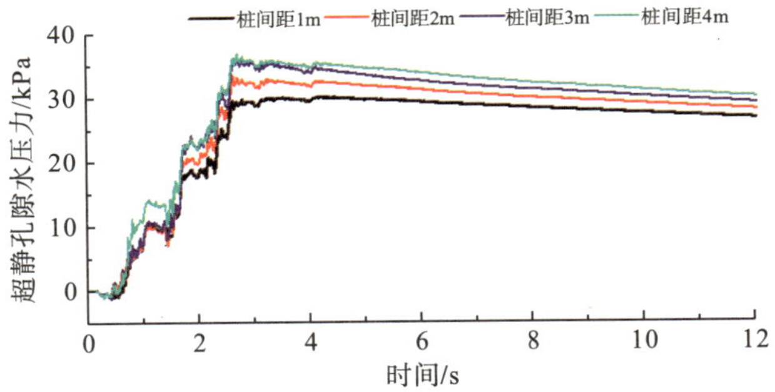

图 7-42　不同桩间距下土体的超静孔隙水压力时程曲线

从图 7-41 和图 7-42 可以看出，4 种不同的桩间距加固下，土体的超孔隙水压力比和超静孔隙水压力变化趋势一致，在前 3s 内，超孔隙水压力比和超孔隙水压力急剧增加，但是 4 种工况下的超孔隙水压力比均未超过 0.6，最大超静孔隙水压力也仅为 30kPa，说明此处土体已经不再发生液化现象；随后的 9s 时间内，超孔隙水压力比和超静孔隙水压力稳定下降，在第 12s 时，桩间距为 1m 工况下的土体超孔隙水压力比最大，其次是桩间距为 2m、3m 工况，最小超孔隙水压力比是桩间距为 4m 处，而超静孔隙水压力正好相反，但是 4 种工况差距不大，说明桩间距对排水桩降低土体超静孔隙水压力的效果不明显。

图 7-43 和图 7-44 所示分别为不同桩间距下埋深 6m 处竖向隆起位移及隧道结构左、右两侧相对位移时程曲线。从图 7-43 可以看出，桩间距为 1m 时，土体隆起位移最小，最终位移仅为 0.5cm，其次是桩间距为 2m 时的工况，当桩间距达到 3m 后，土体的隆起位

移不再继续增大，说明桩间距达到 4m 时，桩间距的影响已经被减弱。从图 7-44 可以看出，4 种工况下隧道结构两侧的相对位移变化不明显，考虑经济需求及现场施工条件，可以选择适宜的桩间距。

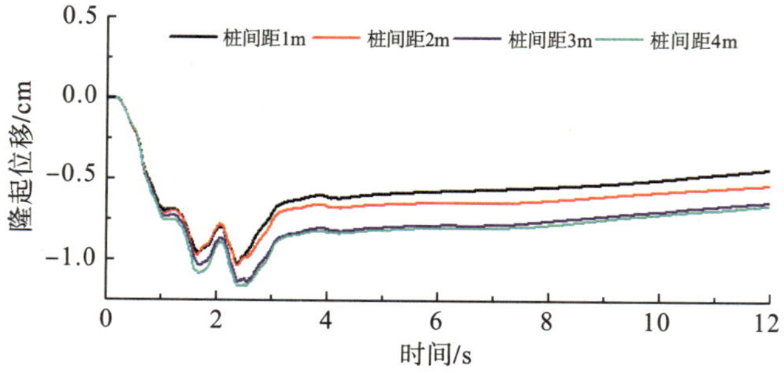

图 7-43　不同桩间距下土体的隆起位移时程曲线

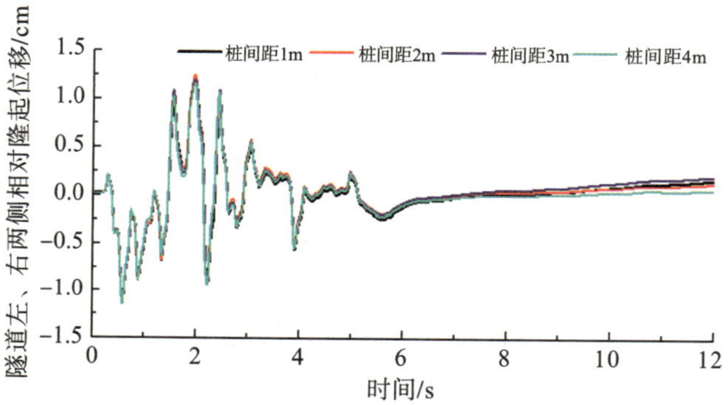

图 7-44　不同桩间距下隧道结构左、右两侧相对位移时程曲线

3）桩长对抗液化效果的影响

为了探究桩长对地基的加固效果，本次计算选择桩长分别为 12m、15m、18m 及 21m 4 种工况进行研究。4 种工况下的桩径均为 0.6m，排水桩的渗透系数均为 1.0×10^{-2}m/s。以 z=6m 处的数据为代表，分析不同桩间距下土体的超孔隙水压力比、超静孔隙水压力变化规律，如图 7-45 和图 7-46 所示。

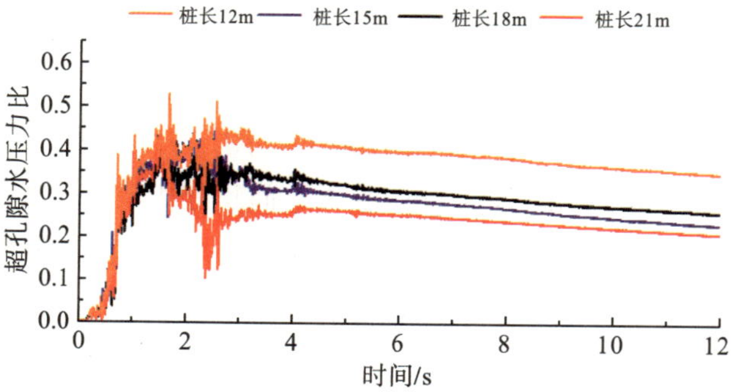

图 7-45　不同桩长下土体的超孔隙水压力比时程曲线

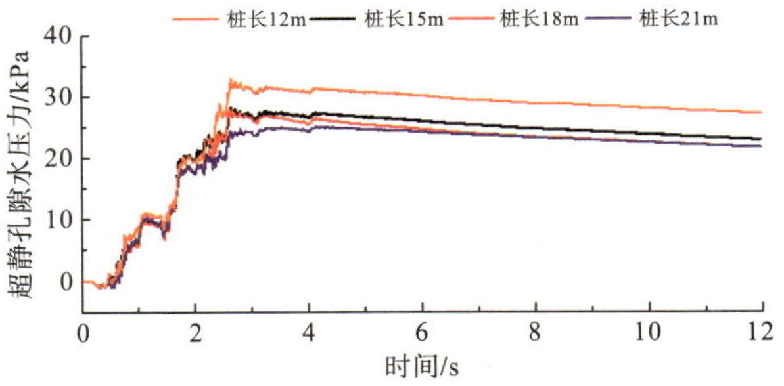

图 7-46　不同桩长下土体的超静孔隙水压力时程曲线

从图 7-45 和图 7-46 可以看出，4 种桩长加固下，土体的超孔隙水压力比和超静孔隙水压力变化趋势一致，在前 2s 内，超孔隙水压力比和超静孔隙水压力急剧增加，其中桩长为 12m 时，超孔隙水压力比最大达到 0.53，超静孔隙水压力达到 33kPa，其次是桩长为 15m 时，超孔隙水压力比最大达到 0.45，超静孔隙水压力达到 27kPa，再次是排水桩长为 18m 的工况，最小是桩长为 20m 的工况，超孔隙水压力比为 0.28，超静孔隙水压力为 25kPa，相比桩长为 12m 的工况减小了 24.3%，相比于桩长为 15m 的工况仅仅减小了 8%，说明桩长达到 15m 时，排水桩的加固效果不再明显。

图 7-47 和图 7-48 所示分别为不同桩长下埋深 6m 处的竖向隆起位移及隧道结构左、右两侧相对位移时程曲线。可以看出，不同桩长下，隧道左、右两侧的位移差保持在 0 附近增长，说明液化排水桩对抑制土体及隧道结构的横向位移作用显著；桩长为 12m 时，土体隆起位移最大为 1.2cm，对于桩长达到 15m 时，土体的隆起位移及隧道结构左、右两侧的相对位移减小不再明显，考虑经济需求，桩体加固可以采用桩长为 15m 的排水桩。

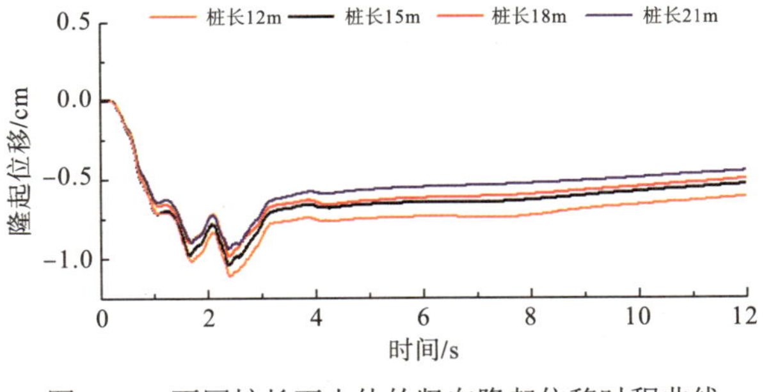

图 7-47　不同桩长下土体的竖向隆起位移时程曲线

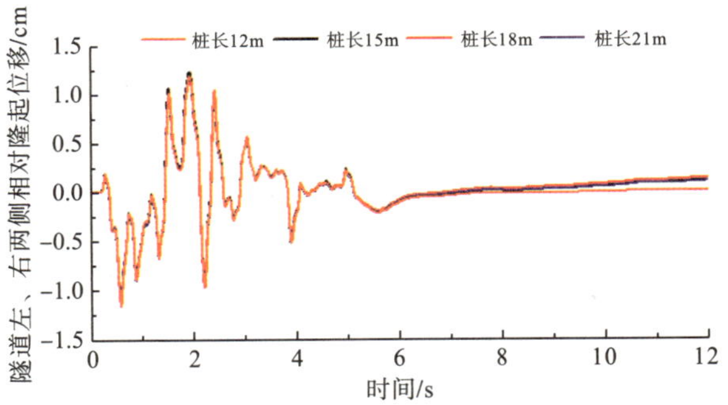

图 7-48　不同桩长下隧道结构左、右两侧相对位移时程曲线

7.3.3　粉土地层盾构隧道降饱和度抗液化技术研究

一些研究发现，含有气泡的土体在三轴试验中表现出抗剪强度增大的效果。最近几年，一些学者尝试降低砂土饱和度，以提高其抗液化能力。降饱和度技术指通过一定方法降低可液化砂层的饱和度，当可液化砂层受到震动荷载时，土体中的气体可以有效减缓超孔隙水压力的升高，达到提高土层抗液化能力的目的。降饱和度法不仅可用于加固新建地基，还可以对既有建筑物或构造物下的液化地基进行加固施工，对沉降变形和施工扰动控制要求较高的液化地基也可进行加固，其方法简单、成本低廉，是一种很有前景的液化地基处理新技术。

1. 液化地层降饱和度技术加固机理

已有一些学者对砂土饱和度与其抗液化能力的关系做了一些研究。例如，Martin 等(1975)首先对土体饱和度与其在循环荷载下的超孔隙水压力之间的关系进行了研究，并指出孔隙率为 40%的试样饱和度降低 1%时，其超孔隙水压力的增量会降低 28%；之后，Chanedy 的研究成果表明，当土体饱和度降低至 90%时，其抗液化强度会增长 2 倍；Yoshimi 等(1989)首次引入孔隙水压力系数 B 作为评价土体抗液化强度的参数，并通过试验对不同饱和度下试样的抗液化强度进行了研究。结果表明，土体抗液化强度随着土体饱和度的增大而显著减小，且饱和度降低到 70%时，其抗液化强度为饱和土样的 3 倍，如图 7-49 所示；抗液化强度随孔隙水压力系数 B 的减小也会增大，但 B 接近 0 时包含的饱和度范围较大(0～85%)，且土样抗液化强度会突然增大，所以 B 在循环扭剪试验中不宜作为评价抗液化的参数。随后，Xia 和 Hu(1991)在指出当有微量的气体进入饱和砂的孔隙中后，土体的抗液化强度有了明显的增大，在一个特定的循环应力比下，孔隙中含有气体的非饱和土体产生液化的临界循环次数要比饱和土体高许多，实验数据表明，当土体饱和度从 100%降低到 98.7%后，其临界循环次数提高了 30%以上，如图 7-50 所示。

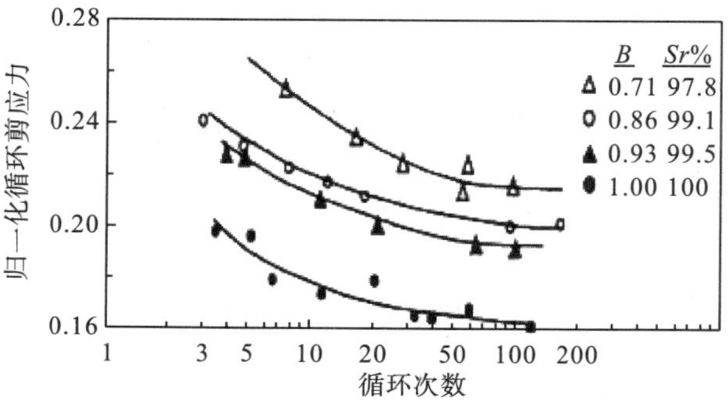

图 7-49　三轴试验中饱和度与液化强度之间的关系

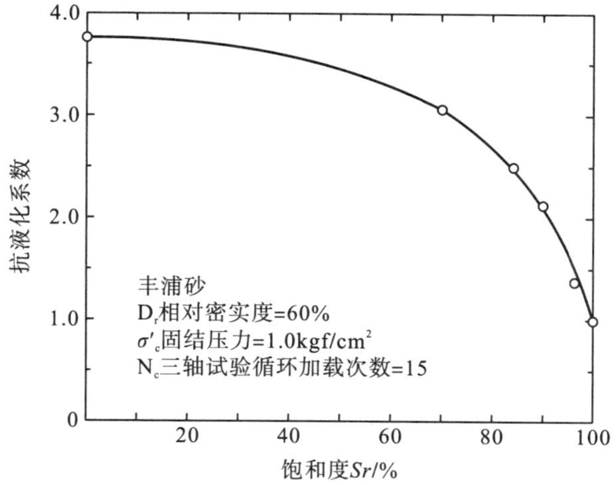

图 7-50　三轴试验中饱和度与抗液化系数之间的关系

Tsukamoto 等在对现场进行 P 波测试实验时，发现了地基中的不饱和区域，并再次尝试将孔隙水压力系数 B 作为评价土体抗液化强度的参数，并基于室内实验，得到 B 与抗液化强度的关系，即土体抗液化强度随 B 的减小呈现逐渐增大的趋势，如图 7-51 所示。Okamura 在研究挤密砂桩加固土体后的效果时发现在砂桩本体和加固区均存在低饱和度现象，且砂桩的饱和度为 77%，而加固土层的饱和度降低为 91%。经过对挤密砂桩加固效果的研究发现，使用饱和土体的传统评价方法评价土体抗液化能力时，挤密砂桩使非饱和土体的抗液化能力要明显高于饱和土体。Okamura 还分析了挤密砂桩施工完成后土体饱和度与土体粒径的关系，结果表明在粒径较大的砂土和粉土层中饱和度降低明显，但是黏性土中土体接近饱和。Yang 等通过对 B、抗液化强度 $(CSR)_{rs}/(CSR)_{fs}$ 及 P 波波速之间关系进行研究，确定了利用 P 波波速来评价土体抗液化强度的方法，并且对于它们之间的关系给出了经验公式。将经验公式与室内试验数据进行比较，经验公式曲线与室内试验数据比较吻合，且土体抗液化强度随 P 波波速的增大呈现减小的趋势，如图 7-52 所示。

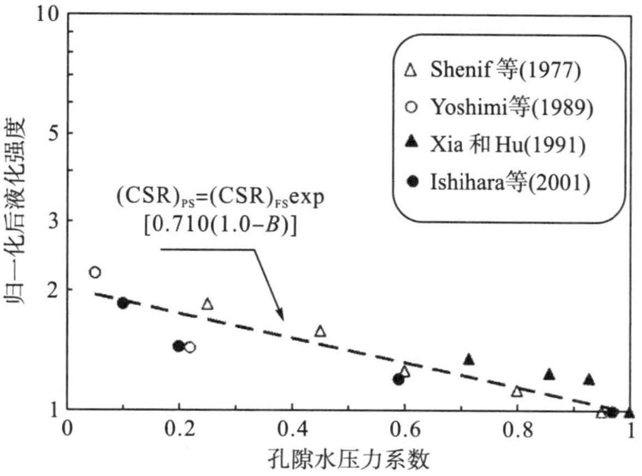

图 7-51　三轴试验中 B 与液化强度之间的关系

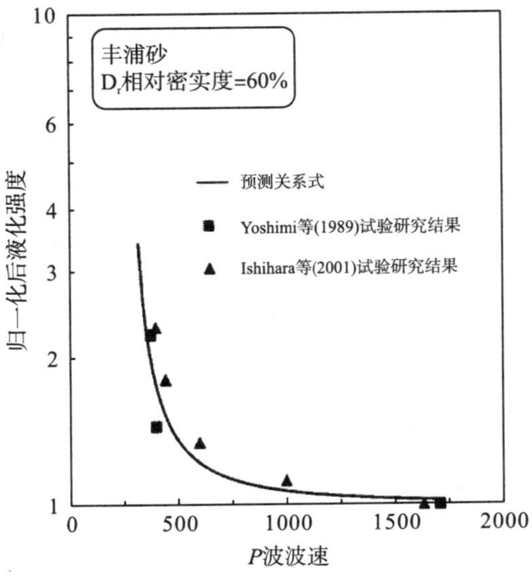

图 7-52　三轴试验中 P 波波速与液化强度之间的关系

非饱和土体孔隙内存在的空气可以有效缓解超孔隙水压力的增长趋势，这一现象可以通过超孔隙水压力与土体饱和度的关系加以证明。按加载形式的不同，证明可分为两个部分：静载作用、动载作用。

1) 静载作用

如图 7-53 所示，土体为不饱和状态，孔隙内气体与水并存，且土体单元中围压为σ_3'。

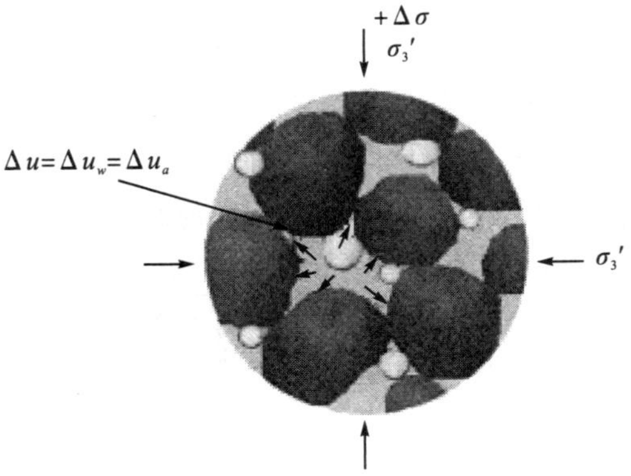

图 7-53　非饱和土体的受力状态

根据太沙基原理，当有一个静载$\Delta\sigma$作用在土体上时，有效应力的变化为

$$\Delta\sigma' = \Delta\sigma - \Delta u \tag{7-2}$$

Fredlund 在 1993 年指出，如果忽略气体与水之间的表面张力，那么当有一个附加应力增量$\Delta\sigma$施加于土体时，气体承受压力的增量与孔隙水承受压力的增量相同，即

$$\Delta u_a = \Delta u_w = \Delta u \tag{7-3}$$

Eseller 和 Yegian 在 2009 年基于以上理论，经过推导得出了超静孔隙水压力增量 Δu 与附加应力增量 $\Delta\sigma$ 的关系。

$$\Delta u=\frac{\Delta\sigma}{1+\dfrac{n\left[SC_w+\dfrac{(1-S)}{u_a}\right]}{C_a}} \tag{7-4}$$

从以上关系可以看出，当 S=1.0 时，由于表征水的压缩性的参数 C_w 和表征土颗粒的压缩性的参数 C_a 的值几乎为 0，所以得到 $\Delta u=\Delta\sigma$。但是当 $S<1.0$ 时，可得 $\Delta u<\Delta\sigma$。结果表明，非饱和土体内存在气体可以减小超孔隙水压力的增量。

2) 动载作用

Finn 等在 1976 年得到了在循环剪切测试中的一个周期荷载下，饱和砂的超孔隙水压力的变化规律，这时超静孔隙水压力增量 Δu 的表达形式如下：

$$\Delta u=\frac{\Delta\varepsilon_{vd}}{\dfrac{1}{\overline{E_r}}+\dfrac{n_p}{K_w}} \tag{7-5}$$

式中，Δu 为单次循环荷载下的超静孔隙水压力增量；$\Delta\varepsilon_{vd}$ 为排水状态下，在一个周期荷载内发生的净体积应变(相当于体积减小量)；$\overline{E_r}$ 为砂土在竖向有效应力下的一维回弹模量；n_p 为土体孔隙率；K_w 为水的体积弹性模量。

由于净体积应变增量 $\Delta\varepsilon_{vd}$ 为累积应变 ε_{vd} 和应变循环振幅的函数，而回弹模量只与土骨架的性质有关，因此以上两个参数并不会因为孔隙内含有气体而发生变化。所以式(7-5)中与孔隙水有关的唯一的参量是水的体积弹性模量 K_w。当气体进入孔隙水中后，水的体积弹性模量 K_w 会改变为气水混合的体积弹性模量 K_{aw}。所以经过推导，在动力作用下的超静孔隙水压力增量 Δu 如下：

$$C_{aw}=\frac{1}{K_{aw}} \tag{7-6}$$

$$\Delta u=\frac{\Delta\varepsilon_{vd}}{\dfrac{1}{\overline{E_r}}+n_p\left[SC_w+\dfrac{(1-S)}{u_a}\right]} \tag{7-7}$$

$$\Delta u=\frac{\Delta\varepsilon_{vd}}{\dfrac{1}{\overline{E_r}}+n_pC_{aw}} \tag{7-8}$$

式(7-6)～式(7-8)为饱和土体和非饱和土体超静孔隙水压力增量与孔隙水压缩性的关系，表明饱和土体孔隙内进入气体后，土体变为非饱和且孔隙内为水气混合体；由于水气混合体的压缩性要大于水，即 $C_{aw}>C_w$，所以由式(7-7)和式(7-8)可知，非饱和土体的超静孔隙水压力增量比饱和土体的增量小。

2. 液化地层常见降饱和度技术实施方法

目前，国外一些学者研究了采用降低土体饱和度的方法来提高砂土的抗液化能力。工程中降饱和度的注气方法应满足以下 3 个要求：①土样饱和度可根据注气量进行控制；②注入的气体应相对均匀；③注入的气体可在砂土中贮存一定时间(气体在水中的溶解性较低、化学性质稳定、可长时间埋于地下)。已在室内试验中应用的降低土体饱和度的方法主要有直接注气法、电解法、排注水法和生物化学法，但其中只有直接注气法在现场得到了初步的工程实践。目前实验室内的注气方法主要有以下几种。

1) 直接注气法

Okamura 等在 2006 年在室内利用直接注气法使饱和试样的饱和度降低，并使用循环剪应变试验对饱和试样对注气前后的抗液化强度进行了测试。直接注气法使用多根直径为 5mm 的细管插入试样内部进行注气，细管在试样内为均匀分布。饱和度通过对饱和试样注气后所产生的水层厚度进行计算。需要指出的是，在注气时注气压力不能超过细管管口处的有效应力。由于直接注气法在施工方面比较简单，所以 Okamura 等已经进行了现场试验。

Okamura 等在 2010 年利用直接注气降饱和度法进行了加固可液化地基的现场试验。选定试验研究的液化地基场地靠近某码头。现场预先将喷气管打设至需要处理的地层，然后进行注气。在喷气头处钻开一些小孔，用于均匀喷气。实验结果表明，距离喷气点 4m 范围内的土体饱和度均有不同程度的降低。注气后，土体饱和度范围为 68%～98%。注气压力要大于注气点处的静水压力和毛细水压力，保证气体能进入土层中。然而，注气压力要小于注气点处的有效应力。电阻率与饱和度间存在一定的关系，试验中用 3D 电阻率图来显示土层的饱和度，并且采用冷冻法取样进行室内试验。结果表明，两种方法测量的土层中饱和度值较为接近。

值得指出的是，用于控制污染物运移的曝气法与直接注气法有相似之处。Catney 和 Lynch(2001) 运用曝气法控制污染物运移，研究结果表明：①注气压力较小时，土体非饱和区域增速较快；②小的注气孔有助于形成粒径小的气泡，且微小气泡能形成稳定的非饱和区域；③为了防止由于注气引起的土体液化，在地基表面进行堆载。这些结论有助于直接注气法处理可液化地基技术的实现。

2) 电解法

Yegian 和 Eseller 在 2007 年首次提出利用电解水的方法，在饱和土体中产生气体降低其饱和度，并采用振动台模型试验对饱和、非饱和砂土进行了试验研究。Yegian 长方体模型箱由透明树脂材料组成，尺寸为 20cm×30cm×29cm(长×宽×高)。

当两电极间存在电势时，阴、阳两极分别产生氢气和氧气，电解方程式如式(7-9)和式(7-10)所示。试验过程中，一个电极固定在模型底部，另一个电极固定在模型上部。通过观测砂样上部液面变化值，计算砂样饱和度。电流强度为 525mA，电解时间为 3～5.5h。砂样饱和度从 100%降低至 96.3%。电解生成的气体量可通过法拉第定律求得：

$$\text{阴极：} 4H_2O + 4e^- \rightarrow 4OH^- + 2H_2 \tag{7-9}$$

$$\text{阳极：} 2H_2O - 4e^- \rightarrow 4H^+ + O_2 \tag{7-10}$$

$$n(\text{gas}) = n(O_2) + n(H_2) = \left(\frac{I}{4\text{F}} + \frac{I}{2\text{F}}\right)\Delta t \tag{7-11}$$

式中，n 为气体的物质的量；I 为电流大小；F 为法拉第常数；Δt 表示电解时间。

气体的物质的量转换为体积公式如下：

$$V = \frac{nRT}{P} \tag{7-12}$$

式中，R 为理想状态下的气体定律常数；T 为温度；P 为气体压力。

电解法注气的优点在于不用施加任何的外加压力就可将气体注入土体孔隙内部，对土体扰动较小。但是电解法的缺点也非常明显：气体在土体内分布不均匀。在得失电子数相同的情况下，阴极产生的气体是阳极的 2 倍；电解法产生的气体可能造成安全隐患，特别是氢气(可燃气体)，但是试验降低饱和度的主要气体是氢气；电解法可改变孔隙水的 pH，在工程中可能会对环境造成影响。

3) 排注水法

排注水法是指将一定量的孔隙水从饱和试样底部缓慢排出，此时土体为小饱和土体，再将等量的水从试样的顶部缓慢灌入，土体内部的气泡存留在孔隙当中。此时在试样顶部会产生厚度较薄的水层，可以利用其平均厚度用来测定试样的饱和度。气体产生的量通过排注水的量来控制，但不能精确控制。实验的缺点：排注水后产生气体的量难以控制，导致饱和度很难精确控制。在工程实践中此方法可行性不大。

4) 生物化学法

生物化学法包括生物制气法和化学制气法。生物化学法可均匀地对砂土进行注气。这是由于反应物可溶解于水中，反应物生成的气体可均匀分布在土中。

生物制气法是一种利用反硝化细菌的脱氮作用将孔隙水中的硝酸根离子转化为氮气的制气方法。以脱氮假单胞菌为例，其在不同碳源培养溶液中产生的主要的反应如下：

$$5CH_3OH + 6NO_3^- \rightarrow 3N_2 + 5CO_2 + 7H_2O + 6HO^- \tag{7-13}$$

$$5C_2H_5OH + 12NO_3^- \rightarrow 6N_2 + 10CO_2 + 9H_2O + 12HO^- \tag{7-14}$$

$$5CH_3OO + 8NO_3^- \rightarrow 4N_2 + 10CO_2 + H_2O + 13HO^- \tag{7-15}$$

在实验室中利用此方法制取饱和样的步骤如下：厌氧污泥中提取反硝化细菌；培养液富集培养；接种至制样溶液；砂土与制样溶液搅拌制样。产生气体的量可根据反应物的量进行计算。但是需要指出的是，由于反硝化细菌产生 N_2 需要一定时间，在饱和样制好后并不能直接进行试验，需将试样放置几天。N_2 化学性质稳定，且在水中的溶解度低，仅为 0.017g/L。N_2 的密度为 1.251g/L，1L 水中可溶解氮气 0.0136L；而 CO_2 的溶解度为 1.5g/L，与氮气相比较高。其密度为 1.96g/L，1L 水中可溶解 CO_2 0.7653L，是 N_2 溶解度的 56 倍。因此，考虑到水中气体溶解度时，不建议采用 CO_2 进行注气。脱氮细菌的体积只占砂土孔隙体积的 1%。接种的生物质量与砂土质量的比约为 0.02mg/kg，对于土体体积的影响很小，基本不予考虑。用于处理砂土液化的生物培养介质与富集培养的培养液基本一致。

Eseller-Bayat 利用化学法注气进行降砂土饱和度法处理可液化地基试验。试验采用 $NaBO_3$ 固体化学反应生成 O_2。反应包括两个步骤：①$NaBO_3$ 固体水解生成 H_2O_2，反应方程式如式(7-16)所示；②H_2O_2 分解生成 O_2，反应方程式如式(7-17)所示。

$$2(NaBO_3 \cdot H_2O) + 2H_2O \rightarrow 2H_2O_2 + 2BO_3^{3-} + 2Na^+ + 4H^+ \tag{7-16}$$

$$2H_2O_2 \rightarrow 2H_2O + O_2 \uparrow \tag{7-17}$$

Eseller-Bayat 研究发现土样饱和度与加入的 $NaBO_3$ 固体量之间存在一定关系，即通过加入一定量的 $NaBO_3$ 固体控制土样的饱和度，并且生成的气体能均匀地分布在砂样中。

4 种注气方法的优、缺点对比如下：直接注气法操作简单，适用于现场注气，但注气压力难以控制，且易从注气孔逃逸；电解法注气简单易行，但其会消耗大量电能，且产气速率受电解质浓度影响较大；排注水法一般应用于室内试验注气，现场可行性较低；生物化学法包括微生物注气法和化学注气法。微生物注气法产气速率较小，对土体扰动小，且产气均匀，但其产气速率较慢易受到地下水渗流影响，且微生物活性易受土壤环境影响；化学注气法的优点在于产生的气体粒径较小、产气速率稳定且可控、能耗小，化学法所生成的气体一般为 N_2 和 O_2，化学反应产物对环境影响较小，缺点是应用于实际工程中经济成本较高。

3. 液化地层饱和度在工程应用中的测定方法

对于现场试验及工程施工中如何对被处理地层的饱和度进行测定，目前国内外已采用过如下 3 种方法。

1) 地基压缩波速试验

图 7-54 所示为压缩波速度与饱和度的关系。可对比分析 Yang 等和 Hatanka 等试验所得的压缩波速度与饱和度的关系。现场试验中的压缩波可通过吊机将 3t 重的夯锤提升至 3m 高度，让其自由落地敲击地表产生，并通过竖向等间距布置的加速度传感器测得响应的波速值。

2) 地基电阻率试验

由 Archie 定律，地基电阻率与饱和度之间的关系可由下式表示：

$$\rho = a\rho_w n^{-m} S_r^{-p} \tag{7-18}$$

式中，ρ 为电阻率；n 为孔隙率；S_r 为土体饱和度；ρ_w 为孔隙流体电阻率；a、m、p 均为土体常数。

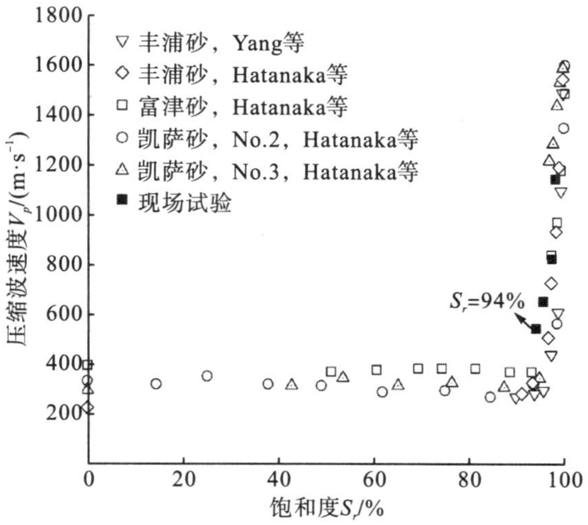

图 7-54　压缩波速与饱和度的关系

所以土体在注气前后的饱和度变化关系可由地层的电阻率直接表示为

$$S_r^{-p}=\frac{\rho_a}{\rho_b} \tag{7-19}$$

式中，ρ_a 和 ρ_b 分别为注气前后地层的电阻率；土体常数 p 一般取值为 2。

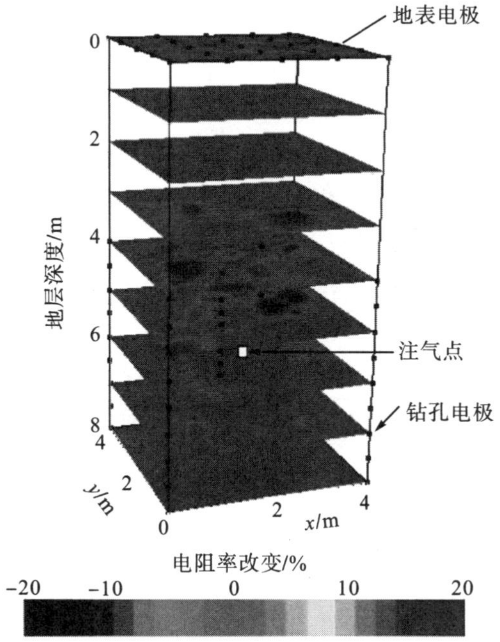

图 7-55　地层电阻率变化 3D 示意图

具体操作方式可在地表待测定饱和度区域上方布置测量电极矩阵(表面电极)，并在待测定区域边界钻孔按不同深度布设边界测量电极，如图 7-55 所示。最后由每一层不同深度的边界电极间围成的二维电阻率变化图可得到不同深度不同位置处的电阻率变化量，进而得到该处的饱和度估值。

3) 冻结法取土试验

冻结法是利用人工制冷技术，使地层中的水结冰，把天然岩土变成冻土，增加其强度和稳定性，隔绝地下水与地下工程的联系，以便在冻结壁的保护下进行井筒或地下工程掘砌施工的特殊施工，已广泛应用于地铁、深基坑、矿井建设等工程中。该方法能够适应粉土、砂层及砾石、卵石等其他任何地层。

日本学者 Okamura 等曾成功使用冻结法提取出高质量的未被扰动土样从而很好地测定了现场试验区域内土样的饱和度。

4. 不同饱和度对隧道抗液化能力的影响

有研究表明，粉土或砂土饱和度越低，土体抗液化能力越强。不饱和粉土的抗液化能力强于饱和粉土。近些年，学者对降低可液化土体饱和度的方法进行了大量研究。本节主要研究粉土饱和度对抗液化能力的影响，确定土体的最优饱和度参数。

由于 FLAC^{3D} 中土体默认饱和度 S_r=1.0，若 S_r<1.0，则表示此处的孔隙水压力为 0。考虑流体中液体和气体的共同作用，则可以通过降低气体和液体等效流体模量的方法来模拟饱和度的降低。有研究采用等效流体体积模量公式进行离心机振动台试验数值模拟。降饱和度计算公式简化如下：

$$K_f = \frac{1}{\dfrac{S_r}{K_w} + \dfrac{1-S_r}{K_a}} \tag{7-20}$$

式中，K_f 为等效流体体积模量；K_w 和 K_a 分别为液体和气体体积模量，$K_w = 2\times10^7\text{Pa}$，$K_a = 2.76\times10^5\text{Pa}$；$S_r$ 为土体饱和度。

不同饱和度下的粉土动力特性的计算参数见表 7-5。

表 7-5　粉土动力特性计算参数

饱和度	等效流体模量/MPa	饱和重度/(kN·m^{-3})	孔隙率
1.0	20	1.96	0.414
0.98	8.23	1.96	0.414
0.96	5.18	1.96	0.414

为了探究降饱和度法对地基的加固效果，本次计算选择饱和度分别为 1.0、0.98 及 0.96 三种工况进行研究，三种工况下的土体的饱和重度均为 1.96kN/m³，孔隙率均为 0.414。图 7-56 所示为 PGA=0.3g 时降饱和度法土层超孔隙水压力比云图。以 z=6m 处的数据为代表，分析不同饱和度下土体超孔隙水压力比、超静孔隙水压力变化规律，如

图 7-57 和图 7-58 所示。

图 7-56　PGA=0.3g 时降饱和度法土层超孔隙水压力比云图

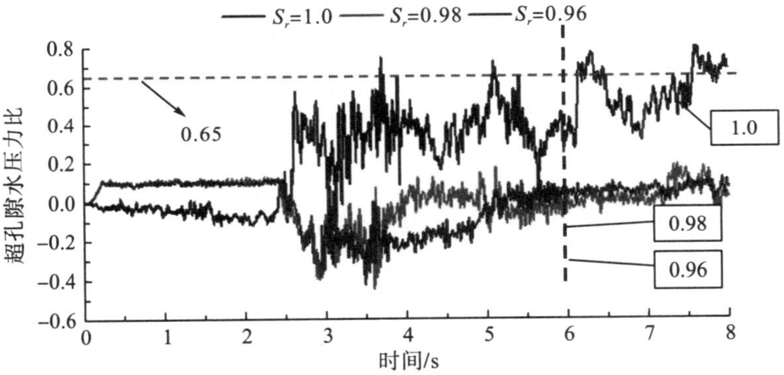

图 7-57　不同饱和度下的超孔隙水压力比时程曲线

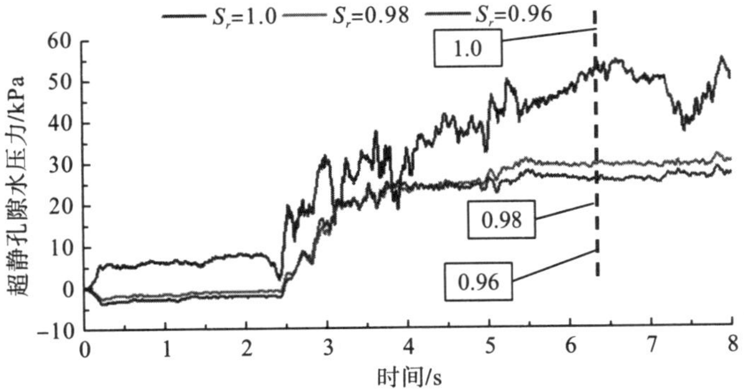

图 7-58　不同饱和度下的超静孔隙水压力时程曲线

从图 7-56 可以看出，当饱和度为 0.98 时，粉土层的超孔隙水压力比基本小于 0.65，说明土体从液化状态逐渐转变为非液化状态；从图 7-57 和图 7-58 可以看出，当土体不完全饱和后，土体的超孔隙水压力比和超静孔隙水压力下降明显，当 S_r=0.98 时，超孔隙水压力比减小至 0.2，超静孔隙水压力相比饱和土体减小了 57.1%，当 S_r=0.96 时，超孔隙水压力比和超静孔隙水压力与 S_r=0.98 时的不饱和土体基本保持一致，说明饱和度低至 0.98 时，继续降低饱和度对地基加固作用效果不再明显。

图 7-59 至图 7-61 所示分别为不同饱和度下，埋深为 6m 时土体的竖向位移及隧道结构竖向和水平向位移时程曲线。

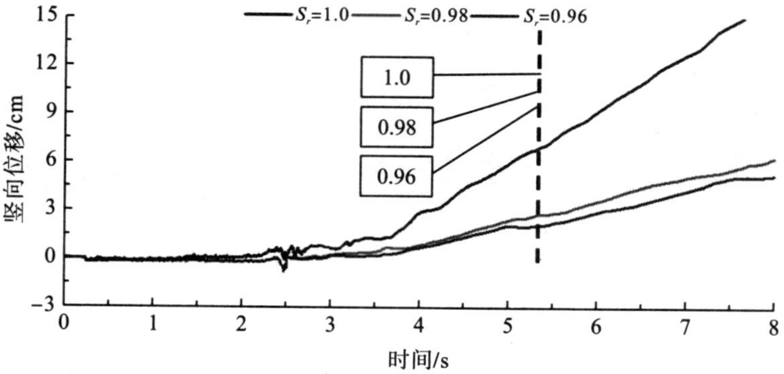

图 7-59　不同饱和度下土体竖向位移时程曲线

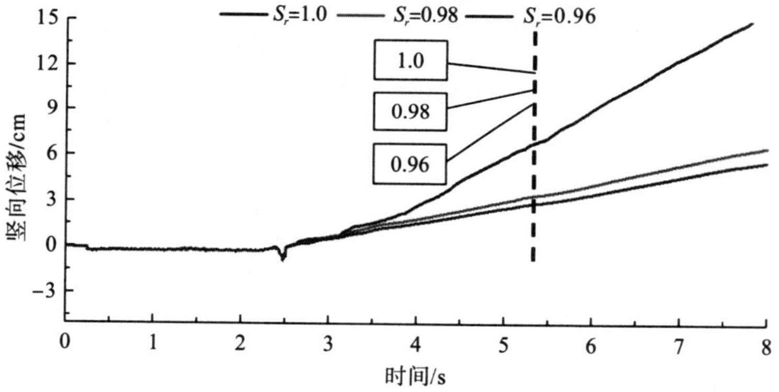

图 7-60　不同饱和度下隧道竖向位移时程曲线

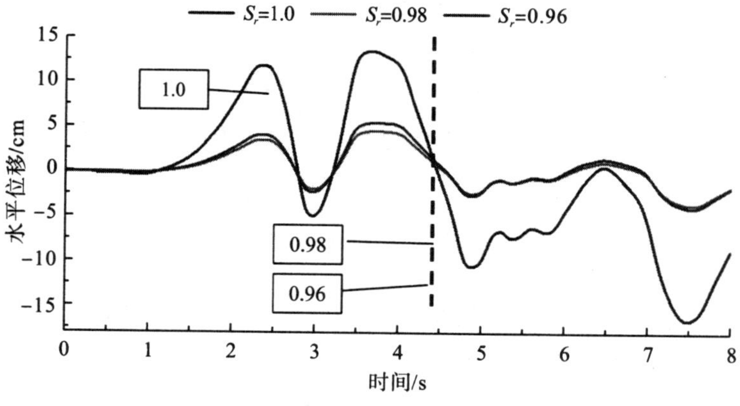

图 7-61　不同饱和度下隧道水平位移时程曲线

从图 7-60 和图 7-61 可以看出，当饱和度降至 0.98 时，计算时程结束第 8s 时，与完全饱和土体位移差距较大，土体竖向位移从 13.5cm 减小至 6.1cm，减小了 7.4cm，隧道结构竖向位移从 15.0cm 减小至 6.2cm，减小幅度达到 59.2%；而当饱和度降至 0.96 时，在计算截止时，埋深 6m 处土体结构位移相比完全饱和土体减小了 8.5cm，隧道结构减小了 64.5%，而饱和度为 0.96 相比于饱和度为 0.98 时虽然有所减小，但减小幅度较小。从图 7-61 可以看出，当饱和度降低至 0.98 时，隧道结构左、右摆动幅度大幅降低，左、右摆动幅度仅为 4cm 左右，继续降低饱和度至 0.96 时，水平位移摆动不再继续减小。

从图 7-57～图 7-61 可以看出，饱和度稍微降低之后，土体的超静孔隙水压力、竖向位移及隧道结构的竖向位移大幅降低，说明降饱和度法对于地基加固效果显著。此外，采用饱和度法加固地基对周围环境影响较小，在工程上可以考虑使用降饱和度法加固可液化地基。

7.3.4　抗液化措施效果对比分析

图 7-62 至图 7-64 所示分别为不同加固措施下，土体埋深 6m 处的超孔隙水压力比、土体竖向位移时程曲线及隧道结构水平位移时程曲线。其中，液化排水桩桩长为 15m，桩间距为 2m，降饱和度法中饱和度为 0.98，注浆法注浆圈厚度为 5m。

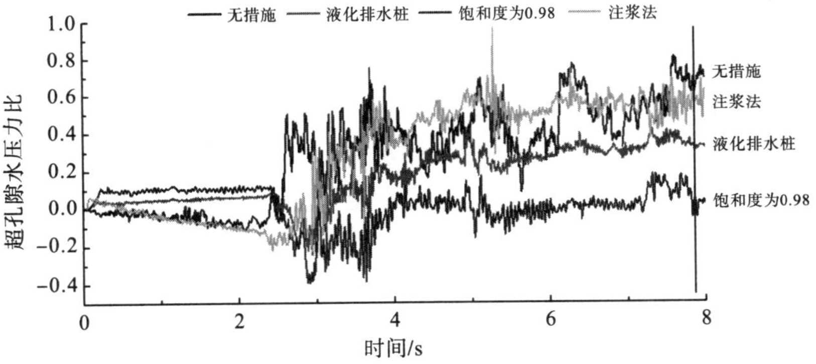

图 7-62　不同加固措施下，埋深 6m 处的超孔隙水压力比时程曲线

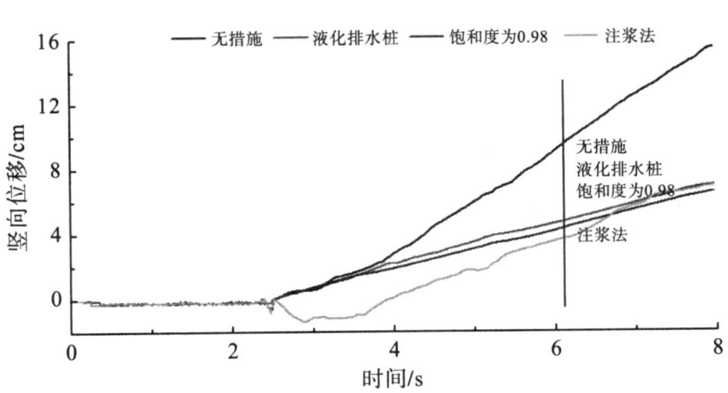

图 7-63　不同加固措施下，埋深 6m 处的土体竖向位移时程曲线

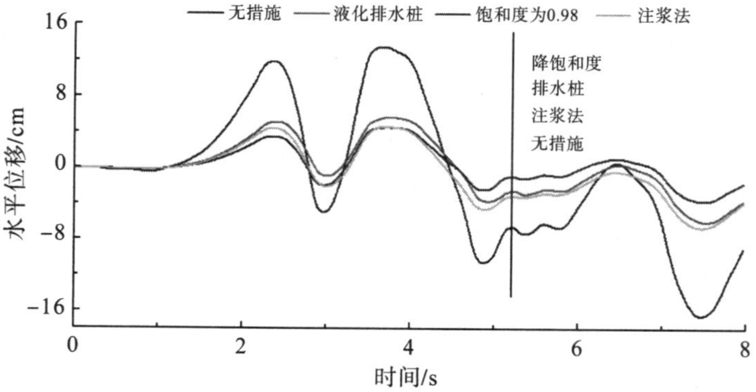

图 7-64　不同加固措施下，隧道结构水平位移时程曲线

从图 7-62 和图 7-63 可以看出，采用注浆法、液化排水桩法及降饱和度法加固液化地基效果显著；超孔隙水压力比在 0.65 以上说明土体已经发生液化，而对于超孔隙水压力比的降低效果，降饱和度法效果最优，其次是液化排水桩法，采用注浆法基本不影响土体的液化；采用 3 种加固措施对于降低土体的竖向位移效果显著，在计算结束后，3 种加固措施的竖向位移基本相同(约为 6cm)，远小于无措施时的 16cm。从图 7-64 可以看出，3 种措施对减小隧道结构的水平位移效果显著，其中降饱和度法对减弱隧道结构左、右摆动效果最好，液化排水桩法及注浆法对减小隧道结构水平位移效果差别不大。综上所述，对液化地基采用以上 3 种加固措施，对于减轻土体液化造成的结构破坏效果显著。

通过对注浆法、液化排水桩法及降饱和度法在 PGA=0.3g 条件下的抗液化效果进行分析，得出了以下结论。

(1) 工程上采用的加固液化地基的主要方法有换填法、强夯法、挤密法、排水固结法、加筋法、桩基法、注浆法及降饱和度法等。这些措施在控制孔隙水压力的增长或者提高土体的强度方面效果较为显著。

(2) 采用注浆加固地基在降低土体位移沉降及隧道结构的竖向和水平向位移方面效果明显，但注浆措施对土体抵抗液化能力的提高效果较弱；对注浆形式及注浆圈厚度进行了对比分析，发现全环注浆方式优于半环注浆，注浆圈厚度为 5m 时优于其他工况下的加固效果。

(3) 采用液化排水桩法处理可液化地基效果明显，对土体和隧道位移及超静孔隙水压力的减小幅度较大。探究了桩长及桩间距处理可液化地基的效果，随着桩间距的减小、桩长的增大、可液化土体的沉降、超静孔隙水压力减小，隧道结构的变形显著降低。建议选择桩长为 15m、桩间距为 2m 的液化排水桩加固地基。

(4) 降低土体饱和度对于提高土体抗液化能力效果显著。随饱和度降低，超静孔隙水压力及隧道和土体的变形均大幅降低，当饱和度为 0.98 时，降低效果不再明显，所以建议采用充气法将土体饱和度降低到 0.98。

(5) 采用注浆法、液化排水桩及降饱和度法加固可液化地基效果显著，其中降饱和度法处理效果最优，建议采用降饱和度法处理可液化地基。

7.4　饱和粉土层隧道降饱和度抗液化性能研究

根据 7.3 节的研究结论发现，通过降低饱和粉土饱和度处理地层，土体抗液化能力得到显著提高，而且降饱和度法对于土体及周围环境的影响较小，是一种优异的处理饱和粉土液化问题的措施。所以本章依托天津地铁 5 号线盾构隧道区间，采用数值模拟法探究降饱和度法对实际工程的抗液化效果。

7.4.1　计算模型及参数

本章选取 5 号线建昌道站—金钟河大街站盾构区间的一个标准断面进行计算分析，如图 7-65 所示。该断面隧道顶板至地表为 10m，最上层 1m 处为杂填土，2～8m 处为可液化粉土层，其他位置的土体均为粉质黏土。计算模型尺寸为 80m×40m×40m，在计算模型中采用弹性本构模型，土体在静力计算中采用摩尔-库伦模型，在动力计算中采用 Finn 模型。计算模型如图 7-66 和图 7-67 所示；模型土体及结构的基本计算参数见表 7-6。

表 7-6　土体及结构物理参数表

类型	弹性模量/MPa	密度/(g·cm^{-3})	黏聚力/MPa	泊松比	渗透系数/(cm·s^{-1})
杂填土	19.2	1600	0.01	0.34	1×10^{-7}
饱和粉土	40	1800	0	0.3	1×10^{-2}
粉质黏土	60	1900	0.03	0.3	1×10^{-7}
隧道管片	30×10^{3}	2500	—	0.2	—

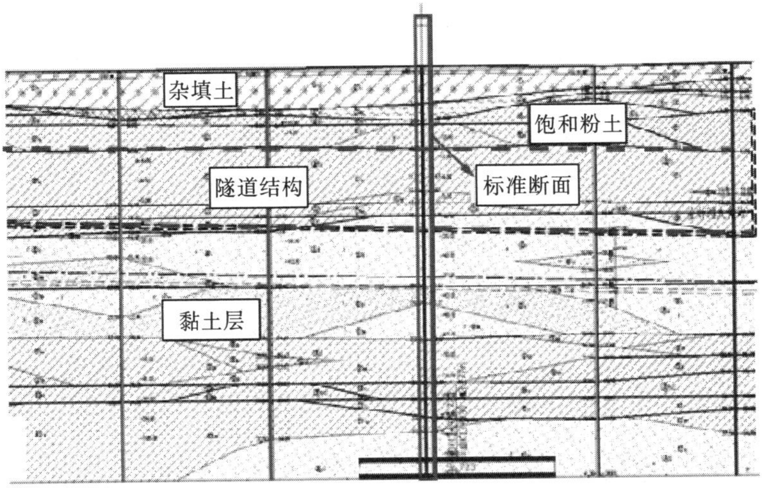

图 7-65　建昌道站—金钟河大街站纵断面图

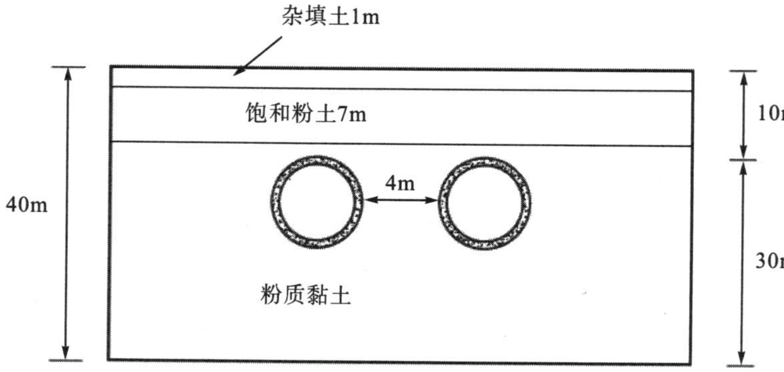

图 7-66　土体模型示意图

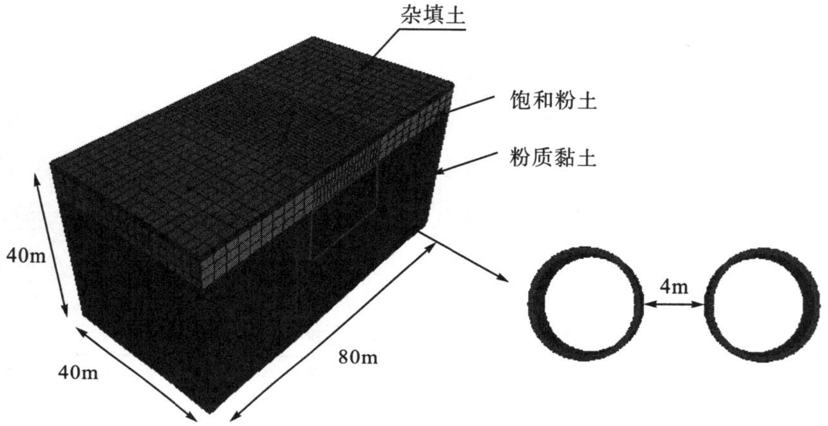

图 7-67　计算模型结构尺寸

计算开始前，首先进行初始地应力平衡及渗流平衡，然后进行动力计算。动力计算时，模型边界四周及底部采用自由场边界，选用的临界阻尼为 0.417，监测点的位置如图 7-68 所示。

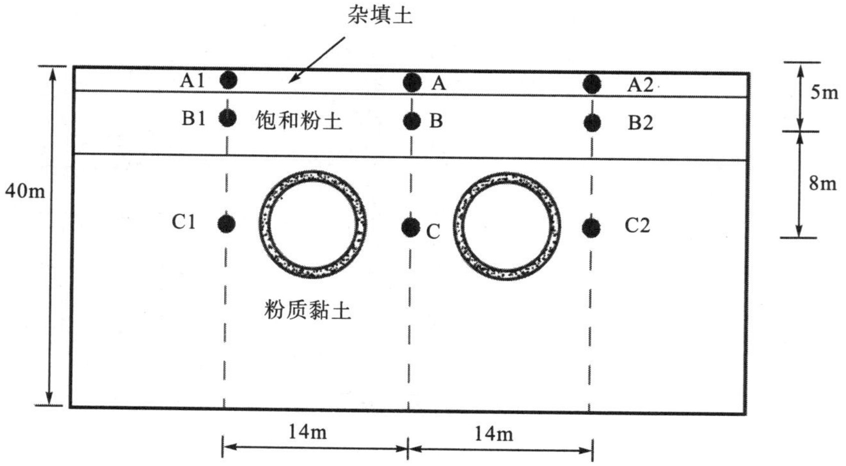

图 7-68　监测点位置布设图

7.4.2　饱和粉土超孔隙水压力比变化规律分析

图 7-69～图 7-72 所示分别为 PGA=0.3g 时有无降饱和度措施条件下的土体超孔隙水压力比云图、超孔隙水压力比随埋深的变化曲线及在横向上不同位置的超孔隙水压力比变化曲线。

图 7-69　PGA=0.3g 时无措施条件下的土体超孔隙水压力比云图

图 7-70　PGA=0.3g 时降饱和度条件的下土体超孔隙水压力比云图

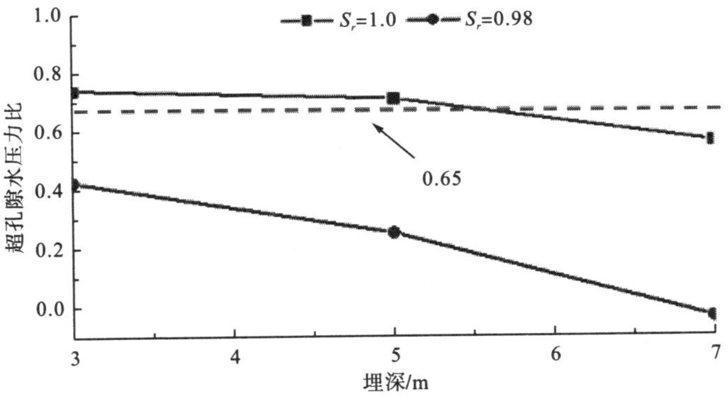

图 7-71　饱和粉土地层超孔隙水压力比随埋深的变化曲线(x=0)

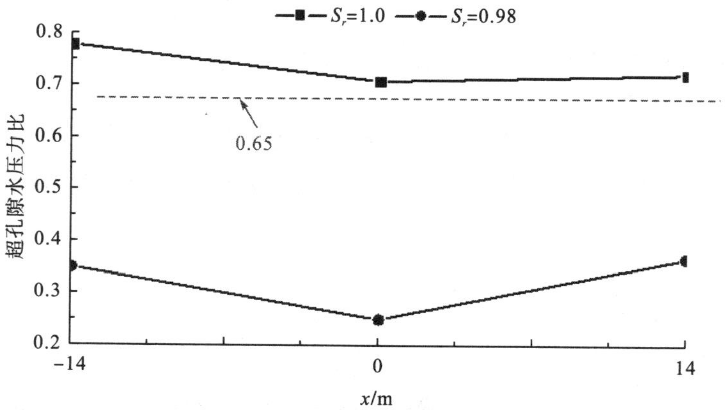

图 7-72　横向位置饱和粉土地层超孔隙水压力比变化曲线(z=5m)

从图 7-69 可以看出，粉土层的超孔隙水压力比基本接近 0.9，说明粉土层已经发生了液化现象；从图 7-70 可以看出，在采用降饱和度法之后，粉土层的超孔隙水压力比从 0.9 降至 0.5 左右，说明此时土体从液化状态转为了非液化状态。

从图 7-71 可以看出，相比于饱和度为 1.0 的粉土，饱和度为 0.98 的粉土超孔隙水压力比始终维持在 0.65 以下，且随着埋深的增加，粉土层的超孔隙水压力比呈现下降的趋势，这是因为埋深增加，上覆土压力逐渐增大，抑制了粉土层的液化。从图 7-72 可以看出，处于同一埋深处的粉土，超孔隙水压力比的差距不大，说明处于同一埋深的土体液化规律相似。

图 7-73 所示为埋深为 5m 处的饱和粉土层的超孔隙水压力比时程曲线。可以看出，在前 2s 内，超孔隙水压力比增加基本为 0，在 2.5～5s 时，超孔隙水压力比开始大幅增长，5～8s 内，保持稳定状态。其中，饱和度为 1.0 的粉土在动力计算的第 4s 内超孔隙水压力比开始超过 0.65，说明粉土层在计算的后 4s 内超孔隙水压力比一直维持在 0.65 以上，在计算结束时，超孔隙水压力比达到 0.7；而饱和度为 0.98 的粉土在前 5s 内超孔隙水压力比虽然增加很大，但是直到计算结束，超孔隙水压力比仍未超过 0.65，说明饱和度为 0.98 的粉土在动力计算中已经不再发生液化现象。

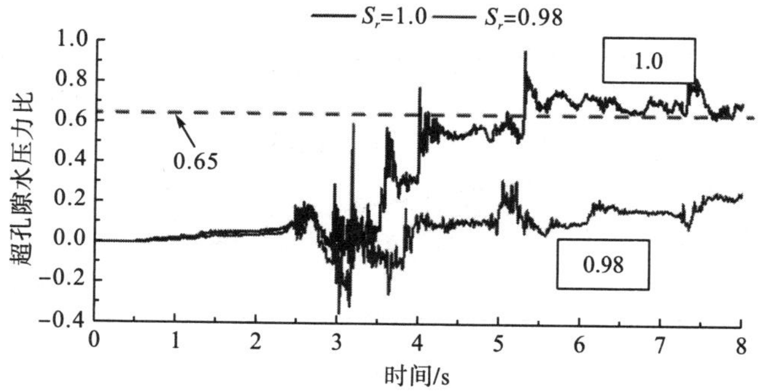

图 7-73　饱和粉土地层超孔隙水压力比变化时程曲线(x=0)

7.4.3　饱和粉土超静孔隙水压力变化规律分析

图 7-74～图 7-76 所示分别为不同饱和度下，在埋深 5m 处(粉土中部)，x=0m、x=−14m 及 x=14m 的超静孔隙水压力时程曲线。

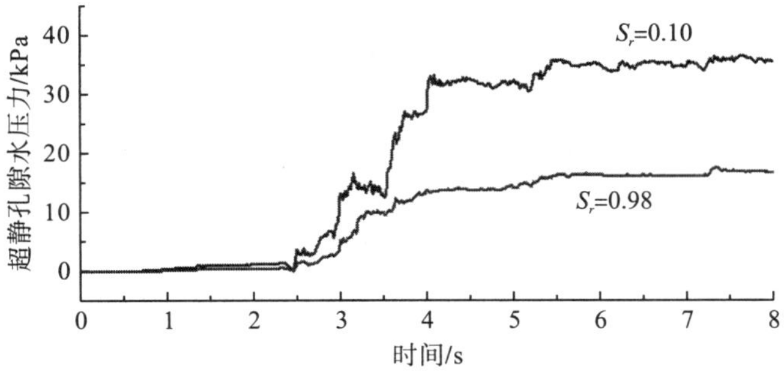

图 7-74　饱和粉土地层超静孔隙水压力时程曲线(x=0m)

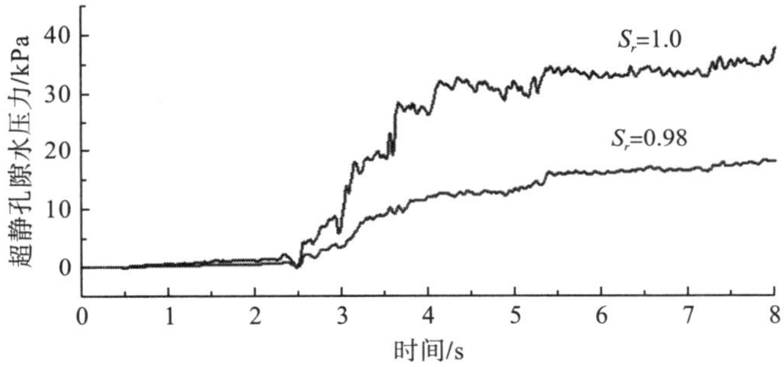

图 7-75　饱和粉土地层超静孔隙水压力时程曲线(x=−14m)

从图 7-74～图 7-76 可以看出，在同一埋深不同位置处的超静孔隙水压力变化规律一致，且饱和度为 1.0 时的增加幅度均远远大于饱和度为 0.98 时。在前 4s 内，超静孔隙水压力急剧增加，在 4～8s 内超静孔隙水压力保持稳定状态。计算结束时，在 x=0m 处，饱和度为 1.0 时超静孔隙水压力力达到 35kPa，而饱和度为 0.98 时超静孔隙水压力仅为 15kPa，相比饱和度为 1.0 时下降幅度最大达到 57.1%，说明降低饱和度对降低土体超静孔隙水压力效果显著。不同位置处的超静孔隙水压力的值见表 7-7。

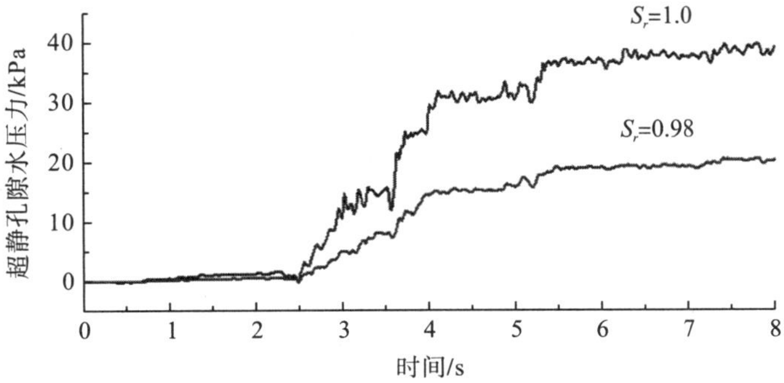

图 7-76　饱和粉土地层超静孔隙水压力时程曲线(x=14m)

表 7-7　埋深为 5m 处不同位置的超静孔隙水压力值　(单位：kPa)

类型	x=0m	x=−14m	x=14m
S_r=1.0	35	38	40
S_r=0.98	15	17	19
相对变化幅值/%	−57.1%	−55.3	−52.5

注：相对变化幅值表示饱和度 S_r=0.98 相对 S_r=1.0 的变化，正值表示增大，负值表示减小。

7.4.4　土体及隧道结构变形规律分析

在地震作用下，可液化土体发生液化，导致位于可液化土体的结构变形较大，发生严重破坏，所以对于土体及隧道结构位移分析不可或缺。由于水平向变化规律相似，所以本节仅分析土体及隧道结构竖向位移变化规律。图 7-77 和图 7-78 所示分别为在 x=0m 处，地表位移和饱和粉土层位移时程曲线。

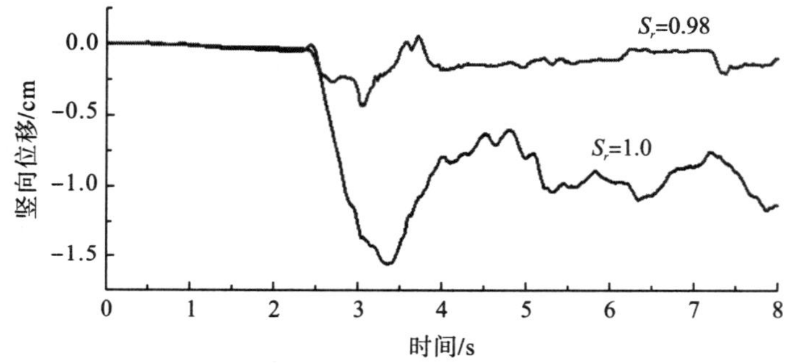

图 7-77　地表土体竖向位移时程曲线(z=1m)

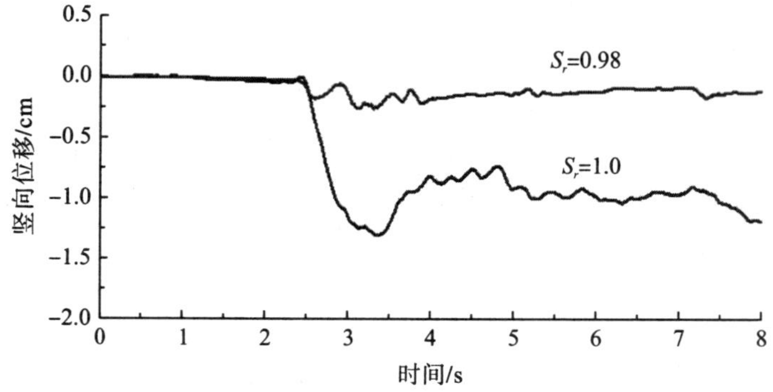

图 7-78　饱和粉土层竖向位移时程曲线(z=5m)

从图 7-77 和图 7-78 可以看出，总体来说，地表处和饱和粉土层的位移均呈现减小的趋势，在动力计算开始的前 2.5s 内，土体位移基本保持不变，在 2.5～4s 时，饱和度 S_r=1.0 工况下的土体大幅度沉降，而 S_r=0.98 工况下的土体沉降幅度较小。在地表处，S_r=1.0 工况下最大沉降位移达到 1.5cm，而 S_r=0.98 工况下地表最大沉降位移仅为 0.4cm，减小了

73.3%；在饱和粉土层，S_r=1.0 工况下的位移最大沉降量为 1.3cm，S_r=0.98 工况下的位移最大沉降量仅为 0.2cm，减小了 84.6%。

图 7-79 所示为左侧隧道上侧处位移时程曲线。可以看出，在地震波输入的前 2.5s 内，位移基本保持不变，在 2.5～4s 内，隧道开始急剧隆起，在 4～8s 内，隧道位移缓慢增长。计算结束时，饱和度 S_r=1.0 工况下隧道隆起位移达到 3.2cm，而饱和度 S_r=0.98 工况下，隧道隆起位移仅为 1.5cm，同比减小了 53.1%，说明降饱和度法在减小结构位移方面效果显著。

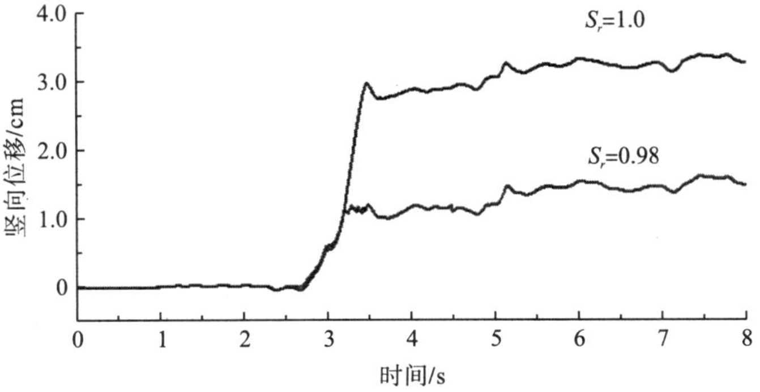

图 7-79　盾构隧道结构竖向位移时程曲线

从上述分析结果可以看出，采用降饱和度法加固地层对于减小土体和隧道结构位移有着显著的效果。为了验证数值模拟结果，对穿越饱和粉土层的隧道结构进行振动台试验研究。

7.5　本 章 小 结

本章主要是对饱和粉土层在地震作用下发生液化时工程上常采用的加固措施进行了总结，并采用数值模拟的手段对注浆法、液化排水桩法及降饱和度法进行了数值模拟研究，探讨了几种加固措施的参数对地基加固效果的影响，得出了以下结论。

(1) 工程上采用的加固液化的主要方法有换填法、强夯法、挤密法、排水固结法、加筋法、桩基法、注浆法及降饱和度法等。这些方法在控制孔隙水压力增长或者提高土体强度方面效果较为显著。

(2) 采用注浆法加固地基在减小土体沉降位移及提高超静孔隙水压力方面效果明显，但注浆措施对抑制土体和隧道的旋转效果甚微；同时对注浆形式、注浆圈厚度及岩浆比等参数进行对比分析，得到在天津严重液化等级粉土与浅埋盾构隧道最不利工况下：全环注浆方式优于半环注浆，注浆圈厚度 t=3m、岩浆渗透系数比 n=50 工况下的加固效果优于其他工况。该方案可将可液化地基中埋深 6m 处的土体超孔隙水压力比从 0.65 之上降低到 0.65 之下的安全范围内将盾构隧道结构上浮量控制在 1cm 以内，且能够使地基土加速固结，可以更好地保障地铁盾构隧道在地震工况下的结构安全。

(3) 采用液化排水桩法处理可液化地基效果明显，土体隆起、隧道位移及超静孔隙水压力的减小幅度较大。探究了桩长及桩间距加固可液化地基的效果，随着桩间距的减小、桩长的增大，可液化土体的沉降位移、超静孔隙水压力减少，隧道的动变形显著降低。不同工况对比下，建议选择桩长为15m、桩间距为2m的液化排水桩加固地基。

(4) 通过降低饱和度处理地层，土体抗液化能力得到显著提升，而且降饱和度法对于土体及周围环境的影响较小，是一种优异的处理饱和粉土液化问题的措施。降饱和度法在降低土体超静孔隙水压力和减小结构位移方面效果显著。

(5) 在数值模拟中通过降低液体和气体的等效流体模量体积模拟饱和度的降低；降低土体饱和度对提高土体抗液化能力效果显著，随着饱和度的降低，超静孔隙水压力及隧道和土体的变形均大幅减小，当饱和度为0.98时，降低效果不再明显，所以建议采用充气法将土体饱和度降低到0.98。

第 8 章　强震作用下粉土地层盾构隧道抗液化振动台模型试验

8.1　概　　述

模型试验的目的在于验证抗震计算方法、计算理论和所采用的力学模型的正确性；通过模拟地震振动台的试验验证为非线性地震反应分析建立适当的简化模型；观测和分析试验结构或模型的破坏机理和震害原因；由试验结果综合评价试验结构或模型的抗震能力。

依托天津市城市轨道交通地铁 5 号线、7 号线一期工程，以高烈度地区可液化粉土地层及其区间盾构隧道减震抗液化技术及其分析方法为研究核心进行模型试验研究，以期达到以下目的。

(1) 对抗震设防烈度为 7、8 度条件下液化地层盾构隧道结构的抗震性能进行研究，同时对隧道液化土层判别标准进行试验对比分析，提出适用于天津地铁建设液化土层的判别标准，采用现场测试与理论分析相结合的方法，论证天津地铁砂土液化地层判别标准的可靠性，确保地铁结构满足抗震设防目标及其安全运营，同时可以降低地铁建设成本。

(2) 针对影响饱和土液化的主要因素动荷条件、埋藏条件、土性条件，依托天津地铁工程，采用现场测试、理论分析与大型振动台模型试验相结合的方法，对液化土层在地震作用下的变形规律及其液化机理进行研究，同时分析饱和粉砂土变形引起盾构隧道结构变形的规律及力学特性。

(3) 根据液化地层的变形特征，并按液化地层与区间隧道相对位置的不同，采用动力有限元法分别计算在不同工况下盾构隧道结构的变形规律和动力响应规律，提出液化地层盾构隧道结构抗减震技术措施，确保盾构隧道结构抗震安全。

(4) 在研究手段上以较大的人力和经费投入，采用了几何比为 1∶20 的大比例尺相似模型试验研究、有限元数值计算及理论分析等手段。

8.2　大型振动台模型试验相似理论及相似参数设计

根据相似理论分析，在几何尺寸、震动频率、应力和弹性模量等参数中，选取几何相似和弹性模量两个独立相似参数，其他参数均依此推出。

如果一个系统中的全部物理量都可以由另一个系统中相应的量乘以一个不变的无量纲数得到，则这两个物理系统就是相似系统，所代表的现象就是相似现象，相似现象满足相似第一定理和相似第二定理。

8.2.1　相似第一定理(相似正定理)

若两个系统在弹性范围内是力学相似的，则由弹性力学可知，受力体内所有点均应满足以下方程。

平衡方程：

$$\left.\begin{aligned}\frac{\partial(\sigma_x)}{\partial x}+\frac{\partial(\tau_{xy})}{\partial y}+\frac{\partial(\tau_{zx})}{\partial z}+X=0\\\frac{\partial(\sigma_y)}{\partial y}+\frac{\partial(\tau_{zy})}{\partial z}+\frac{\partial(\tau_{xy})}{\partial x}+Y=0\\\frac{\partial(\sigma_z)}{\partial z}+\frac{\partial(\tau_{xz})}{\partial x}+\frac{\partial(\tau_{yz})}{\partial y}+Z=0\end{aligned}\right\}\tag{8-1}$$

$$\left(\frac{\partial^2}{\partial x^2}+\frac{\partial^2}{\partial y^2}+\frac{\partial^2}{\partial z^2}\right)(\sigma_x+\sigma_y+\sigma_z)=0\tag{8-2}$$

物理方程：

$$\left.\begin{aligned}\varepsilon_x&=\frac{1}{E}\left[\sigma_x-\mu(\sigma_y+\sigma_z)\right]\\\varepsilon_y&=\frac{1}{E}\left[\sigma_y-\mu(\sigma_x+\sigma_z)\right]\\\varepsilon_z&=\frac{1}{E}\left[\sigma_z-\mu(\sigma_x+\sigma_y)\right]\\\gamma_{yz}&=\frac{2(1+\mu)}{E}\tau_{yz}\\\gamma_{zx}&=\frac{2(1+\mu)}{E}\tau_{zx}\\\gamma_{xy}&=\frac{2(1+\mu)}{E}\tau_{xy}\end{aligned}\right\}\tag{8-3}$$

几何方程：

$$\left.\begin{aligned}\varepsilon_x&=\frac{\partial u}{\partial x}\\\varepsilon_y&=\frac{\partial v}{\partial y}\\\varepsilon_z&=\frac{\partial w}{\partial z}\\\gamma_{xy}&=\frac{\partial u}{\partial y}+\frac{\partial v}{\partial x}\\\gamma_{yz}&=\frac{\partial v}{\partial z}+\frac{\partial w}{\partial y}\\\gamma_{xz}&=\frac{\partial w}{\partial x}+\frac{\partial u}{\partial z}\end{aligned}\right\}\tag{8-4}$$

式中，σ、τ、ε、γ、u、v、w各代表应力、应变和各方向的位移分量。

E、μ分别为弹性模量及泊松比；用p和m表示原型与模型的物理量，C表示相似比，将各物理量之间的相似比定义如下。

几何相似比：

$$C_l = \frac{l_p}{l_m}$$

应力相似比：

$$C_\sigma = \frac{\sigma_p}{\sigma_m}$$

应变相似比：

$$C_C = \frac{\varepsilon_p}{\varepsilon_m}$$

弹性模量相似比：

$$C_E = \frac{E_p}{E_m}$$

泊松比相似比：

$$C_\mu = \frac{\mu_p}{\mu_m} \tag{8-5}$$

边界力相似比：

$$C_{\bar{x}} = \frac{\bar{x}_p}{\bar{x}_m}$$

体积力相似比：

$$C_x = \frac{X_p}{X_m}$$

位移相似比：

$$C_\delta = \frac{\delta_p}{\delta_m}$$

重力密度相似比：

$$C_\gamma = \frac{\gamma_p}{\gamma_m}$$

将式(8-5)中的各相似比代入弹性力学的基本方程式(7-1)～式(7-4)中，可求出各相似比之间的关系，具体如下：

$$\left.\begin{aligned} C_\sigma &= C_l C_x \\ C_\sigma &= C_\varepsilon C_E \\ C_{\bar{x}} &= C_\sigma \\ C_\mu &= 1 \\ C_\varepsilon &= 1 \end{aligned}\right\} \tag{8-6}$$

8.2.2　相似第二定理(相似 π 定理)

弹性力学模型相关参数的表达式为

$$f\left(\sigma,\ \varepsilon,\ E,\ \mu,\ x,\ \bar{x},\ l,\ \delta\right)=0 \tag{8-7}$$

式(8-7)中参数总数为 8，基本量纲为 2，选出体力 X 和长度 l 作为基本量纲的物理量，量纲分别为 FL^{-3} 和 L，根据量纲至少出现一次的原则，有

$$\pi_1=\frac{\sigma}{X^{\alpha}l^{\phi}}=\frac{FL^{-2}}{\left[FL^{-3}\right]^{\alpha}L^{\beta}} \tag{8-8}$$

要使 π_1 成为无量纲参数，则必须有 $\alpha=1$；$-3\alpha+\beta=-2$，解得 $\beta=1$，故有相似准则：

$$\pi_1=\frac{\sigma}{Xl} \tag{8-9}$$

同理可有

$$\pi_2=\varepsilon；\ \pi_3=\frac{E}{XL}；\ \pi_4=\mu；\ \pi_5=\frac{\overline{X}}{XL}；\ \pi_6=\frac{\delta}{L}。 \tag{8-10}$$

弹塑体的相似判据为

$$\frac{C_{\sigma}}{C_X C_l}=1；\ \frac{C_E}{C_X C_l}=1；\ \frac{C_{\overline{X}}}{C_X C_l}=1；\ \frac{C_{\delta}}{C_l}=1；\ C_{\varepsilon}=1；\ C_{\mu}=1 \tag{8-11}$$

文献给出了破坏试验时强度和变形应满足的关系式：

$$\left.\begin{aligned}&\frac{C_{\sigma}}{C_{R^t}}=1\\&\frac{C_{\tau}}{C_{R^t}}=1\\&\frac{C_{R^c}}{C_{R^t}}=1\\&C_f=1\end{aligned}\right\} \tag{8-12}$$

式中，C_{σ}、C_{R^t}、C_{τ}、C_f、C_{R^C} 分别代表应力、抗拉强度、凝聚力、内摩擦系数、抗压强度的相似比。

设原型单轴极限拉伸为 ε_p^l，单轴极限压应变为 ε_p^c，模型单轴极限拉伸为 ε_m^l，单轴极限压应变为 ε_m^c，则极限应变应有如下关系：

$$\left.\begin{aligned}&C_{\varepsilon^c}=\frac{\varepsilon_p^c}{\varepsilon_m^c}=1\\&C_{\varepsilon^l}=\frac{\varepsilon_p^l}{\varepsilon_m^l}=1\end{aligned}\right\} \tag{8-13}$$

完全满足式(8-11)～式(8-13)的相似判据的模型为完全相似模型。实际上，获得完全相似模型是很困难的，问题主要在于模型材料的 γ_m、ρ_m、E_m、μ_m、R_m^c、R_m^l、f_m、c_m、

ε_m^l、ε_m^c 等都是独立的物理量，因而选择了一种模型材料后，它满足了某个相似判据，并不一定能满足其他的相似判据，因此，破坏试验只能满足主要的相似判据，这样的模型称为基本相似模型。

8.2.3　模型试验相似参数

本次模型试验的主要目的是探究饱和地层中衬砌结构在弦波和地震波作用下的动力响应规律，考察衬砌结构表面超孔隙水压力分布规律及地表位移和加速度的响应规律。

因此，本次模型试验相似比设计遵循的原则如下：

(1) 模型地基产生的浮力与模型结构的重力在试验中应保持相似比一致。

(2) 饱和地基中地铁地下结构的动力变形主要由周围土层的剪切变形引起，本次试验采用小振幅弦波和地震波作为动力荷载，模型整体处于弹性范围，故结构的惯性力引起的内力并非主要因素，无须按惯性力相似进行人工配重。

(3) 为了保证地基和结构变形的一致性，应保持模型地基土水平剪切刚度与结构抗侧移刚度的相似性。

根据上述原则，按 Buckingham 定理导出各种物理量的相似关系，采用弹性相似率，根据模型结构和模型土不同的特点，选取不同的基本物理量(模型结构以长度、弹性模量、加速度为基本物理量，模型土以剪切波速度、密度、加速度为基本物理量)，分别推导出模型结构和模型土两种介质的相似比体系。

针对饱和地层孔隙水压力在动力荷载下具有累积增长和消散的特点，相似比设计应主要遵循结构的相似比体系，同时需要考虑时间效应对液化场地孔隙水压力的增长及消散的影响，因此时间相似比采用模型土的时间相似比，其余的相似比按模型结构的相似关系推导得出。模型地基土的几何相似比是由模型场地和原型场地的剪切波速度确定的。根据剪切波速试验，测得之前类似试验模型场地的剪切波速度约为原型场地剪切波速度的 1/2，可得模型土的几何相似比 $\lambda_L = 1/4$，再根据时间相似关系 $S_t = \sqrt{S_l / S_a}$，可得模型地基土的时间相似比 $S_t = 1/2$。

根据相似关系导出本次模型试验中所涉及的物理量的相似常数，见表 8-1。

表 8-1　模型试验常用物理量的相似常数

类型	物理量	相似关系	相似比	
			模型结构	模型地基
几何特征	长度 l	S_l	1/20	1/4
	惯性矩 I	$S_I = S_l^4$	6.25×10^{-6}	—
材料特征	密度 ρ	$S_\rho = S_E / S_l / S_a$	—	1
	弹性模量 E	S_E	1/4	—
	土的剪切波速度 v	S_v	—	1/2

续表

类型	物理量	相似关系	相似比	
			模型结构	模型地基
动力特征	力 F	$S_F = S_\rho S_l^3 S_a$	1.25×10^{-4}	—
	加速度 a	S_a	1	1
	持时 t	$S_t = \sqrt{\dfrac{S_l}{S_a}}$	0.22	1/2
	动应力 σ	$S_\sigma = S_l S_a S_\rho$	1/4	1/4
	孔隙水压力 u	$S_u = S_l S_a S_\rho$	—	1/4

8.3　大型振动台试验模型试验相似材料配制

8.3.1　模型地基材料的选取与制备方法

1. 模型地基材料的选取

由于本试验的研究对象为具有特殊物理参数及动力液化特性的天津粉土地层，所以模型试验选用与原型相同的土体材料。天津原状土体材料取自天津地铁 10 号线崂山道站施工现场⑥$_3$粉土层，如图 8-1 和图 8-2 所示。该车站粉土地层物理力学参数指标与天津地铁 7 号线芦北路站—宏源道站地层类似。该车站粉土性状为灰色，饱和，稍密—中密，中压缩性，含贝壳，局部呈层状，土质均匀，该土层厚度为 0.80～2.70m，层底高程为−5.74～−4.97m。崂山道站岩土工程勘察报告显示，按《城市轨道交通结构抗震设计规范》（GB 50909—2014）和天津市工程建设标准《岩土工程技术规范》（DB 29-20—2000）14.4.3 规定的方法，对地下 20m 以上范围内分布的粉土及砂土进行液化判定，本站场地范围内分布有地震液化土层，主要为第 I 海相层⑥$_3$粉土。⑥$_3$粉土地震液化层在整个场地内基本呈层状连续分布，⑥$_3$粉土埋深为 4.4～6.4m，厚度为 1.4～4.6m，依据《城市轨道交通结构抗震设计规范》，液化指数为 0.96～12.13，液化等级为轻微—中等，大部分为中等。

图 8-1　天津地铁可液化粉土地层取土现场

图 8-2　工程原型粉土土样

2. 模型地基材料的基本力学参数

同第 3.1.3 节中系列试验得到的天津粉土参数指标(见表 3-7)。

3. 模型地基制备(装填流程)与重制备(卸土)

采用分层法制备模型地基土，每层模型地基土的一次制备高度控制为 20 cm 左右。

如图 8-3 所示，采用“两阶段、分层装填”的方式进行制备，且在制备过程中始终保证模型箱内水面略微低于当前装填土层顶面。

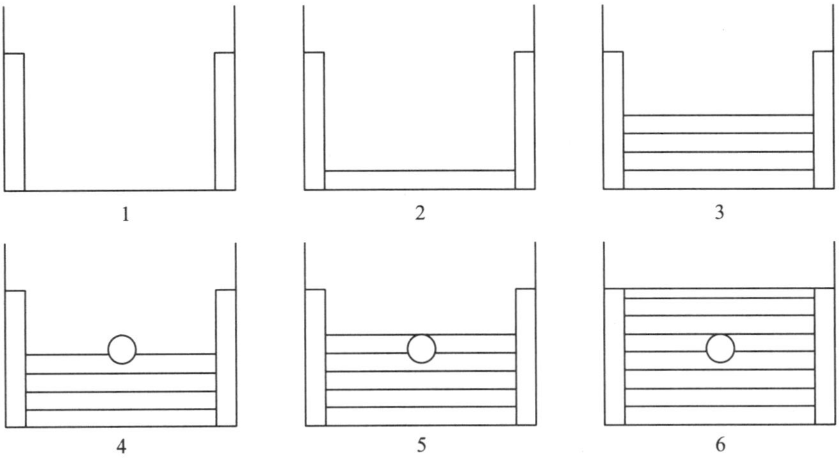

图 8-3　填土次序示意图

(1)阶段一：指模型结构安装前，制备隧道结构下方地基土层，其顶面标高略低于隧道结构轴线。

(2)阶段二：指模型结构安装完毕后(图 8-4)，完成上覆土层填装(图 8-5)。

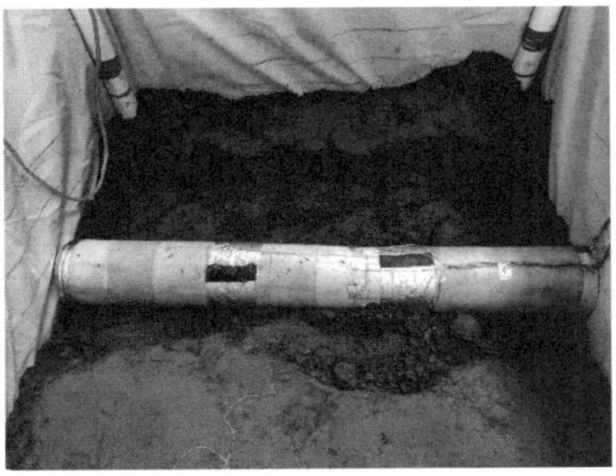

图 8-4　填土至标高安装模型结构

图 8-5　填土至顶面设计标高

(3)待下层可液化土层全部装好后，从模型土表面缓慢注水直至饱和，放置 1 天后，抽走模型箱多余的水，进行试验。

本次试验的模型地基土为厚 150cm 的天津粉土层。根据土工试验规范，本次模型地基粉土密实状态为松散。材料以松散状均匀填入模型箱内，反复踩压夯实至预定标线，然后环刀取样复核容重值，合格后填第二层，每个结构体分多层填入，每层压实完毕，用铁钩在表面划毛后填下一层，以使结构体无成层现象。填料完毕，静放 7～8h，使其经过土体的自平衡阶段。

当前一组试验完成后，表面不可避免地会出现涌水、翻浆、冒泥等地表液化现象，为后一组试验需要，为重新安置结构模型和重新布置监测面传感器，同时恢复模型土液化前状态，要对模型箱中可液化地基土进行卸土与重制备。

8.3.2　模型结构衬砌材料的选取与制备方法

1. 选取衬砌相似材料

在选择衬砌相似材料时，一般应符合下列基本要求：①均匀性、各向同性和连续性；②力学性质稳定，不易受环境条件影响；③改变材料的配比可使材料力学性质在一个较大范围内变化；④材料相互间不会发生化学反应；⑤原料选择时尽量选择易于购买，价格低廉的材料；⑥相似材料制作工艺要求尽量简单易行，方便操作。隧道地下结构的相似材料通常有石膏、石膏硅藻土、有机玻璃、树脂、铝合金和微粒混凝土。

根据天津地区工程地质条件及盾构隧道的结构特点，本次试验结构相似材料选用微粒混凝土。在地震动力试验中，微粒混凝土是用于模拟素混凝土和钢筋混凝土结构的理想材料。微粒混凝土是用粒径为 2.5～5.0mm 的粗砂代替普通混凝土中的粗骨料，用 0.15～2.5mm 的细砂代替细骨料，并以一定的水灰比及配合比组成的新型模型材料。微粒混凝土的力学性能和级配结构与普通混凝土有较为理想的相似性，能满足混凝土强度模型的相似要求，利于模型相似率的实现。在本次衬砌材料模型需配置的物理参数中，弹性模量是最关键的参数，需按相似比取 1/4 从而达到试验要求。实际工程地铁区间盾构隧道管片采用 C50 混凝土，其物理力学指标参数见表 8-2。

表 8-2　C50 混凝土的物理力学指标

指标	密度/($g·cm^{-3}$)	抗压强度/MPa	弹性模量/GPa
原型值	2.5	32.4	35
设计模型值	—	—	8.75
相似比	—	—	1/4

在配制微粒混凝土时，为了达到衬砌结构模型与原型的相似比要求，需向微粒混凝土中添加掺合料熟石灰，用来降低衬砌的弹性模量。骨料成分如图 8-6～图 8-8 所示。

图 8-6　425 号硅酸盐水泥

图 8-7　中砂

图 8-8　熟石灰粉

熟石灰、粉煤灰和矿渣对微粒混凝土材料的弹性模量影响较大，为了降低模型的弹性模量而又不增加它的强度和重力密度，本试验选取熟石灰作为掺合料并考虑设计了不同石灰比的拌合料配比。在衬砌相似材料配比时，应用正交试验设计方法进行配比试验设计，可大大减少试验次数。

图 8-9　试件的浇筑及养护

图 8-10　材料试验标准试块

通过正交试验设计微粒混凝土配比，浇筑并相同条件下制作 70.7mm×70.7mm×70.7mm 的立方体试块和 100mm×100mm×300mm 的棱柱体试块，共计 24 组，每组 3 块，通过 28 天龄期养护，如图 8-9 和图 8-10 所示。

本试验对每个试件进行无侧限抗压强度试验，通过抗压强度和应变计算其弹性模量，如图 8-11 和图 8-12 所示。最终得到符合试验结构材料弹性模量相似关系 1/4 要求的配比。试验结果见表 8-3 和表 8-4。

图 8-11　弹性模量试验

图 8-12　抗压试验

表 8-3　抗压强度试验和弹性模量试验结果(高强组)(8 月 13～15 日)

试件编号	质量配合比				抗压强度/MPa	弹性模量/GPa
	水	水泥	中砂	熟石灰		
A1	0.5	1	4.5	0	8.29	18.57
A2	0.6	1	4.5	0	9.55	15.6
A3	0.7	1	6	0	8.09	14.2
A4	0.8	1	6	0	7.01	22.3
A5	0.9	1	6	0	9.57	11.7
A6	1	1	6	0	9.16	13.6
A7	0.55	1	4.5	0	6.67	14.89
A8	0.65	1	4.5	0	8.18	11.63
A9	0.7	1	4.5	0	9.57	14.8
A10	0.75	1	6	0	9.87	19.59
A11	0.85	1	6	0	11	19.57
A12	0.95	1	6	0	8.02	—

表 8-4　抗压强度试验和弹性模量试验结果(中低强组)(8 月 22 日)

试件编号	质量配合比				抗压强度/MPa	弹性模量/GPa
	水	水泥	中砂	熟石灰		
B1	1.5	1	6	0	1.89	6.4
B2	2	1	6	0	1.4	7.1
B3	2	1	10	1.16	1.18	6.3
B4	2	1	6	1.4	0.97	5.6
B5	2	1	6	1.6	1.44	8
B6	2	1	6	1.8	1.63	4.83

续表

试件编号	质量配合比				抗压强度/MPa	弹性模量/GPa
	水	水泥	中砂	熟石灰		
B7	2	1	6	2	1.65	5.75
B8	1.4	1	6	1	2.13	8.75
B9	1.5	1	6	1.4	0.72	3.3
B10	1.5	1	6	1.6	1.19	4.5
B11	1.5	1	6	1.8	0.91	—
B12	1.5	1	6	2	1.13	4.4

最终选用微粒混凝土拌合材料质量配比为 425 号水泥(1)：中砂(6)：熟石灰(1)：水(1.4)。最终衬砌材料微粒混凝土物理力学指标见表 8-5。

表 8-5　所选用微粒混凝土的物理力学指标

参数类别	密度/($g \cdot cm^{-3}$)	抗压强度/MPa	弹性模量/GPa
原型值	2.5	32.4	35
实际模型材料值	1.97	2.13	8.75
相似比	—	—	1/4

2. 砌模型预制与组装

浇筑模具采用铝制内、外模，共分 3 段同时浇筑，每段结构浇筑长度为 75cm，如图 8-13 所示。

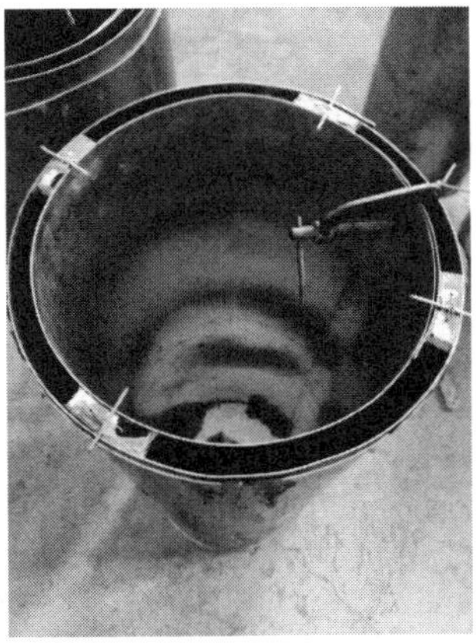

(a)衬砌内、外模

(b)衬砌养护

图 8-13　衬砌模型预制

浅埋试验所浇筑的衬砌模型为 3 段，共 75cm，根据试验方案需要将多段衬砌模型组装成一个整体，如图 8-14 所示。当模型土体填筑到规定标高时，将衬砌模型用自制整装担架整体抬入模型箱，如图 8-15 所示。

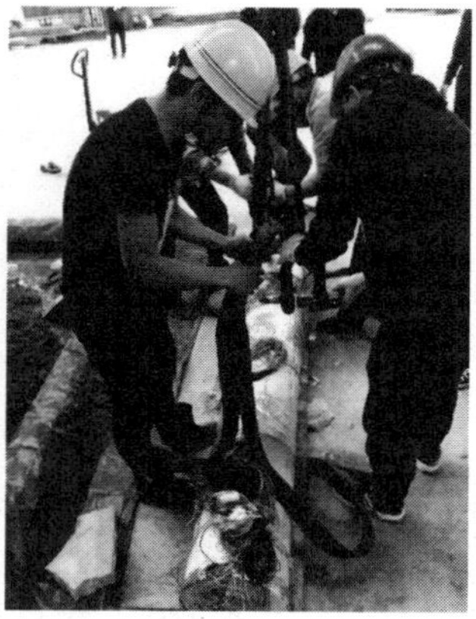

图 8-14　衬砌模型组装完成

图 8-15　衬砌模型整体吊装

8.4　粉土地层盾构隧道振动台模型试验方案设计

本书研究中的振动台模型试验共有 3 组试验工况。同时在振动台模型制作准备过程中设计并实施了一系列独有的关键设备和工艺流程。

另外，本模型试验的目的在于观测和分析试验结构或地基模型的动力响应规律、液化震害及机理、破坏及原因，并由试验结果综合评价试验结构或模型的抗震能力。考虑几何相似比的关系（1∶20），在隧道抗减震模型试验中，在保证测试数据有效率的前提下，尽量简化测试仪器的数量，以减小测试仪器对隧道模型结构的影响。

8.4.1　振动台模型试验方案

1. 加载方案

本次振动台模型试验 3 组工况均采用一致的加载方案，具体加载工况见表 8-6。

表 8-6　试验加载工况

工况序号	输入地震动	工况代号	峰值加速度	持续时间/s
1	白噪声	B1	0.05g	—
2	正弦波（2Hz）	ZX-1	0.05g	5
3	正弦波（4Hz）	ZX-2	0.05g	5
4	正弦波（6Hz）	ZX-3	0.05g	5
5	正弦波（10Hz）	ZX-4	0.05g	5
6	正弦波（12Hz）	ZX-5	0.05g	5
7	正弦波（16Hz）	ZX-6	0.05g	5
8	正弦波（20Hz）	ZX-7	0.05g	5

续表

工况序号	输入地震动	工况代号	峰值加速度	持续时间/s
9	正弦波(24Hz)	ZX-8	0.05g	5
10	天津波	TJ-1	0.05g	10
11	Kobe 波	KB-1	0.05g	10
12	Taft 波	TA-1	0.05g	15
13	天津波	TJ-2	0.15g	10
14	天津波	TJ-3	0.30g	10

2. 第一组试验方案

1) 工况介绍

本试验工况的目的是探究饱和粉土地基及单洞隧道结构在地震作用下的液化及地震动力响应。具体工况见表 8-7。

表 8-7　第一组模型试验工况

组别	模拟位置	地震波传播方向	试验目的	备注
第一组	盾构区间段	水平剪切向	探究饱和粉土地基及单洞隧道结构在地震作用下的液化及地震动力响应	具体关注粉土地基液化受结构影响的分布规律、粉土液化孔隙水压力比变化的特殊性、液化土层加速度放大系数、结构在地震和地基液化作用中的位移、加速度和内力响应

2) 监测断面及测试仪器布置

本次试验选择一个主监测断面和一个辅监测断面。主监测断面位于模型地基中间，辅监测断面位于靠近结构一端处。监测项目为应变、加速度、孔隙水压力、土压力及地表位移。

结构应变片测点布置、监测断面位置示意图和监测点传感器布置如图 8-16～图 8-19 所示。

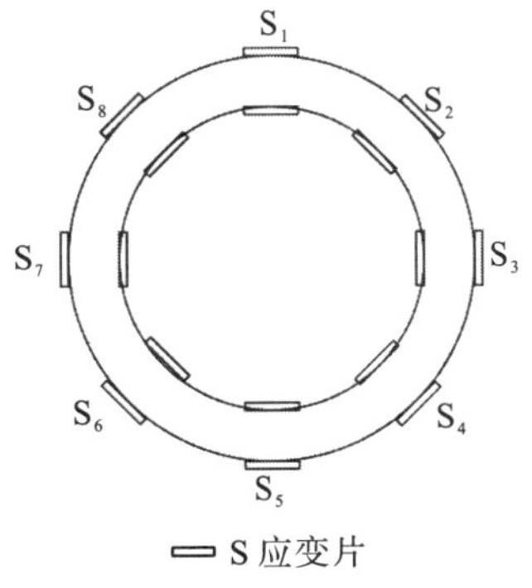

图 8-16　结构应变片测点布置

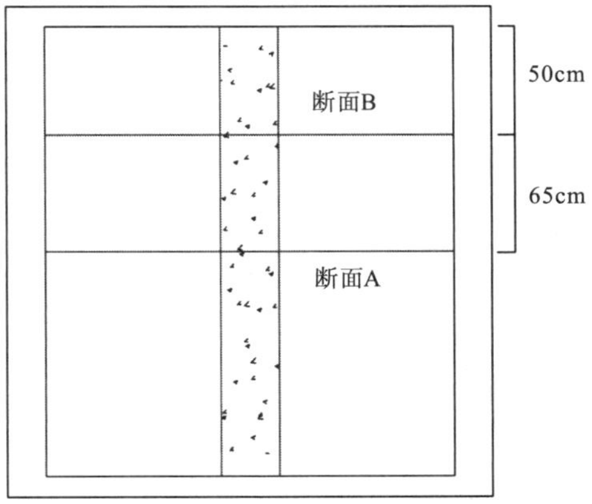

图 8-17　监测断面位置示意图

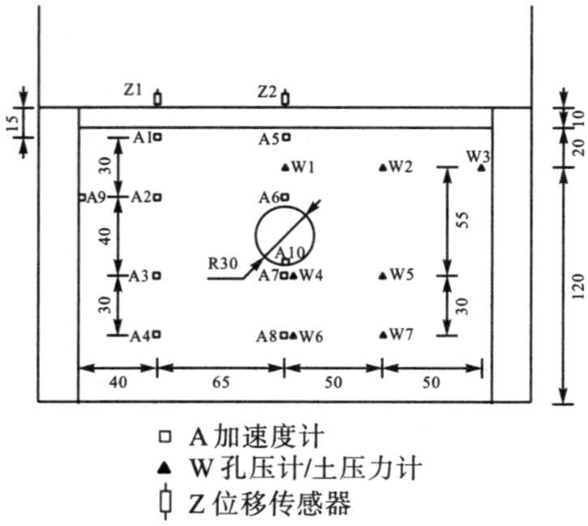

图 8-18　主监测断面传感器布置图(单位：cm)

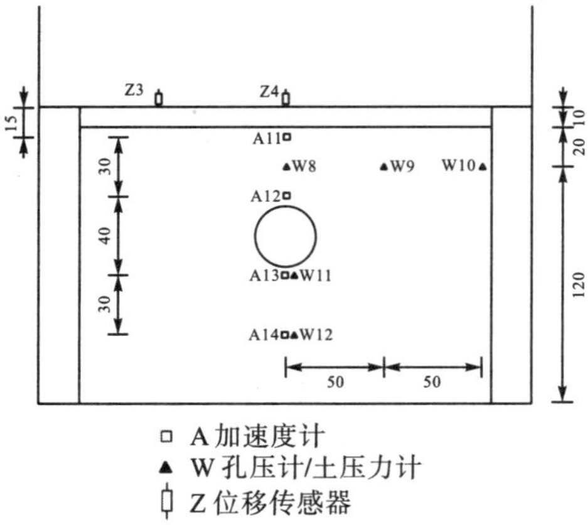

图 8-19　辅监测断面传感器布置图(单位：cm)

主监测断面设置 8 对应变监测点、7 个孔隙水压力监测点、7 个土压监测点、10 个加速度监测点、2 个地表位移监测点，辅监测面设置 8 对应变监测点、5 个孔隙水压力监测点、5 个土压监测点、4 个加速度监测点、2 个地表位移监测点，共计 74 个通道。

3. 第二组试验方案

1) 工况介绍

本试验工况的目的是探究通过直接注气法对饱和粉土地基进行降饱和度处理后饱和粉土地基及隧道结构在地震作用下的液化及地震动力响应。具体工况见表 8-8。

表 8-8　第二组模型试验工况

组别	模拟位置	地震波传播方向	试验目的	备注
第二组	盾构单线区间段	水平剪切向	验证直接注气法处理技术的有效性，相对于第一组试验，当可液化粉土层受到震动荷载时，土体中的气体可有效减缓孔隙水压力的升高，减小隧道结构受液化影响导致的位移。探究在该抗液化措施下可液化粉土地层和隧道结构的动力响应	与第一组试验对比，具体关注在应用抗液化措施后粉土地基液化受结构影响的分布规律、粉土液化孔隙水压力比变化的特殊性、液化土层加速度放大系数、结构在地震和地基液化作用中的位移、加速度和内力响应

该组工况实施抗液化措施——直接注气法，以降低可液化粉土地基中土体的饱和度，达到提高模型土地基的抗液化强度，减轻模型结构在土体中的上浮、模型土上部地表沉陷及承载力降低等液化响应。

在第一组试验完成后，将模型箱从振动台面上吊至试验室模型准备区域，按前面所述方式进行模型地基的卸土及重制备工作。

具体实施方案为在第一组模型整体布置的基础上，在模型土中距离隧道结构上、下 20cm 的土层水平面内各沿隧道结构纵向均布一排注气管，每排 4 根，共 8 根。每层注气管在水平面内沿隧道结构轴线对称排布，中部两注气管距水平面纵向轴线 20cm，每两根注气管间相隔 40cm，如图 8-20 和图 8-21 所示。注气管具体采用长为 1.8m、直径为 10mm 的铝制细管(图 8-22)，细管末端端用医用胶布与环氧树脂合成胶密封，另一端用输气软管连接，便于试验时输入气体通过该软管注入土体中。注气管纵向每隔 5cm 钻有一排直径为 1.5mm 的注气孔，每排设计 4 个注气孔沿管周均布，并在每根铝制细管外侧用 100 目白色尼龙网状过滤纱布缠绕包裹，以尽量避免模型土颗粒堵塞注气管内排气通道。

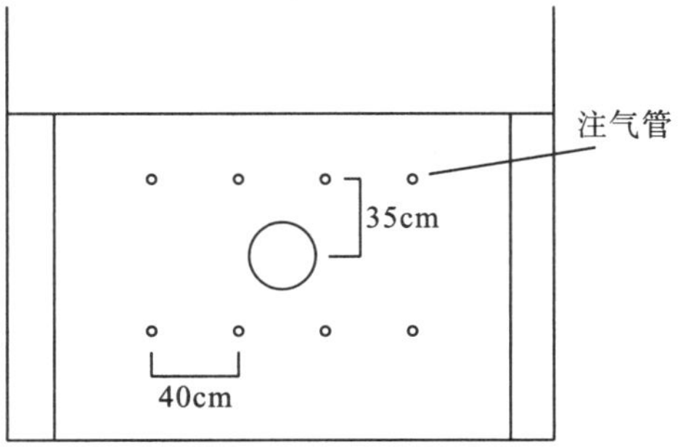

图 8-20　工况二注气管布置横断面图

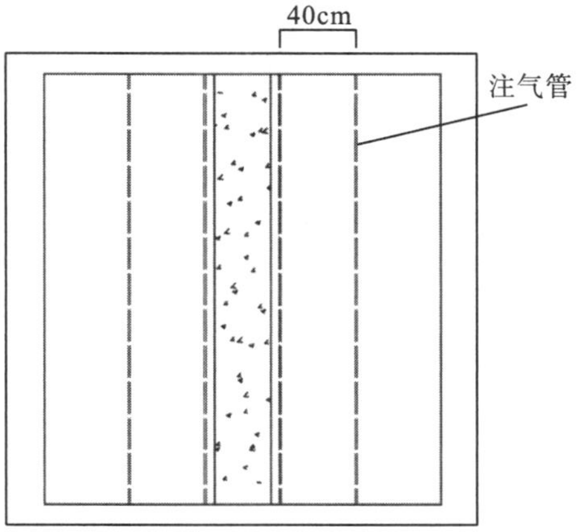

图 8-21　工况二注气管布置平面图

在模型箱中安置时，随模型土填埋至注气管设计标高时一起埋入模型土中，如图 8-23 所示。在完成模型土填筑并向模型土注水使其饱和后，静置一晚后用带减压阀的氮气瓶(图 8-24)通过分别与 8 根输气软管相连的方式，依次向 8 根注气管中注气，注气压力控制在 15kPa 左右，每次注气 2min，如图 8-25 所示。注气时严格控制注气压力不能超过细管管口处的有效应力。

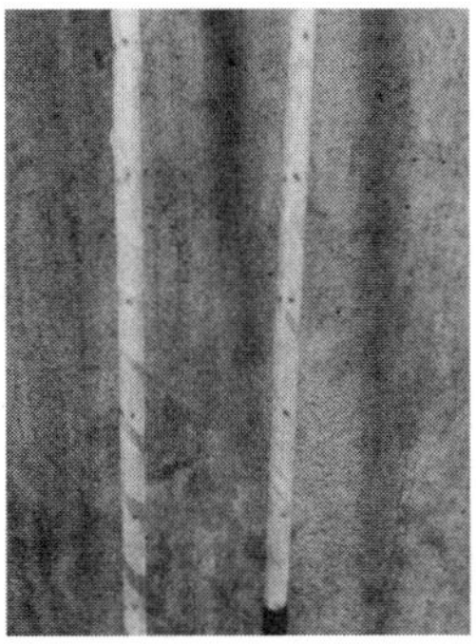

图 8-22　铝制注气管示意图

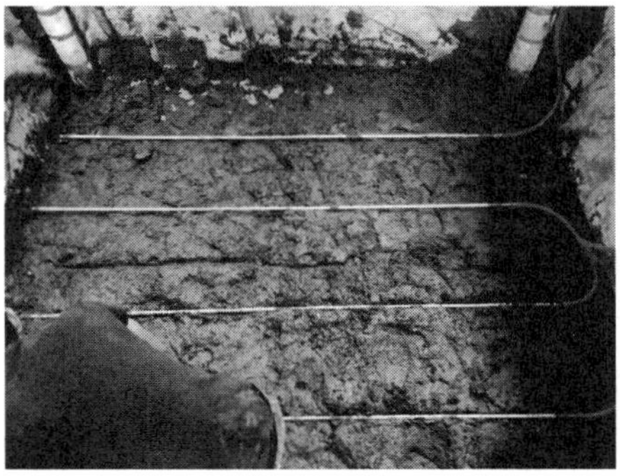

图 8-23　注气管埋设

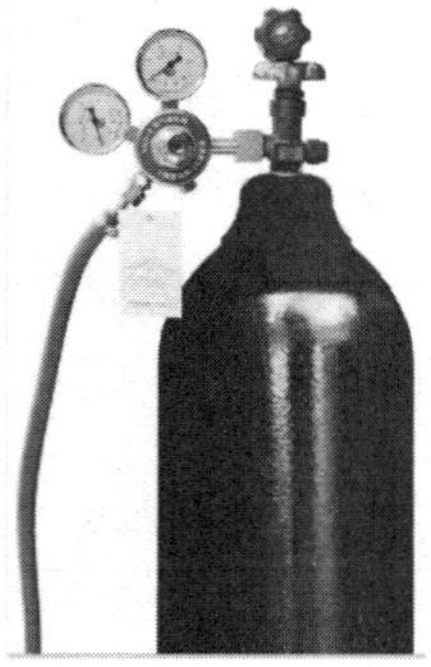

图 8-24　直接注气用氮气瓶

图 8-25　直接注气法注气工作

2) 监测断面及测试仪器布置

第二组与第一组监测方案相同，监测断面位置示意图和监测点传感器布置如图 8-18 和图 8-19 所示。

4. 第三组试验工况

1) 工况介绍

本试验工况的目的是探究通过直接注气法对饱和粉土地基进行降饱和度处理后饱和粉土地基及隧道结构在地震作用下的液化及地震动力响应。具体工况见表 8-9。

表 8-9　第三组模型试验工况

组别	模拟位置	地震波传播方向	试验目的	备注
第三组	盾构双线区间段	水平剪切向	研究应用直接注气法处理技术时，双洞盾构隧道在非饱和地层中的地震动力响应。相对于第二组试验，探究当可液化粉土层及隧道结构受到震动荷载时，由隧道结构形式不同对土体及结构动力响应造成的影响。验证土体饱和度对地层中波的传播及结构动应力响应产生影响	与第二组试验对比，具体关注在隧道结构形式改变后粉土地基液化受结构影响的分布规律、粉土液化孔隙水压力比变化的特殊性、液化土层加速度放大系数、结构在地震和地基液化作用中的位移、加速度和内力响应

该组工况同样实施抗液化措施——直接注气法，以降低可液化粉土地基中土体的饱和度，达到提高模型土地基的抗液化强度，减轻模型结构在土体中的上浮、模型土上部地表沉陷及承载力降低等液化响应。

具体实施方案为在第二组模型整体布置的基础上，将地下结构形式由单洞隧道改为双洞隧道，按照几何相似比将实际工况中上、下线双洞盾构隧道形式布置在饱和粉土地层中，并将注气管排布在双洞结构周围，如图 8-26～图 8-28 所示。

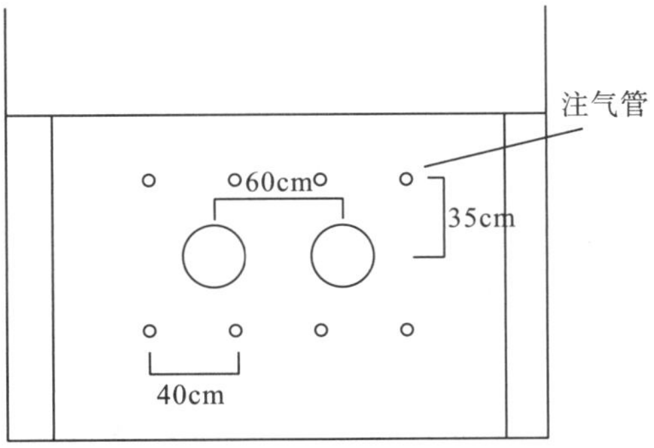

图 8-26　工况三注气管布置横断面图

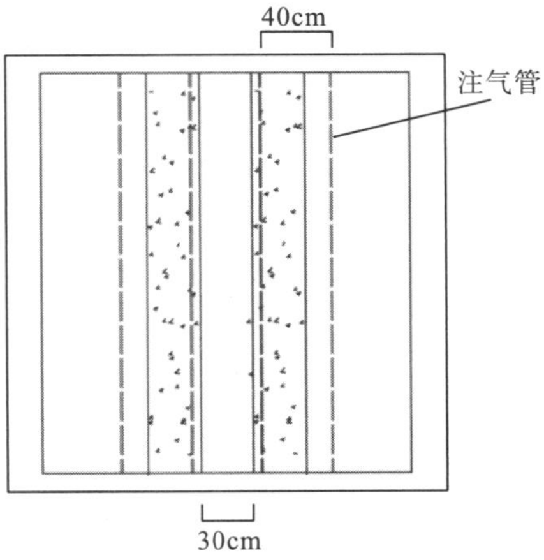

图 8-27　工况三注气管布置平面图

图 8-28　双洞模型结构埋设

2) 试验监测断面及测试仪器布置

与前两组监测方案类似，本组试验选择一个主监测断面和一个辅监测断面。主监测断面位于模型地基中间，辅监测断面位于靠近结构一端处。监测项目为应变、加速度、孔隙水压力、土压力及地表位移。

结构应变片测点布置、监测断面位置示意图和监测断面传感器布置如图 8-29～图 8-32 所示。

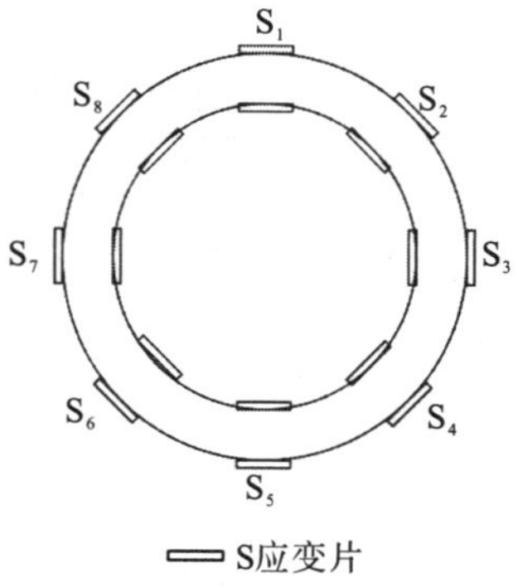

图 8-29　结构应变片测点布置

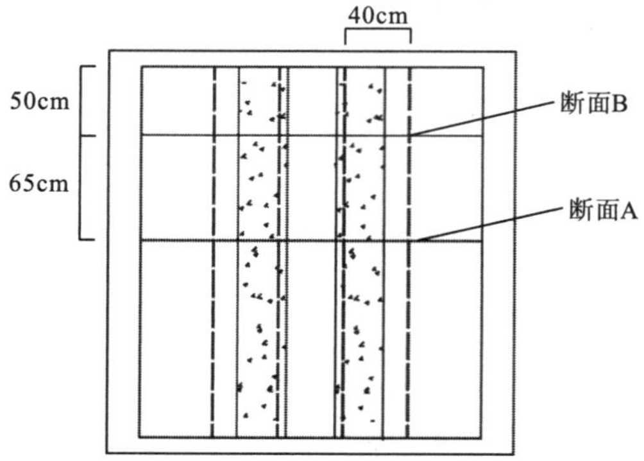

图 8-30　监测断面位置示意图

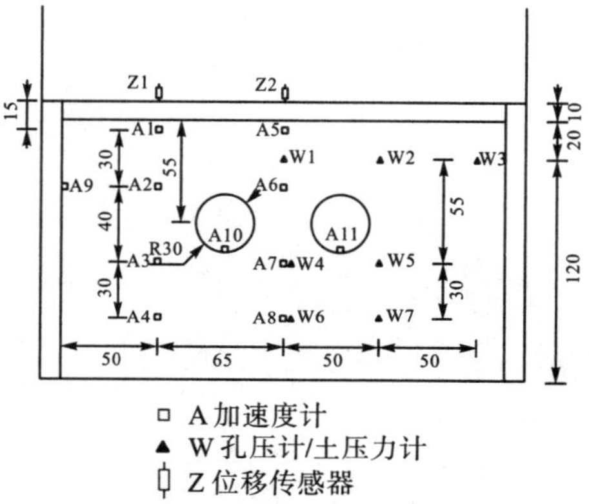

图 8-31　主监测断面传感器布置图(单位：cm)

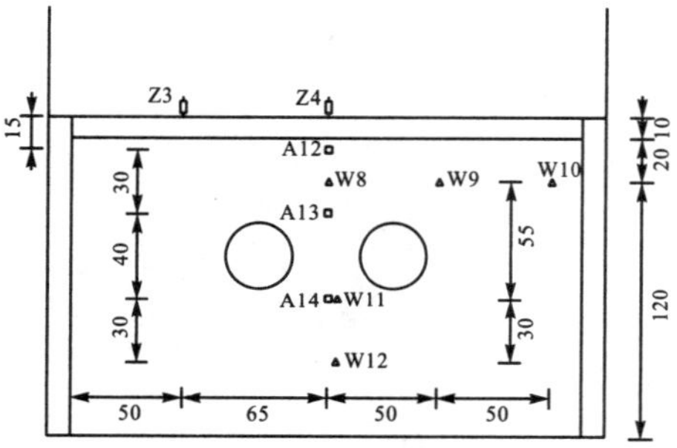

图 8-32　辅监测断面传感器布置图(单位：cm)

第三组试验中，双洞结构均有一环 8 对应变监测点，于主监测断面设置 16 对应变监测点、7 个孔隙水压力监测点、7 个土压监测点、11 个加速度监测点、2 个地表位移监测点，辅监测断面设置 5 个孔隙水压力监测点、5 个土压监测点、4 个加速度监测点、2 个地表位移监测点，共计 75 个通道。

8.4.2　模型箱设计

1. 模型箱的设计要求

在模拟半无限场地问题时，用于盛土的模型箱的边界对激振可形成反射波，使模型土的振动与自由场地中波的传播问题有很大差异。同时，由于模型箱内表面与模型土之间存在摩擦力，使模型在低应力水平下(未克服摩擦力之前)刚度变大。此外，模型箱围护材料对模型土应变有一定的约束作用，使模型土不能自由变形。因此，设计模型箱时应注意力求最大限度地减小边界效应的影响。

本次试验设计中，对模型箱结构的组成开展研究工作的要求如下：

(1) 结构牢固，以免箱体在激振过程中失稳破坏；

(2) 边界条件明确简单，力求使模型土与边界面的接触条件可模拟原型场地土的地震响应性状，达到可以根据在试验过程中采集的量测信息建立分析理论的目的；

(3) 模型土数量适度，以免整个试验系统超出振动台最大承载能力；

(4) 避免模型箱与模型土因自振频率相近而发生共振，影响理论分析成果的合理性。

2. 模型箱尺寸设计

根据振动台的情况及实验设备安装的方便性，选取模型箱尺寸为 2.5m(长)×2.5m(宽)×2.0m(高)。模型箱由钢板和角钢焊接而成，在模型箱垂直振动方向两侧侧壁内衬 20cm 厚聚苯乙烯泡沫塑料板，防止刚性边界的能量反射，在模型箱平行振动方向两端内衬粘贴 10cm 厚聚苯乙烯泡沫塑料板，减小模型箱端部影响，如图 8-33 所示。用砂轮将模型箱底部焊接处及其他尖锐凸起处打磨光滑，防止在运输准备和试验过程中将内部盛土的防水盛土袋刮破。用一块 8m×8m 防水布铺垫在模型箱底板和四周泡沫板内侧，防止模型箱内侧未打磨到的不平整凸起破坏盛土袋。将定制尺寸 2.5m(长)×2.5m(宽)×2.0m(高)的防水盛土袋吊装入模型箱内。在模型箱盛土袋内底部刷一层 0.5cm 厚的水泥砂浆层，用以增大防水袋与模型土接触面上的摩擦阻力，以免激振时发生相对滑移并保证由下方振动台传来的剪切波能完整传导至模型土地基中。模型箱实物照片如图 8-34 所示。

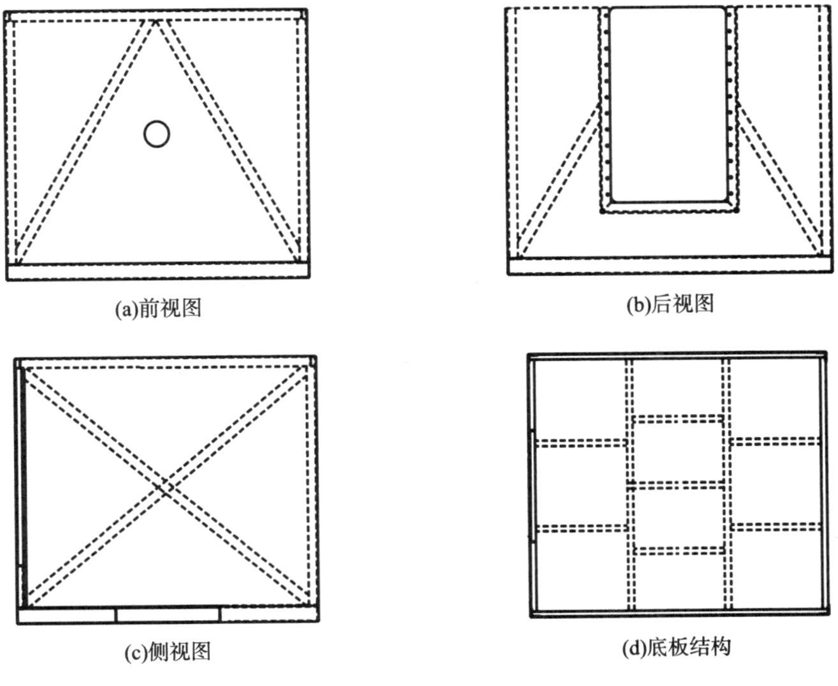

(a)前视图　(b)后视图

(c)侧视图　(d)底板结构

图 8-33　模型箱视图

图 8-34　模型箱实物照片

模型箱加工时，必须考虑以下两个问题。

1) 模型箱的自振频率

在模型箱设计时，建立模型箱数值分析模型(图 8-35)专门对模型进行了模态分析，计算出模型箱的一阶频率，结果见表 8-10。

表 8-10　模型箱自振频率计算结果

项目	约束形式	自振频率/Hz	变形示意图
模型箱	底部边线全约束	17.629	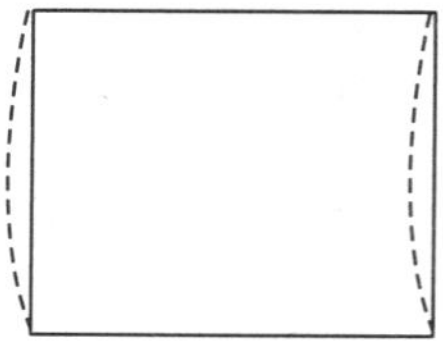
土层 I	底部竖向约束，前后水平约束	13.610	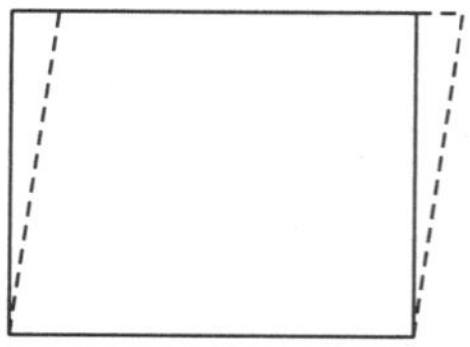
土层 II	底部全约束，前后水平约束	8.616	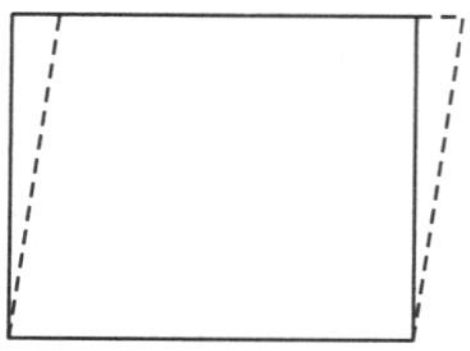

模型箱的一阶振型如图 8-36 所示，根据自振频率计算结果可知，当土体的约束形式不同时，土体的自振频率相差较大。

当约束形式为底部全约束，前后水平约束时，土体的自振频率为 8.616Hz，与模型箱的自振频率相差较大，土体的自振频率约为模型箱的 1/2，由此模拟结果可判断模型箱在进行振动台实验时不会发生共振现象。

当约束形式为底部竖向约束，前后水平约束时，土体的自振频率为 13.610Hz，此时与模型箱的自振频率比较接近，由此模拟结果可判断模型箱在进行振动台实验时有可能发生共振现象。

但实际情况相较模拟计算更为复杂，其约束方式、受力情况及一些不可控的外界条件可能会使实际操作时出现非预想的结果，甚至出现意外状况，所以建议做好防护措施和后备计划。

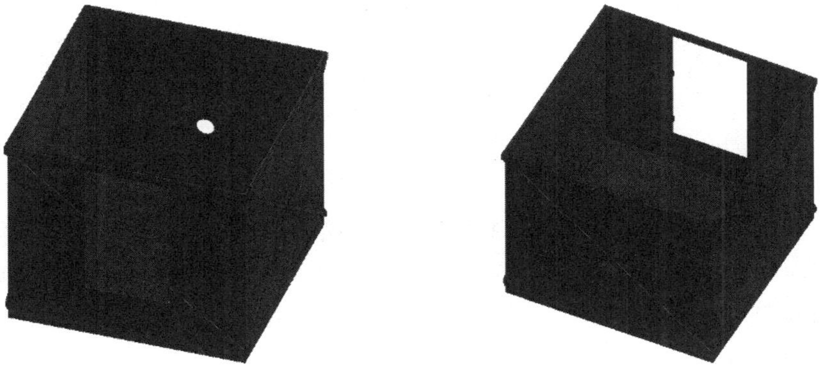

图 8-35　模型箱有限元三维模型

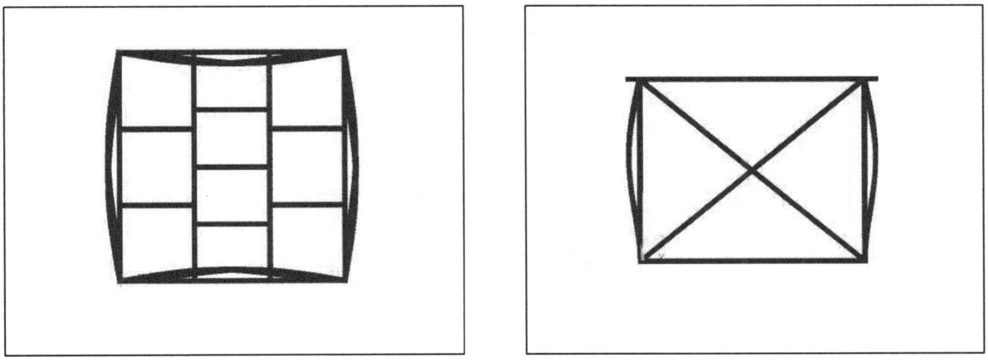

图 8-36　模型箱框架一阶振型图

2) 模型箱效应

模型箱效应主要有横向边界效应和纵向端部效应。

为了减小箱壁与土体的接触面上的摩擦阻力及降低反射波对模型试验测试结果的影

响，模型箱采用的边界为刚性固定边界，激振方向上刚性边界的内侧衬有柔性材料。在与水平振动方向垂直的方向上，箱体内壁均衬厚 20cm 的聚苯乙烯泡沫塑料板，如图 8-37 所示。在模型底部铺设了一层水泥砂浆层，用以增大接触面上的摩擦阻力，以免激振时模型体底板发生相对滑移。

图 8-37　模型箱减震缓冲塑料泡沫层

3. 模型箱的注水、排水及防水处理

由于本次模型试验的模型土为饱和粉土地基，所以在试验前的准备工作及试验后的回收整理工作中均涉及水体的注入、排出及防渗漏处理。在本试验中，从模型箱设计便考虑到了以上问题。首先定制了两层防水编织布铺垫在泡沫板边界以内，后又设计了严格按模型箱尺寸定制的涂层防水袋安装铺设在防水布以内，做到了双重防水。

同时，依照团队制定的具体试验方案，在模型箱箱体、边界制备完成后，在模型箱四角处布置 4 根用高目数纱布包裹的密布有排水孔的塑料排水管道(图 8-38)，目的是随时测定模型土内水位、控制土体饱和程度、易于使水向下方土体渗透及试验完成后向箱外排水。

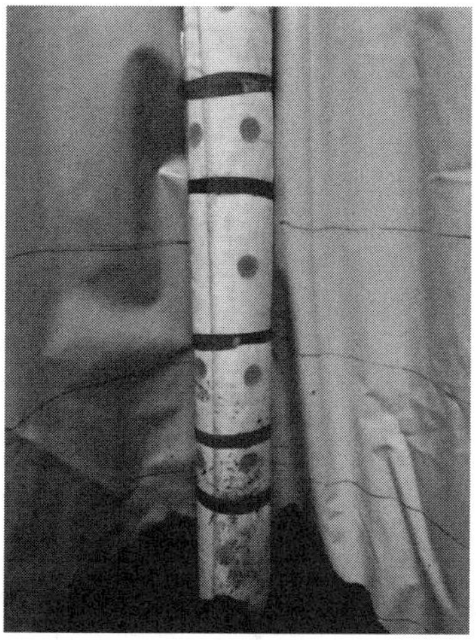

图 8-38　模型箱内排水管道安置图

8.4.3 地震模拟振动台参数及数据采集系统

1. 依托振动台介绍

本次试验所用振动台为西南交通大学国家工程实验室双台阵地震模拟振动台，如图 8-39 所示。

图 8-39 振动台及模型箱

振动台主要参数见表 8-11。

表 8-11 振动台主要参数

所属机构	陆地交通地质灾害防治技术国家工程实验室
台面尺寸/(m×m)	8.0×10.0
频率范围/Hz	0.1～50
振动自由度数	三向六自由度
最大模型质量/t	160
最大位移/mm	水平：±600；竖向：±400
最大速度/(mm·s^{-1})	水平：±1200；竖向：800
最大加速度	水平：1.2g；竖向：1.0g
最大倾覆力矩/(kN·m)	6000

按试验要求将模型箱放在振动台架上，振动台的台面需要足够的刚度和承载力，以便台面的自振频率能够避开振动台的使用频率范围，以防共振，一般要求台面的一阶频率高于 $\sqrt{2}$ 倍的使用频率上限。

2. 试验数采系统安置及连接

由于试验过程中所采集的信号众多，需要将数据采集系统背后的信号输入通道与信号线一一对应，这样做既加快了试验速度，又保证了信号采集的准确性。除此之外，将衬砌模型上应变片连接电线进行编号并考虑走线，不仅为试验过程中衬砌模型内部观测提供了方便，又便于进行数据处理。

试验的量测元件主要为应变片、加速度计、孔隙水压力计、土压力计和位移传感器，其中应变片与补偿片为一一对应关系(图 8-40)，将应变片与补偿片经过桥盒转接到数据采集系统的应变信号输入通道。

试验传感器通过数据线与数采系统相连接，动态数据记录在 MTS 数采系统配套的软件平台中，如图 8-41 所示。

图 8-40　连接桥盒与应变片及加速度计

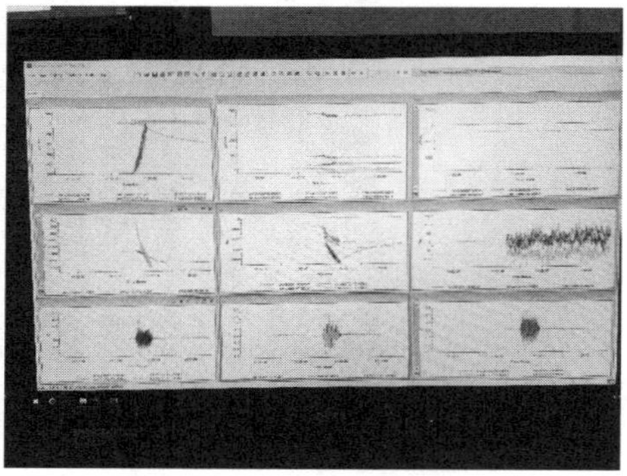

图 8-41　数采系统监控平台

试验地震波的输入为水平方向，每输入地震波激振一次则进行一次数据采集，同时注意地震波输入过程中模型及模型箱的变化过程，观察模型的破坏形态，并采用高清摄影机和照相机做详细记录与描绘。

8.4.4　振动台模型实验测试方案

1. 隧道模型应变测试

采用在衬砌内、外侧对称布设环向电阻应变片，测读内、外侧应变值，以此获得内、外侧的应力及衬砌截面的内力。所选应变片相关参数见表 8-12。

表 8-12　所选应变片相关参数

型号	电阻值/Ω	灵敏系数	栅长×栅宽/(mm×mm)
Bx120-3AA	120.0±0.1%	2.05±0.28%	3×2

2. 模型试验加速度测试

为了对原型结构的抗震能力进行推算，应着重考虑加速度传感器的布设。振动台试验中一般采用压电式加速度传感器，其主要工作特性由灵敏度和频响特性决定，当传感器的固有频率远大于结构体的振动频率时，传感器的灵敏度接近为一常数。由于传感器固有频率很高，所以加速度传感器工作频响范围很宽，可以从几赫兹到几千赫兹或更高。

为了了解隧道模型加速度及振动台输出加速度的变化情况，在隧道模型内部、地基土内部及振动台台面上分别安装一个至多个加速度传感器，如图 8-42 和图 8-43 所示。

图 8-42　振动台台面磁电式加速度计

图 8-43　隧道模型内压电式加速度计

其中，由于本试验模型土条件为饱和粉土地基，因此直接安置在土体内部的加速度计均要设计防水防潮措施，才可进行加速度测量。同时，安置在土体内部的加速度计也要按与土体密度相似进行处理。

在土体中加速度盒制作完成后便可埋置入模型土体内，在安放时注意单向加速度计测量方向要与试验设计振动方向相一致，并且要将周围土体压实，保证传感器在土中不会产生过大的位移和倾斜。在加速度盒上捆绑细箍丝并系一根尼龙线引出土体，另一端拴在模型箱固定横梁上保证传感器不会发生较大的位移，如图 8-44 所示。

图 8-44　埋设加速度盒

3. 模型土孔隙水压力及土压力测试

本次试验选用测量孔隙水压力传感器为江苏泰斯特公司提供的孔隙水压力计，如图 8-45 所示。具体参数见表 8-13。

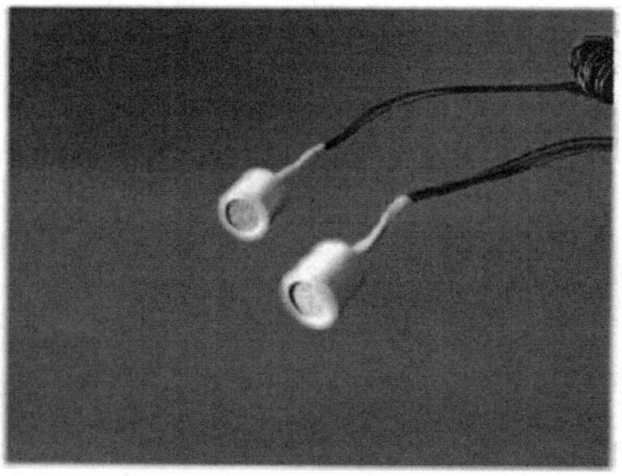

图 8-45　试验用孔隙水压力计

表 8-13　孔隙水压力计参数

量程/kPa	80
直径/mm	15.8
厚度/mm	21
分辨率/kPa	0.01
准确度误差/(F·S)	≤0.3
接桥方式	全桥
超越能力/%	150
灵敏度/($mv \cdot kPa^{-1}$)	0.2(桥压为 2V)
桥路电阻/kΩ	10
防水性能	可在饱和水介质中工作
动态测量	可以进行静、动态测量

本试验在每次埋入模型土前再次连接数采系统对孔隙水压力计的工作状态和有效性进行检验，如图 8-46 所示。待孔隙水压力计测试正常后，可按要求埋入土体中，如图 8-47 所示。

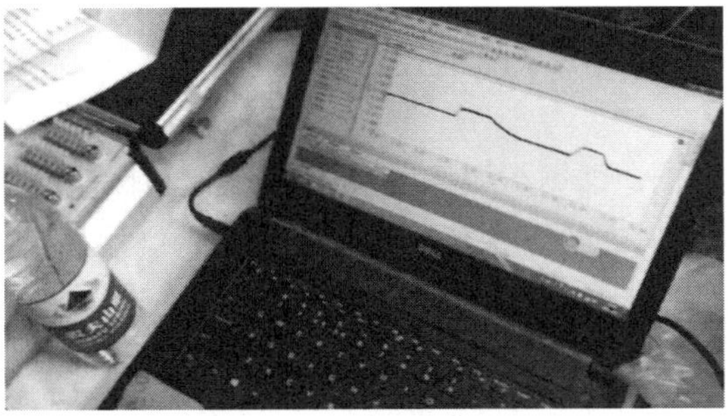

图 8-46　孔隙水压力计测试

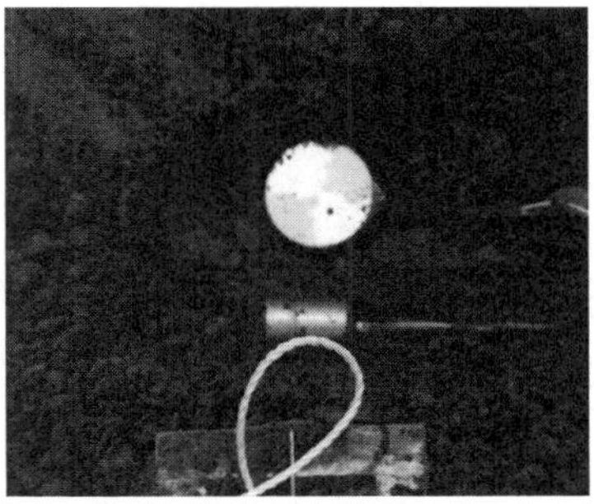

图 8-47　孔隙水压力计埋置

本次试验选用的土压力传感器为江苏泰斯特公司提供的土压力计，如图 8-48 所示。具体参数见表 8-14。

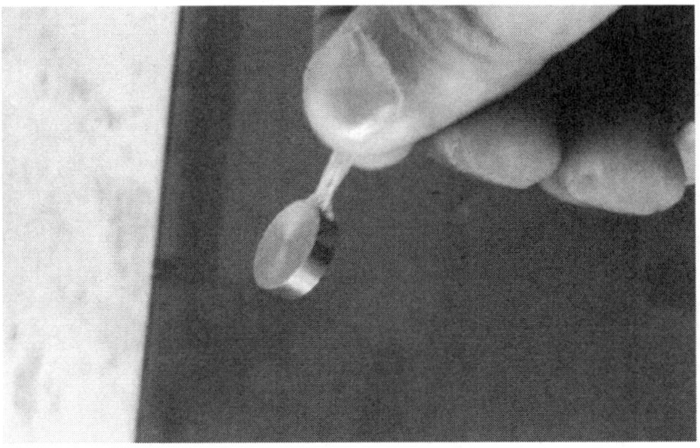

图 8-48　试验用土压力计

表 8-14　土压力计参数

量程/MPa	0.1
直径/mm	28
厚度/mm	6.5
满量程输出/με	约 700
准确度误差/（F·S）	≤0.3
接桥方式	全桥
超越能力/%	120
灵敏度/（mv·kPa^{-1}）	0.007（桥压为 2V）
桥路电阻/Ω	350
防水性能	可在饱和水介质中工作
动态测量	可以进行静、动态测量

4. 试验位移观测及表面标志物设置

1) 模型结构竖向位移传感器

本次试验中，对于模型结构竖向位移的观测，课题组设计了模型结构-位移探杆-位移传感器的测量方式，如图 8-49 所示。位移传感器通过自带数据线与位移数显仪(图 8-50)相连接，可通过数采仪屏幕显示的数据得到位移的相对值。

图 8-49　安装竖向位移探杆与位移传感器

图 8-50　位移数显仪

2) 模型土表面激光位移计

为测量沿隧道结构纵向上方的模型土表面的竖向位移，试验中应用激光位移计进行测量。使用的仪器为基恩士公司的 IL-600 型激光位移传感器。试验时将传感器固定在模型箱上方固定横梁上，下方定位于隧道正上方土体表面(图 8-51 和图 8-52)。激光位移计参数见表 8-15。

表 8-15　激光位移计参数

最大测量距离/mm	600
重复精度/μm	50
线性度	±0.25% F.S.

图 8-51　激光位移计安置

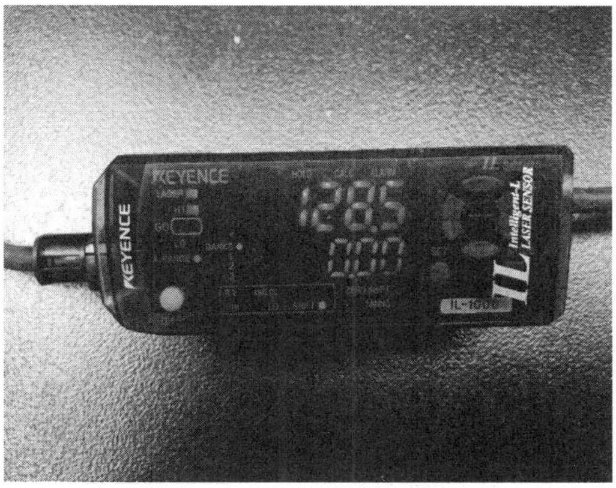

图 8-52　激光位移计读数

3) 模型土表面标志物

本模型试验土体为可液化粉土，在地震作用下表面不可避免地会出现涌水、翻浆及表层软化流动等现象，为能够更准确直观地观测到模型土表面的液化震害现象，课题组设计了一套地表标志物行进安置与量测。标志物主要由铸铁块和木块组成，如图 8-53～图 8-55 所示。

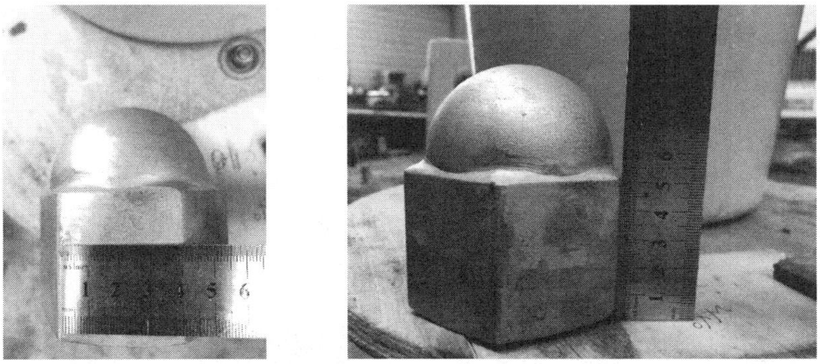

图 8-53　铸铁块标志物

图 8-54　木块标志物

图 8-55　模型土表面标志物放置

5. 试验过程观测与记录

(1)准备相关仪器。包括照相机、高空摄像机、数采系统及计算机。

(2)摄像机的观测及记录。每一组试验均设置两台摄像机分别正对两个模型箱，对试验的全过程进行摄像。高空摄像机可通过无线网络直接与试验人员手机上的专用应用程序相连接，可直接将摄像头记录的影像和照片实时传递到观察人员的手机上，观察人员便可直接对每次工况的震害情况进行记录和分析，如图 8-56 和图 8-57 所示。

图 8-56　高空摄像机

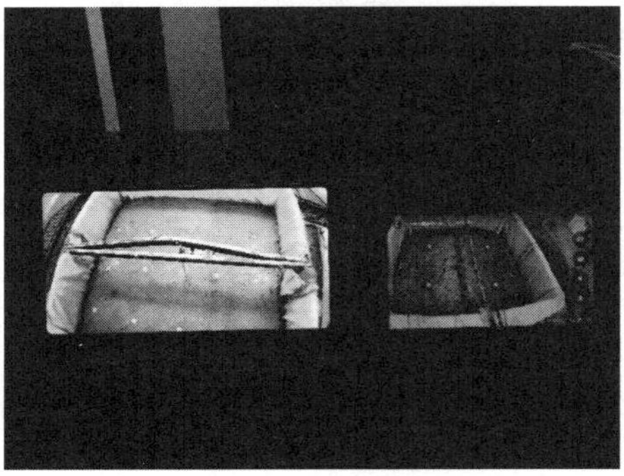

图 8-57　摄像机拍摄影响实时传递

(3)照相机的观测及记录。照相机主要是在每一次震动后对模型箱、围岩、衬砌等进行总体及细部的拍照，以此清晰地记录其变化。在试验结束后，将衬砌抬出后进行裂缝观测，用记号笔描出裂缝位置并进行拍照。

试验中埋置进模型中的传感器(如应变片、加速度计、孔隙水压力计和土压力计)的参数也可由 MTS 公司提供的后端数采仪的监测系统进行实时监测，可自行设置需要重点观测的参数从而及时发现试验中可能存在的问题并控制试验加载方案等，如图 8-58 所示。

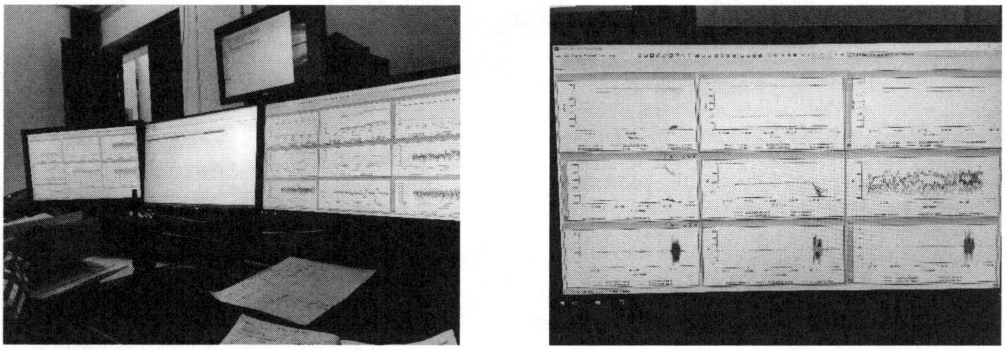

图 8-58　数采系统实时监测

8.5　强震作用下可液化粉土地层盾构隧道抗液化性能研究

8.5.1　可液化粉土地层盾构隧道加速度反应研究

1. 粉土地基土体加速度时程反应及其空间效应研究

为研究天津地区饱和可液化粉土地基及盾构隧道结构在强震作用下的动力响应，课题组选择了 3 个包括天津本地记录在内的具有代表性的输入地震动，分别为天津波、Kobe 波和 Taft 波，如图 8-59～图 8-61 所示。

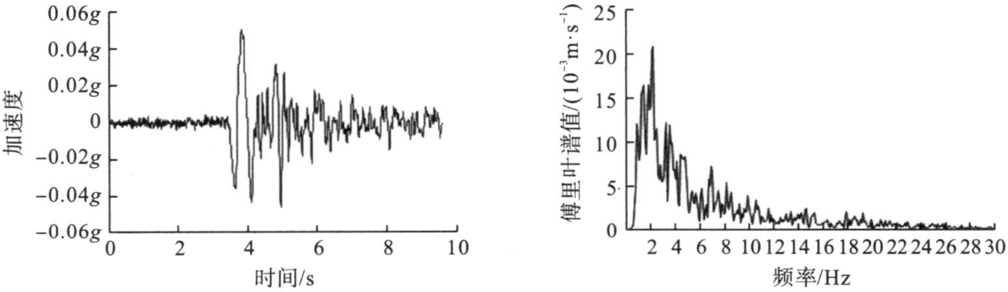

(a)加速度时程曲线　(b)傅里叶谱

图 8-59　大型振动台试验输入 PGA=0.05g 天津波地震动加速度时程曲线与傅里叶谱

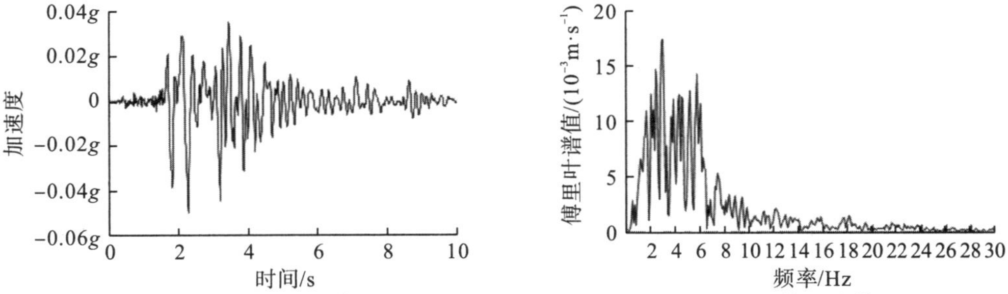

(a)加速度时程曲线　(b)傅里叶谱

图 8-60　大型振动台试验输入 PGA=0.05g Kobe 波地震动加速度时程曲线与傅里叶谱

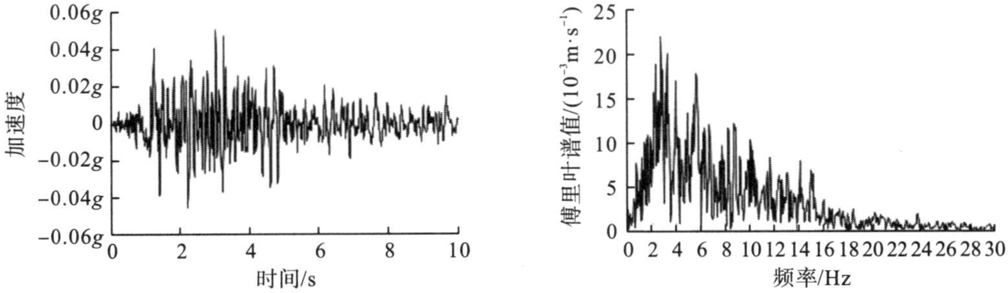

(a)加速度时程曲线　(b)傅里叶谱

图 8-61　大型振动台试验输入 PGA=0.05g Taft 波地震动加速度时程曲线与傅里叶谱

天津波为 1976 年天津宁河 Ms6.9 级地震中天津骨科医院台站记录的南北向地震动，PGA=0.149*g*，台站处当时烈度为 7 度，最大动力放大系数为 1.83，对应周期为 0.9s，在工程分析中经常被用于分析三至四类场地土，距震中 65km，属于中远场地震动；Kobe 波为南北向近场露头基岩地震记录，PGA=0.835*g*；Taft 波是美国加利福尼亚州 Kem 县的地震记录，PGA=0.152*g*，断层距为 41km，属中远场地震动。

振动台模型试验中采用的输入地震动时间缩尺比为 1∶2。

由于试验中布设的传感器较多，限于篇幅，本书仅给出部分有代表性的加速度计的响应结果。

第一组天津饱和粉土地基盾构隧道试验中，不同地震动作用下地基土测点 A1、A2、A3 加速度计的加速度时程曲线如图 8-62～图 8-66 所示。

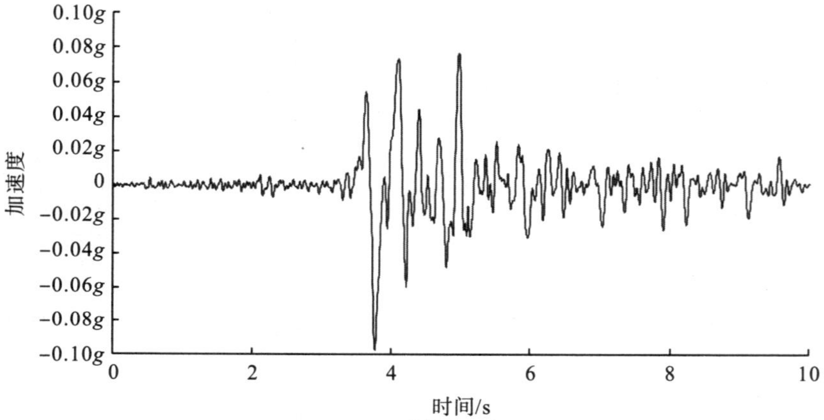

(a)TJ-1-A1

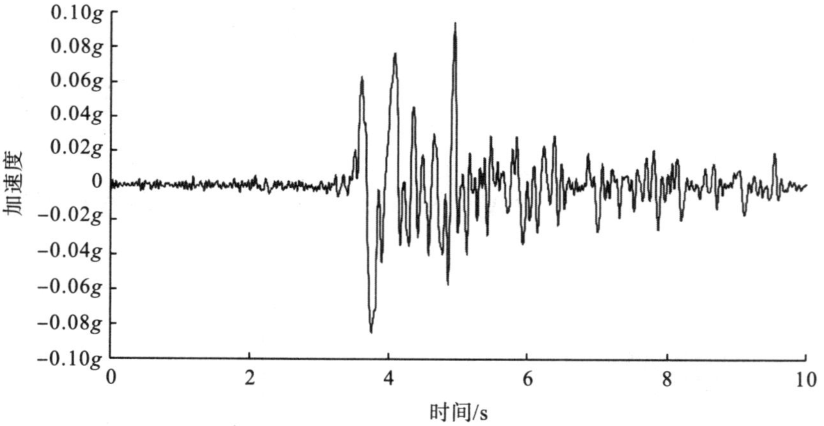

(b)TJ-1-A2

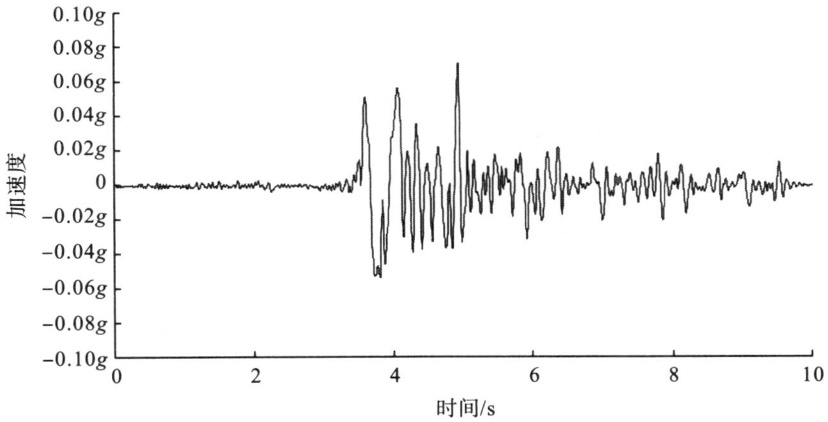

(c)TJ-1-A3

图 8-62　PGA=0.05g 天津波地震动作用下地基土代表测点的加速度时程曲线

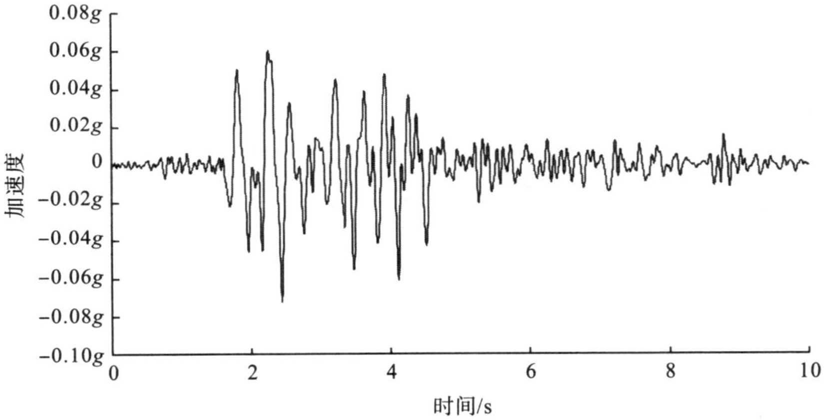

(a)KB-1-A1

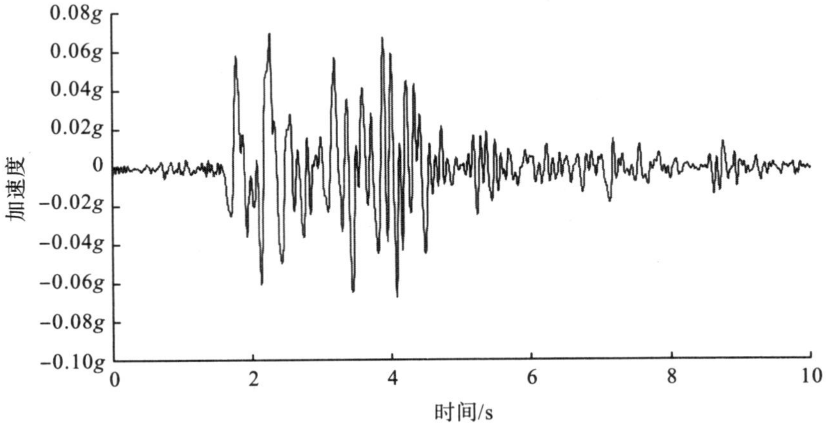

(b)KB-1-A2

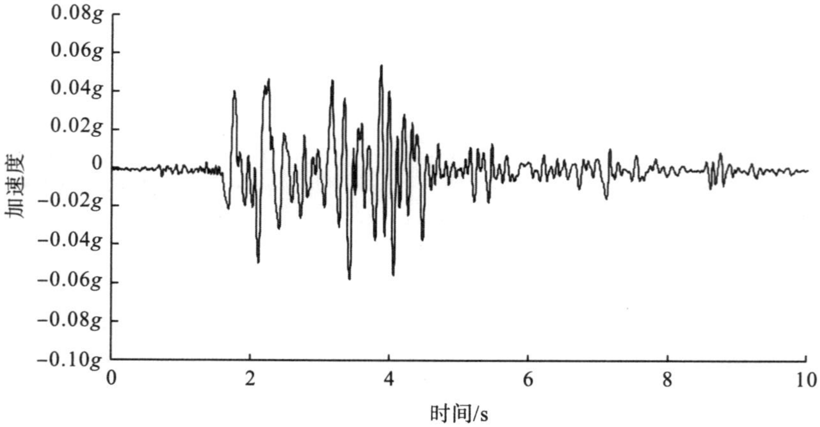

(c)KB-1-A3

图 8-63　PGA=0.05*g* Kobe 波地震动作用下地基土代表测点的加速度时程曲线

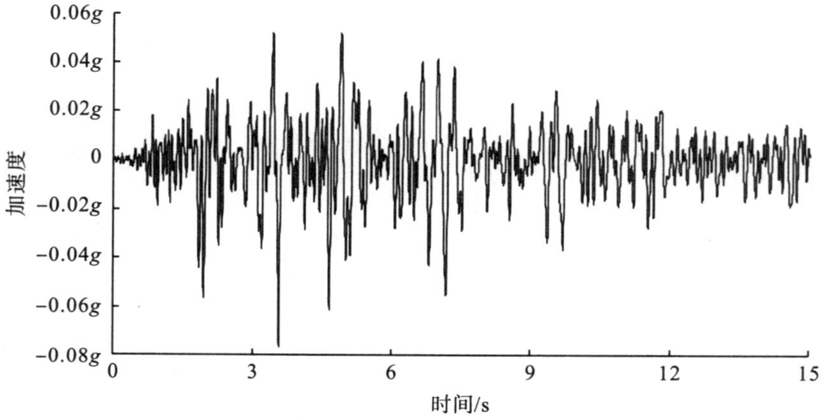

(a)TF-1-A1

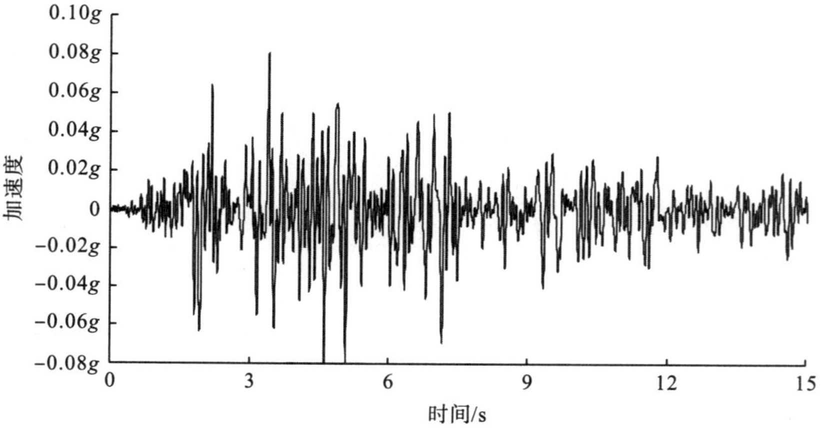

(b)TF-1-A2

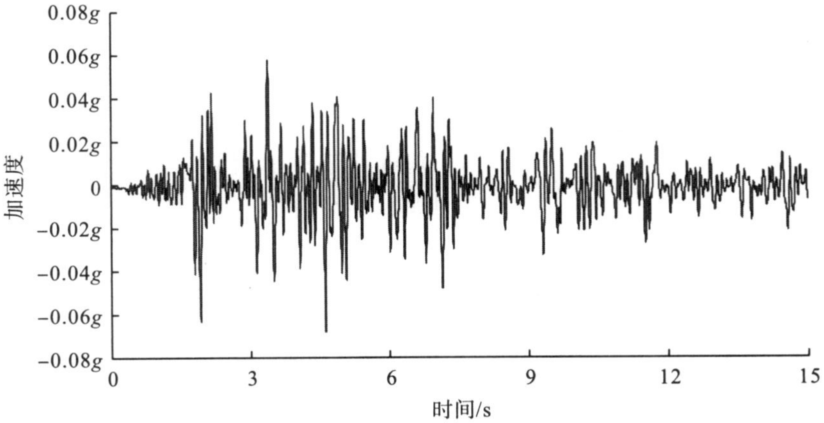

(c)TF-1-A3

图 8-64　PGA=0.05g Taft 波地震动作用下地基土代表测点的加速度时程曲线

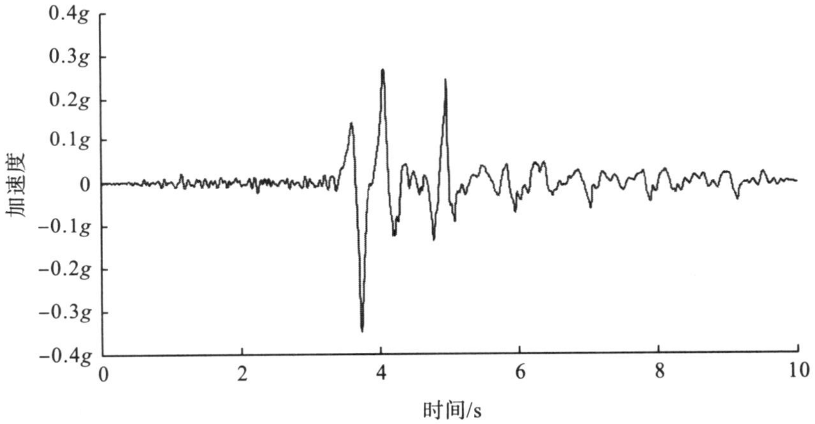

(a)TJ-2-A1

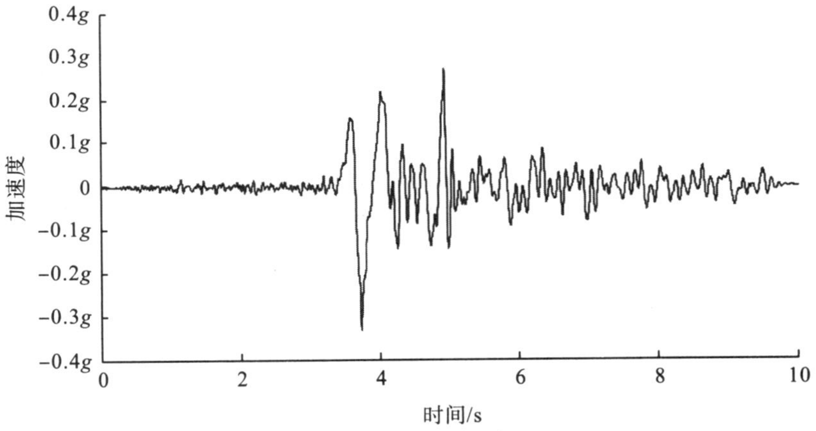

(b)TJ-2-A2

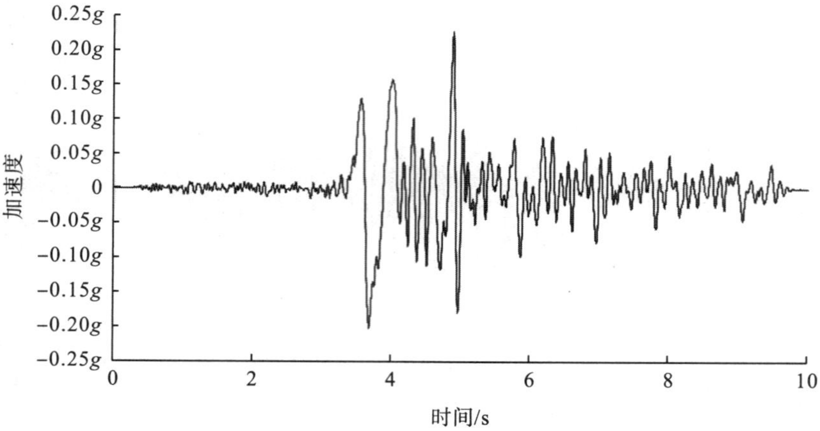

(c)TJ-2-A3

图 8-65　PGA=0.15g 天津波地震动作用下地基土代表测点的加速度时程曲线

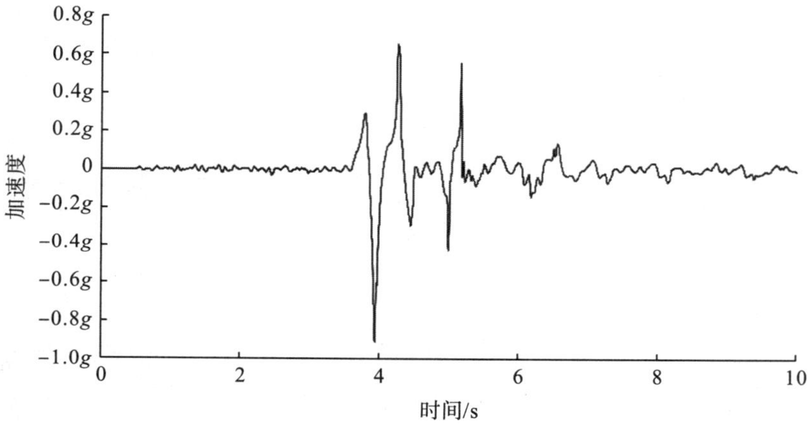

(a)TJ-3-A1

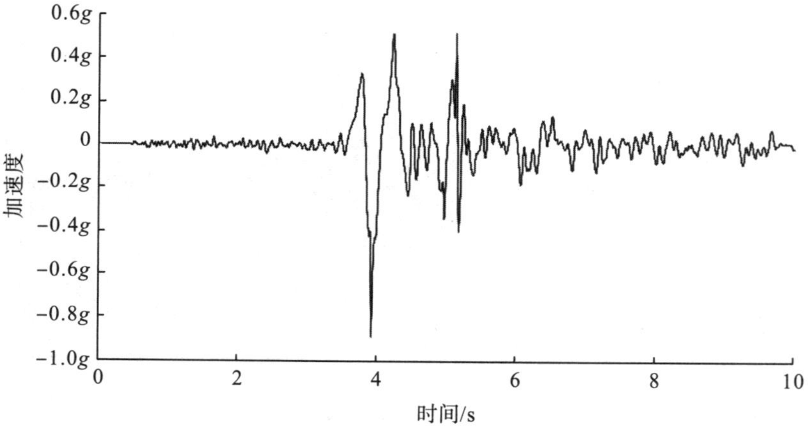

(b)TJ-3-A2

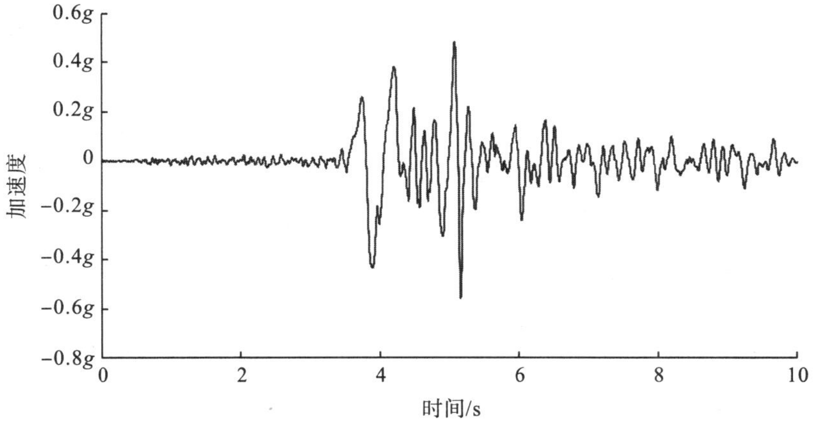

(c)TJ-3-A3

图 8-66　PGA=0.3g 天津波地震动作用下地基土代表测点的加速度时程曲线

第一组单洞隧道试验中主监测断面模型地基土的加速度放大系数如图 8-67 所示。

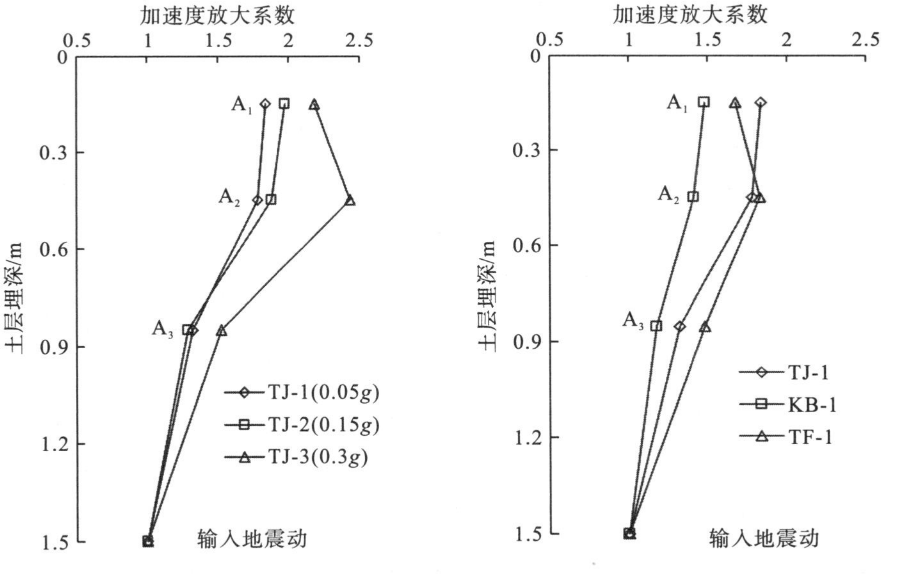

图 8-67　输入不同地震动时加速度放大系数随模型土深度的变化情况

在 PGA =0.05g 的不同地震动作用下[图 8-67 (a)]，模型地基的地震动放大效应随土层埋深的变化趋势较为相近，除 Taft 波作用下近地表的两点外，均按埋深由深至浅逐渐增大，地表加速度放大系数为 1.45～1.85。

同时由试验结果可得到模型地基土对频谱特性不同的近、中、远场地震动的加速度放大效应存在较为明显的差异；近场地震动 Kobe 波作用时模型地基不同埋深处的地震动放大效应均明显较小，地表加速度放大系数仅为 1.481，而在同为中、远场地震动的天津波和 Taft 波作用下所表现出来的地基土不同埋深处的加速度放大系数较为相近且均大于 Kobe 波，地表加速度放大系数为 1.835 和 1.675，亦即频谱特性相近、低频成分比较发育的中远场地震动天津波和 Taft 波作用时天津饱和粉土地基的地震动放大效应相近，且比近场地震动 Kobe 波作用时模型地基的地震动放大效应更为显著。

由于在试验过程中施加的中场地震动 Taft 波的持时较 Kobe 波和天津波更长，为 15s，并且该波频谱成分更为丰富，低频成分发育充分，携带的能量更高，导致模型箱中粉土地基近地表处更容易液化，粉土地基软化程度增大，使地震能量在浅埋处部分被耗散，所以在 Taft 波作用下地基土近地表处的两点表现为测点 A1 加速度放大系数略小于测点 A2，液化粉土地基对地震动的放大效应减弱；反映出盾构隧道周边可液化粉土地基对地震反应的影响与输入地震动的频谱特性有关。

在分别代表 6 度、7 度和 8 度烈度的 3 种地震输入工况(即 PGA=0.05g、0.15g 和 0.3g 的天津波)作用下[图 8-67(b)]，每种强度下模型地基土的加速度放大系数均呈现出随土层埋深的减小而逐层增大的相似趋势，同时输入峰值强度较低的两种工况在放大系数值上较为相近，且与天津波真实震害下所测定的地表加速度放大系数 1.83 较为符合。

有明显差异的是，在 PGA=0.3g 强震作用下地基土不同埋深处的加速度放大系数较前两种工况显著增大，近地表 0.15m 埋深处土层加速度放大系数为 2.18，0.45m 埋深处加速度放大系数达到 2.43。

同时，也说明当输入地震动满足 8 度烈度条件时，浅层天津粉土地基已经产生液化现象，由表层土在震动中的滞回耗能导致地震波能量部分耗散，土骨架刚度减弱，表现出加速度放大系数在近地表处降低的现象。所以在 8 度烈度条件下强震作用时，天津饱和粉土地基会较中小震作用时遭受到更为严重的液化震害威胁，必须对地铁盾构及其周围可液化地基土采取适当的处置措施。

图 8-68 给出了主监测断面模型地基地震动加速度空间分布图。可以看出，模型地基土隧道结构上方近地表测点 A5、浅层土测点 A6 各加载工况的加速度值均依次明显小于同一观测断面相同深度测点 A1 和测点 A2 处的值。近似地，隧道结构下方深层模型地基土测点 A7，在不同远、近场和频谱特性地震动作用下，也略小于同深度地基土中测点 A3 处各工况的加速度值。说明地下结构对天津粉土饱和地基地震反应的影响具有显著的空间效应。

对比三种不同强度天津波作用下的空间效应影响，可以看出在 TJ-1 加载工况时饱和粉土地基受地下结构空间效应的影响程度大于更强地震动作用下的影响，这可能是因为在地震强度较低时，隧道结构的自振对于其地震动力响应影响较大；而随着输入地震动强度的增大，隧道结构的自振对于隧道动力特性影响较小，体现出地下结构动力特性特点：地下结构自振对其振动响应作用很小。

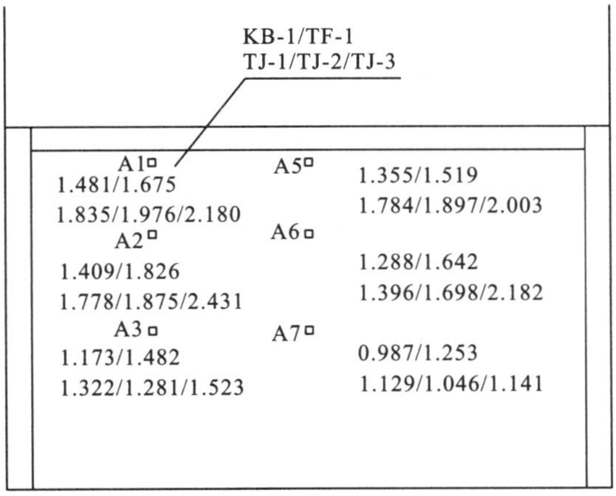

图 8-68　不同地震作用下模型地基土主监测断面各测点加速度放大系数

2. 盾构隧道模型结构峰值加速度反应研究

图 8-69～图 8-73 所示分别为第一组试验天津饱和粉土地基中盾构隧道仰拱中心测点 A10 在不同地震动作用下所记录的加速度时程曲线。

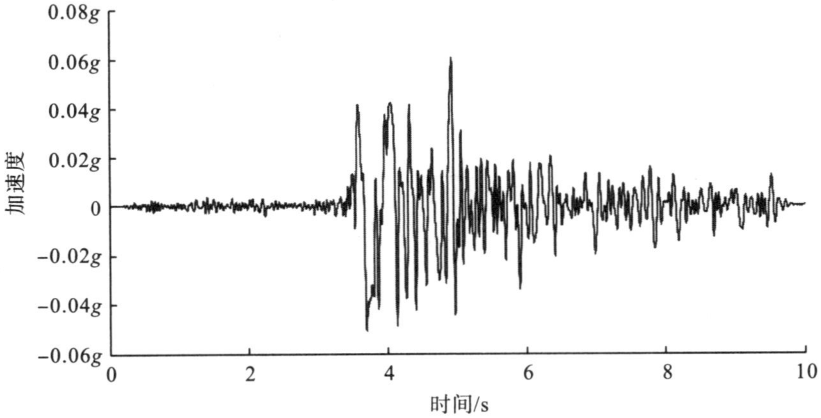

图 8-69　PGA=0.05g 天津波地震动作用下测点 A10 的加速度时程曲线

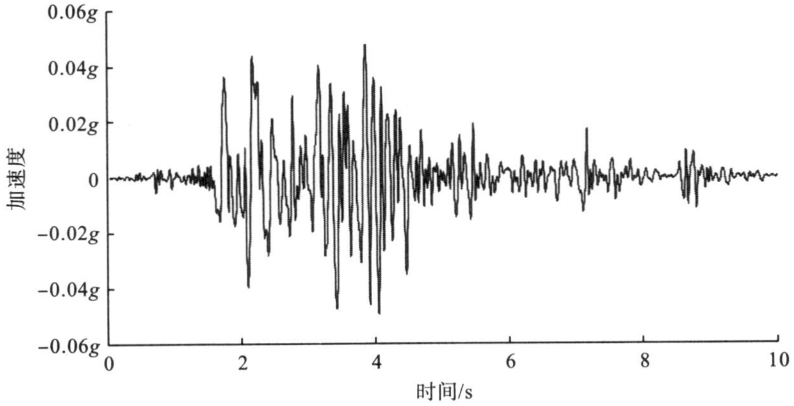

图 8-70　PGA=0.05g Kobe 波地震动作用下测点 A10 的加速度时程曲线

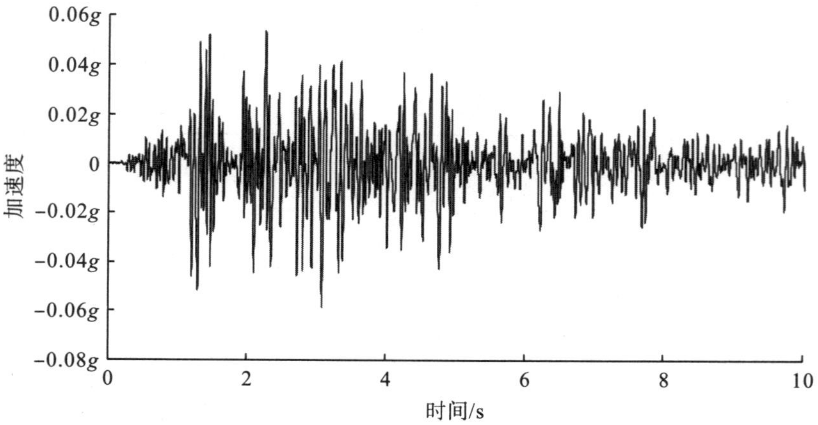

图 8-71　PGA=0.05g Taft 波地震动作用下测点 A10 的加速度时程曲线

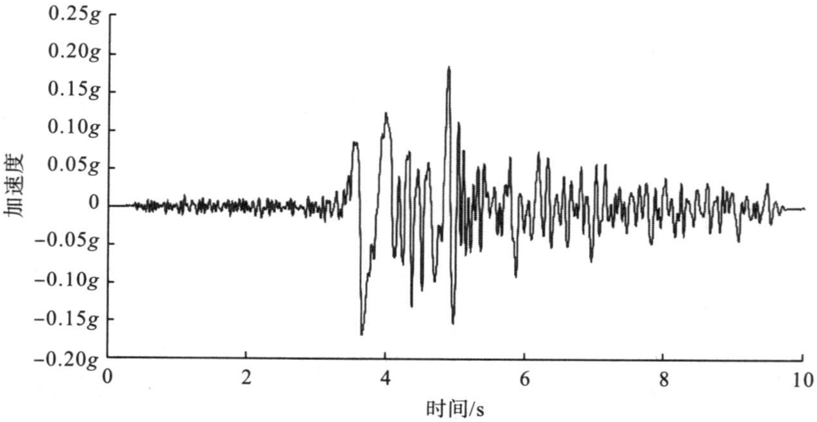

图 8-72　PGA=0.15g 天津波地震动作用下测点 A10 的加速度时程曲线

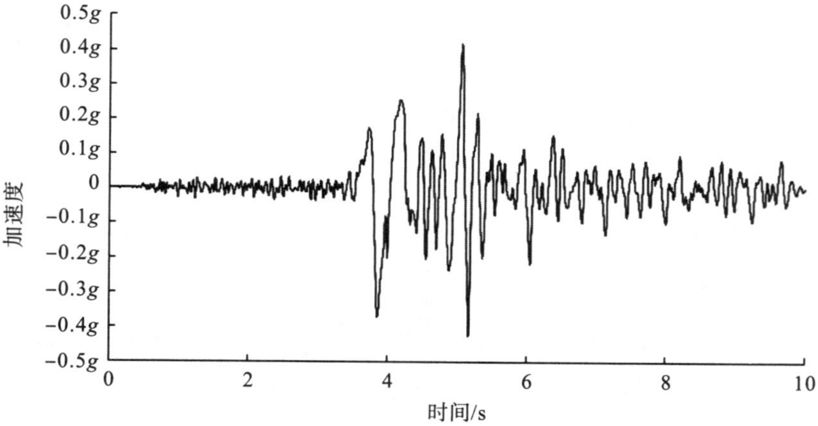

图 8-73　PGA=0.3g 天津波地震动作用下测点 A10 的加速度时程曲线

图 8-74 所示为地震动作用下盾构隧道结构仰拱处及隧道顶部和底部土层的加速度放大系数，可以看出，在所有工况中结构仰拱处的加速度放大系数均与底部土层相近；结合

图 8-67 可以很明显地看出，与相同埋深的地基土加速度测点 A2、测点 A3 一致，隧道顶部土层测点 A6 的加速度放大系数值较隧道底部土层中测点 A7 有明显的增大，自下至上体现出与纯地基土类似的特性，很好地反映出由周边地基土支撑的地下结构在动力作用下的加速度响应特征主要依赖周边土体行为的特点。对于强震条件的 PGA=0.3g 天津波作用下，测点 A6 相比于测点 A7 的加速度放大系数较其他幅值较小的激励作用有更为显著的增加，而隧道结构上方往往是最易发生液化震害的区域，应对结构周边地基采用特殊的抗液化处理措施。同时注意到盾构隧道仰拱处在 PGA=0.05g Kobe 波作用下其峰值加速度几乎与输入地震动一致，为所有工况中最小值，说明天津粉土地基中隧道结构在小震级近场地震作用条件下具有最好的抗震性能；相反地，在 PGA=0.05g Taft 波作用下结构仰拱处加速度放大系数达到 1.269，甚至大于 PGA=0.15g 天津波作用下的 1.052 和 PGA=0.3g 天津波作用下的 1.158，说明在频谱成分丰富，特别是低频成分发育的中、远场地震波作用下，天津粉土地基中的地下结构更易引起更大的加速度动力响应，对地下工程结构的抗震、抗液化性能提出了更高的要求。

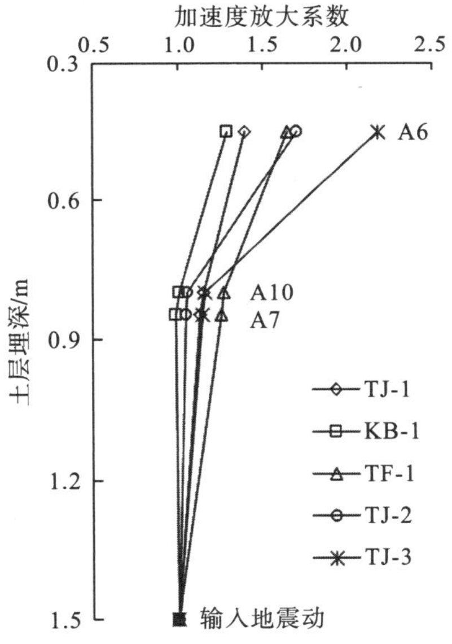

图 8-74　隧道仰拱及顶端底端土层的加速度放大系数

对比分析地下结构时需要考虑两部分：结构和土体，为了分析隧道和周围地层加速度频谱的不同，分别对结构上(隧道顶部和底部)的加速度计观测到的加速度时程曲线进行频谱分析，并和同一高度土层的加速度频谱进行比较。具体做法是以土中加速度傅里叶谱为分母，二者做商，并且与 1 相比较，以便观察其中的规律。天津波各强度工况下隧道顶部和底部相同高度土层加速度频谱的比值(图 8-75)表现出以下规律：同一地震波，除去个别频率，隧道结构与周围土体频谱比较图中存在一个临界频率，在小于这个频率的部分隧道结构与土体有几乎一致的振动幅值，超过这个频率的部分隧道结构有放大或衰减的趋势，表现得不是很有规律；这个临界频率随着振动台输入加速度峰值的增大呈现减小的趋势。也可以说是在低频振动时隧道随土层一起振动，高频振动时隧道和周围土层会发生脱离，且低频、高频的界限频率随着输入振动强度的增大而减小。

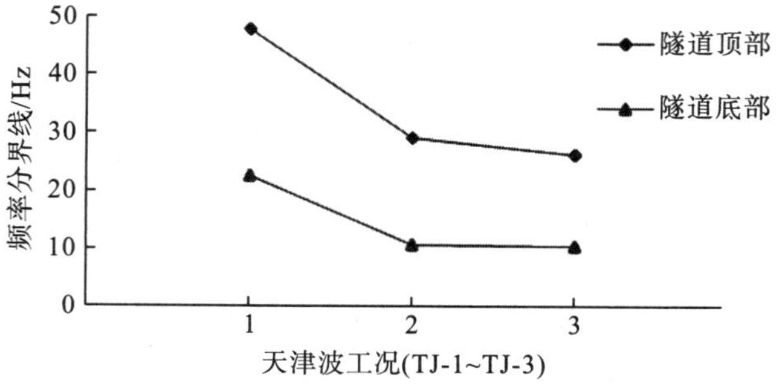

图 8-75　隧道顶部和底部临界频率值

3. 模型地基土加速度频谱反应研究

不同地震动作用下，模型地基加速度傅立叶谱如图 8-76～图 8-80 所示。

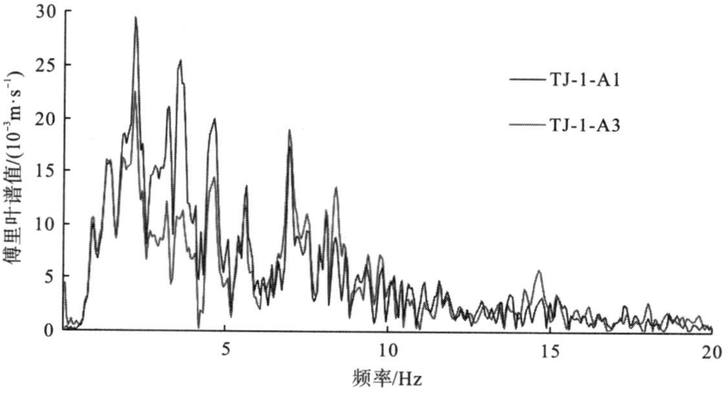

图 8-76　输入 PGA=0.05*g* 天津波时模型基地深层、表层土测点的加速度傅里叶谱

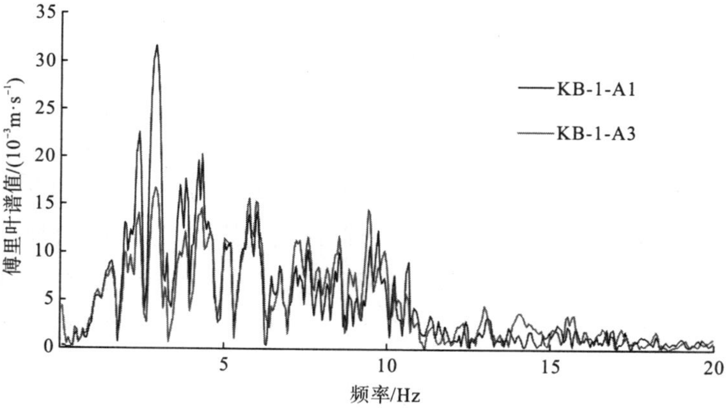

图 8-77　输入 PGA=0.05*g* Kobe 波时模型基地深层、表层土测点的加速度傅里叶谱

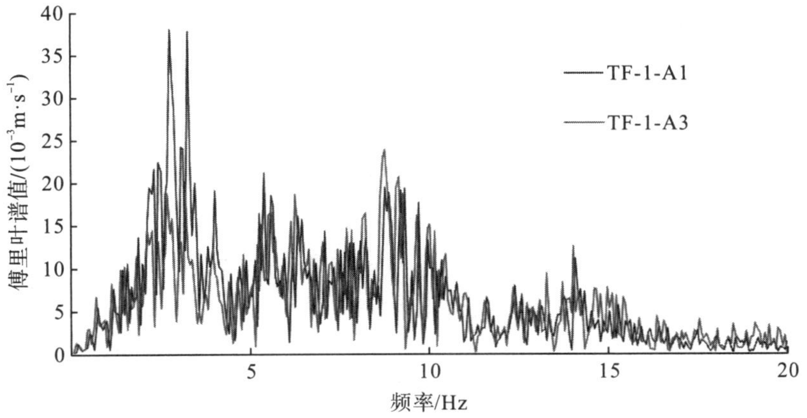

图 8-78　输入 PGA=0.05g Taft 波时模型基地深层、表层土测点的加速度傅里叶谱

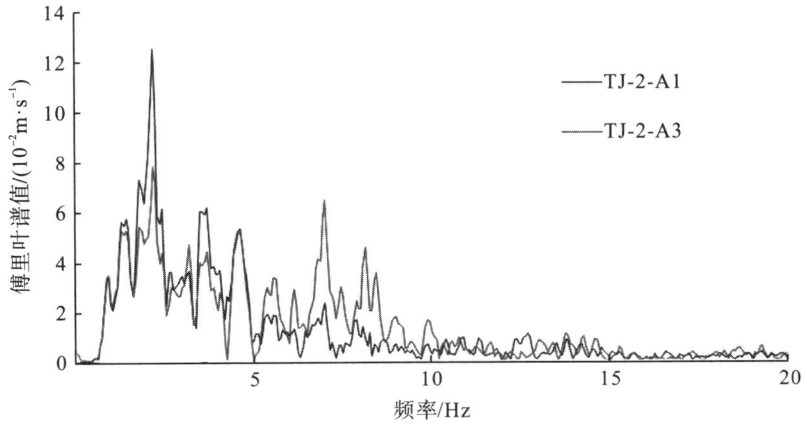

图 8-79　输入 PGA=0.15g 天津波时模型基地深层、表层土测点的加速度傅里叶谱

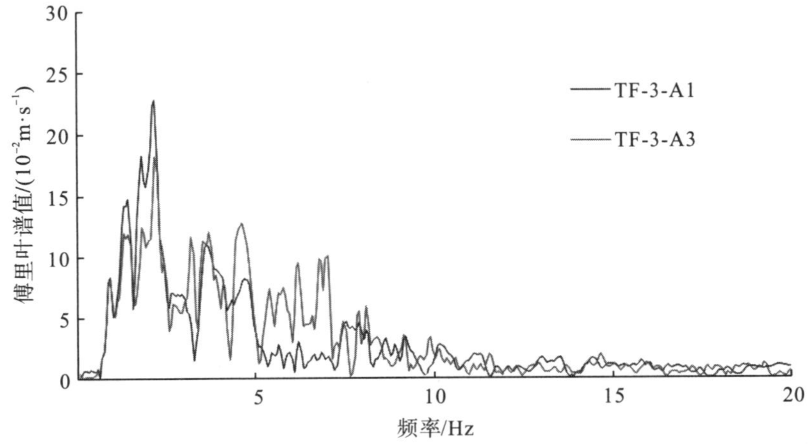

图 8-80　输入 PGA=0.3g 天津波时模型基地深层、表层土测点的加速度傅里叶谱

由图 8-76～图 8-80 可知，地震动从土体底部向上传播的过程中，随着输入地震动加速度峰值的增大，相同测点位置处，土体加速度高频成分逐渐减少，这是由于土体在地震

动作用中不断软化，滤波效应更加显著。

PGA＝0.05*g* 地震动作用下，输入天津波时，模型地基不同深度测点 A1、测点 A3 记录的加速度频谱特性自下而上呈现出明显的变化，低频成分逐渐增多，高频成分逐渐减小；与输入天津波的测试结果相比，输入 PGA＝0.05*g* Kobe 波时地基土各测点记录的傅里叶谱频谱变化规律较为类似，但地基土地震动的低频放大效应更为显著；而 Taft 波由于频带更宽所以地基土中加速度反应频谱分成较前两者更为丰富，同时可以更清楚地得出在更宽的频带范围内，浅层粉土地基明显具有低频滤波效应。PGA＝0.05*g* 天津波地震动作用下，频带内产生多个峰值，加速度主频位置约分别为 2.2、4.6 和 7.0Hz；PGA＝0.05*g* Kobe 波地震动作用下，加速度主频位置约为 2.9Hz；PGA＝0.05*g* Taft 波地震动作用下存在 2.7～9.3 Hz 的集中频带。而强震条件 PGA＝0.3*g* 天津波地震动作用下，发生了非常显著的中、高频段滤波现象，同时加速度频谱在 2.2Hz 位置出现了集中与放大现象。这是由于强震作用下，土体内积聚孔隙水压力上升，土体刚度衰减现象显著，因此，土体内加速度频谱出现了单一频率的集中与放大现象。

8.5.2　模型地基土孔隙水压力发展规律及其空间效应研究

不同强度天津波地震动作用下模型地基深、浅土层各测点的峰值孔隙水压力比分布和时程曲线分别如图 8-81～图 8-83 所示。

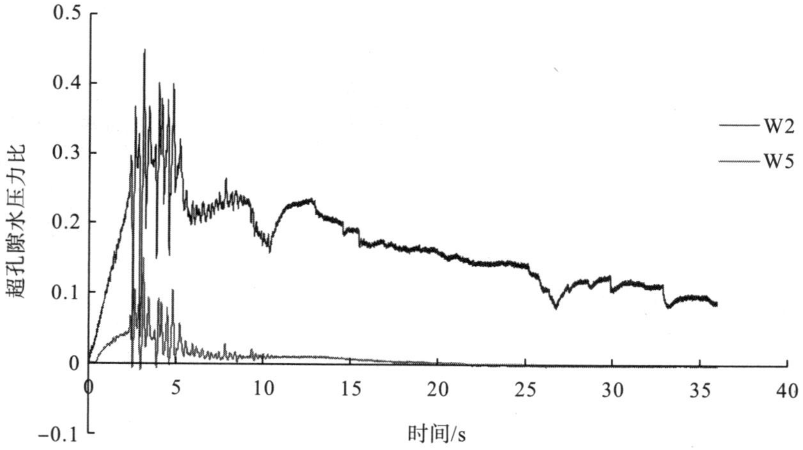

图 8-81　PGA=0.05*g* 天津波地震动作用下地基土测点的超孔隙水压力比时程曲线

由图 8-81～图 8-83 可以看出，由于粉土地基的渗透性较差，地基土的孔隙水压力增长较小，因此除 TJ-3 工况下测点 W2 外，超孔隙水压力比均小于 1.0；在不同特性的地震动作用下，模型地基的超孔隙水压力比发展过程存在较大的差异，呈现出不同程度的波动效应，并显示出显著的空间效应特征。总体而言，对于模型地基的超孔隙水压力比，近场 Kobe 波作用时最大，天津波作用时次之，中、远场 Taft 波作用时最小；对深层土，主监测断面测点 W5 的超孔隙水压力比小于测点 W4 的超孔隙水压力比；对浅层土，主监测断面测点 W2 的超孔隙水压力比大于测点 W1 的超孔隙水压力比；随着输入地震动加速度值的增大，地基土的超孔隙水压力比逐渐增大，但超孔隙水压力比的增长总体较小，这是由于粉土的渗透性弱，导致孔隙水压力的发展程度较低。

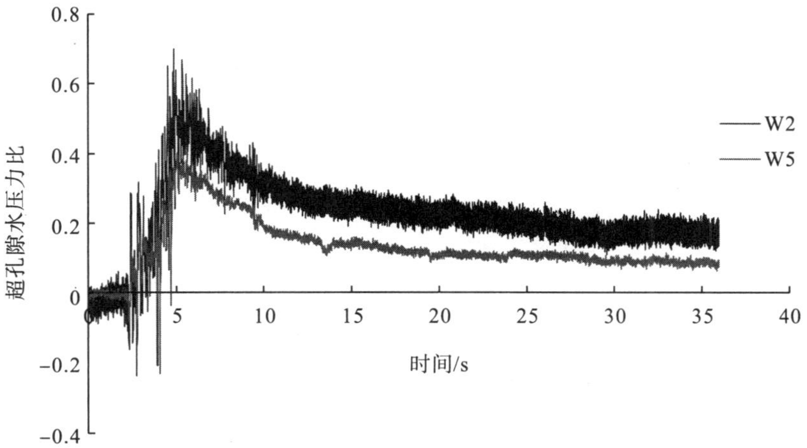

图 8-82　PGA=0.15g 天津波地震动作用下地基土测点的超孔隙水压力比时程曲线

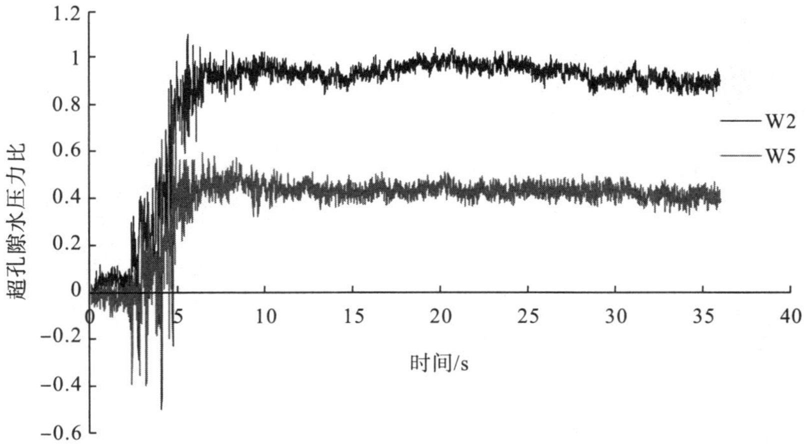

图 8-83　PGA=0.3g 天津波地震动作用下地基土测点的超孔隙水压力比时程曲线

由试验结果得出如下结论：在 PGA=0.05g 地震动作用下，孔隙水压力场分布均匀，结构周边孔隙水压力梯度差较小；在 PGA=0.3g 地震动作用下，孔隙水压力场出现了不均匀分布的现象；在 PGA=0.3g 天津波地震动作用下，结构底部与结构侧部均出现了较大的孔隙水压力梯度差，相对应结构的上浮量最大达到 12.7 mm，且由于粉土地基的渗透性较差，在孔隙水压力迅速累积上升直到激振结束后的很长一段时间内孔隙水压力仍会保持较高水平或缓慢下降，所以天津粉土类型的地基在多次反复震动作用下比普通砂土地基更易发生液化并且液化程度更高。

上述结果表明，在 8 度烈度的地震动作用下，天津粉土地基会发生液化现象，容易发生液化的区域位于盾构隧道结构上方两侧的浅层土体内，同时在盾构结构正下方也有一小部分区域出现了超孔隙水压力比高于周边土体的现象，也可能导致液化，这与数值模拟的结果相吻合。而深部其他区域土体因粉土地基渗透性差、密实度较高不利于孔隙水压力的发展所以出现液化的可能性较低，建议对隧道上部浅层土体和结构仰拱下方土体采取针对性抗液化措施。

8.5.3　模型地基土表面液化震害特征研究

试验中除在地基表面安置激光位移计、结构竖向位移探杆外，设置的试验过程监控设备还记录下了模型试验中出现的液化震害宏观现象的全过程。

如图 8-84 所示，高空摄像机记录下了第一组试验时模型箱内天津可液化粉土地基表面从每一组地震作用施加开始至结束的全过程影像，由得到的资料显示，当加载的地震动加速度值为 0.05g 时，粉土地基表面较试验准备阶段的地基土变化不明显，仅有少部分区域出现了较轻微的泌水现象，而地表的标志物没有明显的变化。说明当地震烈度为 6 度的情况下，天津粉土地层不易产生明显的表层液化震害。

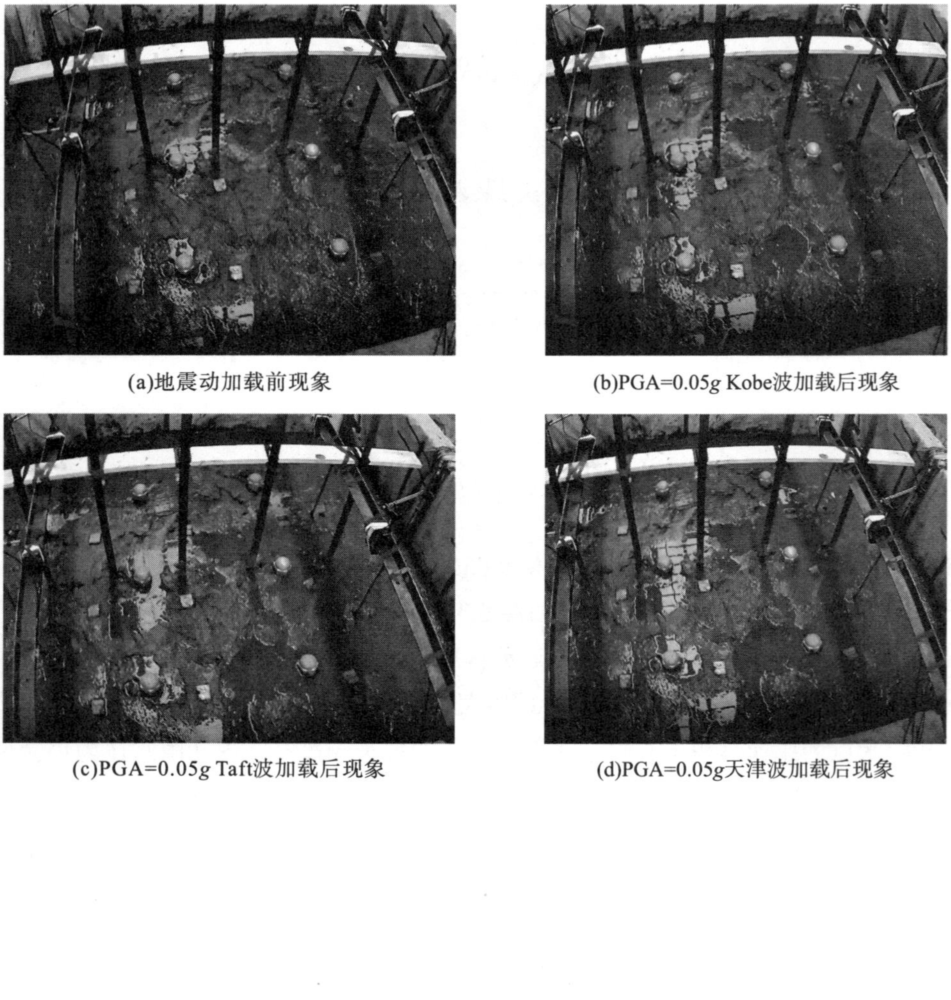

(a)地震动加载前现象　　(b)PGA=0.05g Kobe波加载后现象

(c)PGA=0.05g Taft波加载后现象　　(d)PGA=0.05g天津波加载后现象

(e)PGA=0.15g Kobe波加载后现象

(f)PGA=0.05g Kobe波加载后现象

图 8-84　模型试验粉土地基表面液化现象

在 PGA=0.15g 天津波地震动作用下，可以观察到模型土表层开始产生较大范围的泌水，部分表层土松散区域与模型边界处更为明显，原因是这些区域的模型土在震动作用下经过土体中孔隙水压力的累积与消散过程，更利于形成排水通道，释放循环荷载作用带来的超孔隙水压力，但由于超孔隙水压力在累积时仍未达到土体的有效应力，所以在 7 度烈度地震动影响下模型土仅表现出在部分区域有泌水现象，未发生明显的震陷，且地表处的标志物及上覆结构物均未产生明显的倾覆及位移现象。

在 PGA=0.3g 天津波作用后，可明显观察到模型土表面产生大规模的液化现象，具体表现在地表出现大量涌水、冒泥及开裂现象，地表标志物下陷、侧倾和位移(图 8-85)，意味着地基表面在强震作用下对上覆荷载及结构物已经丧失了承载能力。原因在于，在强震作用下，可液化粉土地层中的超孔隙水压力超过了土体允许发生液化震害的有效应力最小值，使表层土体骨架不再具有支撑整个地层结构的作用，而是与孔隙中其他相介质共同变为泥水状态，在液化程度最大的区域可呈明显的流体，使试验中地表标志物随泥水一同位移，且大质量的标志物产生了大幅度的倾覆和下沉现象。

(a)地基土地表宏观现象

(b)地基土地表标志物位移、沉陷

图 8-85　PGA=0.3g 天津波作用后模型地基土地表宏观震害现象

除此之外，从本次强震试验记录中还可以发现，原本安置在隧道纵向中轴线正上方两侧的地表标志物(银色)在地震动加载后表现出的倾覆现象具有非常明显的对称规律，具体表现为两侧的标志物均朝向隧道中轴线外侧偏移。这是因为地基土中的隧道模型在强震作用下发生液化现象时，由于表层土变为松散的泥水态而使隧道模型受到较大的浮力并显示出随液化土体一同上浮的趋势，导致隧道正上方地基土向上隆起，进而使两侧地表标志物向外侧倾斜。

该试验的宏观现象均说明在 8 度烈度的地震动作用下，粉土地层将产生较严重的液化震害，地上及地下结构物将完全丧失功能，甚至会造成各项严重损失。

不同地震动作用下模型地基的地表震陷量和结构上浮量见表 8-16。当输入 PGA=0.05g 地震动时，未观察到明显的模型地基地表震陷现象；在 PGA =0.3g 天津波地震动作用下，宏观上可以观察到模型地基发生了较明显的地表震陷及地表裂缝现象，并伴有大规模泌水现象，如图 8-86 所示。随着试验进行，PGA=0.3g 天津波地震动作用时地表震陷值最大，PGA=0.05g 天津地震动作用时最小；在模型地基的震陷过程中，发生了模型结构的上浮现象，使模型结构上方地基土的地表震陷呈现出先快速下沉、后持续波动上浮的特征，模型结构上浮的最大值达 10mm；模型结构侧边的地基土也存在先震陷、后隆起的波动现象，从而使模型结构上方和侧边的地基土地表震陷程度差别不大。

表 8-16　不同地震动作用下地表震陷量和结构上浮量

试验工况	地表震陷量/mm		结构上浮量/mm	方向约定
	传感器 Z1	传感器 Z2		
KB-1	−0.35	−0.38	−0.03	向上为正
TF-1	−0.34	−0.28	0.06	
TJ-1	−0.28	−0.23	0.05	
TJ-2	−1.21	−0.54	0.67	
TJ-3	−3.15	2.02	5.17	

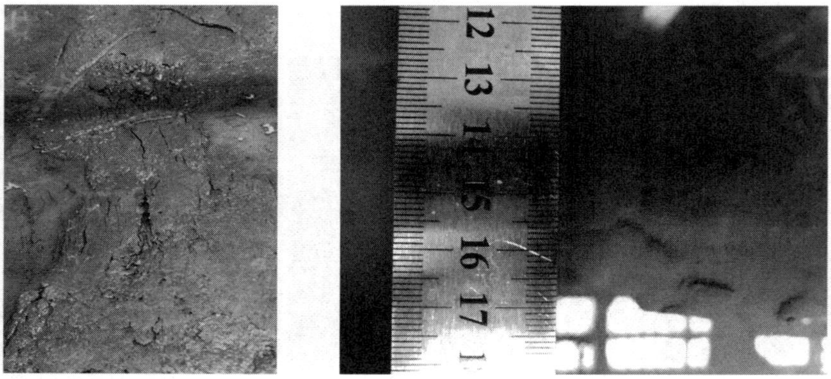

(a)局部地表开裂、震陷及泌水　　(b)地表裂缝

图 8-86　试验后地基土地表局部震害现象

8.5.4　盾构隧道模型结构峰值应变及其空间效应研究

由于试验中布设的传感器较多，限于篇幅，本书仅给出部分有代表性的应变计的响应结果。

图 8-87～图 8-89 展示了在 PGA=0.05g 天津波作用下盾构隧道模型拱顶、拱腰及仰拱处的内、外侧原始应变时程曲线。

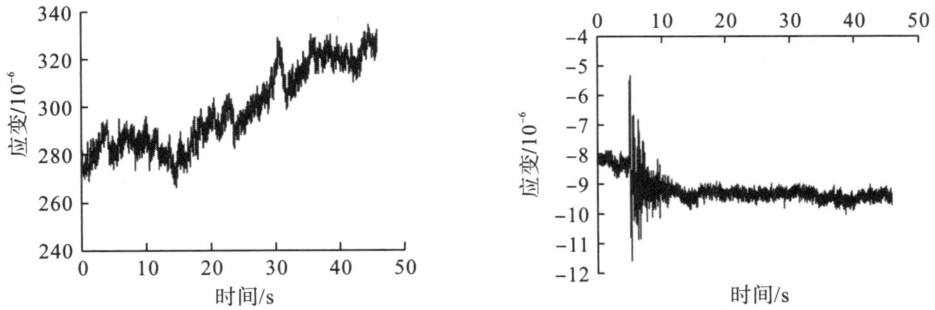

(a)隧道拱顶外侧　　(b)隧道拱顶内侧

图 8-87　PGA=0.05g 天津波作用下主监测断面测点 S1 内、外侧应变时程曲线

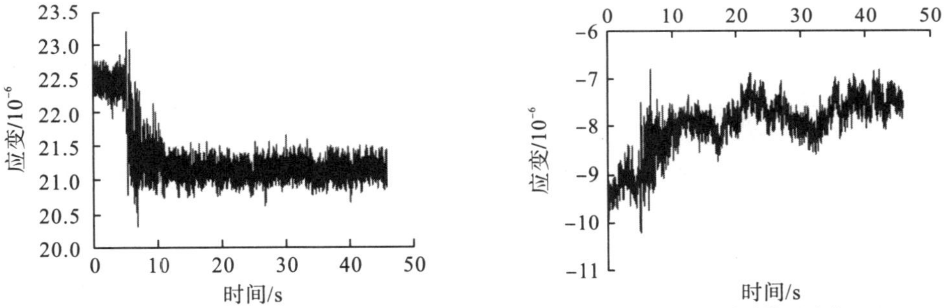

(a)隧道拱腰外侧　　(b)隧道拱腰内侧

图 8-88　PGA=0.05g 天津波作用下主监测断面测点 S7 内、外侧应变时程曲线

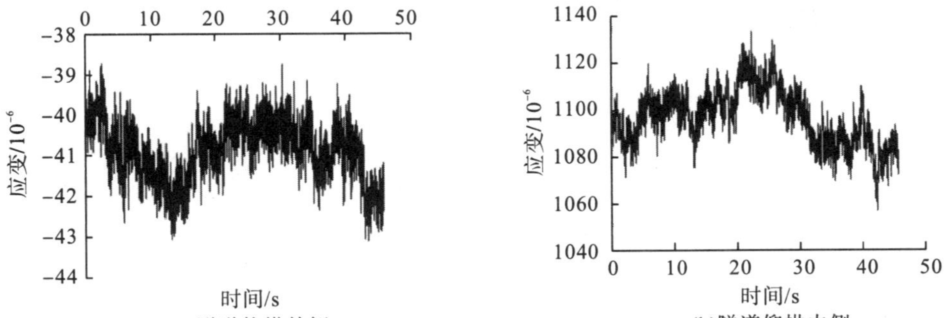

(a)隧道仰拱外侧　　(b)隧道仰拱内侧

图 8-89　PGA=0.05g 天津波作用下主监测断面测点 S5 内、外侧应变时程曲线

图 8-90～图 8-92 展示了在 PGA=0.05g Kobe 波作用下盾构隧道模型拱顶、拱腰及仰拱处的内、外侧原始应变时程曲线。

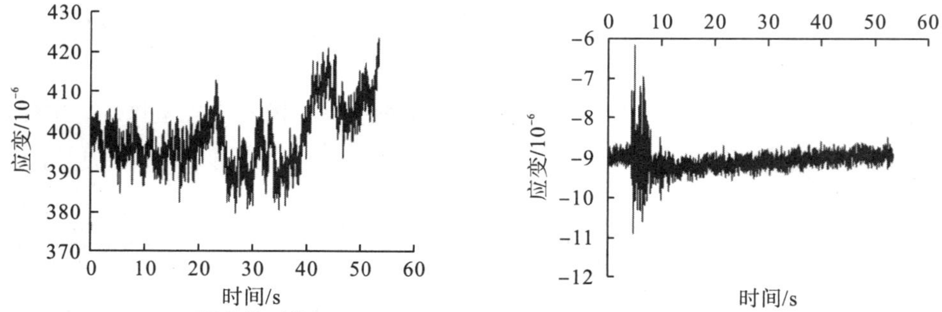

(a)隧道拱顶外侧　　(b)隧道拱顶内侧

图 8-90　PGA=0.05g Kobe 波作用下监测断面测点 S1 内、外侧应变时程曲线

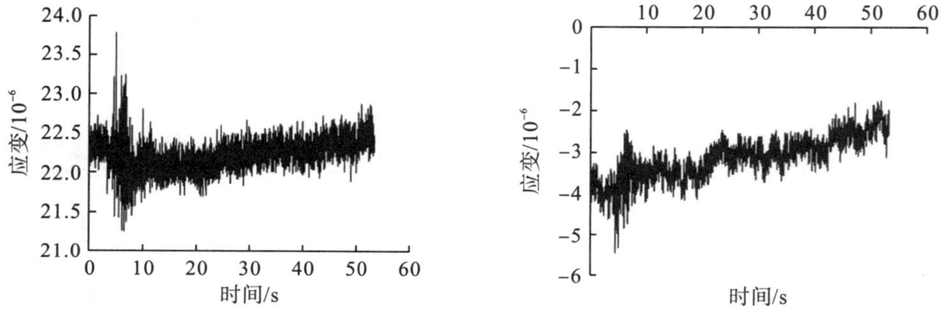

(a)隧道拱腰外侧　　(b)隧道拱腰内侧

图 8-91　PGA=0.05g Kobe 波作用下主监测断面测点 S7 内、外侧应变时程曲线

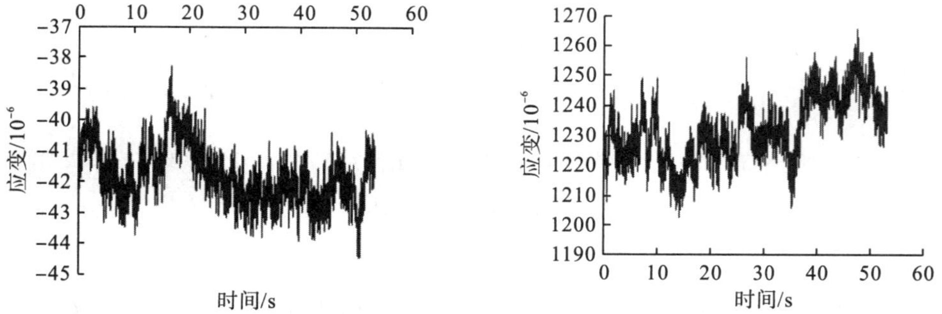

(a)隧道仰拱外侧　　(b)隧道仰拱内侧

图 8-92　PGA=0.05g Kobe 波作用下主监测断面测点 S5 内、外侧应变时程曲线

图 8-93～图 8-95 展示了在 PGA=0.05g Taft 波作用下盾构隧道模型拱顶、拱腰及仰拱处的内、外侧原始应变时程曲线。

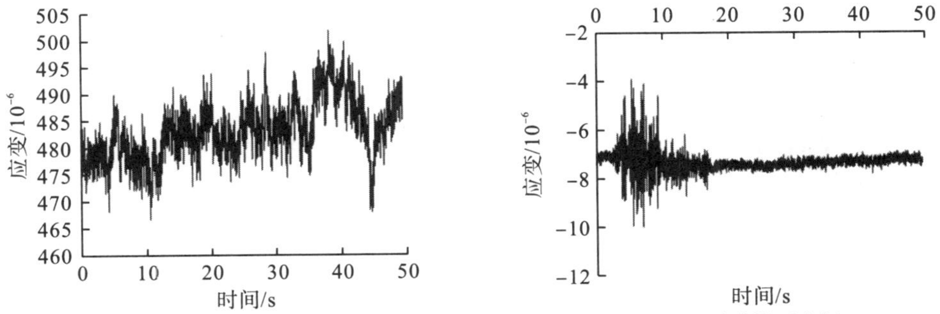

(a)隧道拱顶外侧　　(b)隧道拱顶内侧

图 8-93　PGA=0.05g Taft 波作用下主监测断面测点 S1 内、外侧应变时程曲线

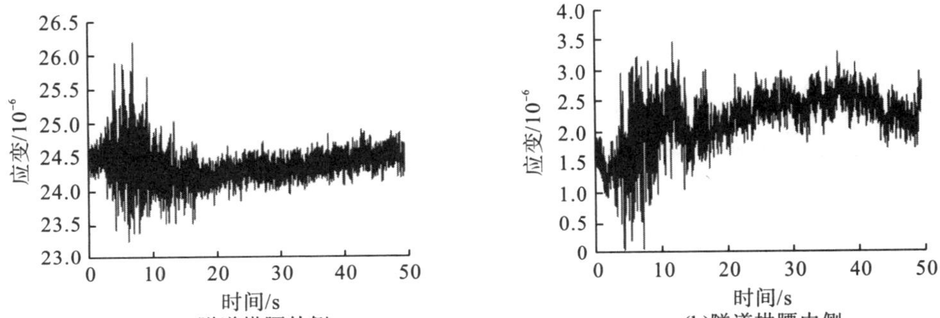

(a)隧道拱腰外侧　　(b)隧道拱腰内侧

图 8-94　PGA=0.05g Taft 波作用下主监测断面测点 S7 内、外侧应变时程曲线

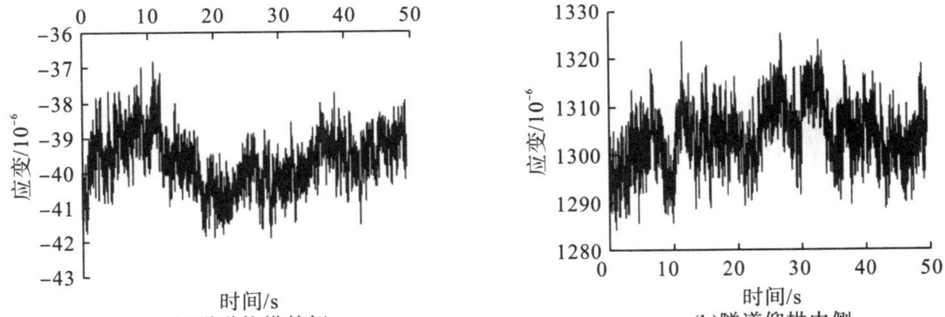

(a)隧道仰拱外侧　　(b)隧道仰拱内侧

图 8-95　PGA=0.05g Taft 波作用下主监测断面测点 S5 内、外侧应变时程曲线

图 8-96～图 8-98 展示了在 PGA=0.15g 天津波作用下盾构隧道模型拱顶、拱腰及仰拱处的内、外侧原始应变时程曲线。

图 8-99～图 8-101 展示了在 PGA=0.3g 天津波作用下盾构隧道模型拱顶、拱腰及仰拱处的内、外侧原始应变时程曲线。

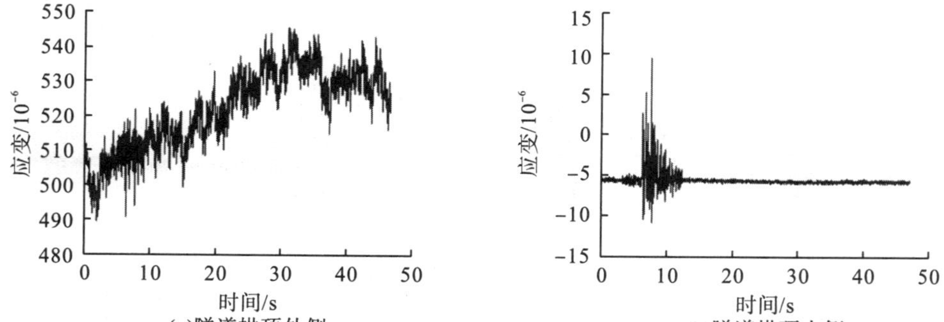

(a)隧道拱顶外侧　　(b)隧道拱顶内侧

图 8-96　PGA=0.15g 天津波作用下主监测断面测点 S1 内、外侧应变时程曲线

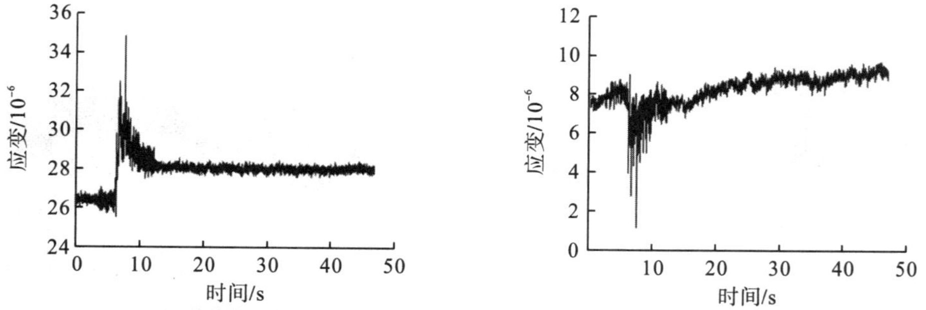

(a)隧道拱腰外侧　　(b)隧道拱腰内侧

图 8-97　PGA=0.15g 天津波作用下主监测断面测点 S7 内、外侧应变时程曲线

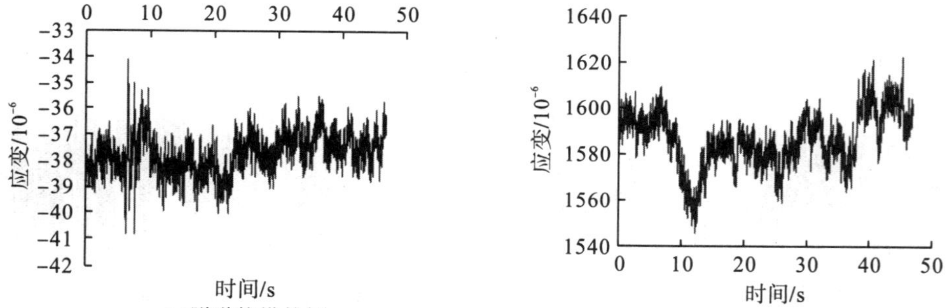

(a)隧道仰拱外侧　　(b)隧道仰拱内侧

图 8-98　PGA=0.15g 天津波作用下主监测断面测点 S5 内、外侧应变时程曲线

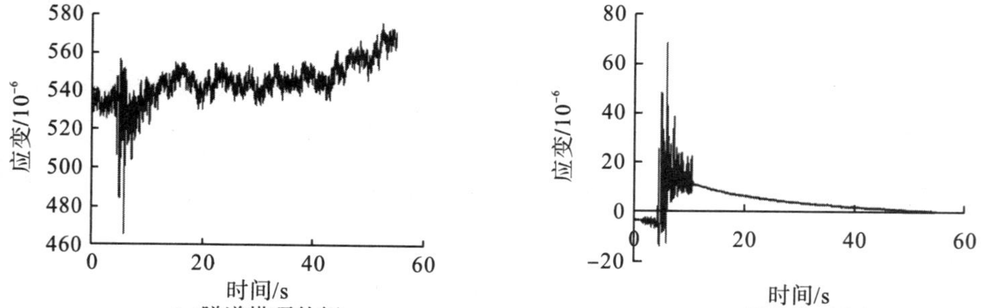

(a)隧道拱顶外侧　　(a)隧道拱顶内侧

图 8-99　PGA=0.3g 天津波作用下主监测断面测点 S1 内、外侧应变时程曲线

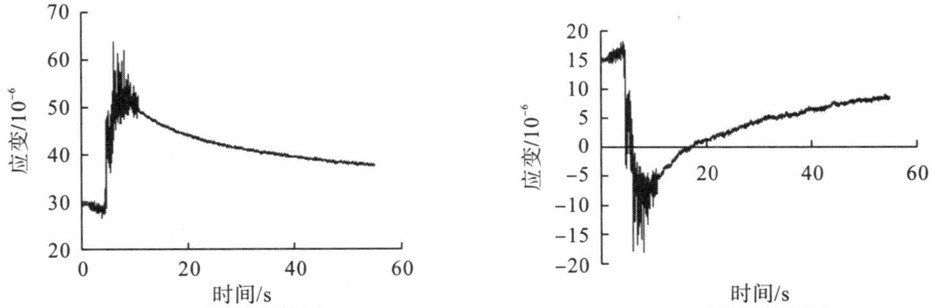

(a)隧道拱腰外侧 (b)隧道拱腰内侧

图 8-100 PGA=0.3g 天津波作用下主监测断面测点 S7 内、外侧应变时程曲线

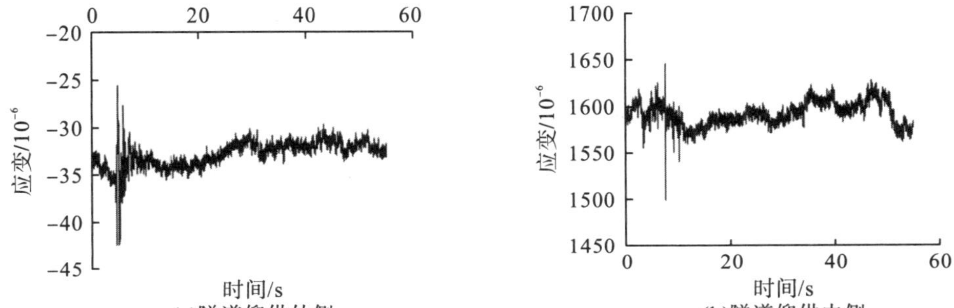

(a)隧道仰供外侧 (b)隧道仰供内侧

图 8-101 PGA=0.3g 天津波作用下主监测断面测点 S5 内、外侧应变时程曲线

由试验结果可见，结构监测断面各个测点内、外侧应变时程均展现处较好的对称现象，并且随着地震动的输入响应显著。当 PGA=0.3g 时，隧道结构拱肩及拱脚应变较拱顶、仰拱和拱腰处更大；同时注意到拱腰处和拱顶处应变测点在输入地震动后的较长一段时间仍存在显著残余应变，表明周围地基土在强烈地震动作用下出现了塑性流动，产生了无法恢复的永久位移。仰拱处测点在激振完毕后无明显残余应变，表明此时衬砌处于弹性状态，此处结构在强震条件下较其余部位更为安全。

图 8-102、图 8-103 比较了不同工况下模型结构主、辅监测断面各测点的峰值应变。盾构结构左、右侧拱腰的峰值应变呈现出对称现象，拱肩、拱脚处的峰值应变呈现出显著的空间效应；主监测断面右侧拱肩、拱脚外侧测点的峰值应变明显大于其他部位的峰值应变。输入地震动强度增大，模型地下结构的峰值应变增大，输入地震动的频谱特性和持续时间对模型盾构隧道结构的峰值应变有影响，但对不同部位的影响并不一致，且规律不明显。在 PGA=0.05g 的三种不同地震动作用下，可以明显看出 Taft 波隧道结构横断面的环向动力应变幅值要大于其他两种地震动，表明盾构隧道衬砌环向应力对于低频更为丰富的远场地震动更为敏感且结构更易在其作用下产生纵向裂缝等不利影响。在 PGA=0.3g 地震动作用后衬砌多数部位会产生残余应变，但绝大多数测点应变在震后一段时间内可恢复至震前水平，说明天津粉土地基中盾构隧道在 8 度烈度地震动作用下衬砌结构不易受到严重破坏，在小震时衬砌均处在弹性变形范围内，强震时少数部位由于周围土体的塑性流动变

形导致产生较大的残余应变，但在地基土的震后重塑中累积应变会逐渐减小，不易产生永久的残余应变，即天津粉土地基中地下结构具有较好的抗震性能，不易因外加激励而破坏。所以对于地基-结构体系的减震、抗液化方案应着重针对结构周围粉土地基采取相应的整治措施。

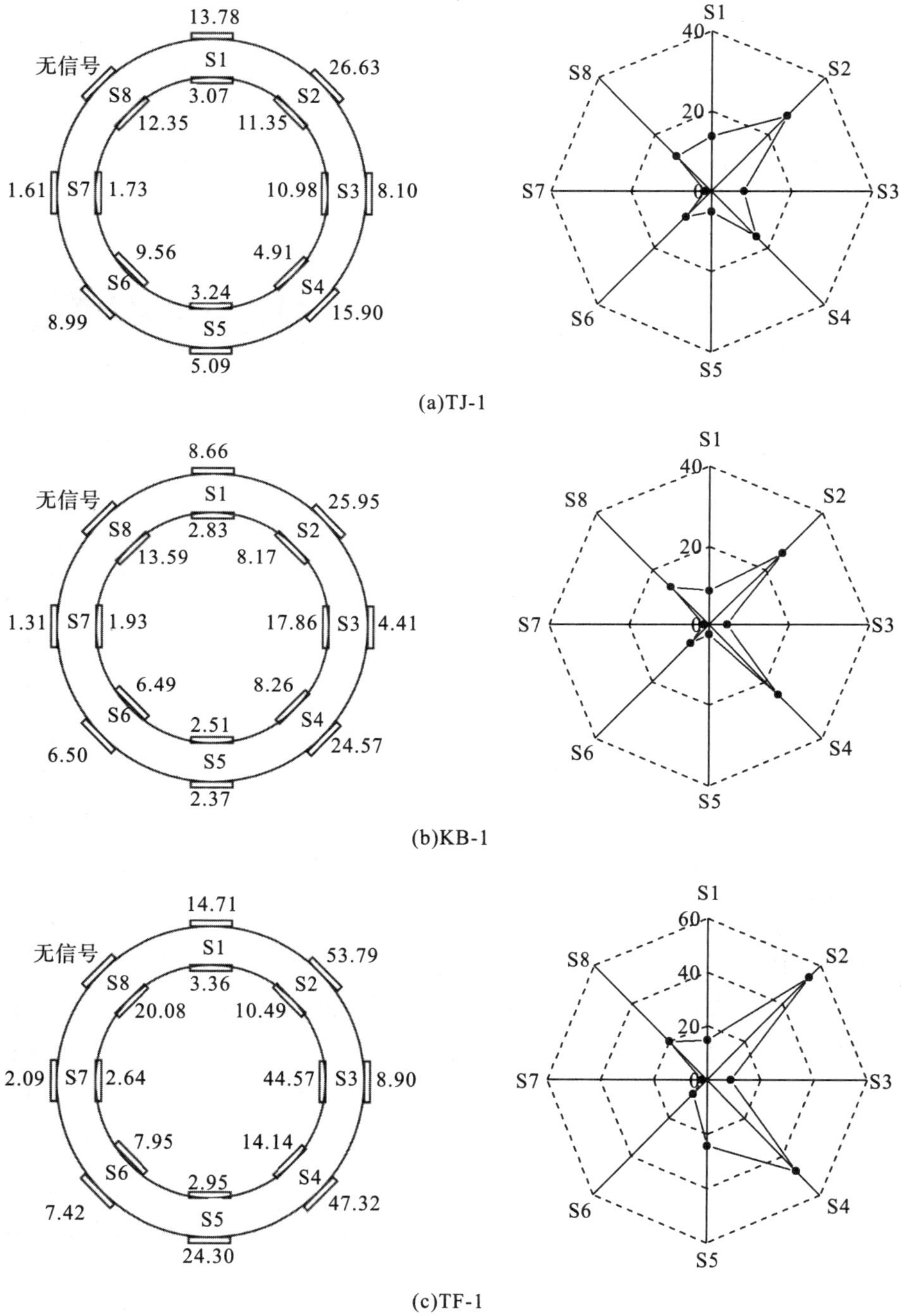

图 8-102　PGA=0.05g 不同地震动作用下盾构隧道结构的峰值应变分布（单位：10^{-6}）

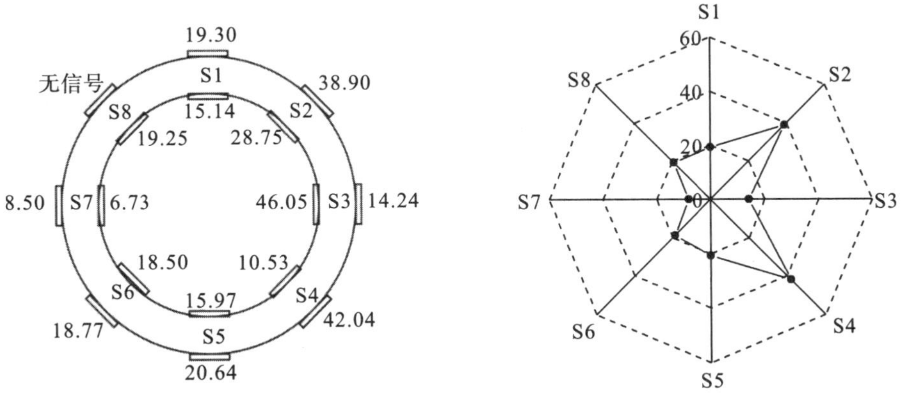

(a)TJ-2(PGA=0.15g)

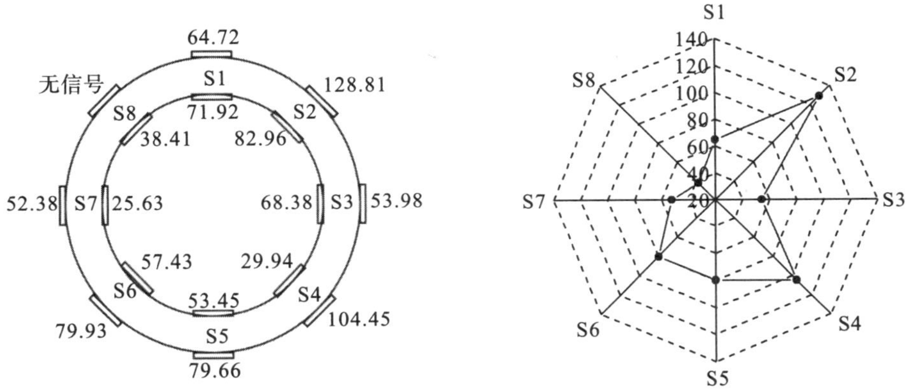

(b)TJ-3(PGA=0.3g)

图 8-103　不同加速度峰值天津地震动作用下盾构隧道结构的峰值应变分布（单位：10^{-6}）

8.5.5　模型试验抗液化措施有效性研究

1. 加速度响应

第二组试验中，为验证本书研究中以直接注气法为具体措施的天津粉土地基降饱和度法减震、抗液化的有效性，分别对第二组试验中地基加速度响应、隧道结构加速度响应、地基土孔隙水压力响应及地基土表面震陷等液化关键参数进行分析。

第二组试验中，不同地震动作用下地基土测点 A1、测点 A2、测点 A3 加速度计的加速度时程曲线如图 8-104～图 8-106 所示。

图 8-107 整理了不同地震动作用下无抗液化措施（试验一）及采取注气法抗液化措施（试验二）两组试验条件下天津粉土地基中不同埋深处不同测点的加速度放大系数。

由图 8-107 可以明显得到，试验二除 Taft 波作用下地表加速度放大系数外，三种不同远、近场地震动作用下的各土层埋深内加速度测点的放大效应均明显小于试验一，说明该方法对传播至粉土地基内的地震动有显著的衰减效果。其原因在于，试验一在震动过程中，结合水与土骨架结合紧密，孔隙内水与土颗粒共同运动，其对振动衰减的贡献甚小。而试验二中向孔隙中引入气体，使自由水和气体共存于土骨架孔隙中，不能与土骨架同步运动，势必形成摩擦和冲击，造成震动衰减。而 Taft 波作用由于试验一中测点在相同工况下已经产生液化趋势或轻微液化，故其加速度放大系数小于未产生液化现象的试验二。

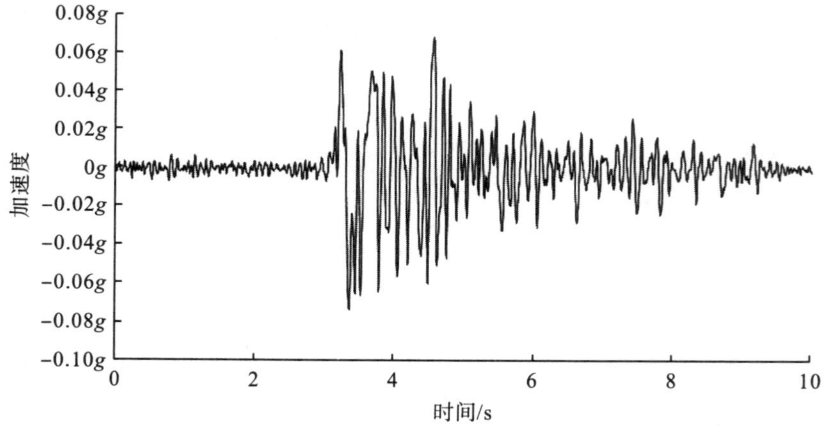

(a)TJ-1-A1

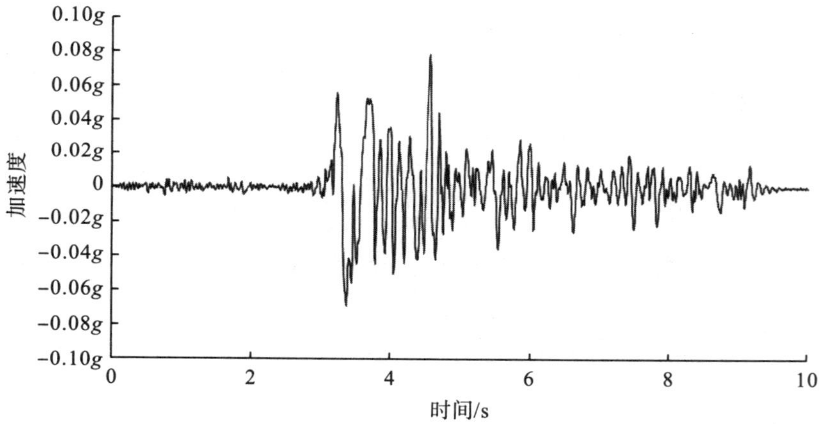

(b)TJ-1-A2

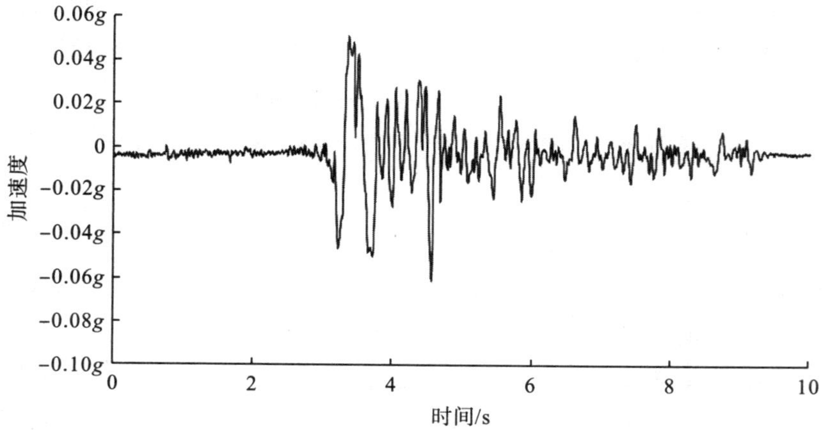

(c)TJ-1-A3

图 8-104　第二组试验 PGA=0.05g 天津波地震动作用下地基土代表测点的加速度时程曲线

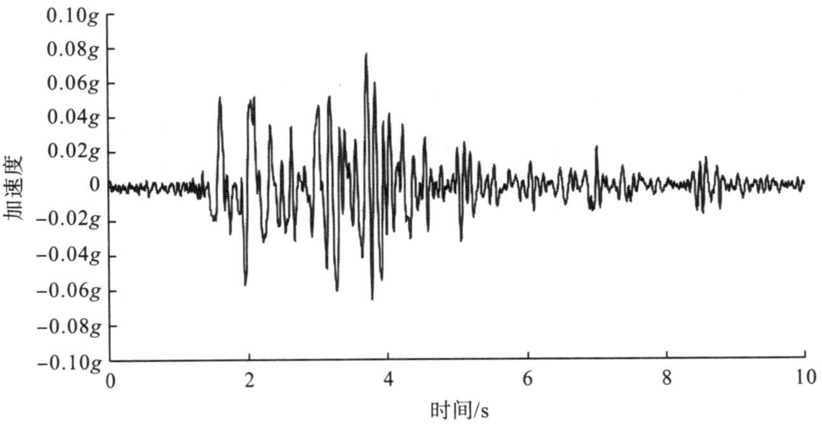

(a)KB-1-A1

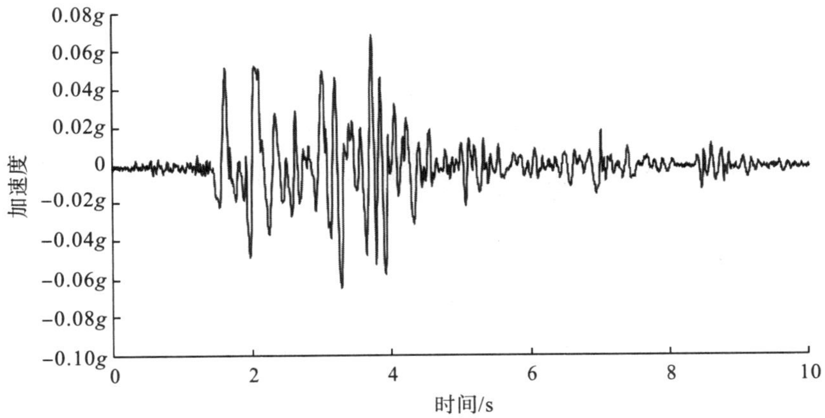

(b)KB-1-A2

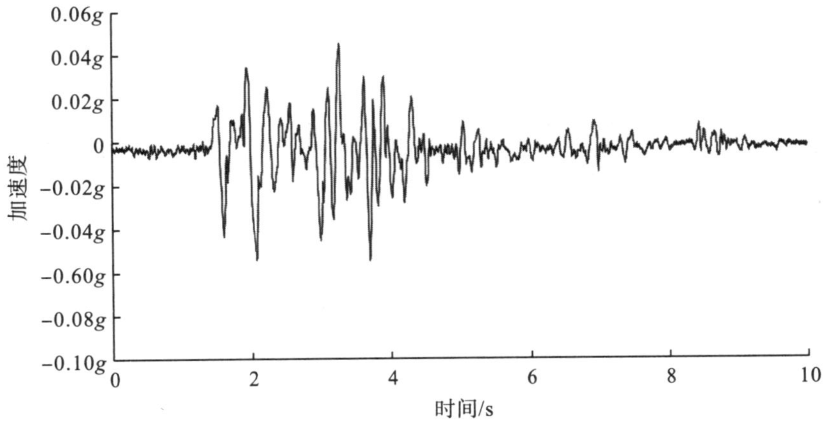

(c)KB-1-A3

图 8-105　第二组试验 PGA=0.05g Kobe 波地震动作用下地基土代表测点的加速度时程曲线

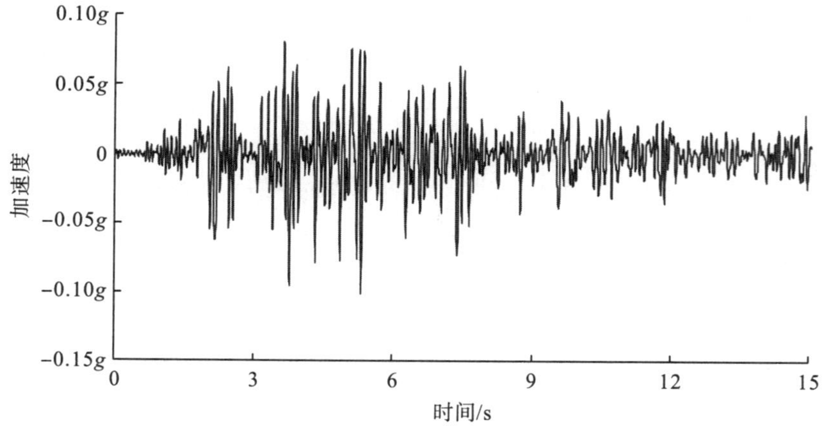

(a)TF-1-A1

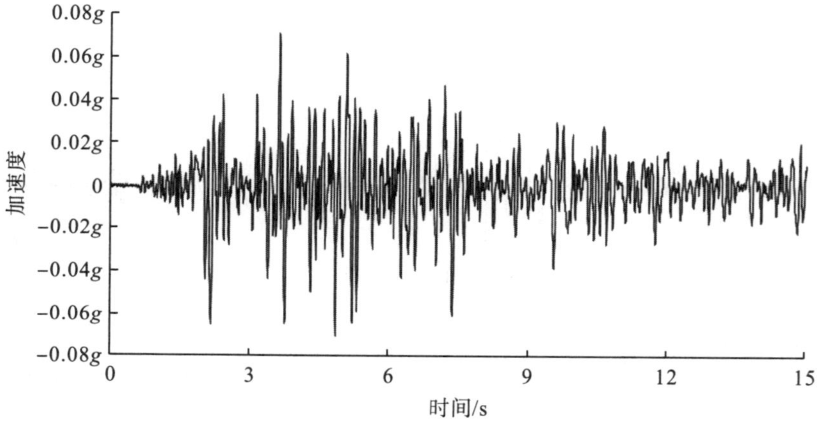

(b)TF-1-A2

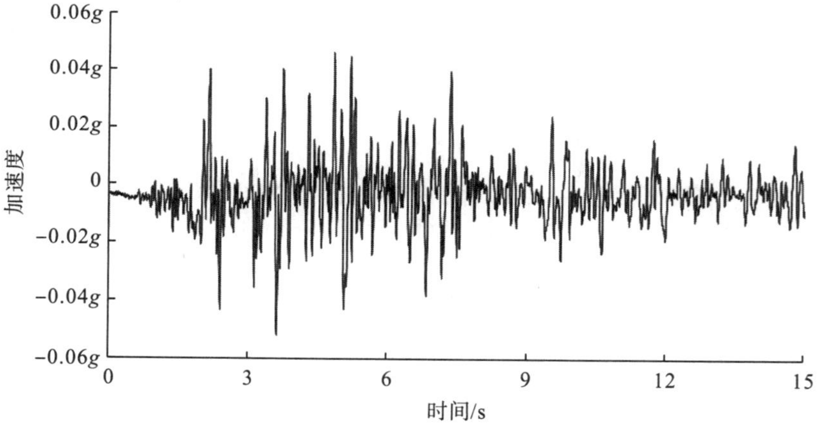

(c)TF-1-A3

图 8-106　第二组试验 PGA=0.05*g* Taft 波地震动作用下地基土代表测点的加速度时程曲线

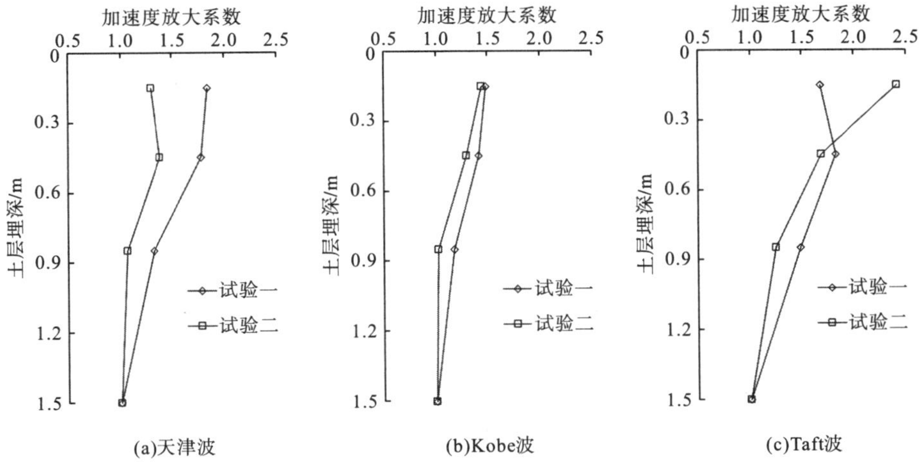

图 8-107　PGA=0.05g 作用下有、无整治措施试验组地基加速度放大系数对比

图 8-108 所示为不同地震动作用下天津粉土地基中隧道结构仰拱处加速度测点 A10 的加速度时程曲线。

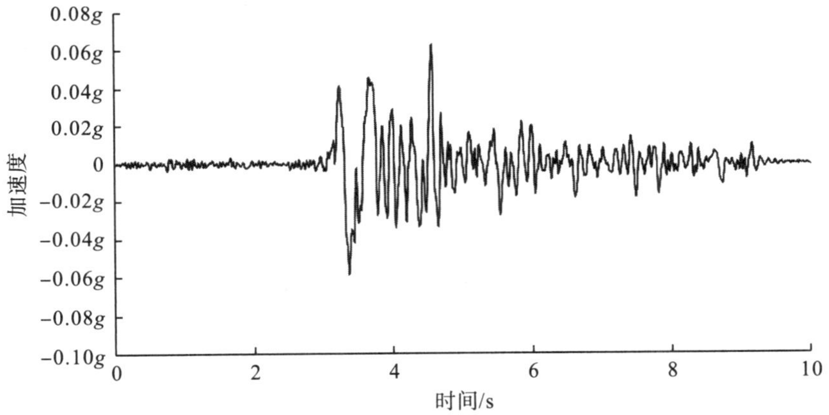

(a)TJ-1-A10

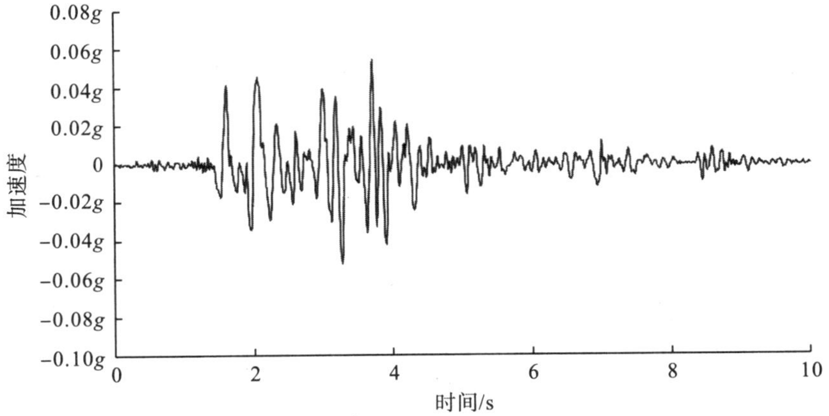

(b)KB-1-A10

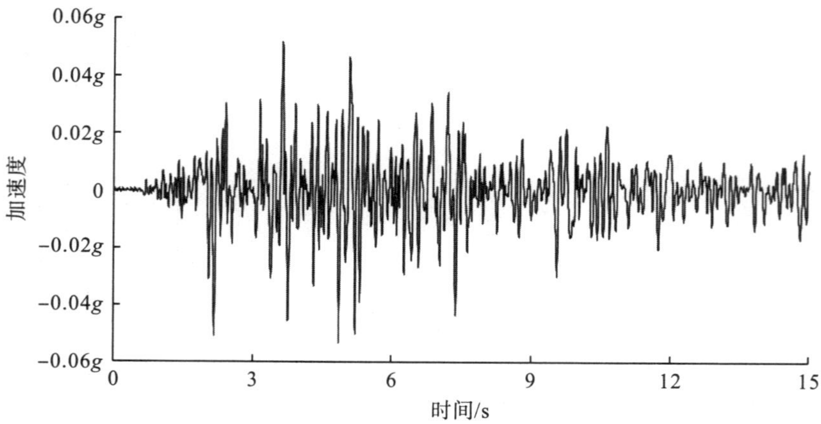

(c)TF-1-A10

图 8-108　第二组试验不同地震波作用下隧道结构的加速度时程曲线

由图 8-108 可以直观地看出，隧道结构的加速度响应峰值依然与输入地震动峰值和盾构隧道底部土层中加速度测点相近，由结果可知，在天津波作用下试验二中隧道结构仰拱处加速度放大效应略小于试验一，其他地震作用几乎一致(图 8-109)，说明地基中的抗液化措施对降低结构自身的动力加速度响应效果不明显。

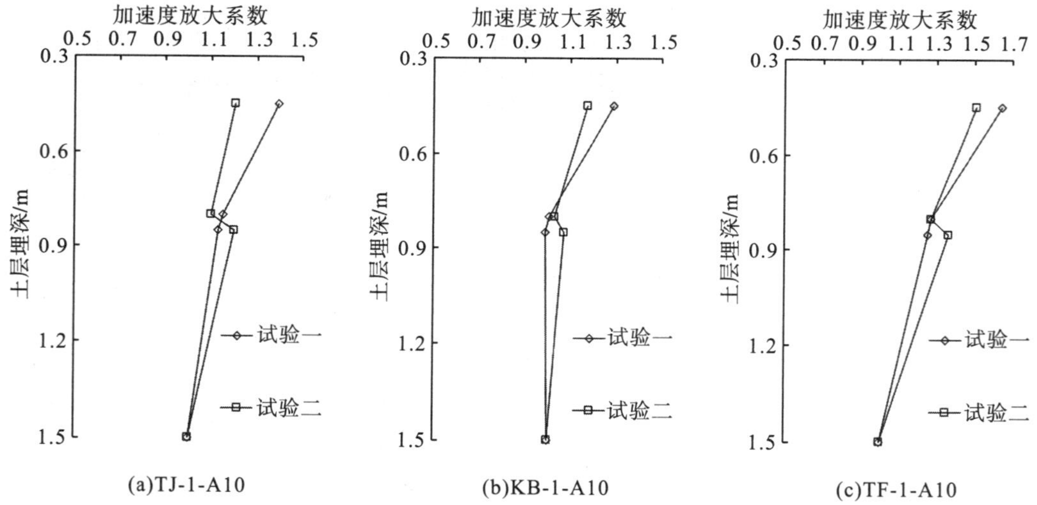

图 8-109　PGA=g 作用下有、无整治措施试验组地基加速度放大系数对比

2. 孔隙水压力响应

图 8-110～图 8-112 所示分别为第二组试验中隧道结构上、下方孔隙水压力测点 W2 和 W5 的超孔隙水压力比时程曲线。对比前述试验中相同测点处的孔隙水压力累积时程曲线，可以明显看出降减饱和度法在抑制可液化土地基内超孔隙水压上升方面有较为显著的作用，在第一组试验中 PGA=0.3g 天津波作用下达到液化临界条件的测点 W2 在第二组试验相同输入地震动工况下超孔隙水压力比未到达 1.0，且其余各测点超孔隙水压力比均较

无抗液化措施工况条件更低，表明该方法对降低饱和土体液化程度具有良好的效果。

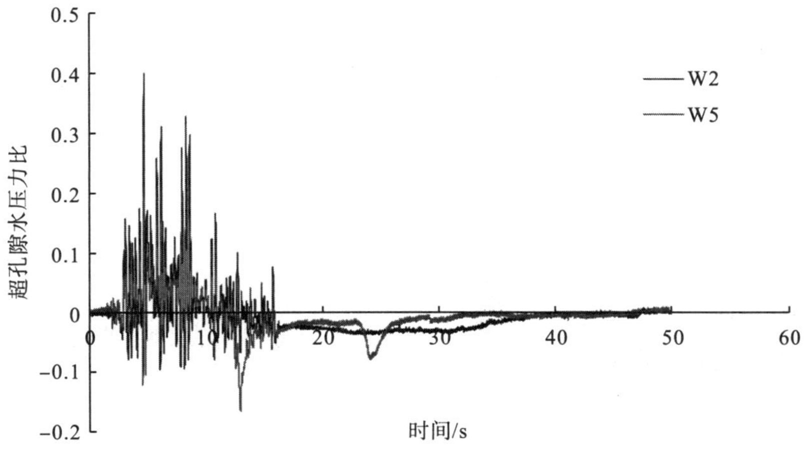

图 8-110　PGA=0.05g 天津波地震动作用下地基土测点的超孔隙水压力比时程曲线

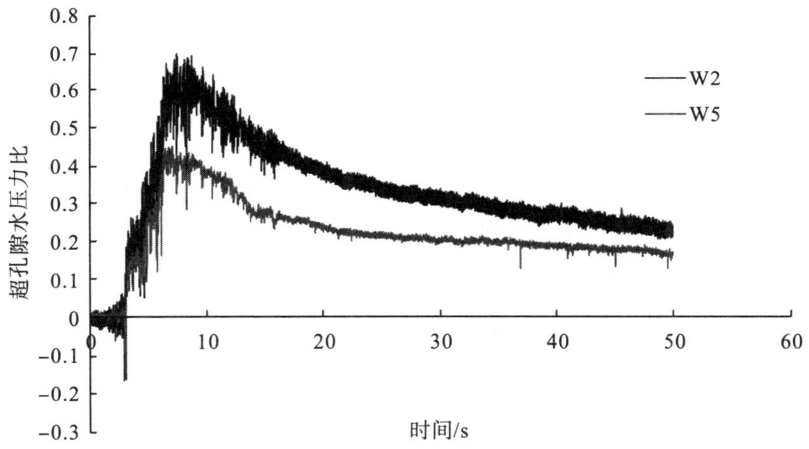

图 8-111　PGA=0.15g 天津波地震动作用下地基土测点的超孔隙水压力比时程曲线

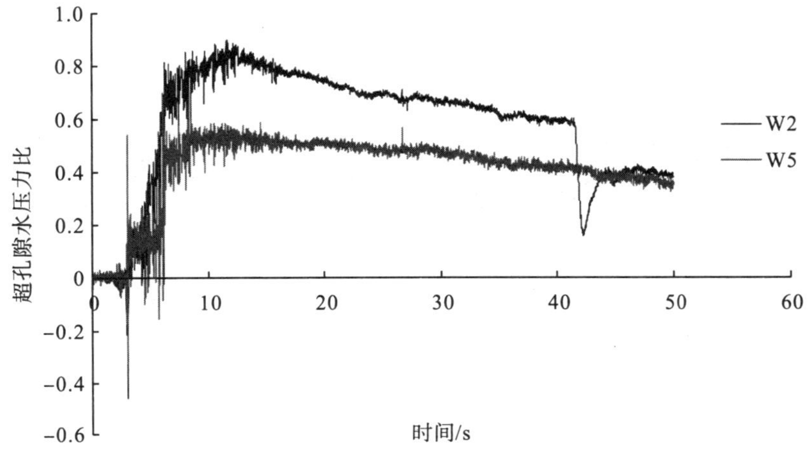

图 8-112　PGA=0.3g 天津波地震动作用下地基土测点的超孔隙水压力比时程曲线

3. 结构应变响应

图 8-113～图 8-121 所示为降饱和度法处理粉土地基后盾构隧道结构在不同地震动作用下拱顶、拱腰及仰拱内、外侧处的应变时程曲线。根据结果可以了解到在中、远场地震动 Taft 波作用下隧道结构的应变大于其他地震动，而应变大致分布规律第一组与试验中相似，表明直接注气法不会对衬砌结构受地震动作用下的应变规律产生明显影响。

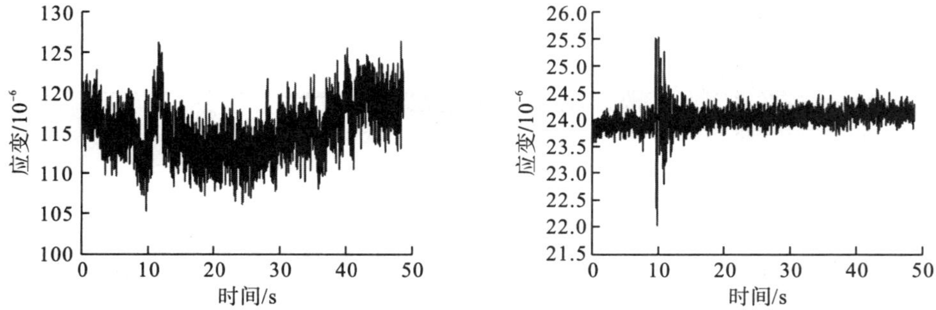

(a)隧道拱顶外侧　(b)隧道拱顶内侧

图 8-113　PGA=0.05*g* 天津波作用下主监测断面测点 S1 内、外侧应变时程曲线

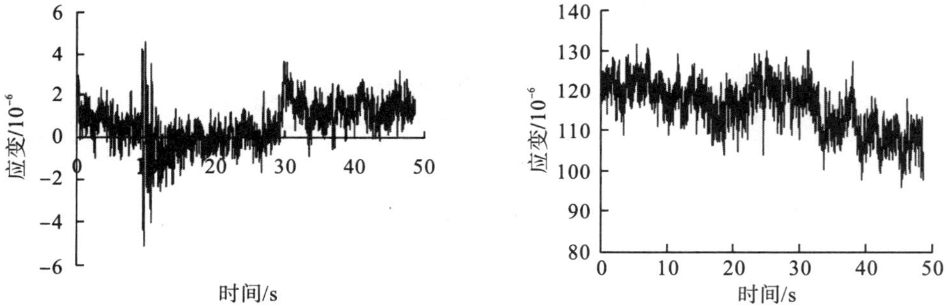

(a)隧道拱腰外侧　(b)隧道拱腰内侧

图 8-114　PGA=0.05*g* 天津波作用下主监测断面测点 S7 内、外侧应变时程曲线

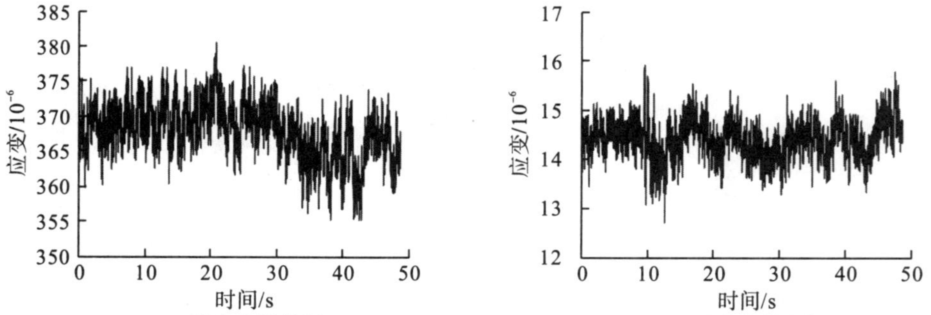

(a)隧道仰拱外侧　(a)隧道仰拱内侧

图 8-115　PGA=0.05*g* 天津波作用下主监测断面测点 S5 内、外侧应变时程曲线

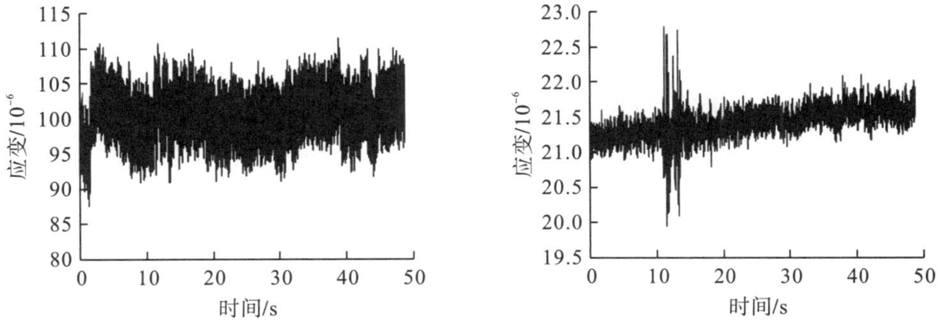

(a)隧道拱顶外侧　　　　(b)隧道拱顶内侧

图 8-116　PGA=0.05*g* Kobe 波作用下主监测断面测点 S1 内、外侧应变时程曲线

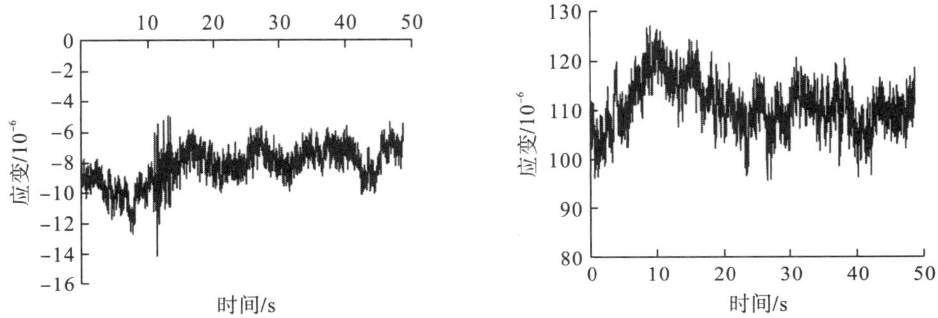

(a)隧道拱腰外侧　　　　(b)隧道拱腰内侧

图 8-117　PGA=0.05*g* Kobe 波作用下主监测断面测点 S7 内、外侧应变时程曲线

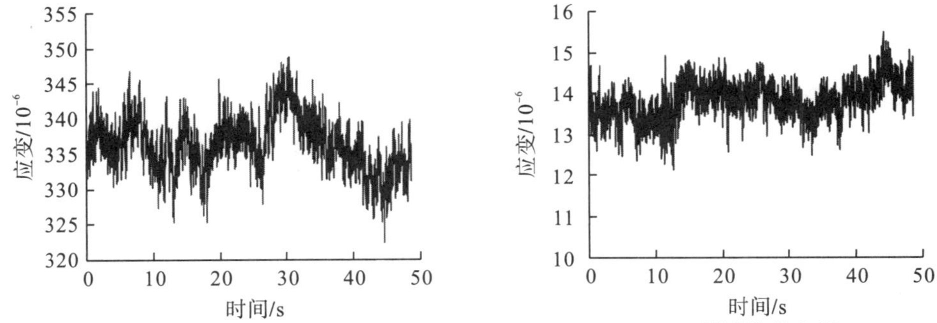

(a)隧道抑拱外侧　　　　(a)隧道抑拱内侧

图 8-118　PGA=0.05*g* Kobe 波作用下主监测断面测点 S5 内、外侧应变时程曲线

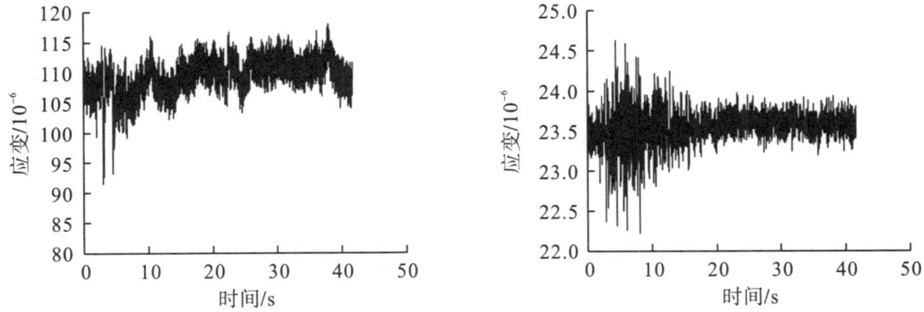

(a)隧道拱顶外侧　　　　(b)隧道拱顶内侧

图 8-119　PGA=0.05*g* Taft 波作用下主监测断面测点 S1 内、外侧应变时程曲线

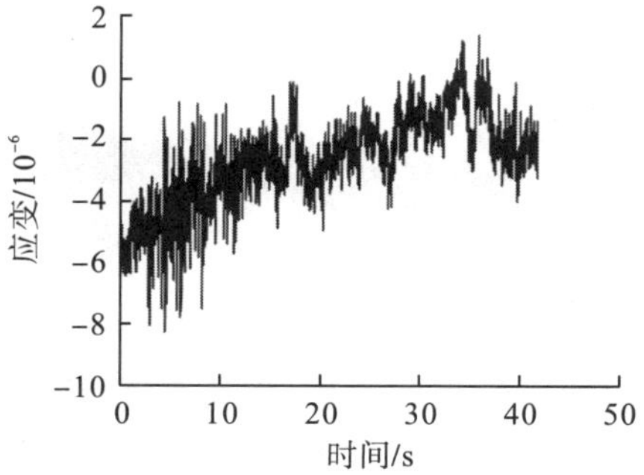

(a)隧道拱腰外侧

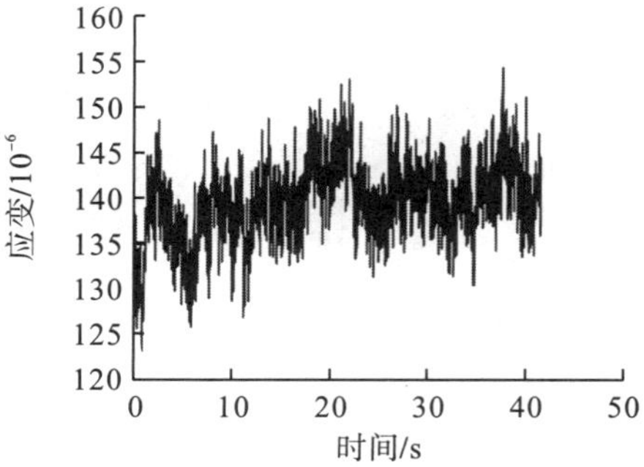

(b)隧道拱腰内侧

图 8-120　PGA=0.05g Taft 波作用下主监测断面测点 S7 内、外侧应变时程曲线

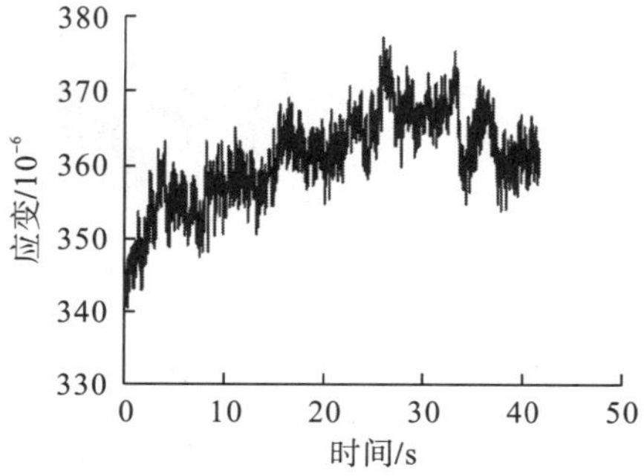

(a)隧道抑拱外侧

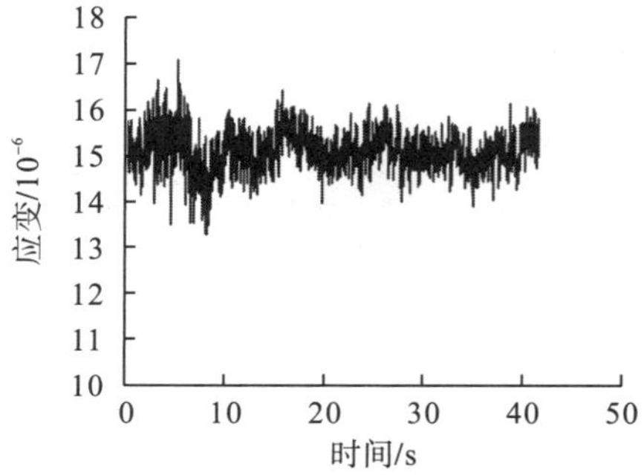

(b)隧道抑拱内侧

图 8-121　PGA=0.05g Taft 波作用下主监测断面测点 S5 内、外侧应变时程曲线

4. 地表震害现象

图8-122所示为第二组试验时模型箱内天津可液化粉土地基表面从每一组地震作用施加开始至结束的全过程影像。可以明显看出，相比第一组无抗液化措施的模型，本组试验模型仅在强震作用下表面部分区域出现泌水现象，而地表无大规模开裂、翻浆和涌水等现象，且对地表处的标志物及上覆结构物均未产生明显的倾覆及位移现象。

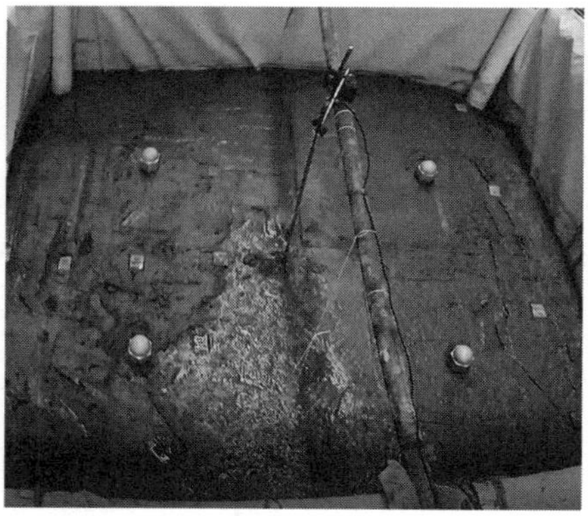
(a)地震动加载前现象

(b)PGA=0.05g Kobe波加载后现象

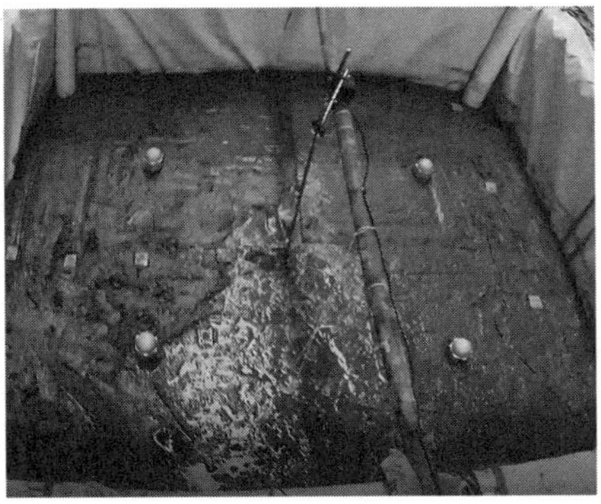

(c)PGA=0.05g Taft波加载后现象

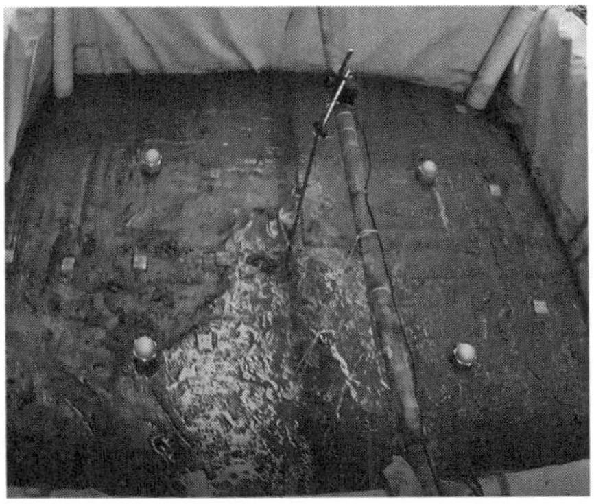

(d)PGA=0.05g 天津波加载后现象

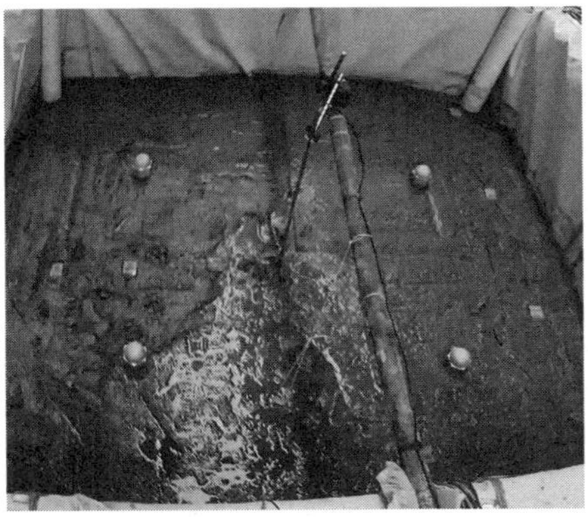

(e)PGA=0.15g 天津波加载后现象

(f)PGA=0.3g 天津波加载后现象

图 8-122　模型试验粉土地基表面液化现象

如图 8-123 可见，在 PGA=0.3g 天津波作用后，可观察到模型土表面也有部分区域出现泌水现象，但整体程度弱于无措施情况下的粉土地基，如图 8-124 所示。

(a)试验二模型土表面现象

(b)地表标志物

图 8-123　PGA=0.3g 天津波作用后模型地基土地表宏观震害现象

(a)模型箱边界沉降

(b)地表沉降

图 8-124　模型地基土地表沉降量测量

表 8-17 为试验二中粉土地基表面震陷和结构上浮量试验结果，较试验一中测点所记录位移量均有所减小。试验中，随着振动引起的超静孔隙水压力的消散，孔隙水排出，土体变密实，试样表面发生沉降。土样饱和度降低产生的超静孔隙水压力更小，所以土体沉降量也小。由于气泡的存在堵塞了部分排水路径，导致孔隙水不能及时排出，因此超静孔隙水压力消散速率降低，进而表现为饱和度越低的模型沉降速率越小，表明将降饱和度法应用于天津粉土地基减震、抗液化是有效的。

表 8-17　降饱和度法处理地基后不同地震动作用下地表震陷量和结构上浮量

试验工况	地表震陷量/mm		结构上浮量/mm	方向约定
	传感器 Z1	传感器 Z2		
KB-1	−0.17	−0.30	−0.01	向上为正
TF-1	−0.28	−0.19	0.06	
TJ-1	−0.19	−0.23	0.01	
TJ-2	−0.89	−0.47	0.57	
TJ-3	−2.07	0.98	2.31	

8.6　本 章 小 结

本章通过进行实验室大型振动台模型试验对天津粉土地层盾构隧道动力响应进行分析，结果如下。

(1) 模型地基土对频谱特性不同的近、中、远场地震动的加速度放大效应存在较为明显的差异；近场地震动 Kobe 波作用时模型地基不同埋深处的地震动放大效应均明显较小，而同为中、远场地震动的天津波和 Taft 波作用下所表现出来的地基土不同埋深处的加速度放大效应系数较为相近且均大于 Kobe 波，即频谱特性相近、低频成分比较发育的中、远场地震动天津波和 Taft 波作用时天津饱和粉土地基的地震动放大效应相近，且比近场地震动 Kobe 波作用时模型地基的地震动放大效应更为显著，反映出盾构隧道周边可液化粉土地基对地震反应的影响与输入地震动的频谱特性有关。在频谱成分丰富，特别是低频成分发育的中远场地震波作用下，天津粉土地基中的地下结构更易引起更大的加速度动力响应，对地下工程结构的抗震抗、液化性能提出了更高的要求。

(2) 当输入地震动满足 8 度烈度条件时，浅层天津粉土地基已经产生液化现象，由表层土在震动中的滞回耗能导致地震波能量的部分耗散，土骨架刚度减弱，表现出加速度放大系数在近地表处降低的现象。所以在 8 度烈度条件下强震作用时，天津饱和粉土地基会较中小震作用时遭受到更为严重的液化震害威胁，必须对地铁盾构及其周围可液化地基土采取适当的处置措施。

(3) 地下结构对天津粉土饱和地基地震反应的影响具有显著的空间效应。在地震强度较小时，隧道结构的自振对其地震动力响应影响较大；而随着输入地震动强度的增大，隧道结构的自振对隧道动力特性的影响较小，体现出地下结构自振对其振动响应作用很小的动力特性。

(4) 在宽频带范围内，浅层粉土地基明显具有低频滤波效应。PGA=0.05g 天津波地震动作用下，频带内产生多个峰值，加速度主频位置分别为 2.2Hz、4.6Hz 和 7.0Hz；而 PGA=0.05g Kobe 波地震动作用下，加速度主频位置约为 2.9Hz；PGA=0.05g Taft 波地震动作用下存在 2.7～9.3Hz 的集中频带。而强震条件 PGA=0.3g 天津波地震动作用下，会发生非常显著的中、高频带滤波现象，同时加速度频谱在 2.2Hz 位置出现了集中与放大现象。强震作用下，土体内积聚孔隙水压力上升，土体刚度衰减现象显著，土体内加速度频谱会产生单一频率的集中与放大现象。

(5) 试验结果表明，在 8 度烈度的地震动作用下，天津粉土地基容易发生液化的区域位于盾构隧道结构上方两侧的浅层土体内，同时在盾构结构正下方也有一小部分区域出现了超孔隙水压力比高于周边土体的现象，也可能导致液化，这与数值模拟的结果相吻合。而深部其他区域土体因粉土地基渗透性差、密实度较高不利于孔隙水压力的发展，所以出现液化的可能性较低，建议对隧道上部浅层土体和结构仰拱下方土体采取针对性抗液化措施。

(6) 盾构隧道衬砌结构内、外侧应变时程均展现出较好的对称现象，并且随着地震动的输入响应显著。天津粉土地基中盾构隧道在 8 度烈度地震动作用下衬砌结构不易受到严重破坏，在小震时衬砌均处在弹性变形范围内，强震时少数部位由于周围土体的塑性流动变形导致产生较大的残余应变，但在地基土的震后重塑中累积应变会逐渐减小，不易产生永久的残余应变，即天津粉土地基中地下结构具有较好的抗震性能，不易因外加激励而破坏。所以对于地基-结构体系的减震、抗液化方案应着重针对结构周围粉土地基采取相应的整治措施。

(7) 在采用了直接注气法的抗液化措施条件下，模型地基土中测点的加速度响应和超孔隙水压力均有较好改善，试验结果表明该方法对天津粉土地基及地下盾构隧道结构体系的减震抗液化能力实现了有效提升。该方法对盾构结构加速度、应变等动力响应影响很小，可避免对原有地下结构的抗震设计产生额外干扰。

参 考 文 献

边学成，陈云敏．2007. 列车移动荷载作用下分层地基响应特性[J]. 岩石力学与工程学报，(1)：182-189.

曹宇春，王天龙. 1998. 上海粉土液化特性及孔隙水压力模型的试验研究[J]. 上海地质，(3)：60-64.

曹振中，侯龙清，袁晓铭，等. 2010a. 汶川 8.0 级地震液化震害及特征[J]. 岩土力学，31(11)：3549-3555.

曹振中，徐学燕，Youd T Leslie，等. 2011. 汶川 8.0 级地震板桥学校液化震害剖析[J]. 岩土工程学报，33(S1)：331-336.

曹振中，袁晓铭，王维铭，等. 2010b. 汶川地震砂砾土液化分布及土性特征初步研究[J]. 土木工程学报，43(S2)：312-319.

曹振中，袁晓铭. 2010. 砂砾土液化的剪切波速判别方法[J]. 岩石力学与工程学报，29(5)：943-951.

曹振中. 2010. 汶川地震液化特征及砂砾土液化预测方法研究[D]. 哈尔滨：中国地震局工程力学研究所.

曾长女. 2006. 细粒含量对粉土液化及液化后影响的试验研究[D]. 南京：河海大学博士.

曾长女等. 2005. 饱和粉土孔隙水压力性状试验研究[J]. 岩土力学，（12)：1963-1966.

陈存礼，马少雄，李雷雷，等. 2014. 饱和黄河岸滩粉土循环荷载后的变形强度特性[J]. 水利学报，45(7)：801-808.

陈国兴，刘雪珠. 2004. 南京粉质黏土与粉砂互层土及粉细砂的振动孔隙水压力发展规律研究[J]. 岩土工程学报，26(1)：79-82.

陈国兴，金丹丹，常向东，等. 2013. 最近 20 年地震中场地液化现象的回顾与土体液化可能性的评价准则[J]. 岩土力学，34(10)：2737-2755.

陈国兴，王志华，左熹，等. 2010. 振动台试验叠层剪切型土箱的研制[J]. 岩土工程学报，32(1)：89-97.

陈国兴，谢君斐，张克绪. 1996a. 砂性土液化势的评估方法[J]. 地震学刊，(3)：13-24.

陈国兴，张克绪，谢君斐. 1996b. 以剪切波速为指标的液化判别方法及其适用性[J]. 哈尔滨建筑大学学报，(1)：97-103.

陈国兴，左熹，庄海洋，等. 2008. 地铁车站结构大型振动台试验与数值模拟的比较研究[J]. 地震工程与工程振动，(1)：157-164.

陈国兴. 1995. 对我国六种抗震设计规范中液化判别规定的综述和建议[J]. 南京建筑工程学院学报，(2)：54-61.

陈果，翟婉明. 1999. 铁路轨道不平顺随机过程的数值模拟[J].西南交通大学学报，34(2)：138-141.

陈龙伟，陈玉祥，袁晓铭. 2019. 基于强震数据的场地反应项分析及地震动参数预测[J]. 土木工程学报，52(2)：97-105.

陈龙伟，袁晓铭，孙锐. 2013. 2011 年新西兰 M_w6. 3 地震液化及岩土震害述评[J]. 世界地震工程，29(3)：1-9.

陈韧韧. 2018. 可液化地层中地下结构地震响应的基本规律与分析方法[D]. 北京：清华大学.

陈松洁. 2010. 软弱地层中水下高速铁路盾构隧道列车振动响应分析[D]. 长沙：中南大学.

陈同之. 2014. 2011 年新西兰地震液化特征及现有液化判别方法检验[D]. 哈尔滨：中国地震局工程力学研究所.

陈文化，门福录，景立平，等. 1998. 有建筑物存在的饱和砂土地基液化振动台模拟实验研究[J]. 地震工程与工程振动，(4)：54-60.

陈育民，高星，刘汉龙. 2013. 砂土液化流动变形的简化方法[J]. 岩土力学，34(6)：1567-1573.

陈育民，刘汉龙，赵楠. 2010. 抗液化刚性排水桩振动台试验的数值模拟研究[J]. 土木工程学报，43(12)：114-119.

陈育民. 2013. FLAC/FLAC3D 软件基础与工程实例[M]. 北京：中国水利水电出版社.

陈跃庆，吕西林，侯建国，等. 2003. 有建筑物存在的软土地基液化模拟地震振动台试验研究[J]. 武汉大学学报(工学版)，(1)：59-63.

陈跃庆，吕西林. 2001. 几次大地震中地基基础震害的启示[J]. 工程抗震，(2)：8-15.

成冬. 2013. 地下结构抗震研究及探讨[J]. 建材与装饰，(10)：21-23.

程前. 2017. 离心机振动台与大型振动台自由场砂土液化试验研究[D]. 哈尔滨：中国地震局工程力学研究所.
戴林发宝，王广地，高波. 2012. 高速列车振动下隧道周边砂土液化研究[J]. 地下空间与工程学报，8(2)：434-438.
方志，陈育民，何森凯，等. 2017. 减饱和松砂静态液化的水-气两相流耦合分析[J]. 岩土力学，38(11)：3378-3384.
冯士伦，王建华，郭金童. 2005. 液化土层中桩基抗震性能振动台试验研究[J]. 土木工程学报，(7)：92-95.
高广运，李宁，何俊锋，等. 2011. 列车移动荷载作用下饱和地基的地面振动特性分析[J]. 振动与冲击，30(06)：86-92.
高广运，张晓哲，水伟厚. 2003. 地基土地震液化数学分析的新思路[J]. 上海地质，(4)：25-29.
葛国宝. 2013. 考虑施工影响下地铁运营引起的地基土动特性及沉降研究[D]. 杭州：浙江大学.
宫全美，周顺华，方炽华. 2000a. 南京地铁地基地震液化规范判别的差异分析[J]. 岩土力学，(2)：141-144.
宫全美，周顺华，王炳龙，等. 2000b. 粉细砂层盾构隧道地基的地震液化判别[J]. 铁道学报，(S1)：47-52.
宫全美，周顺华，王炳龙. 2004. 地铁隧道地基土孔隙水压力变化及液化性研究[J]. 岩土工程学报，26(2)：290-292.
宫全美，周顺华，张婉琴，等. 2000c. 盾构隧道易液化地基的抗液化措施研究[J]. 上海铁道大学学报，10：110-114.
郭芳洁. 2016. 郑州地区饱和粉土动力特性试验研究[D]. 郑州：华北水利水电大学.
何丽梅. 2010. 饱和粉土液化特性试验研究[D]. 成都：西南交通大学.
何学会. 1997. 宁波金鸡山地区地震活动性及震害研究[J]. 中国地质灾害与防治学报，(2)：49-55.
何越磊，李再帏，盛春玲，陈鑫. 2014. 不同地铁线路条件下轨道谱的特性分析[J].铁道工程学报，191(8)：99-104.
洪海春，尤捷，陶小三，等. 2015. 2014 年云南鲁甸地震和景谷地震的震害对比研究[J]. 地震工程学报，37(4)：1013-1022.
黄博，陈云敏，殷建华，等. 2000. 控制试样初始剪切模量的动三轴液化试验[J]. 岩土工程学报. (6)：682-685.
黄春霞，张鸿儒，隋志龙，等. 2006. 饱和砂土地基液化特性振动台试验研究[J]. 岩土工程学报，12：2098-2103.
黄雨，金晨，庄之敬. 2009. 基于地震变形控制的隧道地基注浆抗液化加固效果评价[J]. 岩石力学与工程学报，28(7)：1484-1490.
黄占芳，白晓红. 2013. 可液化砂土中群桩基础地震响应的振动台试验研究[J]. 振动与冲击，18：153-158.
黄占芳，王显耀，吴植安，等. 2012. 液化砂土中单桩地震响应振动台试验研究[J]. 振动与冲击，20：189-192.
黄志全，郭芳洁，贾景超，等. 2016. 郑州饱和粉土动剪切模量的试验研究[J]. 华北水利水电大学学报(自然科学版)，37(1)：64-68.
季倩倩. 2003. 砂土地震液化的模糊优化判别[J]. 岩土工程技术， 156-164.
蒋关鲁， 赵如意， 刘先锋. 2007. 京沪高速铁路饱和粉土地基碎石桩加固前后液化特性研究[J]. 防灾减灾工程学报.
蒋清国. 2015. 液化地层下地铁工程抗地震液化措施研究[J]. 震灾防御技术，(1)：95-107.
景立平， 姚运生， 郑志华. 2007. 饱和粉土液化特性的大型振动台模型试验研究[J]. 地震工程与工程振动， (6)：160-165.
景立平，崔杰，李立云，等. 2004a. 粉土液化的小型振动台试验研究[J]. 地震工程与工程振动，(3)：145-151.
景立平，崔杰，李立云，等. 2004b. 徐州市棠张镇饱和粉土液化性能试验研究[J]. 地震工程与工程振动，24(6)：160-164.
景立平，罗强，崔杰. 2006. 饱和粉土液化和应变特性试验研究[J]. 地震工程与工程振动，(5)：252-257.
景立平，姚运生，郑志华. 2007. 饱和粉土液化特性的大型振动台模型试验研究[J]. 地震工程与工程振动，(6)：160-165.
李晶，陈育民，方志，等. 2019. 减饱和砂土缓倾场地的液化性状分析[J]. 岩土力学，40(11)：4352-4360.
李空军，杨勇新，林建华，等. 2006. 饱和砂土液化机理分析及其抗液化措施[J]. 基建优化，(3)：83-85.
李兰，王兰民，石玉成. 2007. 粘粒含量对甘肃黄土抗液化性能的影响[J]. 世界地震工程，(4)：102-106.
李培振，崔圣龙，吕西林，等. 2010. 液化地基自由场振动台试验的土性参数识别[J]. 同济大学学报(自然科学版)，38(6)：791-797.
李培振，任红梅，吕西林，等. 2008. 液化地基自由场振动台模型试验研究[J]. 地震工程与工程振动，(2)：171-178.

李晓英. 2009. 高速铁路动荷载作用下隧底结构动力特性的试验研究[D]. 长沙：中南大学.

李勇军，王英红. 2006. 地震作用下土的液化机理及其表现形式[J]. 辽宁工学院学报，(6)：383-385.

李雨润，陈华斌，强东峰，等. 2019. 地震作用下不同厚度饱和砂土中直群桩结构动力响应试验研究[J]. 地震工程学报，(4)：834-839.

李兆焱，袁晓铭. 2016. 2016年台湾高雄地震场地效应及砂土液化破坏概述[J]. 地震工程与工程振动，36(3)：1-7.

连峰，龚晓南，付飞营，等. 2007. 黄河下游冲积粉土地震液化机理及其判别[J]. 浙江大学学报(工学版)，(9)：1492-1498.

林皋. 1990a. 地下结构抗震分析综述(上)[J]. 世界地震工程，(2)：1-10.

林皋. 1990b. 地下结构抗震分析综述(下)[J]. 世界地震工程，(3)：1-10.

林乃山. 2010. 宁波地区层③砂土(粉土)渗透系数的求取[J]. 建筑结构，40(S1)：303-306.

凌贤长，郭明珠，王东升，等. 2006. 液化场地桩基桥梁震害响应大型振动台模型试验研究[J]. 岩土力学，(1)：7-10.

刘晨. 2012. 饱和砂土液化特性试验研究及地铁车站地基液化效应分析[D]. 北京：北京工业大学.

刘光磊，宋二祥，刘华北，等. 2008. 饱和砂土地层中隧道结构动力离心模型试验[J]. 岩土力学，(8)：2070-2076.

刘光磊，宋二祥，刘华北. 2007. 可液化地层中地铁隧道地震响应数值模拟及其试验验证[J]. 岩土工程学报，(12)：1815-1822.

刘汉龙，曾长女，周云东. 2007. 饱和粉土液化后变形特性试验研究[J]. 岩土力学，(9)：1866-1870.

刘汉龙，周云东，高玉峰. 2002. 砂土地震液化后大变形特性试验研究[J]. 岩土工程学报，24(2)：142-146.

刘红军，王小花，贾永刚，等. 2005. 黄河三角洲饱和粉土液化特性及孔隙水压力模型试验研究[J]. 岩土力学，26(S2)：83-87.

刘红军，薛新华. 2004. 砂土地震液化预测的人工神经网络模型[J].岩土力学， 25(12)：1943-1950

刘华北，宋二祥. 2005. 埋深对地下结构地震液化响应的影响[J]. 清华大学学报(自然科学版)，(3)：301-305.

刘奇. 2016. 强震下砂土液化对连续梁桥地震响应的影响[D]. 重庆：重庆交通大学.

刘茜，郑西来，刘红军，等. 2007. 黄河三角洲粉土液化的试验研究[J]. 世界地震工程，(2)：161-166.

刘卫丰， 刘维宁， 聂志理， 吴宗臻， 李克飞. 2013. 地铁列车运行引起的振动对精密仪器影响的预测研究[J]. 振动与冲击，32(08)：18-23.

刘闻欣，王德咏，敖谦，等. 2010. 坝基粉土液化的影响因素及防治对策[J]. 水电能源科学，28(11)：81-83.

刘洋. 2008. 区间隧道穿越可液化土层的地震响应分析[D]. 杭州：浙江大学.

刘智勇. 2008. 海底水工隧道的抗震安全性研究[D]. 上海：同济大学.

龙慧，陈国兴，庄海洋. 2013. 可液化地基上地铁车站结构地震反应特征有效应力分析[J]. 岩土力学，34(6)：1731-1737.

卢芳琴，孙红，石玉成. 2015. 砂土液化引起大位移对地下管道影响的非线性分析[J]. 地震工程学报，37(2)：362-366.

罗强. 2005. 饱和粉土动力特性试验研究[D]. 哈尔滨：中国地震局工程力学研究所.

罗嗣海，黄松华，胡火旺. 2000. 部分排水剪切时土的抗剪强度[J]. 四川建筑科学研究，(6)：682-685.

吕筱. 2016. 细粒含量对粉土动力特性及微观结构影响的试验研究[D]. 杭州：浙江工业大学.

麻强. 2013. 微生物注浆加固砂土地基的抗液化能力研究[D]. 北京：清华大学.

马纯阳. 2018. 砂土地层地铁地下结构震动液化反应分析与模型试验研究[D]. 西安：西安理工大学.

孟上九，刘汉龙，袁晓铭，等. 2005. 可液化地基上建筑物不均匀震陷机制的振动台试验研究[J]. 岩石力学与工程学报，11：1978-1985.

莫海鸿， 邓飞皇， 王军辉. 2006. 运营期地铁盾构隧道动力响应分析[J]. 岩石力学与工程学报， 25(2)：3508— 3512.

聂如松，董俊利，梅慧浩，等. 2020. 考虑时间间歇效应的粉土动力特性研究[J]. 西南交通大学学报，01：1-10.

牛琪瑛，张素姣. 2002. 地基土液化机理的研究[J]. 太原理工大学学报，(3)：246-248.

青木一郎. 1994. 铁道交通 による振动 とその周边居民 に 对 する影响[J] .东京：东京都环境科学研究所年报， (18)：24-30

饶岳成. 2014. 地铁行车荷载下粉土动力特性研究[D]， 淮南：安徽理工大学研究生论文.
申玉生，朱双燕，资晓鱼，等. 2019. 穿越上软下硬地层公路隧道竖井结构抗震性能分析[J]. 北京交通大学学报，43(3)：98-104.
沈华骏. 2008. 杭州地铁二号线过江隧道工程及水文地质条件研究[D]. 杭州：浙江大学.
石兆吉. 1984. 预测轻亚黏土液化势的剪切波速法[C]. 中国地震学会第二届代表大会暨学术年会，北京.
水利祎. 2016. 可液化地层中城市地铁隧道结构与地层土的抗震力学性能分析[D]. 深圳：深圳大学.
田国英，高建敏，赵春发. 2016. 铁路轨道不平顺谱研究进展[J]. 铁道工程学报，216(9)：35-40.
田瑞忠. 2019. 盾构穿越粉砂、粉土液化地层施工技术[J]. 铁道建筑技术，(8)：85-88.
汪闻韶，郭锡荣. 1983. 剪切波波速在判定砂土液化中的应用[M]. 北京：水利水电科学研究院抗震防护研究所.
汪闻韶. 1962. 和砂土振动孔隙水压力试验研究[J]. 水利学报，(2)：37-47.
汪闻韶. 1981. 土的液化机理[J]. 水利学报，(5)：22-34.
王丹微. 2008. 上海世博会会址区地基土工程地质可利用性评价与研究[D]. 长春：吉林大学.
王刚，张建民，魏星. 2011. 可液化土层中地下车站的地震反应分析[J]. 岩土工程学报，33(10)：1623-1627.
王刚. 2005. 砂土液化后大变形的物理机制与本构模型研究[D]. 北京：清华大学.
王明飞. 2009. 地铁列车振动引起饱和粉土地基动力响应及液化[D]. 北京：北京交通大学.
王松平，陈勇华. 2010. 杭州地铁 1 号线地质条件及主要岩土工程问题[J]. 浙江建筑，27(02)：12-15.
王维铭，等. 2010. 国内外地震液化场地特征对比研究[J]. 岩土力学，31(12)：3913-3918.
王文章，廖晨聪，周香莲，等. 2019. 可液化土层中地下结构上浮及其控制措施[J]. 地震工程与工程振动，(3)：159-167.
王小花. 2005. 黄河三角洲饱和地基土地震液化判别综合方法研究[D]. 青岛：中国海洋大学.
吴祥松，朱合华，袁海平. 2006. 列车激震荷载下地铁双圆隧道的动力响应研究[J]. 岩土力学，27(S2)：1059-1062+1068.
吴祥松，朱合华，袁海平. 2007. 列车激震荷载下地铁双圆隧道的动力响应研究[C]. 2007 年地面和地下工程中岩石和岩土力学热点问题研讨会：武汉. 第 1059-1062，1068 页.
谢定义，张建民. 1987. 往返荷载下饱和砂土强度变形瞬态变化的机理[J]. 土木工程学报，(3)：57-70.
谢定义. 1992. 饱和砂土体液化的若干问题[J]. 岩土工程学报，14(3)：90-98.
谢琦峰，刘干斌，范思婷，等. 2017. 循环荷载下饱和重塑黏质粉土的动力特性研究[J]. 水文地质工程地质，44(01)：78-83.
徐干成，谢定义. 1995. 一个新的内时参量动孔压模型及其适用性研究[J]. 水利学报，12：39-38.
徐志英，沈珠江. 1981. 土坝地震孔隙水压力产生、扩散和消散的有限单元法动力分析[J]. 华东水利学院学报，(04)：1-16
徐志英. 1993. 土-地下结构动力相互作用分析的有效应力法[J]. 水利学报，10：59-63.
严栋，蒋关鲁，刘先峰，等. 2008. 京沪高速铁路饱和粉土液化特性试验研究[J]. 岩土力学，29(12)：3337-3341.
杨兵明，刘保国. 2016. 地铁列车循环荷载下软土地区盾构隧道长期沉降分析[J]. 中国铁道科学，37(03)：61-67.
杨文波，徐朝阳，陈子全，等. 2017. 列车振动荷载作用下管片接缝对盾构隧道衬砌结构与周围软土地层动力响应影响研究[J]. 岩石力学与工程学报，36(8)：1977-1988.
杨秀竹，王星华，雷金山. 2001. 地震时饱和砂土液化机理及统计判别法[J]. 长沙铁道学院学报，(1)：34-37.
殷宗泽，钱家欢. 1996. 土工原理与计算[M]. 北京：中国水利水电出版社.
袁晓铭，曹振中. 2011. 汶川大地震液化的特点及带来的新问题[J]. 世界地震工程，27(1)：1-8.
张成平，张顶立，叶英，等. 2009. 高压富水岩溶隧道注浆机理及作用效果分析[J]. 地下空间与工程学报，5(5)：996-1002.
张峰，陈国兴，吴琪，等. 2019. 波浪荷载下饱和粉土不排水动力特性试验研究[J]. 岩土力学，40(7)：2695-2702.
张焕强，向晓辉. 2017. 高地震烈度区粉土地基抗液化及隧道抗震研究[J]. 地下空间与工程学报，(S1)：332-338.
张继红，顾国荣. 2005. 双桥静力触探法判别上海薄夹层粘土地基液化研究[J]. 岩土力学，(10)：131-135.

张建民，时松孝次，田屋裕司. 1999. 饱和砂土液化后的剪切吸水效应[J]. 岩土工程学报，21(4)：398-402.

张建民，王富强. 2010. 饱和剪胀性砂土液化后流滑现象与机理[J]. 岩土力学，31(9)：2711-2715.

张建民. 2012. 砂土动力学若干基本理论探究[J]. 岩土工程学报，34(1)：1-50.

张建文. 2005. 饱和粉土地基液化特性的振动台试验研究[D]. 成都：西南交通大学.

张明. 2010. 碎石桩复合地基抗液化性能的数值模拟[D]. 太原：太原理工大学.

张鑫磊，王志华，许振巍，等. 2016. 液化砂土流动效应的振动台试验研究[J]. 岩土力学，(8)：2347-2352.

赵慧. 2006. 循环荷载作用下粉土的破坏标准和动力特性的试验研究[D]. 南京：河海大学.

郑刚，杨鹏博，周海祚，等. 2019. 可液化地层中矩形隧道的上浮响应分析[J]. 土木工程学报，52(S1)：257-264.

郑棋. 2014. 细粒含量对粉土动力特性影响的试验研究[D]. 杭州：浙江工业大学.

郑刁羽，郑刁羿. 2015. 液化地层对天津地铁区间结构抗震性能的影响分析及防治措施[J].天津建设科技，25(02)：54-57.

中华人民共和国国家标准编写组. 2008. 2008. GB 50021—岩土工程勘察规范[S]. 北京：中国建筑工业出版社.

周健，孔戈，张刚，等. 2006. 基于耦合场分割算法的 ANSYS 二次开发及其应用[J]. 地震工程与工程振动，(2)：73-79.

周云东，刘汉龙，丁晓峰. 2003. 饱和砂土液化后再固结体变特性研究[J]. 河海大学学报(自然科学版)，(4)：403-406.

周正龙，陈国兴，黄春霞，等. 2015. 基于累积耗损能量的饱和粉土液化特性试验研究[J]. 地震工程学报，37(1)：1-5.

周正龙，陈国兴，吴琪. 2017. 初始剪应力对饱和粉土液化大变形特性的影响[J]. 岩土力学，38(5)：1314-1320.

朱士德，邵虚生. 1992. 上海浅层粉砂和粉性土液化的探讨[J]. 华东师范大学学报(自然科学版)，(03)：66-76.

朱永生. 2006. 浅埋隧道地震动力响应数值分析及研究[D]. 成都：西南交通大学.

庄海洋，龙慧，陈国兴，等. 2012. 可液化地基中地铁车站周围场地地震反应分析[J]. 岩土工程学报，34(1)：81-88.

庄之敬. 2008. 可液化土的地震液化试验及数值模拟研究[D]. 上海：同济大学.

邹德高，孔宪京，Ling H I. 2002b. 地震时饱和砂土地基中管线上浮机理及抗震措施试验研究[J]. 岩土工程学报，(3)：323-326.

邹德高，孔宪京. 2002a. 对“地震时饱和砂土地基中管线上浮机理及抗震措施试验研究”讨论答复[J]. 岩土工程学报，(6)：799-800.

邹炎，景立平，崔杰，等. 2015. 基于可液化场地地震反应数值模拟的影响因素分析[J]. 防灾减灾工程学报，35(2)：242-248.

邹佑学，王睿，张建民. 2019a. 可液化场地碎石桩复合地基地震动力响应分析[J]. 岩土力学，40(6)：2443-2455.

邹佑学，王睿，张建民. 2019b. 碎石桩加固可液化场地数值模拟与分析[J]. 工程力学，36(10)：152-163.

左熹，陈国兴，王志华，等. 2010. 软弱场地上地铁车站结构近远场地震反应特性振动台试验[J]. 土木工程学报，43(S2)：299-305.

Azadi M H S. 2010. Analyses of the effect of seismic behavior of shallow tunnels in liquefiable grounds[J]. Tunnelling and Underground Space Technology，(25)：543-552.

Casagrande A. 1936. Characteristics of cohesionless soils affecting the stability of slopes and earth fills[J].J.of the Boston Society of Civil Engineers，23(1)：257-276.

Castro G. 1975. Liquefaction and cyclic mobility of saturated sands[J]. J.of Geotech.Engrg，101(6)：551-569.

Cubrinovski M，Bradley B，Wotherspoon L，et al. 2011. Geotechnical aspects of the 22 February 2011 Christchurch earthquake[J]. Bulletin of the New Zealand Society for Earthquake Engineering，44(4)：205-226.

Dawn T M. 1979. Ground vibration from passing trains[J]. J.Sound &Vibration，66(3)：355-362 .

De-yun D S G W. 2010. Prediction of vibrations induced by trains on line 8 of Beijing metro[J]. 浙江大学学报：A 卷英文版，11(4)：280-293.

Eseller-Bayat E. 2009. Seismic response and prevention of liquefaction failure of sands partially saturated through introduction of gas bubbles [D]. Boston，Northwest University.

Eseller-Bayat E，Yegian M K，Alshawabkeh A，et al. 2013. Liquefaction Response of Partially Saturated Sands. I：Experimental Results[M]. 1801 ALEXANDER BELL DR，RESTON，VA 20191-4400 USA.

Fiegel G L，Kutter B L. 1994. Liquefaction mechanism for layered soils[J]. Journal of Geotechnical Engineering，120(4)：737-755.

Finn W D L，Lee K W，Martin，G. R. 1977. An effective stress model for liquefaction[J]. Proc. ASCE，GT6.

Fredlund，DG Rahardjo. 1993. Soil mechanics for unsaturated soils[M]. John Wiley&Sons.

Fujikake T A. 1986. A prediction method for the propagation of ground vibration from railway trains[J]. J. Sound & Vibration，111(2)：289-297.

Hamada M，Yashida S，Isoyama R，et al. 1986. Observation of permanent displacements included by soil liquefaction[J]. Proc JSCE，6(3)：211-220.

Hatanaka M，Masuda T. 2008. Experiment study on the relationship between degree of saturation and P-wave[J]. Geotechnical Engineering for Disaster Mitigation and Rehabilitation，346-351.

Ishihara K，Tsuchiya H，Huang Y，et al. 2001.Keynote lecture：recent studies on liquefaction resistance of sand-effect of Saturation[C]. International Conference on Recent Advances in Geotechnical Earthquake Engineering & Soil Dynamics.

Jenkins H H，et al. 1974. The effect of track and vehicle parameters on wheel/rail vertical dynamic forces[J]. Railway Engineering Journal，3(1)：2-16.

Khoshnoudian F S I. 2002. Numerical analysis of the seismic behavior of tunnels constructed in liquefiable soils[J]. Soils and Foundations，42(6)：1-8.

Kuribayashi E，Tatsuoka，F. 1975. Brief review of liquefaction during earthquakes in Japan[J]. Soils and Foundations，15(4)，81-92.

Kurzweil L. 1979. Ground-Borne noise and vibration from underground system[J]. Journal of Sound and Vibration，66(3)：363-370，450-452.

Ling H I，Mohri，Yoshiyuki K，et al. 2003. Centrifugal modeling of seismic behavior of large-diameter pipe in liquefiable soil[J]. Journal of Geotechnical & Geoenvironmental Engineering，12(129)：1092.

Lysmer J，Kuhlemeyer R L. 1969. Finite Dynamic Model for Infinite Media[J]. Journal of Engineering Mechanics Division，95，859-878.

Malvick E J，Kutter B L，Boulanger R W. 2008. Postshaking shear strain localization in a centrifuge model of a saturated sand slope[J]. Journal of Geotechnical & Geoenvironmental Engineering，134(2)：164-174.

Malvick E，Kutter B，Boulanger R，et al. 2006. Shear localization due to liquefaction-induced void redistribution in a layered infinite slope[J]. Journal of Geotechnical and Geoenvironmental Engineering，132(10)：1293-1303.

Martin G R，Finn W D L，Seed H B. 1975. Fundamentals of liquefaction under cyclic loading[J]. J.Geotech.Engrg.Div，101(5)：423-438.

Okamura M，Ishihara M，Tamura K. 2006. Degree of Saturation and Liquefaction Resistances of Sand Improved with Sand Compaction Pile[J]. Journal of Geotechnical & Geoenvironmental Engineering，132(2)：258-264.

Okamura M，Takebayashi M，Nishida K，et al. 2011. In-Situ Desaturation Test by Air Injection and Its Evaluation through Field Monitoring and Multiphase Flow Simulation[J]. Journal of Geotechnical and Geoenvironmental Engineering，137(7)：643-652.

Okamura M，Tetraoka T. 2006. Shaking Table Tests to Investigate Soil Desaturation as a Liquefaction Countermeasure [J]. Seismic performance and simulation of pile foundations，282-293.

Polito C P, Ii J R M. 2003. A reconciliation of the effects of non-plastic fines on the liquefaction resistance of sands reported in the literature[J]. Earthquake Spectra: The Professional Journal of the Earthquake Engineering Research Institute, 19(3): 635-651.

Polito M. 2003. Effects of non-plastic fines on the liquefaction resistance of sands[J]. Journal of Geotechnical & Geo Environmental Engineering, 19(5): 108-415.

Rucker W. 1982. Dynamic Behavior of Rigid Foundations of Arbitrary Shape on a Half-Space[J]. Earthquake Engineering and Structural Dynamics, 66(5): 674-690.

S. F. Catney, R. J. 2001. Lynch. Experimental investigations of air sparging to control contaminated groundwater [J]. Geotechnical Engineering, 149(4): 253-258.

Seed H B. 1979. soil liquefaction and cyclic mobility evaluation for level ground during earthquakes[J]. Asce J.of Geotech.engrg, 105(2): 201-255.

Seed H B, Booker J R. 1977. stabilization of potentially liquefaction sand deposits using gravel drains[J]. J Geotech Eng Div ASCE.1997, 103(7): 757-768

Seed H B, Pyke R M, Martin G R.1978. Effect of multidirectional shaking on pore pressure development in sands[J]. Journal of the Geotechnical Engineering Division, ASCE, 104(1): 27-44.

Senzai, Samata H O T M. Takashi M. 1997. A study of the damage of subway structures during the Hanshin-Awaji Earthquake[J]. Cement and Concrete Composites, 19: 223-239.

Sherif M A, Tsuchiya C , Ishibashi I . 1977. Saturation effect on initial soil liquefaction[J]. J.of Geotech.Engrg.Div.Asce, 103(8): 914-917.

Soroush A, Soltani-Jigheh H. 2009. Pre- and post-cyclic behavior of mixed clayey soils[J]. Canadian Geotechnical Journal, 46(2): 115-128.

Tassily E. 1988. Interaction Dynamique Voie/Rouie: Modeles Existants et Perspectives de Recherche. Revue Generale des Chemine de Fer, (107): 23-30.

WD Liam Finn, KW Lee, GR Martin. 1977. An Effective Stress Model for Liquefaction [J]. Electionics Letter, 103.

Wilson G.P. 1983. Control of ground-borne noise and vibration[J].Sound &Vibration, 87(2): 339 -350 .

Xia H ,Hu T .1991. Effects of Saturation and Back Pressure on Sand Liquefaction[J]. Journal of Geotechnical Engineering, 117(9): 1347-1362.

YANG Dan, Naesgaard Ernest, Byrne Peter M. et al. 2004. Numerical model verification and calibration of George Massey Tunnel using centrifuge models[J]. Canadian Geotechnical Journal, 41: 921—942.

Yang J , Savidis S , Roemer M. 2004. Evaluating Liquefaction Strength of Partially Saturated Sand[J]. Journal of Geotechnical & Geoenvironmental Engineering, 130(9): 975-979.

Yasuda S, Kiku H. 2006. Uplift of sewage manholes and pipes during the 2004 Niigataken-Chuetsu Earthquake[J]. Soils and Foundations, 46(6): 885-894.

Yasuhara K, Hirao K, F L H A. 1992. Effects of cyclic loading on undrained strength and compressibility of clay[J]. Soils and Foundations, 1(32): 107-116.

Yasuhara K, Murakami S, Song B W, et al. 2003. Postcyclic degradation of strength and stiffness for low plasticity silt[J]. Journal of Geotechnical and Geoenvironmental Engineering, 8(129): 756-769.

Yegian M K, Eseller-Bayat E, Alshawabkeh A, et al. 2007. Induced-partial saturation for liquefaction mitigation: Experimental investigation[J]. Journal of Geotechnical and Geoenvironmental Engineering, 133(4): 372-380.

Yoshimi Y，Tokimatsu K，Hosaka K. 1989. Evaluation of liquefaction resistance of clean sands based on high-quality undisturbed samples[J]. Soils and Foundations，1(29)：93-104.

Yoshimichi Tsukamoto，Kenji Ishihara，Hiroshi Nakazawa，Kunio Kamada，Yongnan Huang. 2002. Resistance of Partly Saturated Sand to Liquefaction with Reference Longitudinal and Shear Wave Velocities，Soils and Foundations，42(6)：93-104.

Youd T L，Idriss I M. 2001. Liquefaction resistance of soils：Summary report from the 1996 NCEER and 1998 NCEER/NSF workshops on evaluation of Liquefaction Resistance of Soils[J]. Journal of Geotechnical & Geoenvironmental Engineering，127(4)：297-313.

Zhai W，Wei K，Song X，et al. 2015. Experimental investigation into ground vibrations induced by very high speed trains on a non-ballasted track[J]. Soil Dynamics and Earthquake Engineering，72：24-36.